日本の公開買付け

制度と実証

田中 亘
森・濱田松本法律事務所 [編]

有斐閣

はしがき

　本書は，会社法・金融商品取引法を専門とする法学者，M&Aやファイナンスを専門とする経済学者，および，森・濱田松本法律事務所でM&Aの法律事務に従事する弁護士による共同研究に基づき，平成18年証券取引法改正後における日本の公開買付けの実態を明らかにするとともに，望ましい公開買付法制のあり方について，解釈論のみならず立法論も含めた検討を行うものである。
　公開買付法制については，すでに多数の研究書や解説書が存在するが，本書は，法学，経済学および実務という3つの視点から，公開買付けにアプローチしている点に特長がある。また，森・濱田松本法律事務所が構築した公開買付事例のデータベースにより，わが国の公開買付けの実態について詳細な実証研究を行い，その結果を踏まえて法制度に関する提言をしている点も，本書の大きな特色である。本書の書名を『日本の公開買付け』としたのも，わが国の公開買付けの姿を法制面と実態面の双方から明らかにした，いわば決定版というべき書籍としたいという思いからである。

　平成18年証券取引法改正から10年が経ったところであり，この間の実務の進展および議論の蓄積に基づいて，公開買付制度全般について分析，評価を行い，必要に応じて，法改正をも含めた制度の改善，見直しを検討すべき時期に来ていると思われる。本書が，そうした分析，検討の契機となれば，幸いである。

　本書の刊行に当たっては，有斐閣書籍編集第1部の藤本依子，藤木雄両氏に企画段階からお世話になった。記して感謝申し上げる。

　　2016年9月

　　　　　　　　　　　　　　　　　　　　田中　亘・石綿　学・棚橋　元

目　次

序章　本書の特長および概要……………………………………〔田中　亘〕…1

- *1*　はじめに──本書の特長　1
- *2*　本書の概要　3
- *2.1*　本書の構成　3
- *2.2*　制　度　編　4
  - *2.2.1*　公開買付価格の均一性（4）　*2.2.2*　公開買付者の行為規制（4）
  - *2.2.3*　公開買付けに付随して行われる第三者割当増資（5）　*2.2.4*　利益相反のある公開買付け（6）　*2.2.5*　共同買付者（9）
- *2.3*　実　証　編　9
  - *2.3.1*　概　要（9）　*2.3.2*　公開買付けの当事者，価格その他の条件（10）
  - *2.3.3*　プレミアムと応募行動との関係（11）　*2.3.4*　公開買付けに付随して行われる第三者割当増資（13）　*2.3.5*　利益相反回避措置の現状（14）
  - *2.3.6*　株価と売買高からみた公開買付けの問題点（14）
- *3*　おわりに　15

第1部　制　度　編

第1章　買付価格の均一性ルールについて
……………………………〔石綿　学＝久保田修平＝松下　憲＝髙田洋輔〕…19

- *1*　はじめに　19
- *2*　わが国における公開買付価格の均一性　20
- *2.1*　公開買付価格の均一性に関する規制　20
  - *2.1.1*　均一性ルールに関する規定（20）　*2.1.2*　均一性ルールに違反した場合の効果・制裁（21）
- *2.2*　均一性ルールの趣旨　22
- *3*　諸外国の規制　23

3.1 米国における Best-Price Rule　23
  3.1.1 概　要（23）　**3.1.2** 異なる種類の株式間の均一性（25）　**3.1.3** 公開買付け外の行為と均一性（26）
3.2 英国における Minimum Price Requirement　26
  3.2.1 英国における規制（26）　**3.2.2** 異なる種類の株式間の均一性（27）　**3.2.3** 公開買付け外の行為と均一性（28）
3.3 EU 企業買収指令　29
3.4 日本法への示唆　30
4 複数の買付け間の均一性　32
4.1 公開買付けの前後またはその期間中の買付け　32
  4.1.1 基本的な視座（32）　**4.1.2** 公開買付けの前後の公開買付け以外の買付け（33）　**4.1.3** ２つの公開買付けを連続して実施する場合（二段階公開買付け）（34）　**4.1.4** 公開買付期間中に別途買付禁止規制の例外として取得する場合（36）　**4.1.5** 複数の他社株公開買付けを同時に並行して行う場合（37）　**4.1.6** 他社株公開買付けと自社株公開買付けを同時に並行して行う場合（38）
4.2 異なる種類の株券等の間の均一性　41
4.3 応募株主の同意がある場合　45
5 公開買付け外の行為と均一性　46
5.1 概　要　46
5.2 株主との周辺的合意（Side Agreement）　47
5.3 役職員株主との報酬の合意　48
5.4 公開買付応募契約　50
6 さいごに　51

第 1 章へのコメント〔飯田秀総〕　55
  1 「均一」という用語　55
  2 実質論の検討　56
    2.1 特定の株主の優遇の防止　57
    2.2 強圧性の防止　57
    2.3 英米の経験から見た買付価格の均一性のルールに求められる平等取扱い　58

2.4 3分の1ルールの下での買付価格の均一性　58
　　2.5 本章の解釈論の実質論は支持できること　59
　3 同時並行的な公開買付けと別途買付けの禁止　59
　4 全部勧誘義務と均一性　61

第2章　公開買付けに関する行為規制 ……………………〔飯田秀総〕…63

1 は じ め に　63
2 公開買付開始公告・公開買付届出書・公開買付説明書　63
2.1 問題の所在——開始公告，届出書，説明書の3つがなぜ必要か？　63
2.2 立法の経緯　64
2.3 3つの書類の役割と問題点　66
　　2.3.1 一般的な理解（66）　*2.3.2* 問題点（67）
2.4 比較法的な検討　69
　　2.4.1 米　国（69）　*2.4.2* 英　国（70）　*2.4.3* 検　討（71）
2.5 小　括　72
3 外国の株主を対象外として実施する公開買付け　72
3.1 問題の所在　72
3.2 米国法の適用範囲　74
3.3 検　討　74
4 利益相反型の公開買付けにおける株式価値算定書の開示　76
4.1 問題の所在　76
4.2 開示の主体　77
　　4.2.1 買収者に開示させることの問題点（77）　*4.2.2* 米国法における対象会社による開示と日本の実務（78）　*4.2.3* 小　括（80）
4.3 開示の内容　81
　　4.3.1 フリー・キャッシュ・フローなどの数値（81）　*4.3.2* アドバイザーの報酬（82）　*4.3.3* 小　括（84）
5 公開買付けの強圧性対策としての買付期間延長制度　85
5.1 問題の所在　85
5.2 強圧性の買付期間延長制度による解消　86
　　5.2.1 全部買付けの場合（86）　*5.2.2* 部分買付けの場合（87）

5.2.3 小　括 (89)
5.3 理論的には最善ではないが，わかりやすい制度であること　89
5.4 買付期間の規制の趣旨にも反しないこと　90
5.5 小　括　90
6 公開買付けの撤回　91
6.1 問題の所在　91
　　6.1.1 規制の概要 (91)　*6.1.2* 規制によって生じる不利益 (92)
　　6.1.3 規制による利益（制度趣旨）(93)　*6.1.4* 過剰規制性 (95)
　　6.1.5 過小規制性 (96)　*6.1.6* 応募契約の活用は脱法か (97)
　　6.1.7 小　括 (97)
6.2 比較法的な検討　98
　　6.2.1 米国法 (98)　*6.2.2* 英国法 (99)　*6.2.3* 検　討 (101)
7 む　す　び　102

第2章へのコメント〔内田修平＝越智晋平〕　105
1 金商法および取引所規則に基づく開示　105
1.1 開示ルールの概要　105
1.2 対象会社による開示　107
1.3 公開買付者による開示　109
2 裁判手続における開示　110
2.1 裁判手続における株式価値算定書の取扱い　110
2.2 株式等売渡請求に係る売買価格決定手続における取扱い　111

第3章　公開買付前後の第三者割当てをめぐる法的問題の検討
〔松中　学〕…113

1 は じ め に　113
2 公開買付規制　114
2.1 開 示 規 制　114
2.2 自己株式の公開買付けへの応募の可否　116
3 会社法上の募集株式の発行等の規制との関係　117
3.1 有利発行について　117

3.1.1 問題状況の分析（118）　***3.1.2*** 公開買付価格より低い価格での発行（130）　***3.1.3*** 取引前（取引公表前）の株価との関係（131）　***3.1.4*** 具体的な基準（132）
3.2 不公正発行について　136
3.3 会社法206条の2について　137
4 売却圧力（強圧性）との関係　138
5 トップ・アップ・オプションに特有の問題　139
5.1 総論　139
5.2 第三者割当てによって90％の議決権を確保することの問題　140
5.3 公開買付価格への影響　144
5.4 払込みの方法について　149
5.5 トップ・アップ・オプションについての結論　150

第3章へのコメント〔戸嶋浩二＝徳田安崇〕　153
　1 有利発行について　153
　1.1 実務からの視点　153
　1.2 背後にある問題──部分買付けとフリーライド問題　154
　1.3 実務に与える影響　155
　2 強圧性について　157
　2.1 強圧性が生じる場合　157
　2.2 強圧性への対処　159

第4章　現状を踏まえた利益相反回避措置に関する検討
〔白井正和〕…161

1 はじめに　161
2 わが国の利益相反回避措置の特徴と本章の議論の対象　162
2.1 公開買付届出書からみた利益相反回避措置の現状とその特徴　162
2.2 本章の議論の対象　165
3 対象会社内部の判断権限の分配と利益相反回避措置の必要性　165
3.1 企業買収の場面における対象会社内部の判断権限の分配　166
3.2 利益相反回避措置の採用が必要となる理由　169

3.3　特別委員会の設置と MOM 条項の採用との関係　171
4　特別委員会の交渉権限と財務アドバイザーの選任権限　172
4.1　問題の所在　172
4.2　特別委員会への交渉権限の付与　173
4.3　特別委員会への財務アドバイザーの選任権限の付与　175
4.4　考えられる対処法　178
4.5　若干の補足　181
5　特別委員会における社外の有識者の活用　182
6　MOM 条項の採用　183
7　本章の議論のまとめ　185

第 4 章へのコメント〔石綿 学 = 福田 剛〕　189

第 5 章　MBO と親会社による子会社の非公開化の規制は同一であるべきか？　〔加藤貴仁〕… 193

1　問題意識　193
2　MBO と親会社による子会社の非公開化の構造の比較　196
2.1　利益相反取引としての共通点　196
2.2　取引の構造上の差異　198
2.3　MBO および親会社による子会社の非公開化の規制のベンチマークとは？　201
3　支配権取引としての MBO の規制　201
4　親子会社間の取引としての親会社による子会社の非公開化　205
4.1　規制のベンチマークの不存在　205
4.2　親子会社間の取引に関する規制と親会社による子会社の非公開化を対象とする規制の関係　206
4.3　親子会社間の取引の中で親会社による子会社の非公開化を特に取り上げて規制する必要性　209
4.3.1　親子会社間の取引を対象とする一般的な規制では対処できない問題の存在（209）　4.3.2　少数派株主の締出しの条件としての「公正な価格」（212）　4.3.3　小　括（217）

5 総括と試論　218
5.1 MBO と親会社による子会社の非公開化の規制は同一であるべきか？　218
5.2 公正な価格と親会社による子会社の非公開化に賛成する少数派株主の数の関係　220
5.3 MOM 条項に関する解釈論上の問題　221

5.3.1 MOM 条項の意義（221）　*5.3.2* 親会社が公開買付けの前から少数派株主の締出しに必要な議決権を支配していた場合（224）　*5.3.3* 親会社が公開買付けの前は少数派株主の締出しに必要な議決権を支配していなかった場合（225）

第 5 章へのコメント〔石綿 学＝廣田雅亮〕　229

第 6 章　実質的特別関係者 〔田中 亘〕…233

1　はじめに　233
2　総論──規制の沿革についての考察および評価　233
2.1 条文上の定義　233

2.1.1 特別関係者（233）　*2.1.2* 参考──共同保有者（234）

2.2 米国および EU の規制との比較　234

2.2.1 米法における「グループ」概念（234）　*2.2.2* 英国・EU の共同行為（act in concert）概念（237）

2.3 評価──立法の蹉跌　238
3　実質的特別関係者についての解釈論　239
3.1 共同取得の合意　239

3.1.1 総　説（239）　*3.1.2* 共同取得の合意だけで特別関係者とされるのか──または「共同して」取得することの意味（240）　*3.1.3* 共同して「取得」することの意味（244）　*3.1.4* 共同取得を「合意」することの意味（245）

3.2 共同譲渡の合意　247

3.2.1 総　説（247）　*3.2.2* 規制の趣旨に対する疑問（247）　*3.2.3* 共同取得の譲渡の有無が問題となる事例（250）

- **3.3 共同して株主権を行使することの合意** 252
  - 3.3.1 総説(252) 3.3.2 共同して株主権を行使することの合意の意味(253)
- **3.4 相互譲渡・譲受けの合意** 257
  - 3.4.1 総説(257) 3.4.2 規制の趣旨に対する疑問(258) 3.4.3 本類型についての解釈問題(259)
- **4 実質的特別関係者の規制の評価と立法論** 260
- **5 おわりに** 262

第6章へのコメント〔篠原倫太郎＝髙橋 悠〕 265

第 2 部 実 証 編

第7章 公開買付けの当事者・価格その他の公開買付けの条件
〔森田 果〕…273

- **1 公開買付けの当事者** 273
- *1.1* 買付者の属性 273
- *1.2* 対象会社の属性 275
- *1.3* 当事者間の関係 277
- *1.4* 公開買付代理人 279
- **2 公開買付けの価格** 281
- *2.1* 対価の決定方法――株価算定機関の利用の有無，価格算定の際に使用した方法（市場株価，DCF，類似企業比準法，その他） 281
- *2.2* 価格算定のレンジと公開買付価格との関係 285
- *2.3* 対価の大きさ（プレミアム） 290
- *2.4* プレミアムの決定要因 292
- **3 公開買付けのその他の条件** 298
- *3.1* 買付期間 299
- *3.2* 上限の設定――全部買付けと部分買付け 299
- *3.3* 下限の設定 300

3.4 普通株式以外の有価証券(優先株式,新株予約権など)の買付け 303
3.5 株券等の取得に関する許可 303
3.6 海外(主に米国)株主に対して応募の勧誘を行わない旨の記載の有無 304

第8章 公開買付けにおける支配プレミアムと株主の応募行動
………………………………………………〔井上光太郎=小澤宏貴〕…305

1 はじめに 305
2 サンプル,データと基本統計 307
3 支配プレミアムと応募比率に影響を持つ要因——相関係数からの分析 315
4 支配プレミアムの実態 317
5 支配プレミアムの国際比較 319
6 支配プレミアムの分析 322
7 実質応募率の実態 327
8 公開買付けは経済的付加価値を生んでいるのか? 331
9 分析結果のまとめ 333
10 現状の課題に対する筆者の考える制度的手当ての方向性 334

第9章 公開買付けに付随する取引
——公開買付けに付随する第三者割当て …………〔松中 学〕…337

1 全体像 337
1.1 調査手法と分析対象 337
1.2 分析対象の絞り込み 338
1.3 要約統計 340
1.4 分析対象の第三者割当ての概要 346
2 取引内容の精査 348
2.1 第三者割当てと公開買付後の議決権割合からみた取引の目的・実態 348
　2.1.1 第三者割当てと公開買付後の議決権割合に基づく分類(348)
　2.1.2 第三者割当てと公開買付後の議決権割合による分類からみた取引の目的・実態(350)
2.2 異なる軸の分類 352
3 調査した事項および算出方法 353

第 10 章　利益相反取引における利益相反回避措置の現状

〔白井正和〕…357

1　はじめに　357
2　本章の分析の対象とその前提　359
3　特別委員会に関する利用の現状　360
3.1　特別委員会の設置状況　360
3.2　特別委員会の委員の構成　363
3.3　特別委員会の答申内容　365
3.4　特別委員会の交渉権限　366
　3.4.1　交渉権限の付与状況（366）　*3.4.2*　交渉権限の付与と特別委員会の答申内容・検討期間（368）　*3.4.3*　交渉権限の付与と他の利益相反回避措置の採用状況（368）
3.5　特別委員会の会合の回数と検討期間　371
　3.5.1　活動状況の分析（371）　*3.5.2*　開示に関する状況の変化（372）
3.6　特別委員会による財務アドバイザーの選任権限　373
4　特別委員会の設置以外の利益相反回避措置の現状　374
4.1　MOM 条項の採用　374
4.2　フェアネス・オピニオンの取得　376
4.3　支配株主との重要な取引等の場面での意見の取得　378
5　本章の分析のまとめ　379

第 11 章　株価と売買高から見た情報開示，応募手続と支配権市場

〔胥　鵬〕…383

1　はじめに　383
2　データと計測方法　384
3　株価と売買高　385
3.1　値幅制限，ストップ高と売買高　385
3.2　公開買付けと鞘取り　391
3.3　応募手続　395
　3.3.1　日本の応募手続および情報開示（395）　*3.3.2*　米国の公開買付けの応募手続と情報開示（397）　*3.3.3*　ペーパーレス応募手続へ向けて（399）

3.4 公開買付者株価，対象者株価と加重平均超過収益率　400
4 対抗公開買付け，経営支配権市場と企業統治　402
5 結　　び　408

> 第2部実証編へのコメント〔久保田修平＝松下　憲＝根橋弘之〕　411
> 　*1* 第7章に対するコメント　411
> 　*2* 第8章に対するコメント　413
> 　*3* 第11章に対するコメント　415

判 例 索 引　419
事 項 索 引　420

執筆者紹介

田中　亘（たなか・わたる）	東京大学社会科学研究所教授
石綿　学（いしわた・がく）	弁護士
久保田修平（くぼた・しゅうへい）	弁護士
松下　憲（まつした・あきら）	弁護士
髙田洋輔（たかた・ようすけ）	弁護士
飯田秀総（いいだ・ひでふさ）	神戸大学大学院法学研究科准教授
内田修平（うちだ・しゅうへい）	弁護士
越智晋平（おち・しんぺい）	弁護士
松中　学（まつなか・まなぶ）	名古屋大学大学院法学研究科准教授
戸嶋浩二（としま・こうじ）	弁護士
徳田安崇（とくだ・やすたか）	弁護士
白井正和（しらい・まさかず）	同志社大学法学部准教授
福田　剛（ふくだ・たけし）	弁護士
加藤貴仁（かとう・たかひと）	東京大学大学院法学政治学研究科准教授
廣田雅亮（ひろた・まさあき）	弁護士
篠原倫太郎（しのはら・りんたろう）	弁護士
髙橋　悠（たかはし・ゆう）	弁護士
森田　果（もりた・はつる）	東北大学大学院法学研究科教授
井上光太郎（いのうえ・こうたろう）	東京工業大学工学院経営工学系教授
小澤宏貴（おざわ・ひろき）	東京工業大学大学院社会理工学研究科経営工学専攻修士課程
胥　鵬（しょ・ほう；Xu, Peng）	法政大学経済学部教授
根橋弘之（ねばし・ひろゆき）	弁護士

（執筆順）

序章　本書の特長および概要

田　中　　亘

1　はじめに──本書の特長

　公開買付け[1]に関する大規模な制度改正を含む平成 18 年改正証券取引法（証取法。現・金融商品取引法）の施行（2006 年 12 月 13 日）から，早 10 年が経とうとしている。この間に行われた公開買付けは，およそ 600 件に上る[2]。施行時には比較的目新しい取引であった，公開買付けと残存株主のスクイーズ・アウト（締出し）[3]を組み合わせて行う 100％ 買収あるいは非公開化取引も，現在ではごく標準的な M&A の手法として定着した。公開買付事例の蓄積に伴って，さ

---

*　本書のもとになった共同研究（*1* 参照）の遂行に当たり，森・濱田松本法律事務所からは，公開買付けに関するデータベース（MHM データベース）の利用を許可していただき，また，研究会費用を負担いただくなど，多大なご支援を賜った。ここに，研究者メンバーを代表して，同事務所に感謝申し上げるとともに，本共同研究を発案し，研究会の議論をリードされた石綿学・棚橋元両弁護士，研究会の運営事務を担当された内田修平・久保田修平両弁護士をはじめ，本共同研究に参加された同事務所所属弁護士の方々に，深く感謝の意を表したい。なお，本章は，科学研究費補助金（基盤 C）課題番号 25380097 の研究成果の一部でもある。

1)　本書で単に「公開買付け」という場合，日本で届出をされた他社株公開買付け（金商 27 条の 2 以下）を指す。自社株公開買付け（同法 27 条の 22 の 2 以下）は，本書では扱わない。

2)　本書で調査対象とした，改正証取法施行日である 2006 年 12 月 13 日から 2013 年末までの間に実施（開始）された公開買付けは，487 件である（*2. 3. 1* 参照）。2013 年と 2014 年には，それぞれ，36 件と 48 件の公開買付けが実施された（レコフ（2016）112 頁）。

3)　全部取得条項付種類株式の取得や組織再編（合併，株式交換等）などによって，公開買付後に残存した株主の株式を全て取得することを，本書ではスクイーズ・アウトという。スクイーズ・アウトのうちで，現金を対価として行うものをキャッシュ・アウトといい，株式を対価として行うものをストック・アウトという。

まざまな法的問題も浮上し，金融庁がQ&Aの形で解釈指針を示しているほか[4]，研究者や実務家による解釈論や立法論の提言も盛んに行われている[5]。

本書は，平成18年改正証取法施行後に行われた公開買付けについて実証的に研究するとともに，その研究結果を踏まえて，公開買付法制に関する種々の法的問題を検討し，望ましい法制度のあり方について考察するものである。

公開買付けについては，すでに，優れた研究書や実務書が数多く刊行されているが，それらの類書と比較して，本書には次のような特長がある。

第1に，本書は，森・濱田松本法律事務所が構築した公開買付事例のデータベース（以下，本書において「MHMデータベース」という）に基づき，わが国の公開買付けについて包括的な実証研究を行っている（本書第2部）。本書の各章で行われている，公開買付規制についての解釈論や立法論は，この実証研究を踏まえたものである。これにより，公開買付けの実態に即した，説得力のある法律論を展開することが可能になったと考える。

第2に，本書は，筆者を含む会社法・金融商品取引法を専門とする法学者のほか，森・濱田松本法律事務所でM&Aの法律実務に携わる弁護士，および，M&Aを含むファイナンスを専門とする経済学者による共同研究の成果である。公開買付けに関する法律問題は，当事者の代理人弁護士と金融庁との事前相談を通じて処理され，裁判例等の形で公にはならないことが少なくない。そのため，弁護士と法学者との共同研究が，水面下にある法律問題を掘り起こし，望ましい法解釈または立法のあり方について透明性の高い議論を行うために極めて有益である。また，本書で扱う多数の公開買付事例を適切に分析するには，推測統計を含む計量経済学の手法が不可欠であるし，望ましい公開買付法制について考察するには，経済学の分析手法が極めて有用である。その点で，公開買付けの研究は，法学者・法曹実務家だけでなく，経済学者と共同して行うことが必要とされる。

そこで，本書の作成に当たっては，弁護士と研究者による研究会（「公開買付

---

4) 金融庁総務企画局（2012），三井＝土本編（2011）。
5) 多くの研究があるが，本書の執筆者による著書としては，飯田（2015），白井（2013），田中（2012）がある。森・濱田松本法律事務所編（2015）は，公開買付けを含むM&A法制全般について分析を行っている。また，M&Aに関する実証研究として，井上＝加藤（2006）も参照。

研究会」。以下,「本研究会」という)を開催し,公開買付けの実態や法制上の問題点に関し,各自が忌憚なく意見を述べ合い,議論を行った[6]。その上で,原則として研究者メンバーが,本書各章の執筆担当者となり,本研究会での議論も踏まえた上で自己の見解を述べ,それに対して,弁護士メンバーがコメントをするという形で構成されている(例外的に,第1章は,弁護士メンバーが執筆し,それに対して研究者メンバーがコメントを行っている)。これにより,公開買付けの実態および法制度の双方で,多面的かつ質の高い分析を行うことが可能になったと考える。また,読者は,各章の議論とそれに対するコメントを読み比べることにより,種々の論点に関して異なる立場の存在を知ることができ,各自の考察を深める助けとすることができるであろう。

2 本書の概要

2.1 本書の構成

本書は,大別して,公開買付法制についての解釈論ないし立法論を展開する制度編(第1部)と,公開買付けの実態を研究する実証編(第2部)とからなる。もっとも,実証編の執筆者も,実証研究の結果を踏まえ,必要に応じて,公開買付けの制度のあり方についても議論や提言を行っている。また,実証研究の結果は,本研究会での報告を通じて,制度編の執筆者を含むメンバー全員が共有した。制度編の研究者は,必要に応じて,実証研究の結果を踏まえて法解釈や立法論を展開している。

以下,制度編,実証編のそれぞれにつき,各章の概要を紹介する。なお,制度編については章ごとに,実証編については編全体についてコメントが付されているが,紙幅の関係から,これについては基本的に紹介を省略する。読者は,各コメントを直接参照されたい。

---

[6] 2013年10月から2015年9月にかけて9回の研究会を開催したほか,2015年10月23日・24日の2日間に渡ってカンファレンスを開催し,本書各章の執筆者が,各章のもとになる原稿を持ち寄り,報告のうえ討議を行った。

2.2 制度編

2.2.1 公開買付価格の均一性

　第1章「買付価格の均一性ルールについて」（石綿学＝久保田修平＝松下憲＝髙田洋輔）は，公開買付けの買付け等の価格が「均一」であることを要求する規制（均一性ルール。金商法27条の2第3項・金商令8条3項本文）に関する法律問題を検討するものである。均一性ルールは，対象会社株主の平等を確保することを目的としているが，異なる種類の株式に対して公開買付けをする場合にこのルールがどのように適用されるのか，あるいは，公開買付け外で特定の株主に対して行われる財産的利益の供与が，どこまでこのルールの規制を受けるのかなど，均一性ルールの適用についてはさまざまな問題がある。第1章では，均一性ルールの過度に厳格な運用により，本来許容されてしかるべき正当な取引やビジネス上の取決めが制約されたり萎縮することがないようにするという見地から，同ルールの適用範囲を妥当に画するための解釈論を展開している。

　基本的な考え方としては，均一性ルールの適用領域を，実際の公開買付価格が均一であることを求められる公開買付手続（直接規制領域）の問題と，それ以外の周辺領域における問題とに大別し，直接規制領域においては，均一性ルールの適用を原則として肯定した上でその適用のあり方を論じる一方，公開買付手続外の周辺領域に属する合意については，基本的に均一性ルールは適用されないと解した上で，明らかに潜脱となるような場合には例外的に均一性ルールの趣旨に抵触するものとして規制を課すべきことを主張する。このような考え方により，例えば，同一の株式を対象として異なる価格で2つの公開買付けを並列的に行うこと（大株主の同意を得てその者からのみ安い価格で買い付けようとする場合に行われる）や，役職員でもある株主に対して公開買付けに近接する時期に役職員としての報酬支払の合意をすることは，周辺領域に関する問題として，ルールの潜脱に当たらない限り許容されるという解釈が導かれる。

2.2.2 公開買付者の行為規制

　第2章「公開買付けに関する行為規制」（飯田秀総）は，公開買付者に対する行為規制に関して5つの論点を挙げ，英国や米国の法制も参照しながら，望ましい規制のあり方を検討している。主な主張は，次のとおりである。

①現行法の下では，公開買付けの開示書類として，公開買付開始公告，公開買付届出書および公開買付説明書が義務づけられるが，各書類の記載内容はほぼ同一であり，重複感が強い。その一方，日本は英国のように，公開買付けについて対象会社株主に個別に通知するルールがないため，株主が応募の機会を逸するおそれがある。公開買付開始後も，買付価格より低い価格で市場で株式を売却する株主がいることを示す第11章の実証研究は，そのようなおそれが現実にあることを示している。このように，公開買付けに関する情報開示は，制度，運用の両面でなお改善の余地がある。

②現在の公開買付実務において，外国の株主からの応募を受け付けないという運用がされていることについては，当該外国の証券規制の適用を回避しなければ公開買付けの実施自体が困難になるという意味で必要性があること，外国の株主には常任代理人による応募の機会はあることから，適法と解してよい。ただ，解釈上の不明確性を避けるため，明文の根拠規定を設けることがより望ましい。

③利益相反型の公開買付けにおいては，金商法上，対象会社にも株式価値算定書等の開示を要求した上で，算定に用いた具体的な数値と計算過程の概要を開示させるようにすべきである。また，意見書作成者の潜在的な利益相反に関する情報，特にその報酬額や成功報酬の場合の計算方法を開示させるべきである。

④わが国の公開買付けにおいてスクイーズ・アウトの意向が表明されると応募率が跳ね上がること（第7章参照）は，強圧性の存在を示唆する。強圧性の防止のため，英国やドイツの規制を参考に，公開買付後の買付者の株券等所有割合が50％超となるほどの応募があった場合は，公開買付期間の延長を強制する規制を導入することが望ましい。

⑤公開買付けの撤回を厳格に規制する現行法は，買付者に対する融資契約がMAC条項により解除されても公開買付けは続行しなければならないといった不合理な事態を生じさせる。米国のように，撤回事由を幅広く認めつつ，相場操縦規制を強化する方向へ規制を転換するべきである。

2.2.3 公開買付けに付随して行われる第三者割当増資

第3章「公開買付前後の第三者割当てをめぐる法的問題の検討」（松中学）は，

公開買付けに付随して行われる第三者割当増資（第9章参照）に関する法律問題を検討している。公開買付けの期間中あるいはその直後に，対象会社が公開買付者を割当先として増資を行うことが少なくない。こうした第三者割当増資については，それが市場株価（買付期間中は，公開買付価格に近接すると考えられる）よりも低い発行価格で行われた場合には，有利発行（会社199条3項・201条）に当たるのではないかという問題がありうる。

この問題について，第3章は，第三者割当増資を公開買付価格よりも低い価格で行えるものとすることは，フリーライド問題の発生を防止し，企業価値を増進する買収を成立しやすくする利点があると指摘する。例えば，公開買付前の対象会社の1株の株価が100円であり，買付者による買収が成立すれば，シナジーの発生等により，1株の株価は140円に上昇すると見込まれているとしよう。この場合，買付者が第三者割当増資を引き受けずに公開買付けだけを行おうとすると，買付価格を140円にしなければ，対象会社の株主には応募するインセンティヴがないため，買収は実現しない（それ未満の価格では，対象会社の株主は，応募するよりも買収後の会社に残る方が有利であると考えるため）。そうなると，買付者は買収から利潤を得られないことになり，最初から買収をしないおそれがある。このような場合に，公開買付けと並行して，低い払込金額で第三者割当増資をすることができれば，買収実現後に実現すると予想される株価は140円よりも低い額（例えば120円）に引き下げられる結果，対象会社の株主には，140円よりも低い買付価格（例えば120円）であっても公開買付けに応募する誘因が生まれる。それによって，企業価値を増進する買収を実現することができれば，買付者にとっても対象会社株主にとっても利益になる。

第3章では，このような分析に基づき，公開買付けに付随する第三者割当増資は，公開買付価格未満の払込金額で行ってもただちに有利発行とはならないことはもとより，公開買付前の株価（上記の設例の場合，100円）を相当に下回る払込金額で行う場合であっても，買付者が最適な買収者であり，かつ，第三者割当増資を行わなければ買収が実現しないことが示される場合は，有利発行にはならないという解釈論を提唱する。

2.2.4　利益相反のある公開買付け

第4章および第5章は，MBO（マネジメント・バイアウト）および親子会社間

の取引といった，利益相反のある公開買付けに関する法規制について検討している。

　第4章「現状を踏まえた利益相反回避措置に関する検討」（白井正和）は，利益相反のある公開買付けにおいてとられている利益相反回避措置についての調査（第10章参照）に基づいて，こうした措置がより有効に機能するための方策について検討するものである。特に，特別委員会とMOM条項（利害関係のない株主の過半数の応募を公開買付成立の条件とすること）について，検討が行われている。

　特別委員会については，近年は，特にMBOにおいては設置されることが通常となっているが，米国と違って，特別委員会に買付者との交渉権限が付与される例は少なく，特別委員会が財務アドバイザーを選任する例も少ない。第4章では，特別委員会が財務アドバイザーの情報提供を受けながら買収者と交渉できるようにすることが，取引の公正確保のために望ましいという見地から，そのような実務の普及を促すため，裁判所が（株式の取得・買取価格決定等の場面で）公開買付価格の形成過程における公正さを評価するに当たって，特別委員会の交渉権限および財務アドバイザーの選任権限の有無を重要視していくことが考えられるとする。なお，財務アドバイザーを対象会社と特別委員会が重複して選任する必要はなく，対象会社が雇用する財務アドバイザーの選任権限を特別委員会に与えればよいとする。

　また，MOM条項については，MBOでは採用が一般的になっているのに対し，親子会社間の取引では採用がいまだ少ないが，これについては，むしろ親子会社間の取引でこそ，MOM条項の必要性が高いと主張し，その採用を促すべく，裁判所が公開買付価格の形成過程における公正さを評価するに当たり，MOM条項の採用の有無を重要視していくことを提案する。

　第5章「MBOと親会社による子会社の非公開化の規制は同一であるべきか？」（加藤貴仁）は，従来の日本の法律論では，利益相反のある取引ということで同じように扱われることが多かった，MBOと親会社による子会社の非公開化について，果たしてこれらを同一の規制に服すべきものと考えてよいか，という問題を提起する。MBOにおいては，対象会社にはMBOの買主（経営者およびそれと組んだファンド）以外の独立当事者に買収されるという選択肢もあることから，MBOの公正さは，独立当事者間の取引を参照することによって評

価される[7]。これに対し，親会社による子会社の非公開化の場合には，子会社には，親会社以外の者に買収されるという選択肢が（親会社には子会社株式を売却する義務はない以上）存在しない。それゆえ，子会社の非公開化取引の公正さを評価する上では，独立当事者間の取引という，参照すべきベンチマークは存在しない。この点に，MBOと親会社による子会社の非公開化が，必ずしも同一の規制に服すべきものとは言い切れない根拠があるとする[8]。

第5章ではまた，子会社の非公開化におけるMOM条項の利用についても検討している。そこでは，MOM条項が付された上で子会社の少数株主の過半数の賛成（公開買付けへの応募）があったことを，裁判所が取引の公正さを認めるための必要条件とまですべきではないとする。他方，MOM条項が付されていない場合，子会社の少数株主には，非公開化の成否を判断する実質的権限がないため，取引の公正さについて真剣に検討する誘因を持たない。それゆえ，MOM条項がない場合は，株主の応募の数をもって，非公開化取引の公正さを推測する事実とすべきではないと主張する。

---

7) 第5章の分析では，MBOの買主は支配株主ではないことが前提とされていると解される。MBOをしようとする経営者が同時に支配株主である場合は，対象会社には，経営者以外の者に買収されるという選択肢が存在しないから，親会社による子会社の非公開化と状況は同一であり，それゆえ，同一の規制に服せしめるべきであるという結論になると思われる。

8) 第5章の分析に対しては，MBOの場合も，入札等により複数の買収者から実際に相見積もりを出させることまでは通常行われておらず，理論的に公正な価格を算定した上で買収者と交渉をしている点で，親会社による子会社の非公開化とあまり変わらないのではないか，という疑問が提起されている（第5章コメント参照）。

この問題は，わが国の判例上，Revlon義務（会社を売却すると決めた取締役は，合理的に実現可能な最も高い価格で売却すべきであるという義務）の存在が（少なくとも明示的には）認められていないことと関係すると思われる。Revlon義務がないため，MBOの対象会社の取締役は，経営陣およびそれと組んだファンド以外の買主を探して，その買収条件とMBOの条件とを比較するという作業を行う必要がない。つまり，Revlon義務のある米国であれば要求されるであろう，独立当事者間の取引という「ベンチマーク」との比較は，わが国では（少なくともこれまでの裁判例によると）実際には求められていない。その結果，わが国におけるMBOの公正さの審査とは，あくまで，現に行われたMBOの取引自体の公正さの審査に終始するのであって，その点で，親会社による子会社の非公開化取引の公正さの審査と変わりがない。以上のように考えると，「MBOと親会社による子会社の非公開化の規制は同一であるべきか？」という問いの答えは，「わが国においてもRevlon義務を採用すべきか？」という問題にどう答えるかに依存する，ということになるであろう。

2.2.5 共同買付者

　第6章「実質的特別関係者」(田中亘)は，強制公開買付規制(金商27条の2第1項)の適用に当たって，買付者の株券等所有割合を算定するに際して，その株券等所有割合を合算することになる特別関係者(同条7項8項)，特にその中でも実質的特別関係者(同条7項2号)について，解釈上の問題点を検討するとともに，立法論を含めて望ましい制度のあり方を探求するものである。実質的特別関係者を定義する同号の規定は，米国の公開買付規制および大量保有報告規制にある「グループ(group)」概念に依拠しているように思われる。第6章では，わが国の実質的特別関係者の規制は，強制公開買付規制を持たない国(米国)で，公開買付けを強制することとは別の目的で作られた概念(「グループ」)に依拠して，強制公開買付規制の適用の有無を判断しているという「立法の蹉跌」があると主張する。金商法27条の2第7項2号を文言どおり適用すると，本来規制の必要を認めがたいような行為が強制公開買付規制に抵触しうることになるが，そうした過剰規制に見える結果も，こうした「立法の蹉跌」に起因するものであると主張される。他方，わが国と同様に強制公開買付規制を有する英国あるいはEUの買収規制においては，実質的特別関係者に相当する「共同行為者(parties acting in concert)」の概念は，対象会社の「支配を取得する」かまたは「買収を妨げる」という共通の目的の下に行動する者のみを指しており，より限定的である。第6章では，金商法27条の2第7項2号が過剰な規制とならないよう，その文言を限定的に解釈する方法を提案すると同時に，立法論としては，英国・EUと同様，支配の目的を共通にする場合のみ，実質的特別関係者に当たるとする規制にすることが望ましいとする。

2.3 実　証　編

2.3.1 概　　要

　森・濱田松本法律事務所では，わが国で行われた公開買付けについて，開示書類の記載事項に基づき，買付者や対象会社の属性，公開買付けの条件・内容，公開買付けに付随して行われた取引(スクイーズ・アウトや第三者割当増資，大株主との間の応募合意など)その他の公開買付けに関する情報を詳細に調査，記録したデータベース(MHMデータベース)を構築している。今回の研究では，このMHMデータベースの情報に基づいて，わが国の公開買付けの実態について調

査（実証研究）を行った[9]。

　調査範囲としては，平成18年証取法改正後の公開買付けの実務に関心があったこと，およびデータの分析に要する時間を考慮し，同改正の施行日（2006年12月13日）から2013年12月31日までの期間中に開始された公開買付け487件（以下，「調査対象事件」という）を対象とした。調査に当たっては，MHMデータベースの他，株式会社レコフの提供する「レコフ M&A データベース」を利用した。その他，章によって，財務情報や株価情報に関する他のデータベースを利用している（各章で明記されている）。

　以下，各章の研究結果の概要を説明する。

2.3.2　公開買付けの当事者，価格その他の条件

　第7章「公開買付けの当事者・価格その他の公開買付けの条件」（森田果）は，公開買付けの当事者の属性，公開買付価格その他の条件（上限または下限の設定の有無など）といった，公開買付けに関する基本的な情報を集計，分析している。主な結果は，次のとおりである。

　①調査対象事件487件のうち，買付者が上場会社である事件は226件で，上場会社と非上場会社が買付者となっている事件が拮抗している。対象会社は，ほとんどが上場会社（非上場は25社）であり，うち，市場第1部上場会社は134社である。

　②親子会社間の公開買付けは101件，関連会社間の公開買付けは63件であり，また，MBO（マネジメント・バイアウト）は99件である[10]。利益相反のある公開買付けが相当数を占めていることがわかる。

　③調査対象事件の8割強（393件）で，買付者は買付価格の決定に当たり，株価算定機関を利用している。対象会社が株価算定機関を利用している事例は，326件（67%）である。株価算定方法としては，DCF方式と市場価格方式の利

　9）　実証編を担当する研究者メンバーが，森・濱田松本法律事務所との契約により，MHMデータベースにアクセスしてその情報を分析する機会を得た。

　10）　ある公開買付けが親子会社間もしくは関連会社間で行われるものか，またはMBOとして行われるものかは，公開買付けの開示書類の記載に基づいている。開示書類でMBOとされていないため，本研究においてMBOとされなかった公開買付けの中にも，実質的には，経営者と株主との間の利益相反があるものが存する可能性はある。第10章注4参照。

用が圧倒的多数を占め，類似会社比準方式がそれに続く。

　④公開買付けのプレミアム（公開買付価格が市場株価を何%上回るか）は，時期によって相当に異なるが[11]，平均すると 36〜42% 程度（市場株価の算定方法による）となる[12]。ディスカウント公開買付け（公開買付直前日の市場株価よりも低い価格で行われた公開買付け）を除いた場合，42〜50% にもなる。公開買付後にスクイーズ・アウトを実施する場合，プレミアムは増加する傾向がある。懸念される点として，親子会社間の公開買付けでは，プレミアムが減少する傾向を持っている（他の要因をコントロールした後では 10% 近い減少）。この結果は，親子会社間の取引で利益相反措置を講じる必要性を示唆するものといえるかもしれない。

　⑤部分公開買付け（買付数に上限を付して行う公開買付け）の件数は 127 件であり，調査対象事件のうち約 4 分の 1（26.1%）を占める。他方，公開買付け後にスクイーズ・アウトを実施した事例は 320 件（65.7%）に上る[13]。このうち，現金を対価とするもの（キャッシュ・アウト）は 249 件，株式を対価とするもの（ストック・アウト）は 71 件である。公開買付けとスクイーズ・アウトを組み合わせた完全買収が，わが国でも M&A の主流の方法になってきたことがわかる。

2.3.3　プレミアムと応募行動との関係

　第 8 章「公開買付けにおける支配プレミアムと株主の応募行動」（井上光太郎＝小澤宏貴）は，公開買付けのプレミアムについて詳細な分析を行うとともに，公開買付けに対する株主の応募行動についても検討している。第 7 章でも触れたとおり，公開買付けのプレミアムは，ディスカウント公開買付けを除けば 42〜50% に上る。この数値は，2000 年から 2007 年までの期間における数値

---

[11]　市場全体の相場が下落した時期には公開買付けのプレミアムは大きく，逆に相場の上昇期にはプレミアムは小さくなる傾向がある。これは，相場の下落時（上昇時）には市場株価が割安（割高）になりがちであると関係者（公開買付者や対象会社の取締役・株主）が考えている（その意味で，関係者は効率的市場仮説を信奉してはいない）ことを示唆すると思われる。

[12]　本書では，プレミアムの算定基礎となる「市場株価」として，公開買付直前日の市場株価，または公開買付前 1 か月，3 か月もしくは 6 か月間の平均市場株価を用いている（レコフ M&A データベースによる）。

[13]　スクイーズ・アウト事例のほとんど（297 件）は，公開買付けの開示書類においてその意図（予定）を記載し，そのとおり実施したものであるが，開示書類にその意図を記載することなく実施した事例（20 件），および，記載はしたが記載と異なる条件で実施した事例（3 件）も少数ながら存する。

（約25％。井上（2009））からほぼ倍増しており，英米における公開買付けのプレミアムと比較しても遜色ない水準である。この結果は，公開買付けにより対象会社の株主が多大な利益を得ていることをうかがわせる[14]。もっとも，公開買付けは，市場株価が企業価値（ファンダメンタルズ）と比較して割安のときを狙って行われる可能性もあるから，プレミアムがそのまま，対象会社の株主の利益であるとは言い切れない。この点に関連して，第8章では，公開買付前1年間の市場株価の高値が公開買付直前の株価と比較して高いほどプレミアムも高くなるという実証結果を示していることは興味深い。これは，第8章で述べられているような行動ファイナンス論（プロスペクト理論）的な説明も可能であるが，市場株価が割安のときを狙って公開買付けが行われる危険に対象会社の株主も気づいているためである[15]，という解釈も，可能なように思われる。

　第8章では，公開買付けに対する株主の応募行動についても分析がされている（利害関係のない株主の保有株式に対する応募株式の割合として定義される実質応募率が，分析の対象となる）。重要な結果は，公開買付けにおいてスクイーズ・アウトを実施するという意図が開示されると，実質応募率が跳ね上がることである（他の説明変数をコントロールした後では，実質応募率は34％上昇）。プレミアムの大きさも実質応募率に正の影響を及ぼすが，その影響は，スクイーズ・アウトの意図の開示と比べれば重要でないように見える。第8章では，この結果から，スクイーズ・アウトの意図の開示により対象会社の株主が応募にかき立てられた（公開買付けが「強圧性」を持った）可能性を指摘する[16]。そして，強圧性の防止の

---

14) それに加えて，上場会社である公開買付者の株式の市場株価は，公開買付けの公表によって上昇する（累積異常収益率 CAR が統計学上，有意に正である）。このことは，市場株価から判断する限り，公開買付けは経済的付加価値を生み出し，対象会社の株主だけでなく買付者にも利益となることをうかがわせる。同様の結果は，第11章でも報告されている。

15) 公開買付直前の市場株価が割安であるかどうかは，本来は，企業価値（ファンダメンタルズ）との比較によって判断するべきである。しかし，多くの株主は，ファンダメンタルズの評価に必要な情報を持たないため，いわば便法として，1年前の高値との比較によって割安である可能性を判断し，割安の可能性が高いときには，より高いプレミアムでなければ公開買付けに応募しないという行動をとっているのではないかと考えられる。対象会社の株主がそのような行動をとると買付者が予想する場合には，買付者が設定する公開買付価格は，過去1年間の高値による影響を受けることになる。

16) スクイーズ・アウトが公開買付価格と同額で行われる場合にも，公開買付けからスクイーズ・アウトまでに時間的間隔が空くときは，公開買付けは強圧性を持ちうる。第2章 **5.1** 参照。

ため，第2章と同様，公開買付成立後に公開買付期間を一定期間延長する規制の導入を提案する。

2.3.4　公開買付けに付随して行われる第三者割当増資

　第9章「公開買付けに付随する取引――公開買付けに付随する第三者割当て」（松中学）は，公開買付け中に付随して行われる第三者割当増資の事例について分析したものである。公開買付期間中またはその前後の時期に，対象会社が，公開買付者に割り当てて増資をすることは少なくない。第9章では，公開買付期間の前後3か月の間に，対象会社が公開買付者またはその関係者を割当先として行った第三者割当増資32件を対象にして，どのような公開買付けにおいてそうした増資が行われているか，および増資の条件や目的について，開示書類に基づき分析している。

　公開買付けと第三者割当てを組み合わせた取引の多くは，支配株主の交代・出現に伴い，支配株主となる買付者による資金の拠出（多くの例では対象会社の経営の立て直し）のために行われることが多い。米国で見られるような，いわゆるトップアップ・オプション（公開買付後に，買付者が株主総会によらずにスクイーズ・アウトを行うために必要な90％の議決権を確保するために対象会社から第三者割当増資を受けること）として第三者割当増資をした例は見当たらない[17]。むしろ，公開買付けに上限が付され，買収成立後も対象会社が上場を維持する場合に，こうした第三者割当増資が利用される傾向がある。

　第三者割当増資の発行価格については，公開買付価格と同額に設定する例が多いが（17件，調査対象の第三者割当増資32件のうち53.1％），公開買付価格未満に設定する例も少なくない（12件，同37.5％）。その一方，当該第三者割当増資が有利発行であるとして株主総会の特別決議による承認（会社199条3項・201条1項）を得た例は見当たらない。第3章で展開される，第三者割当増資の発行価格をいくらとすれば有利発行に当たらないといえるかについての分析は，こうした調査結果を踏まえたものである。

---

[17]　平成26年会社法改正により特別支配株主による株式等売渡請求手続が新設されたことから，今後は同手続の要件を満たすため，トップアップ・オプションが利用される例が出てくるかもしれない。第3章**5**および石綿ほか（2016）参照。

2.3.5 利益相反回避措置の現状

第10章「利益相反取引における利益相反回避措置の現状」(白井正和)は，調査対象事件のうち，MBOとして行われた公開買付け99件および親子会社間の公開買付け101件の合計200件の公開買付けを対象として，公開買付届出書の記載に基づいて，こうした取引でとられている利益相反回避措置の現状とその特徴を明らかにするものである。主な発見は，次の4点である。

①特別委員会は，MBOでは設置例が多く（99件中58件，59%），特に近年はほとんど設置されるようになっているが，これに対して親子会社間の公開買付けでは，特別委員会が設置される事例は少数にとどまる（101件中22件，22%）。②設置された特別委員会に交渉権限が付与される事例は少なく（80件中13件，16%），同委員会に財務アドバイザーの選任権限が付与される事例はさらに少ない（80件中3件，4%）。③特別委員会の構成については，社外役員（特に社外取締役）が少ないというわが国の役員構成を反映して，特別委員会の委員として社外の有識者を活用する傾向が見られる。特別委員会に1人以上の社外の有識者が入る事例は79件中68件（86%）あり，同委員会の委員の総数に占める有識者委員の数は245人中137人（56%）である。④MOM条項は，MBOによる公開買付けの場面では採用が進んでいるものの（99件中75件，76%），親子会社間の公開買付けの場面ではほとんど採用されていない（101件中10件，10%）。

本章の実証結果は，第4章における利益相反回避措置の改善の提案の基礎になっている。

2.3.6 株価と売買高からみた公開買付けの問題点

第11章「株価と売買高から見た情報開示，応募手続と支配権市場」(胥鵬)は，公開買付発表後の対象会社の株価と売買高から，日本の経営支配権市場についての金商法等の法規制以外の問題点を取り上げて分析を行うものである。公開買付開始前後の対象会社の市場株価および売買高の推移を見ると，公開買付開始日（0日）の直前営業日（−1日）から市場株価は上昇するが[18]，直ちに公開買付価格の水準まで上昇するのではなく，その後，公開買付開始日の6営業日後（+6日）にかけて，徐々に上昇していく。市場株価が直ちに公開買付価

---

18) 直前日から上昇するのは，公開買付情報が漏えいしている可能性を示唆する。

格に収斂しないのは，取引所の値幅制限のせいもあるが，公開買付けの存在を知らずに，公開買付価格よりも低い価格で対象会社の株式を売却してしまう投資家が存在するためであると考えられる[19]。これは，公開買付けの情報開示が，現実問題として多くの株主に届いていないことを意味する。その点に加え，わが国の情報開示が，米国と比べた場合，個人投資家にとってわかりやすい方法で公開買付けについての情報を伝達するようになっていないこと，また応募手続についても，公開買付代理人である証券会社に口座を開設しなければならないなど極めて煩瑣であるといった問題点を挙げ，制度や慣行の改善を主張する。

さらに第11章では，日本では敵対的な公開買付けや対抗買付けがほとんどなく，オークションを通じてより企業価値を高める買い手に会社支配権が移転するメカニズムが存在しないことを問題点として指摘し，その解決策として，株式持合いの解消や経営者に対するインセンティブ付与といったガバナンス改革を提唱する。

3 おわりに

平成18年証取法改正から10年を経過し，実務の進展や解釈論の蓄積に基づいて，公開買付制度全般について改善や見直しの必要がないかを検討すべき時期に来ていると思われる。本書の研究が，そうした検討の契機となれば，幸いである。

参考文献
飯田秀総（2015）『公開買付規制の基礎理論』（商事法務）
石綿学＝内田修平＝石川大輝（2016）「企業買収実務研究会報告（17）トップ・アッ

---

[19] もしも値幅制限だけが理由だとすれば，値幅の上限が営業日毎に更新され，公開買付価格に達するまでは，買注文だけで売注文は行われないため，取引は成立しない（気配値だけが公表される）はずである。実際には，直前営業日（−1）から6営業日後（＋6）にかけて，大量の売買を伴いつつ（売買高はこの期間中，常に当該銘柄の平均売買高を上回る），株価は上昇していくのであり，このことは，公開買付けの存在を知らずに公開買付価格よりも低い価格で売り注文をしてしまう投資家が多数，存在することを意味する。

プ・オプションの法的枠組みと我が国への導入可能性（上）」金融・商事判例 1481 号 2-12 頁

井上光太郎（2009）「TOB（公開買付け）と少数株主利益」商事法務 1874 号 34-44 頁

井上光太郎＝加藤英明（2006）『M&A と株価』（東洋経済新報社）

金融庁総務企画局（2012）「株券等の公開買付けに関する Q&A」（最終改訂・平成 24 年 8 月 3 日）

白井正和（2013）『友好的買収の場面における取締役に対する規律』（商事法務）

田中亘（2012）『企業買収と防衛策』（商事法務）

三井秀範＝土本一郎編（2011）『詳説公開買付制度・大量保有報告制度 Q&A』（商事法務）

森・濱田松本法律事務所編（2015）『M&A 法体系』（有斐閣）

レコフ（2016）「2015 年 12 月 M&A 統計」MARR 2016 年 2 月号 99-513 頁

第1部

制　度　編

第1章　買付価格の均一性ルールについて

石綿　学＝久保田修平＝松下　憲＝髙田洋輔

1　はじめに[1]

　わが国の公開買付規制は、他社株公開買付けにより株券等の買付け等を行う場合、買付け等の価格は、全ての応募株主等について均一にしなければならないと定める（金商27条の2第3項、金商令8条3項。以下「均一性ルール」という）。

　この均一性ルールの射程距離は、条文の文言上、必ずしも明確ではない。

　例えば、一口に「株券等」といっても、「株券等」には、価値の異なる様々な種類株式や新株予約権なども含まれるところ、このような場合に均一性ルールが適用されるのか否か、適用されるとしてどのように適用されるのかなどは、条文からは明らかではない。また、特定の大株主が、自分だけが不利益を被る条件を甘受してでも、買付者に公開買付けを実施してもらうことを希望する場合に、買付者との間で自らが不利益を被る条件を合意することや、買付者において、株主でもある取締役を公開買付け後も任用することを希望する場合に、公開買付け前に取締役として就任継続の要請をするに際して報酬の支払に関する合意をすることについて、均一性ルールとの抵触が問題となることもある。

　このように均一性ルールの射程距離が明らかではない中にあって、仮に保守的な実務運用がなされ、結果として、本来許容されてしかるべき正当な取引やビジネス上の取決めが制約を受けたり、委縮することになれば、わが国において、適切かつ健全なM&Aの実務が発展していかないことになる。

　そこで、本章では、まず、わが国における均一性ルールの規制の枠組みを整

---

1) 本稿において意見にわたる部分については、筆者らの個人的見解であり、筆者らが所属する組織の見解ではない。

理したうえで，米国および英国や EU 企業買収指令（以下に定義される）における同種の規制の内容やその範囲などを概観する。そのうえで，実務的に問題となることの多い個別場面におけるわが国の均一性ルールの適用の有無や適用のあり方について検討を試みることとする。

2　わが国における公開買付価格の均一性

2.1　公開買付価格の均一性に関する規制

2.1.1　均一性ルールに関する規定

　公開買付価格の均一性ルールは，金融商品取引法（以下「金商法」という）に規定される公開買付価格に関する実体的規制の1つである。すなわち，金商法上，「公開買付けによる株券等の買付け等を行う場合には，買付け等の価格……については，政令で定めるところにより，均一の条件によらなければならない」（金商27条の2第3項）とされ，「買付け等の価格……は，すべての応募株主等……について均一にしなければならない」（金商令8条3項本文）旨が規定されている[2]。

　このような均一性ルールは，有価証券その他金銭以外のものを対価とする場合であっても，当該有価証券その他金銭以外のものとの交換比率（交換に係る差金として金銭が交付される場合には，当該金銭の額が含まれる）を公開買付価格とみなして適用され（金商令8条2項），公開買付者が応募株主等に複数の種類の対価を選択させる場合には，選択することができる対価の種類を全ての応募株主等につき同一とし，かつ，それぞれの種類ごとに当該種類の対価を選択した応募株主等について均一にすることを求めることで（金商令8条3項但書），その趣旨が徹底されている。

　また，公開買付価格の均一性に関連する開示規制も存在し，公開買付届出書においては，株券等の種類に応じた公開買付価格の価額の差について，換算の考え方等の内容を具体的に記載することが求められている（他社株府令第2号様

---

[2]　公開買付価格に限らず，買付代金の支払時期その他の条件を含むという見解も存在する（神崎 = 志谷 = 川口（2012）489頁・490頁）。また，当局関係者は，公開買付価格が均一であるといえるためには，機会の均一性と結果の均一性が認められる必要があるとしている（三井 = 土本（2011）49頁）。

式記載上の注意(6)e)。

　以上のとおり，わが国の均一性ルールは，基本的には，他社株公開買付けにおいて，株券等の買付け等の対価の均一性を求めるものとして規定されている。

2.1.2　均一性ルールに違反した場合の効果・制裁

　金商法上，均一性ルールに違反する取引が行われた場合には，次のような規定が問題となり得る。

　まず，公開買付届出書等に記載した買付条件等に違反して決済を行い，一部の応募株主等に対して公開買付価格より「有利な価格」で買付け等を行った者は，他の応募株主等に対して当該「有利な価格」と公開買付価格との差額に当該応募株主等の応募株券等の数を乗じた額の損害賠償責任を負うものとされている（金商27条の18第1項・2項1号）。

　また，重要な事項に関して虚偽記載のある公開買付届出書や誤解を生じさせないために必要な重要な事実の記載が欠けている公開買付届出書の提出者等については，損害賠償責任，課徴金または刑事罰の対象とする旨の規定が置かれている。例えば，均一の条件であるかのように買付条件等を記載したことまたは買付条件に関する重要な事実を記載しなかったことに関し，上記の各規定が適用される可能性がある。

　さらに，公開買付届出書に記載された買付条件等が均一性ルールに違反していることが公開買付期間中に明らかとなった場合には，訂正届出書の提出命令

---

3)　金商法27条の18第1項は，公開買付価格より有利な価格で売付け等をした者を除くと規定する。

4)　重要な事項について虚偽の記載があり，または記載すべき重要な事項若しくは誤解を生じさせないために必要な重要な事実の記載が欠けている公開買付届出書を提出した者等は，損害賠償責任を負うものとされている（金商27条の19・27条の20第1項1号〜3号）。もっとも，この場合の損害賠償額について特段の定めは置かれていない。

5)　重要な事項につき虚偽の記載があり，または記載すべき重要な事項の記載が欠けている公開買付届出書を提出した者等には，課徴金（買付株券等の時価総額の25％）が課される（金商172条の6第1項）。

6)　重要な事項につき虚偽の記載がある公開買付届出書を提出した者等には，刑事罰（公開買付届出書，公開買付開始公告および公開買付報告書の場合には，10年以下の懲役若しくは1000万円以下の罰金またはこれの併科（両罰規定により法人に7億円以下の罰金），公開買付説明書の場合には，5年以下の懲役もしくは500万円以下の罰金またはこれの併科（両罰規定により法人に5億円以下の罰金））が課される（金商197条1項2号3号・197条の2第8号・207条1項1号2号）。

の対象にもなりうる（金商27条の8第3項2号）。

これに対し，買付け等が均一性ルールに違反した場合において，当該買付け等の私法上の効果にどのような影響が及ぶかについては，金商法上，明文の規定がなく，条文上は必ずしも明らかではない。もっとも，一般に均一性ルールが問題となるのが不特定多数の株主等から買付け等が行われる局面であることが多いことを踏まえると，取引の安全の観点から，均一性ルールに違反したからといって，決済の完了した買付け等の私法上の効果が直ちに否定されるべきではない。

2.2 均一性ルールの趣旨

均一性ルールの趣旨については，公開買付規制の導入当初より，買付条件等の中心をなす公開買付価格につき応募株主等が公平に取り扱われるようにすることで，応募株主等の平等待遇を図る点にあるとされている。そうであるとすると，特定の応募株主等が自ら不利益扱いを受けることについて真摯に同意をしているのであれば，ある程度柔軟な取扱いが認められてもよいように思われる。

これに対し，均一性ルールの趣旨は，公開買付価格が均一であることにより投資者が合理的な投資判断を行うことを可能ならしめ，公開買付けの成否を通じた適正な資源配分が行われることを期待してのことであり，その副次的効果として公開買付けに係る事務処理を画一化し，迅速な取引の要請にも寄与するものであるとする見解も存する。仮に，この後者の見解における「公開買付けに係る事務処理の画一化」という点を強調すれば，個々の応募株主等の利益を離れて，均一性ルールを形式的に維持すること自体に独自の意味があることになる。

もっとも，この後者の見解は，公開買付規制の立法上の経緯の中で現れてい

---

7) なお，証券取引法研究会（1972）46頁〔龍田発言〕は，旧証券取引法27条の2に違反したとしても私法上の効力には影響を及ぼさないのではないかと述べている。
8) 松川（1971）8頁，内藤（1990）5頁，橘（1991）63頁，龍田（1994）247頁，河本＝関監修（2008）323頁，324頁，神崎＝志谷＝川口（2012）490頁。なお，株主平等原則を根拠とする考え方も存在する（森本（2005）7頁）。
9) 神田監修，野村證券株式会社法務部＝川村編（1997）260頁。

るものではない[10]。また，この見解において，「公開買付けに係る事務処理の画一化」という点を「副次的効果」として付言する趣旨は必ずしも明らかではないが，均一性ルールを形式的に適用した場合には，健全な企業買収に対する不合理な制約が生じるため，均一性ルールの解釈を行うに際し，この点を強調するべきではない。

3　諸外国の規制

3.1　米国における Best-Price Rule

3.1.1　概　要

　米国においては，1968 年の Williams Act による改正により，Securities Exchange Act of 1934（以下「証券取引所法」という）に公開買付規制が導入された。

　米国の公開買付規制においては，わが国と異なり，公開買付け（tender offer）の定義が定められておらず，一定の割合以上の株式を取得しようとする場合に公開買付けを実施しなければならないという，いわゆる強制公開買付規制は存在せず，大株主から相対で株式を取得する場合であっても，原則として公開買付規制の適用対象とならない[11]。また，対象会社の全ての株式等について勧誘を行わなければならないという，いわゆる全部勧誘義務も存在しない[12]。

　一方で，Williams Act は，株主の平等な取扱いを要求しており，証券取引所法 14 条(d)項(7)号は，公開買付者は，公開買付期間中に公開買付価格を引き上げた場合，公開買付けに応募した全ての株主に対してかかる変更後の価格を支払わなければならないとする。この最高価格規制は，①公開買付けの初期段階で応募した株主の公正な取扱いを確保し，かつ②公開買付けに応募した全ての株主の平等な取扱いを確保することを目的とする[13]。この規制趣旨は，わが国の均一性ルールの立法趣旨（*2.2* 参照）に近似しており，わが国の均一性ルールが米国の最高価格規制を参考に立法されたことを推認させる。

---

10)　商事法務研究会編（1971）128 頁。
11)　*See* Thompson（2015）pp. 8-56.
12)　米国における公開買付規制は，上記の通り，強制公開買付規制は存在しないものの，株式の取得時に公開買付けを実施するという意味では事前規制型の公開買付規制である。
13)　*See* S. Rep. No. 550, 90th Cong., 1st Sess. at 3, 10; H. R. Rep. No. 1711, 90th Cong., 2nd Sess. at 11.

また，1986年には，SEC 規則 14d-10(a)(2)において，公開買付けに応募した全ての株主に対し，公開買付期間中にその他の株主に支払われた最高の価格が支払われなければならない旨が定められた（以下「Best-Price Rule」という）。Best-Price Rule は，公開買付けに応募される株式等に適用されるルールであるため，公開買付けの前後に行われる株式等の買付けについては，当該買付けが公開買付けを構成すると認定されない限り，Best-Price Rule の適用を受けない。

Best-Price Rule を巡っては，公開買付け外で行われる買付者と応募株主との金銭の支払に関する合意等（例えば，株主である役職員との報酬に関する合意，株主である取引先との長期仕入契約の締結等が考えられる）が，公開買付けへの応募の対価の一部を構成し，Best-Price Rule に違反しているとして，たびたび株主から訴訟が提起された。これらのケースにおける裁判所の解釈は，①Best-Price Rule は，かかる合意等が公開買付期間中になされたか否かにかかわらず，公開買付けに不可欠な要素である場合に適用されるとしたもの（いわゆる「Integral-Part Test」[14]）と，②Best-Price Rule は，公開買付期間中に実行された合意等についてのみ適用されるとしたもの（いわゆる「Bright-Line Test」[15]）に大別される。

Best-Price Rule の違反がある場合，裁判所は，買付者に対し，公開買付け外で特定の株主に対して支払われる金額を，他の全ての応募株主に対しても支払うよう命じることができることとされており，違反が認められた場合に買付者

---

14) *Epstein v. MCA,* 50 F.3d 644 (9th Cir. 1995) は，買付者と対象会社の大株主であり CEO である Wasserman 氏は，同氏の保有する対象会社株式を買付者の完全子会社である MEA Holdings の優先株式に交換し，買付者は MEA Holdings に公開買付価格の 106％ に相当する額に Wasserman 氏が交換した対象会社株式の数を乗じて得られる額を出資すること，MEA Holdings は年 8.75％ の配当を支払うこと等を内容とする Capital Contribution and Loan Agreement を公開買付けとは別に締結したところ，①Wasserman 氏の優先株式は公開買付価格に基づいて算出される価格により償還可能であること，②Capital Contribution and Loan Agreement が公開買付けの成功を条件としていたこと等から，買付者と Wasserman 氏の取引は公開買付けの integral part であり，Best-Price Rule の対象になると認定した。また，同判決は，対象会社が，公開買付け終了後に対象会社の大株主であり役員でもある Sheinberg 氏に対して，公開買付けの成立を条件として，同氏の保有するオプションに関連して $21 million を支払ったことについて，Best-Price Rule の違反のおそれがあるとして原審に差し戻した。

15) *Lerro v. Quaker Oats,* 84 F.3d 239 (7th Cir. 1996) は，対象会社および買付者の子会社が，対象会社の 35％ の株式を保有する大株主の関係会社と，当該関係会社に対してインディアナ州，イリノイ州およびウィスコンシン州における独占的販売権を与えることを内容とする新しい Distributor Agreement を公開買付開始前に締結したことに関し，Bright-Line Test を採用して Best-Price Rule の違反はないとした。

に与える影響は甚大になり得る。そのため,一時期の米国の実務においては,企業買収の方法として,公開買付けの方法の方が経済合理的である場合においても,かかるリスクを回避するため,交付金合併などの他の方法が採用されるという状況が生じていた[16]。

かかる事態に対処するため,SEC は,2006 年に SEC 規則 14d-10(a)(2)を改正し,公開買付期間中という文言を削除するとともに,公開買付けに応募された証券に対して支払われる対価が,当該公開買付けに応募された全ての証券に対して支払われる最高の価格でなければならない旨を明確化した。また,特に解釈に困難を伴う役職員兼株主との報酬の合意等については,①当該株主が過去もしくは将来に提供する業務に関して,または将来業務を行わないことに関して支払われる対価であり,かつ②当該株主が公開買付けに応募する株式の数に基づいて算出されるものでないものは,Best-Price Rule に違反しない旨の例外規定が設けられるとともに(SEC 規則 14d-10(d)(1)),対象会社または買付者の報酬委員会または特別委員会等により報酬の合意等が承認された場合には,当該例外規定を充足したものとする旨のセーフハーバー規定が設けられた(SEC 規則 14d-10(d)(2))。

3.1.2 異なる種類の株式間の均一性

米国においては,対象会社が複数の種類の株式を発行している場合において,かかる複数の種類の株式のいずれもが公開買付けの対象となる場合や公開買付けと近接した時期に買付けが行われる場合,原則として,各種類の株式について,議決権の数や普通株式への転換率などに基づいて,公開買付価格を実質的に均一な価格にすることは求められていない[17]。

これは,前述のとおり,米国においては,強制公開買付規制や全部勧誘義務が存在せず,支配権の異動が生じる場合のコントロール・プレミアムの株主への平等分配や公開買付け後に少数株主として残される株主の保護という観点か

---

16) Exchange Act Release No. 52968, at 10 (December 16, 2005).
17) *See* Exchange Act Release No. 22198, §II. n. 14 (July 1, 1985) ("In the event a person makes a tender offer for both subject securities and securities convertible into the subject securities, the consideration under the offer is permitted to differ between the two classes. The highest consideration offered to any security holder of one class during the tender offer must be paid to any other security holder of the same class.").

ら公開買付規制が設けられていないことに由来するものと思われる。

3.1.3 公開買付け外の行為と均一性

米国においては、公開買付け外における株主との合意や支払の Best-Price Rule 違反の有無については、かかる合意や支払が公開買付けへの応募の対価といえるか否かを具体的事実関係に基づいて判断していくことになり、必ずしも明確な基準があるわけではない。

この点、前述のとおり、実務上、最も問題となりやすい役職員兼株主に対する報酬の合意等については、2006 年の SEC 規則改正で例外規定およびセーフハーバー規定が設けられたことにより、判断基準が明確化された。他方、それ以外の応募株主との長期仕入契約等の応募株主に間接的に利益となり得る合意については、当該 SEC 規則改正の後においても事案ごとに実質的な判断が必要とされている。[18]

3.2 英国における Minimum Price Requirement

3.2.1 英国における規制

英国においては、1968 年に独立した機関として Takeover Panel (以下「Panel」という) が設立され、Panel により公開買付けおよび買収に関する自主規制として The Takeover Code (以下「Code」という) が制定されていた。その後、Directive 2004/25/EC of the European Parliament and of the Council of 21 April 2004 on Takeover Bids (以下「EU 企業買収指令」という) に基づき、2006 年会社法により Code および Panel は法的根拠を有することとなった。

Code においては、特定の株主が会社の支配権を取得した場合には、他の全ての株主に公平な売却の機会 (公平な価格を含む) を与えるべきという少数株主保護を目的として (Code General Principle 1. And 2.)、公開買付価格規制 (以下「Minimum Price Requirement」という) が定められている。

具体的には、義務的公開買付けにおいては、買付者は、公開買付けの公表[19]

---

18) *See* Thompson (2015) pp. 8–99.
19) 公開買付けによらず、対象会社の議決権の 30% 以上に相当する株式を取得した場合、または 30% 以上 50% 以下の株式を有している者が追加的に株式を取得した場合には、全ての株式 (議決権がないものも含む) を対象にした公開買付けを実施し、応募の全て

前の 12 か月間の最高価格以上で買付けを行わなければならない（Code, Rule 9.5）。一方，任意的公開買付け[20]においては，公開買付価格は，（x）公開買付期間中または公開買付開始前 3 か月間に株式を取得した場合には，その価格以上（Code, Rule 6.1）で，また，（y）現金対価の公開買付けを行う場合であって，公開買付期間中または公開買付開始前の 12 か月間に現金対価で 10% 以上の議決権のある株式を取得した場合には，当該取得で支払った価格以上である必要がある（Code, Rule 11.1）[21]。

　また，原則として全部買付義務が課されており，部分買付けは Panel の承認を得た場合しか許されない（Code, Rule 36.1）。Panel の承認を得て行われる部分買付け（任意的公開買付け）の場合には，公開買付期間中の別途買付けや公開買付成立後 12 か月間は，Panel の承認なく株式を取得することは禁止されている（Code, Rule 36.3）。

　Minimum Price Requirement に違反がある場合，Panel は，かかる公開買付けを差し止めることが可能であり，また，違反者に対して，Minimum Price Requirement に従っていれば各株主等が受け取ることができた額を当該有価証券の保有者または保有していた者に支払うことを命ずることができる（Code, Rule 10(b)(c)）。

3.2.2　異なる種類の株式間の均一性

　英国においては，対象会社が複数の種類の株式等を発行している場合で，議決権を有する株式等に対して勧誘をする場合には，全ての株式等（議決権を有しないものを含む）に対して勧誘をする必要がある（Code, Rule 9.1・14.1・15.1）。複数の種類の株式等のいずれもが公開買付けの対象となる場合，各種類の株式等ごとにそれぞれ勧誘が存するという考え方をとっていると解される[22]が，異なる種類の株式等の公開買付価格についても，普通株式への転換率などに基づいて実質的に均一とすることが求められる。

　　　を購入する義務を負う（Code, Rule 9.1）。
　20）　義務的公開買付け以外の公開買付けをいう。
　21）　このように，英国における公開買付規制は，支配権の異動を伴う株式の取得後に公開買付けを実施する事後的な公開買付規制である。
　22）　Code, Rule 14.2 は，"Where an offer is made for more than one class of share, separate offers must be made for each class."とする。

複数の種類の株式を公開買付けの対象とする場合には，各種類の株式の公開買付価格は，"comparable offer" である必要がある (Code, Rule 9.1・14.1)。"Comparable offer" であるか否かは，いずれの種類の株式も上場している場合には，当該株式の市場株価の比較により決めることとされているが (Code 14.1 Note 1)，上場していない場合にどのように決めるべきかは明らかではない。実務的には，対象会社の取締役およびその独立した財務アドバイザーによって適切と評価されている場合には，Panel においても "comparable offer" として評価していると考えられる[23]。

潜在株式（新株予約権付社債，新株予約権等の株式ではない転換権を有する有価証券）を公開買付けの対象とする場合，その公開買付価格は "appropriate offer" である必要がある (Code, Rule 15.1)。"Appropriate offer" というためには，原則として，"see through value"（当該潜在株式の転換権を行使した場合に取得する株式の買付価格から行使価格を控除した価格）以上である必要がある[24]。また，対象会社の取締役は，財務アドバイザーから当該オファーについてのアドバイスを受ける必要がある (Code, Rule 15.1)。対象会社が，独立した財務アドバイザーからその内容の公正性について意見を取得することで，公開買付価格の均一性を実質的に確保していると考えられる。

3.2.3　公開買付け外の行為と均一性

英国においては，原則として全部買付義務が課されていることから，公開買付け外における特定の株主との合意や支払については，Minimum Price Requirement に抵触することがある (Code, Rule 16.1)。具体的には，特定の株主との間で，株式のオファーの受諾に際し，買付けに関連して株主全体にオファーしない "favorable conditions" をつけることは禁止されている (Code, Rule 16.1)[25]。その一方，上記で禁止されている特定の株主との合意は，当該特定の

---

23)　Philip (2015) p. 220.
24)　Philip (2015) p. 221.
25)　例えば，公開買付けが不成立の場合において売主がその株式を売却する put option を有することや，公開買付けが成立した場合に売主に対象会社の資産を譲渡することは禁止される。ただし，対象会社の資産の譲渡は，対象会社の財務アドバイザーが当該譲渡の取引は，fair and reasonable である旨の意見を出し，対象会社の利害関係のない株主による株主総会で承認された場合には許容される (Code, Rule 16.1 Note 2)。

株主に対し他の株主に比べて有利な (favorable) 条件を与える合意であり，特定の株主との間で他の株主に比べて不利な条件を合意することは，条文上，禁止されていない。

また，役員へのインセンティブ・プランについては，英国法上は，公開買付けにおいてその内容が開示され，かつ，対象会社の財務アドバイザーにより当該インセンティブ・プランが fair and reasonable である旨の意見が出されている必要がある（Code, Rule 16.2）。仮に，対象会社の役員が対象会社の株主でもあり，かかるインセンティブ・プランの結果，買付者の株主となる場合，またはそのインセンティブ・プランがその業界や慣行からして重大である場合や通常ではない場合には，対象会社の利害関係のない株主による株主総会で承認されることまで必要となる（Code, Rule 16.2）。

3.3　EU 企業買収指令

EU においては，2004 年に欧州議会において，EU 企業買収指令が採択された。EU 企業買収指令は，EU における公開買付規制の最低限の規制を定めるものであり，明文に規定されている事項についても，加盟国において広い裁量が認められており，明文上の規定がない事項も多い。[26]

EU 企業買収指令は，同一の種類の有価証券については平等に取り扱うとともに，いずれかの者により有価証券が取得され，支配権が移転される場合には，その他の有価証券の保有者を保護することを目的とする（EU 企業買収指令 3.1(a)）。

そして，義務的公開買付けが行われる場合には，全ての株主が保有する有価証券につき衡平な価格（equitable price）による公開買付けを実施することが求められる（EU 企業買収指令 5.1）。[27]

衡平な価格（equitable price）とは，買付者が公開買付け前の一定期間（加盟各国が 6 か月から 12 か月の間で決定する）において，同一の種類の有価証券に対して支払う最高価格をいう（EU 企業買収指令 5.4）。また，公開買付者が，公開買付

---

[26]　別途買付けや部分買付けについては何ら規定されておらず，加盟国の判断に委ねられている。

[27]　義務的公開買付けとは，会社を支配することとなる一定の議決権割合を取得する場合をいい，かかる一定の割合は加盟国において定めることとされる（EU 企業買収指令 5.1・5.3）。

の公表後終了までの間に公開買付価格よりも高い価格で有価証券を購入した場合には，公開買付価格をその価格まで引き上げる必要がある（EU企業買収指令5.4）。

なお，かかる規制は，任意的公開買付けには適用がなく，あくまでも同一の種類の有価証券の公開買付価格しか規制していない。複数の種類の有価証券の取扱いについては，明確な規定はなく加盟国において平等な取扱いの精神に従った立法をすることが委ねられていると考えられる。[28]

また，EU企業買収指令は，英国と同様の事後的な公開買付規制であり，大株主から安い価格で買付けを行い，その後EU企業買収指令5.4による規制を満たした形で義務的公開買付けを行うのであれば，大株主のみ別の取扱いをすることは特に禁止されていない。EU企業買収指令に違反した場合のサンクションは，各加盟国において適宜定めることとされている（EU企業買収指令16）。

3.4　日本法への示唆

上記のとおり，米国においては，大株主から相対で株式を取得する場合は，原則として公開買付規制の対象とならないため，公開買付けを経ずに株式を取得することが許容されており，また，公開買付けの前後に行われる株式等の買付けの価格について，公開買付価格に係るBest-Price Ruleは，原則として適用されない。そのため，例えば，特定の大株主から当該大株主が不利益を被るような条件で株式を買い付け，その後，他の株主に対して，当該大株主よりも有利な条件で公開買付けを実施することも認められることになる。

また，英国およびEU企業買収指令においては，公開買付価格は，公開買付け公表前の一定期間の買付価格の最高価格以上にする必要があるため，公開買付け前に行われた買付けの価格と公開買付価格との間に一定の価格規制は存する。一方で，英国やEU企業買収指令の公開買付規制は，支配権の異動が生じる取引が行われた場合に，その後に公開買付けの実施義務を課す事後的な規制であるため，公開買付けに先立ち，大株主から公開買付価格以下の価格で相対で取得すること自体は許容されている。また，英国においては，公開買付け外の契約について，ある株主のオファーの受諾に際し，当該株主に有利な条件を

---

[28]　Report of The High Level Group of Company Law Experts on Issues Related to Take-over Bids (2002) p. 51.

提示することは禁止されているが，不利な条件を提示することは禁止されていない。

　そして，複数の種類の株式等の間の価格の均一性については，米国においては，種類が異なれば Best-Price Rule の適用はなく，また，EU 企業買収指令においては，複数の株式の価格間の関係については，各加盟国に委ねられている。これに対し，英国においては，支配権が移転する際には，他の全ての株主等に平等なエグジットの権利を保障しているため，複数の種類の株式の価格が同程度であること（comparable）または潜在株式に対してオファーする価格の適切性（appropriate）が要求されている。

　このように上記の諸外国の公開買付規制においては，少なくとも，特定の株主が他の一般株主よりも不利な条件で株式を売り渡すことを許容する程度の柔軟性は存するように思われる。そうであれば，わが国においても，大株主が一般株主よりも不利な条件を甘受してでも，買付者に株式を売り渡すことを希望するような場合には，これを厳しく規制する必要性は存しないはずである。

　また，全部買付義務の規制が貫徹される事後規制型の英国においては，支配権の異動に際して少数株主のエグジット権を保障するために，複数の種類の有価証券について，一定程度，公開買付価格の均一性ルールの規制が及ぶ一方で，全部買付義務が課せられていない事前規制型の米国においては，複数の種類の株式についての均一性は求められていない。これに対し，わが国の公開買付規制は，米国と同様に事前規制型である。また，わが国の均一性ルールは，後述するとおり全部勧誘（買付）義務が導入される前に導入されたものであり，立法趣旨も米国の Best-Price Rule の趣旨に近似している（***3.1.1**参照）。その後，わが国の公開買付規制においても，全部勧誘（買付）義務が限定的に導入されたものの，その際にわが国の均一性ルールに何ら変更は加えられていない。したがって，事前規制型のわが国の公開買付規制における均一性ルールを，事後的な公開買付規制である英国等における公開買付価格の価格規制と同程度まで拡大して適用することは，立法経緯的にも根拠はなく，過剰規制のおそれがあるように思われる。

4 複数の買付け間の均一性

4.1 公開買付けの前後またはその期間中の買付け

4.1.1 基本的な視座

　上記のような諸外国の公開買付規制を踏まえ，わが国における均一性ルールについて，どのように合理的に解釈するべきであろうか。

　公開買付価格の均一性ルールは，「公開買付けによる株券等の買付け等を行う場合には，買付け等の価格……については，政令で定めるところにより，均一の条件によらなければならない」（金商27条の2第3項）および「買付け等の価格……は，すべての応募株主等……について均一にしなければならない」（金商令8条3項本文）と規定されており，条文上は，①公開買付けが行われている場合であって，②これに応募した株主等に対して支払われる公開買付価格の均一性が求められているに過ぎない。つまり，条文が明示的に求めているものは，あくまでも同一の公開買付手続の中において応募株主等に対して実際に決済される公開買付価格が均一であることにとどまっており，それ以外の場面については，明文上は特に規制は存しない。

　また，均一性ルールは，全部勧誘（買付）義務が導入される前に導入されたものであるところ，わが国の公開買付規制においては，全部買付義務の適用がない場合においては，一部の種類の株券等のみを公開買付けの対象とし，他の種類の株券等を公開買付けの対象としないことも認められており，また，別途買付けのように公開買付け外での株券等の買付けも一定程度認められている。そもそも，均一性ルールの趣旨は，応募株主等の平等待遇にあるところ，公開買付けに応募する株主等とその他の取引にかかわる株主等との間の平等性を求めているわけでもない。さらに，比較法的にも，公開買付け以前の取引価格と公開買付価格との間での価格規制をする場合には，かかる期間や対象となる行為を明示的に規定した上で規制しており，明文上規定していない期間や行為にまで均一性ルールで規制するようなことがあれば，比較法的にもバランスを欠き，わが国のM&A実務に必要以上の萎縮効果をもたらすおそれがあるように

---

29) 昭和46年証券取引法改正で規定された。

思われる。[30]

　したがって，わが国の均一性ルールを解釈するに際しては，条文上，明示的に規制されている同一の公開買付手続の中における買付け等に係る応募株主等との実際の決済の場面（以下「直接規制領域」という）と，条文上明示的には規制されていないそれ以外の場面（以下「周辺領域」という）に分け，均一性ルールは，基本的に直接規制領域について適用があるものと解するべきである。

　これに対し，周辺領域については，基本的に均一性ルールの適用はなく，例外的に直接規制領域における均一性ルールの趣旨を潜脱することが明らかな場合に限り，均一性ルールの趣旨との抵触を問題とすべきと考える。具体的には，特定の株主等の同意なく株主等を不平等に扱っているかという点に加え，公開買付けとの対価関係の有無・強弱，取引の必要性・合理性を含む諸般の事情を総合的に勘案し，直接規制領域における均一性ルールの趣旨の潜脱として扱う必要があるかを慎重に判断するべきと考える。例えば，周辺領域において，他の株主と異なり，大株主のみが不利益を受ける場合には，基本的に均一性ルールに反しないと解すべきである。以下，このような観点を踏まえ，具体的な場面に応じて検討する。

4.1.2　公開買付けの前後の公開買付け以外の買付け

　公開買付けの実施前後に市場内または市場外において公開買付けによらずに対象会社の株式を取得する場合における取得価格と，公開買付価格との均一性は求められるのであろうか。これは公開買付け外の株式取得の問題であるから，周辺領域の問題である。

　まず，公開買付けの実施前に市場内で株式を取得することについては，急速買付け（金商27条の2第1項4号）等に該当するなど例外的に公開買付けが強制される場合を除き，金商法上許容されている。そして，市場株価は日々変動し

---

[30]　日本法には最低価格規制が存在しない以上，株主平等の理念を最大限尊重して公開買付価格の均一性を解釈する必要はなく，公開買付者と株主との間の別の契約が公開買付届出書にて開示されている場合には，原則として均一性に反しないと解する有力説もある（飯田（2013）23頁）。なお，日本において最低価格規制がないのは，ヨーロッパと異なり事前規制であることの副次的効果に過ぎない（低い価格であれば株主から賛同が得られず公開買付けは失敗し，支配株主の取得自体ができない）と解する説もある（藤田（2013）44頁）。

ており，公開買付価格と同額になる保障はないから，かかる市場内取得の価格と公開買付価格との間の均一性は，金商法上求められていないはずである（他社株府令第2号様式記載上の注意(6)e参照）。[31]

また，公開買付けの実施前に市場外の相対取引で株式を買い付ける場合（上記同様急速買付け等に該当して例外的に公開買付けが強制される場合を除く）についても，強制公開買付規制の適用対象ではない以上，上記市場内取得の場合と異にする理由は存しないから，相対での取得の価格と公開買付価格との間にも均一性は求められていないと解すべきである。

次に，公開買付けの実施後に市場内で株式を取得する場合，市場内の取得については公開買付規制の範囲外であり，金商法上，原則として許容されているところ，市場株価が公開買付価格と同額になる保障は存しないことから，公開買付価格と市場内での取得価格との間の均一性は求められていないはずである。

また，公開買付けの実施後に市場外で相対取得をする場合も，公開買付けの適用がなされない範囲（例えば，50％を超えて保有している場合の特定買付け等（金商令6条の2第1項4号））で行われる限り，市場内取得の場合と異にする理由は存しないから，公開買付価格と相対での取得価格との間には均一性ルールの適用はないと解する。[32],[33]

4.1.3　2つの公開買付けを連続して実施する場合（二段階公開買付け）

大株主との間では，市場価格からディスカウントした価格で買い付けること

---

[31]　公開買付価格が買付者が最近行った取引の価格と異なる場合には，その差額についても公開買付届出書に記載することは求められている（他社株府令第2号様式記載上の注意(6)e）ことからは，金商法は，公開買付け前に買付者が異なる価格で株式を買い付けていることがあることを当然想定しているように思われる。

[32]　なお，公開買付期間中に買付け等の合意を行い，実行行為が公開買付期間中に実施される取引についても，別途買付けの趣旨と，米国においては「購入する又は購入する手配をすること」が禁止されていること（SEC規則14e-5(a)）から，別途買付けの規制に含まれるとする説もある（岸田（2011）783頁）。

[33]　公開買付けの際に公開買付けによらずに買付け等を行う旨の契約を締結している場合には，当該契約があることおよびその内容を記載する必要がある（他社株府令第2号様式記載上の注意(25)）。当該契約があるにもかかわらず，公開買付届出書にその記載をせず，公開買付期間終了後に当該契約に基づき公開買付価格以上の価格で株式を取得した場合には，取得価格と買付価格の差額を支払う必要がある（金商27条の20第2項）。

を合意する一方，他の一般株主に対しては，プレミアムを付したより高い価格をオファーするために，同一の買付者が，公開買付価格の異なる2つの公開買付けを連続して行うことがある（いわゆる「二段階公開買付け」[34]）。この問題も，それぞれの公開買付けは別個のものであるから，互いに他方の公開買付けとの関係では，周辺領域の問題となる。

この点，上述のとおり，公開買付価格の均一性ルールは，同一の公開買付けにおいて，全ての応募株主等に対し公開買付価格を均一にしなければならないというものであり，複数回にわたり別個に行われる各公開買付けの間で公開買付価格を均一にしなければならないという規律ではない。

そこで，このような二段階公開買付けが実質的に均一性ルールの潜脱に該当するか否かにつき検討するに，最初の公開買付けの時点で2回目の公開買付けについての開示（公開買付価格の開示を含む）が適切になされていれば，株主等は，両公開買付けに関する情報の開示を受けた上で，いずれの公開買付けに応募するか否かを自由な意思により選択することができ，何ら不平等な取扱いを受けるわけではない。また，公開買付届出書等において適切な開示が行われていれば，対象会社の株主等の混乱も回避することができ，実質的な弊害も存しない[35]。実際にも，わが国の実務上，異なる公開買付価格による公開買付けを連続して行うという取引は，過去に複数回実施されている[36]。

したがって，同一の種類の株式であっても，近接した時期に異なる価格で公開買付けを実施することは可能である。

---

34) 1回目の公開買付けの成立が2回目の公開買付けの実施の条件とされていることが多い。
35) 森本＝浅岡＝安井＝高田（2015）44頁も同旨。
36) 二段階公開買付けの事例としては，旭テック株式会社に対する公開買付け（平成24年1月6日・同年2月13日），ニッシン債権回収株式会社に対する公開買付け（平成24年7月23日・同年8月30日），スターバックス コーヒー ジャパン株式会社に対する公開買付け（平成26年9月26日・同年11月10日），株式会社レディ薬局に対する公開買付け（平成27年4月14日・同年6月2日），株式会社メッセージに対する公開買付け（平成27年12月21日・28年1月29日），株式会社富士テクニカに対する公開買付け（平成28年1月7日・同年2月24日），株式会社ウィズに対する公開買付け（平成28年3月10日・同年4月15日），株式会社エイティングに対する公開買付け（平成28年3月31日・同年5月19日）などがある。

4.1.4 公開買付期間中に別途買付禁止規制の例外として取得する場合

　公開買付期間中は，買付者等は対象会社の株券等を公開買付けによらずに買い付けることは原則としてできない（金商27条の5本文）。これは，①公開買付者の保有株式数と買付予定株券等の数を明らかにして公開買付けを行っているため，これらの株券等の数に変動を生じさせるような別途買付けを一切行わずに公開買付けによって買い付けるよう義務づけるのが，投資者に対する情報開示の面で制度として簡明であり，②別途買付けにより，大株主等から公開買付価格より高い価格で買取りを認めることは，投資者を平等に取り扱う公開買付制度の趣旨に反することによるとされている[37]。もっとも，公開買付開始公告を行う以前に対象会社の株券等を公開買付けによらずに買い付ける契約がある場合において，公開買付届出書に当該契約があることおよびその内容が明記されている場合には，例外的にかかる買付けを行うことは認められている（金商27条の5第1号）。この場合も，公開買付けの外での別途買付けであることから，周辺領域の問題である。

　かかる別途買付禁止規制の例外事由に該当する場合，条文上はその契約内容の開示を求めているのみであり，公開買付価格とは異なる価格での取得は特に禁止されていない[38]。この点，かかる別途買付けは，公開買付価格の均一性を求めた法の趣旨を潜脱する可能性があるとの指摘もあるが[39]，別途契約の締結行為自体が，強制公開買付けの適用がある買付け等に該当しないのであれば，これ自体を公開買付けで行う必要はなく，また，明文上かかる公開買付け外での買付け等が認められる以上，均一性ルールは及ばないと解するべきである[40]。

---

37) 商事法務研究会編（1971）126頁・127頁。
38) なお，別途買付禁止規制に違反して株券等を取得した場合には損害賠償義務を負い，その取得価格が公開買付価格以上である場合には，当該取得価格と公開買付価格の差額に基づき計算される額が損害賠償額となる（金商27条の17）。かかる別途買付制度に関しては，一方では別途に高く買い付けることを公開買付届出書において明記していればかかる買付けは許されるが，かかる記載をしなかった場合だけ均一性ルールにより平等が強制されることはおかしいが，投資判断に資するという意味では意味があると解する意見もある（証券取引法研究会（1992）51頁〔黒沼発言〕）。
39) 長島・大野・常松法律事務所編（2013）199頁。
40) ただし，実務的には，財務局において，そのような別途買付けの記載された公開買付届出書を受理しないという形で事実上指導を受ける可能性は存する。

4.1.5 複数の他社株公開買付けを同時に並行して行う場合

　同一の買付者が，公開買付価格の異なる複数の公開買付けを同時に並行して行うことはできるだろうか。具体的には，大株主からのみ応募されることを想定して市場価格からディスカウントした価格で公開買付けを実施し，それと同時にプレミアムを付した価格で他の株主向けに公開買付けを並行して実施するような事例が考えられる。

　まず，同時並行的な公開買付けは，そもそも別途買付禁止規制（金商27条の5本文）に抵触するため，実施できないのではないかという問題がある。

　もっとも，別途買付禁止規制は，「公開買付けによらないで」買付け等を行うことを禁止するものであり，条文上は，「『その』公開買付けによらないで」といった形で，公開買付けの意味に限定が付されていないため，同時並行的に実施されている別の公開買付けであったとしても，ここにいう「公開買付け」（金商27条の3第1項参照）に含まれると読むのが自然である。実質的にみても，「公開買付け」は適切に情報開示がなされた上で全ての応募株主等から均一の条件で買付け等が行われるものであるから，「公開買付け」一般を別途買付禁止の適用除外と解したとしても，同規制の趣旨（上記*4.1.4*参照）に反しない。したがって，「公開買付け」は，別途買付禁止規制の対象にならず，公開買付者は，同時並行的に複数の公開買付けを行うことができると考えられる。

　では，別途買付禁止規制に抵触しなかったとしても，異なる公開買付価格により同時並行的に公開買付けを実施することは，均一性ルールに抵触しないか。一連の取引として同時並行的に実施している以上，実質的に一体の公開買付けであるとして，均一性ルールを2つの公開買付けの間にも及ぼすべきではないかが問題となる。

　もっとも，上記のとおり，2つの公開買付けを異なる公開買付価格で段階的に行うことができる以上，異なる公開買付価格の2つの公開買付けを同時期に行うことも許容されてしかるべきである。また，この問題も，相互に別の公開買付けとの関係においては周辺領域に属する問題であるところ，あくまで，均一性ルールの条文が明示的に求めているのは，同一の公開買付手続において全ての応募株主等に対し公開買付価格を均一にしなければならないというもの（直接規制領域）であり，公開買付期間が同時期であるからといって，別々に実施される各公開買付け間で公開買付価格を均一にしなければならないと解する

必要はない。

　また，対象者の株主は，いずれの公開買付けに応募するか否かを自由な意思により選択することが可能であり，いずれかの公開買付けに任意に応募する機会は保障されているため，応募株主等の平等待遇を図るという均一性ルールの趣旨にも反していない。

　なお，このような取引に関する実際の問題があるとすれば，複数の公開買付けが同時に実施されることにより，事実上，応募株主等が混乱し，間違った公開買付けに応募してしまうのではないか，という点にあるように思われる。

　もっとも，各公開買付けにおいて，そうした混乱が生じないよう適切に情報（一連の取引の全体像，各公開買付けの存在および内容，複数行う理由，両公開買付けの関係，時期および公開買付価格の差異の理由等を含む）を開示するのであれば，株主が各公開買付けのいずれに応募するか否かを適切に判断することは十分に可能である。実務的には，公開買付代理人が誤解している可能性のある株主等に適宜コンタクトするなどして，株主において誤解が生じないよう配慮することも考えられる。むしろ，2つの公開買付けを縦列的に行うのではなく，並列的に行うのであれば，時間的コストを軽減することも可能となり，公開買付者のみならず，応募株主等にとってもメリットがある。

　したがって，異なる公開買付価格の公開買付けを同時並行的に実施することは，均一性ルールに抵触せず，これを行うことができると解すべきである。

4.1.6　他社株公開買付けと自社株公開買付けを同時に並行して行う場合

　買付者が一律に高い価格での公開買付けを実施するだけの資金を調達できない場合において，法人株主を対象とした低い価格での自社株公開買付けと，個人株主を対象とした高い価格での他社株公開買付けを組み合わせることで買収を成功させようとする場合がある。自社株公開買付けに応募する法人株主にとっては，低い買付価格であったとしても，みなし配当に係る受取配当益不算入制度の恩恵を受けることによる税務上のメリットを享受することができれば，税引き後の手取金額が増加し，高い価格での他社株公開買付けに応募する場合よりもむしろ有利になる場合があるため，このようなスキームが採られるわけである。

　もっとも，実務的には，過去，他社株公開買付けと自社株公開買付けが同時

に並行して行われる場合においては，両公開買付けの公開買付価格は同一に設定されてきているように思われる[41]。それでは，仮に，かかる場合において公開買付価格に差異を設けたときは，公開買付価格の均一性ルールに抵触するのであろうか[42]。この問題も，周辺領域の問題である。

この点，他社株公開買付けと自社株公開買付けを同時並行的に実施する場合において，公開買付価格に差異を設けることについては，当局から疑義を呈される可能性があるという見解がある[43]。

もっとも，均一性ルールの条文が明示的に求めているのは，あくまで同一の公開買付手続において全ての応募株主等に対し公開買付価格を均一にしなければならないというものであり，同時または公開買付期間が重なるからといって，別々に実施される他社株公開買付けと自社株公開買付けとの間で公開買付価格を均一にしなければならないという規律は存在しない。そもそも，他社株公開買付けと自社株公開買付けは実施主体が異なり，また，均一性ルールは「第一項本文に規定する公開買付けによる株券等の買付け等を行う場合」（金商27条の2第3項・27条の22の2第2項）に適用されると定められているところ，ここでいう「第一項本文に規定する公開買付け」は，他社株公開買付けであれば金商法27条の2第1項本文に規定する「公開買付け」を意味し，自社株公開買

---

[41] 買収者をシダックス株式会社とする大新東株式会社に対する公開買付け（平成19年1月30日）および買収者を株式会社石原ホールディングスとする株式会社平和に対する公開買付け（平成19年4月9日）などがある。

[42] 他社株公開買付けと自社株公開買付けを同時に並行して行う場合，対象者と買収者が共同して買付け等を行っていることから，対象者が買収者の実質的基準による特別関係者（金商27条の2第7項2号）に該当する可能性があり，その場合には，複数の他社株公開買付けを同時に並行して行う場合（上記 **4.1.5** 参照）と同様に，自社株公開買付けが別途買付禁止規制に違反しないかが問題となる。もっとも，上記のとおり他社株公開買付けと自社株公開買付けを同時に並行して行う事例は既に存在しており，当局は別途買付禁止規制に違反するとは解していないようである。この点，別途買付禁止規制の適用除外となる「公開買付け」（金商27条の5本文）は，条文上他社株公開買付けを意味するとも解し得るが（金商27条の3第1項・27条の2第1項。金商27条の22の2以下に「公開買付け」の定義は存在しない），自社株公開買付けも他社株公開買付けと同様に適切に情報開示がなされた上で全ての応募株主等から均一の条件で買付け等が行われるものであるから，自社株公開買付けを別途買付禁止規制の適用除外と解したとしても，同規制の趣旨（上記 **4.1.4** 参照）に反しないと考えられるため，自社株公開買付けも別途買付禁止規制の適用除外となる「公開買付け」に含まれると解することもできよう。

[43] 太田（2012）32頁。

付けであれば金商法27条の22の2第1項本文に規定する「公開買付け」を意味すると解するのが自然であり，条文上，自社株公開買付けと他社株公開買付けを均一性ルールの対象となる同一の「公開買付け」に含まれると解釈することは困難である。

さらに，公開買付期間の重複しない自社株公開買付けと他社株公開買付けを連続的に実施する場合に公開買付価格に差異を設けることは実務上許容されており[44]，また，他社株公開買付けを開始する直前に公開買付価格より低い価格での相対の自社株取得を実施することも実務上許容されている[45]。それにもかかわらず，同時または公開買付期間が重なる場合に自社株公開買付けと他社株公開買付けの公開買付価格を異ならせることが禁止されるというのは不合理である。

また，自社株公開買付けと他社株公開買付けを同時並行的に実施する場合であっても，株主がいずれかの公開買付けに任意に応募できることに違いはなく，応募株主等の平等待遇を図るという均一性ルールの趣旨にも反しないといえる。

さらに，上記のとおり，同時並行的に公開買付けが実施される場合に想定されうる応募株主等の混乱のリスクについても，適切な開示や公開買付代理人の支援により[46]，十分に回避可能と考えられる。

---

44) 買収者を株式会社ZEホールディングスとする栄光ホールディングス株式会社に対する公開買付け（自社株公開買付け：平成27年5月20日，他社株公開買付け：平成27年6月19日）。栄光ホールディングス株式会社による自社株公開買付けは，公開買付期間を平成27年5月20日から平成27年6月16日までとし，公開買付価格を1,450円として，大株主である有限会社進学会ホールディングスからの応募を念頭に上限を設定した上で実施されている。その公開買付期間の終了後，株式会社ZEホールディングスによる他社株公開買付けが，平成27年6月19日から平成27年7月31日までを公開買付期間とし，公開買付価格を1,550円として，上限なしで実施されている。

45) Grainger Japan, Inc. による株式会社MonotaROに対する公開買付け（平成21年8月10日）は，公開買付期間を平成21年8月10日から平成21年9月7日までとし，公開買付価格を1,010円として，議決権の53%を取得することを目指して上限を設定した上で実施されているが，その直前である平成21年8月7日を取得日として，対象者の臨時株主総会決議に基づく特定の株主からの自己株式取得が行われており，その際の取得価格は875円とされている。

46) 個人の投資家については，自社株公開買付けの応募に係るみなし配当の益金不算入のような税務上のメリットはなく，むしろ，自社株公開買付けに応募することによる税務上のデメリットが存在する場合も想定されることから，投資者の混乱を避ける観点からも，各公開買付けに応募した場合における一般的な税務上の取扱いについても情報提供をしておくことが考えられる（森本＝浅岡＝安井＝高田（2015）49頁）。

何より，連続的に行う場合よりも同時並行的に行う場合の方が，短期間に全ての取引が完了するため，（公開買付者のみならず）応募株主等の利益にも資する。

したがって，他社株公開買付けと自社株公開買付けが同時に並行して行われる場合において，公開買付価格に差異を設けることは均一性ルールに抵触せず，これを行うことができると解すべきである。[47],[48]

4.2 異なる種類の株券等の間の均一性

公開買付価格の均一性について定める金商法27条の2第3項および金商令8条3項は，公開買付けに応募したすべての株主等について，公開買付価格を均一にしなければならないとするのみで，異なる種類の株券等の間で異なる取扱いを認める規定はない。しかし，公開買付けの対象となる「株券等」には，普通株式だけでなく種類株式や新株予約権も含まれ，それぞれの価値は様々でありうるため，すべての株券等について均一（同一）の公開買付価格を提示しなければならないとすると著しく不合理な結果となる。そこで，公開買付価格の均一性ルールが，異なる種類の株券等に対して適用されるのか，適用されるとして，どのように適用されるのかが問題となる。

この点，当局は，同一の公開買付けにおいて，異なる種類の株券等を買付け等の対象とする場合，実質的に公開買付価格が均一となるようにするべきであ

---

47) 太田（2012）31頁および森本＝浅岡＝安井＝高田（2015）46頁も同旨。
48) なお，市場価格にプレミアムを付した公開買付価格により自社株公開買付けを行うことについては，残された株主が会社財産の流出による不利益を被る可能性があるため，発行会社の役員の善管注意義務・忠実義務との関係が一応問題となり得る。この点，会社の本来的価値から乖離する公開買付価格による自社株公開買付けは，すべての株主に平等な売却機会を与えたとしても現実にすべての株主から買い取ることができなければ，買い取ることができなかった株主は不利益を被ることから，善管注意義務・忠実義務違反の問題は依然として生じうるとの見解もある（証券法研究会編（2012）476頁）。他方で，公開買付規制に従った情報開示が行われた上ですべての株主に対して平等に売却の機会が提供され，応募多数の場合も按分比例で応募株主が利益を享受する機会が平等に与えられていることから，原則として株主に損害を及ぼすものではなく，基本的には善管注意義務・忠実義務違反の問題は生じないとする見解もある（長島・大野・常松法律事務所編（2013）382頁，383頁。また，江頭＝神作＝藤田ほか（2005）54頁〔神田発言〕も参照）。この点については，全ての株主に対して売却の機会が提供されていることから，基本的には発行会社の取締役の経営判断の問題であり，著しく不合理な公開買付価格である場合や強度の強圧性があるといった例外的な場合でない限り，原則として，善管注意義務・忠実義務違反が問題となるわけではないと考えられる。

るとの見解をとりつつ[49]，株券等の種類の違いに応じて合理的な差異であれば，「実質的均一性」を肯定している[50]ものと思われる。

このように実質的な均一性を要求する見解によれば，普通株式に転換する条件が付されている種類株式または新株予約権については，転換される普通株式の経済的価値に換算して，公開買付価格を設定することが考えられる。また，この見解は，公開買付届出書の様式において，株券等の種類に応じた公開買付価格の価額の差について，換算の考え方を記載することが求められていること（他社株府令第2号様式記載上の注意(6)e）とも整合的である[51]。

もっとも，かかる見解に対しては，何をもって実質的に均一であると評価すべきかは，実務上評価が困難となる場合が多いとの批判がなされている[52]。

この点，近時の有力説は，全部勧誘義務が課されない場合は，異なる種類の株券等の間に均一性ルールは及ばないと解する。すなわち，全部勧誘義務が課される場合には，実質的に一部の種類の株券等について買付けの対象から排除することになるような公開買付価格を設定することは，全部勧誘義務の趣旨に反するため，その範囲で公開買付価格の設定には一定の制限がかかるとする[53]。

この有力説の中には，その根拠として，1つの公開買付届出書に基づく公開買付けにおいても，異なる種類の株券等に対しては，観念的には種類ごとの公開買付けが併存していると考えた上（複数説），金商令8条3項は，種類ごとの公開買付けにそれぞれ適用されるため，異なる種類の株券等の間で公開買付価格を変えることができると理論構成するものもある[54]。

---

49) 池田＝大来＝町田（2007）65頁。
50) 池田＝岩原＝神作ほか（2010）90-93頁〔池田発言〕参照。
51) 池田＝岩原＝神作ほか（2010）91頁〔神田発言〕。この点について証券法研究会編（2012）43頁は，種類間の価格の均一性は求められないと考えたとしても，公開買付価格についての考え方を開示することは，株主・投資者の判断材料の1つとして有益な情報提供になるとしている。
52) 池田＝岩原＝神作ほか（2010）94頁〔池田，山下発言等〕，証券法研究会編（2012）42頁。
53) 池田＝岩原＝神作ほか（2010）94頁〔藤田発言〕，太田（2012）25頁，長島・大野・常松法律事務所編（2013）177頁，証券法研究会編（2012）43頁参照。
54) 池田＝岩原＝神作ほか（2010）90頁〔藤田発言〕。長島・大野・常松法律事務所編（2013）176頁は，①金商令8条3項は文言上実質的に公開買付価格が均一となることを定めているとは解されないため，種類ごとに別異に取り扱うと考えるのが一般的であること，②会社法の株主平等原則においても，株主をその有する株式の内容および数に応じて平等に取り扱うものとされていること，③全部勧誘義務が課されない場合には，

複数説は，すべての種類の株券等について1つの公開買付けがなされていると考えた場合（単数説），種類ごとに買付け等を行う株券等の数の上限または下限を設定することはできないのに対し，複数説によれば，別々に上限または下限を設定することの説明が容易であるとする[55]。また，公開買付けの開始後に，別の種類の株券等を買付け等の対象に追加し，または一部の種類の株券等を削除する場合，単数説によれば，条件の変更であるとして，変更後に10営業日が確保されていれば，いずれも可能と解することができることになるが，複数説によれば，前者については，当該種類の株券等について新たな公開買付けが開始されるとみて，その時点から20営業日を確保することが必要ということになり，後者については，当該種類の株券等に対する公開買付けの撤回であるとして原則として禁止されるということになるように思われる[56]。

確かに，上記**4.1.5**において述べたとおり，理論的に，複数の公開買付けを同時に実施することは許容されるべきであるし，書類としての1つの公開買付届出書に複数の公開買付けをまとめて記載して提出することも，株主等に誤解が生じないよう，明確性が担保されているのであれば，許容されるべきである。

もっとも，全部勧誘義務を定める金商令8条5項3号および他社株府令5条5項は，「同一の公開買付け」においてすべての種類の株券等について勧誘を行うことを要求しており，単数説を前提としているものと解されるし，単数説を前提としていると思われる現状の当局の実務運用や実際の公開買付届出書の様式等を勘案すれば，少なくとも現行の実務において複数説が当然に妥当す

　　異なる種類の株券等に対して別々に公開買付けをすることも可能であり，実質的な均一性を要求する合理的な理由がないことを理由としている。
55) 単数説によった場合でも，合理的に解釈していくことになるとの見解もある（池田＝岩原＝神作ほか（2010）91頁〔池田発言〕）。
56) 池田＝岩原＝神作ほか（2010）91頁〔藤田発言〕。確かに，金商法27条の13第4項1号は，「応募株券等の数の合計」が買付予定の株券等の数の下限に満たないときは買付け等をしないことができるとの記載をしており，また公開買付届出書の様式上，種類ごとの記載ではなく，合計した株券等の数を記載することとされていることからすると（他社株府令第2号様式第1, 4(3)），複数説の方が株券等の種類ごとに買付予定数の上限または下限を設定することに親和性があるように思われる。もっとも，様式上は，種類ごとに分けて記載することとされていなくても，公開買付者において種類ごとに記載する裁量があってもよいとする見解もある（池田＝岩原＝神作ほか（2010）105頁〔岩原発言〕）。

ると解するのは，いささか技巧的で無理があるように思われる。また，単数説と複数説のいずれが妥当かとの議論から実質的な均一性の要否について結論を導き出す必要も存しないように思われる。

　思うに，少なくとも現行の実務においては，複数の種類の株券等についても1つの公開買付手続が行われていると解さざるを得ないことを前提とすると，この問題は，直接規制領域の問題となり，複数の種類の株券等についても，均一性ルールが適用されることとならざるを得ないように思われる。

　もっとも，わが国の公開買付規制上，全部勧誘義務が適用されない場合には，一部の種類の株券等についてのみ公開買付けの対象とし，他の種類の株券等については，全く公開買付けの対象にしないという究極の選択をすることも許されていること[57]からすれば，当該他の種類の株券等についても公開買付けの対象とする場合には，それぞれの種類の株券等の価格について均一性ルールを適用するに際して相当に柔軟な取扱いが認められてしかるべきである[58]。

　一方，全部勧誘義務が適用される場合には，全部勧誘義務が規定された趣旨から，実質的にも，全ての株券等を対象として勧誘が行われたといえる程度の公開買付価格が設定される必要がある。ただし，その場合も，異なる種類の株券等の価値算定に関する考え方は多義的であり，またその条件（普通株式への転換の条件，新株予約権の行使の条件，取得条項，取得請求権等）も様々であることから，客観的な価値算定に加え，株主にとっての価値のみならず，買付者にとっての価値等も含めた柔軟な価格設定が許容されるべきである。

　以上のとおり，複数の種類の株券等を1つの公開買付けの買付対象とする場合には，直接規制領域の問題であり，均一性ルールが適用されると解さざるを得ないが，一部の種類を公開買付けの対象としないことが許容されていることとの均衡，株券等の価値算定の多義性等を勘案し，均一性ルールを相当に柔軟に運用するべきと考える。ただし，均一性ルールは，現代の種類株式制度を想定して設けられたものではないこと，上記の一部の種類を公開買付けの対象としないことが許容されていることとの均衡などを勘案すると，立法論的には，

---

57)　池田＝岩原＝神作ほか（2010）100頁〔池田発言〕。
58)　飯田（2013）23頁注44は，日本法は株主の平等の理念を前面に押し出すものではないため，異なる種類株式に対する対価を均一とすることまでは求められていないと解すべきであるとする。

全部勧誘義務が適用される場合を除き，異なる種類の株券等について均一性ルールを及ぼさないような形に見直すことが検討されるべきである。

4.3 応募株主の同意がある場合

　特定の株主が他の株主よりも低い公開買付価格で株式を譲渡することに合意している場合，同一の種類の株券等について，当該株主についてのみ不利な価格により公開買付けを行うことは可能かが問題となる。前述のとおり，実務上は，大株主がその保有する株式の売却を希望し，市場株価からディスカウントされた価格による売却に同意している場合でも，まず大株主からの買付け等を目的として市場株価よりディスカウントした公開買付価格により公開買付けを実施した上，続いてプレミアムの付された公開買付価格により別の公開買付けを実施するといった取引が行われることがある（上記 *4.1.3* 参照）。しかし，このように別の公開買付けを２回行うことは，不必要な費用と時間を生じさせ，投資家，対象会社，買付者等の取引関係者にとって望ましくない。

　この点，対象となる株券等の所有者の数が25名未満であり，公開買付けによらずに買付け等を行うことについて当該所有者の全員が同意しているときは，買付け等の後における買付者の株券等所有割合が３分の２以上にならない限り，例外的に公開買付けによらずに当該株券等の買付け等を行うことができることとされている（金商令６条の２第１項７号）。これは，公開買付けを強制することで保護される株主が法による保護を不要であるとしている以上，公開買付けを強制する意義が乏しいためであるとされている[59]。均一性ルールの趣旨が応募株主等の平等にあることからすると，強制公開買付規制の例外と同様に，株主が適切に情報を入手した上，自らの自由意思により，その利益を放棄する場合には，例外を認めてもよいとの考え方も十分合理的である。

　もっとも，１つの公開買付けの中で同一の種類の株券等について異なる価格での買付け等を行うことは，直接規制領域の問題であり，少なくとも，現行法

---

59) 山下＝神田編（2010）261頁。対象となる株券等の所有者の数が25名未満の場合に限定されているのは，株券等の保有者が少数である場合には，同意を得る者と与える者との間において情報の非対称性等が発生する可能性が低いためとされている（金融庁平成18年12月13日「提出されたコメントの概要とコメントに対する金融庁の考え方」６頁14番）。

の規定上は，均一性ルールの適用が避けられない。そして，法令に例外が定められていない以上，条文解釈からは，1つの公開買付けにおいて，同一の種類の株券等について別異の公開買付価格を支払って決済することは認められないと解さざるを得ないように思われる。

ただし，上記 **4.1.5** のとおり，少なくとも理論的には，複数の他社株公開買付けを同時並行的に実施することは認められるべきであり，また，これを1つの書類としての公開買付届出書にまとめて記載することも認められてしかるべきである。[60]

5 公開買付け外の行為と均一性

5.1 概　　要

上記のとおり，公開買付価格の均一性ルールが求めているのは，公開買付手続の中において応募株主等に対して実際に決済される公開買付価格が均一であること（直接規制領域）にとどまっており，それ以外の場面（周辺領域）については，明文上は特段の規制は課されていない。

例えば，公開買付けに付随してなされる合意（以下「周辺的合意」という）のうち，特定の株主が自ら不利益を受けることを甘受する旨の合意については，均一性ルールの適用はないと解すべきである。

そのうえで，均一性ルールの潜脱の有無については，そもそも均一性ルールが応募株主等の平等を保護するためのルールであり，不利益を受ける応募株主等の同意があることから，原則として均一性ルールの潜脱には該当しないと解すべきであろう。このような考え方は，英国・米国において，公開買付け外で特定の株主に対し不利な条件で株券等の買付けをオファーすることが禁止されていないこととも整合的である。

他方で，周辺的合意であっても，特定の株主において，一般の株主に与えられない利益を受ける可能性のある合意については，均一性ルールの潜脱とならないよう検討することが必要となる。もっとも，正当な取引に対する萎縮効果等の弊害が生じないよう，公開買付けとの対価関係の強弱や取引の必要性や合

---

[60] ただし，少なくとも現時点においては，当局において，このようなプラクティスは認められていない可能性が高い。

理性等の諸般の事情を総合的に勘案し，均一性ルールの潜脱と評価される範囲を合理的に画する必要があると考えられる。以下，かかる観点から，具体的な場面に応じて検討する。

5.2　株主との周辺的合意（Side Agreement）

　公開買付けを行うに際して，買付者が特定の株主（典型的には大株主）との間で，公開買付けに応募してもらう株券等の対価の一部として，別途（公開買付価格に加えて）金銭を支払う旨の合意をした場合，均一性ルールの潜脱の問題が生じることは明らかである。問題は，このような脱法的な合意ではなく，例えば，公開買付けに際して，取引先兼株主との間で長期の取引契約を締結したり，対象会社が上場子会社の場合に，グループ会社からの離脱に伴い大株主でもある売主との間でライセンス契約等を締結するなど，公開買付け外の事項について周辺的合意をすることが，特定の株主に対して株券等の対価の一部を供与しているとされ，均一性ルールの潜脱に該当しないかといったものである[61]。

　この問題は，理論的には，このような周辺的合意により特定の株主が他の株主が得ることのできない利益を得る場合，当該利益が公開買付けに応募される株券等の対価の一部を構成すると評価されるか否かにより判断されるべきである。

　この点，供与される利益の原因となる合意や取引を単独で評価した場合に経済合理性がないような場合，実質的に均一性ルールに違反していると評価され得るとする見解がある[62]。もっとも，株主から買付者に譲渡される資産の価値の評価は一義的に定まるものではなく，経済合理性の判断は容易ではない場合も多く，公開買付けを含むM&A取引を行うに当たり，株主との間で周辺的合意を行うことが必要な場合も少なくないことからすると，このような曖昧な基準は望ましくない。

　前述のとおり，公開買付手続外の周辺領域に関する合意については，均一性ルールが直接適用されるわけではないから，株主との間で周辺的合意を行う必要性や合理性が認められる場合には，当該周辺的合意に基づく利益の供与は，公開買付けの対価の一部を構成していると認められる特段の事情がある場合を

61）　三井＝土本編（2011）45頁参照。
62）　証券法研究会編（2012）38頁。

除き，原則として，当該合意に基づく義務の履行の対価であり，公開買付けに株券等を応募したことの対価ではないと解するべきであろう[63]。また，独立社外取締役や独立した第三者により構成される特別委員会などにより周辺的合意に必要性や合理性が承認された場合には，原則として，当該周辺的合意による利益の供与は公開買付けの対価の一部を構成しないと解してよいように思われる。

5.3　役職員株主との報酬の合意

公開買付けに際してなされる周辺的合意の中でも，買付者と対象会社の株主でもある役職員との間の合意は，実務上，公開買付価格の均一性ルールとの関係で問題となることが多い。例えば，買付者が，株主兼役職員との間で，買収後も継続して職務を遂行してもらうために報酬の増額やストックオプションなどのインセンティブ・プランを合意する場合，詳細な条件は合意しない場合でも買収後の地位を保障することについて合意する場合，買収に際して退職してもらう見返りとして割増しをした退職慰労金を支払う場合等がある。

このような役職員との合意についても，周辺領域の問題ではあるから，均一性ルールが直接適用されるわけではない。例外的に，当該合意が公開買付けの対価の一部を構成し，均一性ルールの潜脱に該当すると評価できるか否かが問題となるところ，当該合意が過去または将来の役職員としての職務執行の対価として認められる場合には，公開買付価格の均一性ルールの問題は生じないと考えられる。

このような公開買付けに応募する役職員株主との間の報酬の合意について，金融庁が公表したQ&Aにおいては，約束した報酬が株券等の対価としての性質を有すると認められるときは公開買付価格の均一性ルールに反するとした上で，その判断に当たっては，①従前の報酬と新たな報酬との相違（相違がある場合，その合理的理由の有無），②当該報酬が支払われる時期（一時金として支払われるものか継続的に支払われるものかなど）および条件（公開買付けの成立のみを条件とするものか一定の業績の達成を条件とするものかなど），③取締役が応募する株券等の数（当

63）　飯田（2013）23頁は，別途買付禁止規制の例外が認められていることを根拠として，解釈論としては，周辺的合意が公開買付届出書にて開示されていた場合には，原則として公開買付価格の均一性ルールに違反しないと解することとしてよいとする。

該取締役の応募の有無が公開買付けの成否に与える影響の大小），④当該報酬額の計算の基準および根拠（当該取締役が応募する株券等の数を基準とするものであるかなど）に留意する必要があることが示されている[64]。

　もっとも，公開買付けにより支配権が移転する局面等においては，取締役は買付者が新たに決定した報酬制度の下に置かれることが少なくないため，過去の報酬体系との連続性（①）をことさら重視するべきではないし，支払時期や条件（②）についても，買付者に合理的な裁量は認められてしかるべきであるように思われる。

　企業買収を行うに際し，買付者が対象会社の役職員との間で合意をすることの必要性については，実務上も広く認められるところである[65]一方，周辺領域における合意が特定の株主のみに対して利益を与える可能性のある合意である場合には，公開買付けとの対価関係の強弱，取引の必要性および合理性等の諸般の事情を総合的に利益考慮しながら，均一性ルールの潜脱に該当するかを慎重に判断する必要がある。すなわち，かかる報酬の合意の必要性および合理性が認められる場合には[66]，役職員との報酬の合意は，原則として公開買付価格の均一性ルールに抵触すると解釈するべきではない[67]。また，米国におけるセーフハーバー規定のように報酬委員会，独立社外取締役または特別委員会によりかかる合意について承認がなされる場合には，その必要性および合理性が第三者により確認されていることから，公開買付価格の均一性の問題は生じないと考えてよいように思われる[68]。

---

[64] 三井＝土本編（2011）43頁。

[65] 米国において，2006年のSEC規則改正により，役職員との報酬に関する合意に係る例外規定およびセーフハーバー規定が設けられた背景には，重要な役職員の引留めまたは退職に係る取決めがM&Aの重要な要素であると考えられていたことがあるとされている（Exchange Act Release No. 52968, *supra* note 16, at 10）。

[66] 立案担当者によるQ&Aの解説においては，報酬額が，取締役が応募する株券等の数を基準として決定されている場合には，それだけで，株券等の対価としての性質を有することが強く推認されるとされている（三井＝土本編（2011）45頁）。

[67] 長島・大野・常松法律事務所編（2013）341頁，証券法研究会編（2012）39頁も参照。

[68] 公開買付者と対象会社の役員との間の契約については，公開買付届出書等において開示する必要がある（他社株府令10条5号，第2号様式記載上の注意(27)，25条1項5号，第4号様式記載上の注意(5)参照）。

5.4 公開買付応募契約

公開買付者が対象会社の大株主との間で締結する公開買付応募契約においては，表明保証違反または義務違反の場合の補償条項（価格調整条項[69]），エスクロー条項[70]等を定めることが考えられる。これらの条項は，公開買付価格につき，大株主との間でのみ均一でない条件を設けるものとして，均一性ルールに違反しないかが問題となる。

公開買付応募契約とは，株主がその保有する株券等を公開買付者の開始する公開買付けに応募することを約する契約であり，これに加えて，公開買付者が公開買付けの手続を開始することを約することもある。そのため，大株主において，かかる公開買付応募契約を締結するに際し，対象者に関する表明保証や何らかの義務負担を行い，その違反があった場合に補償することや，かかる補償の確実性を確保するためにエスクローを利用することを約したとしても，公開買付者が公開買付けの手続を開始するという合意をすることとの見合いで，かかる補償等の合意がなされているにすぎず，公開買付価格を直接的に異ならせる合意ではない。そして，公開買付応募契約において補償条項やエスクロー条項等が置かれていても，契約当事者である大株主の応募株券等につき，他の応募株主等と同様に公開買付届出書等に記載された買付条件等に従い決済が行われることに変わりはなく，この公開買付応募契約の合意は，直接規制領域ではなく，周辺領域に属する合意であるということができる。したがって，公開買付応募契約におけるこれらの合意は，基本的に均一性ルールの適用はなされないと解するべきである。[71]

---

69) 表明保証違反があった場合に金銭を交付する旨の合意である点で補償条項と異ならないが，実際に金銭が交付された場合の税務上の取扱いが異なり得ることから，表明保証違反があった場合の規定として，補償条項ではなく価格調整条項が選択されることがある。

70) エスクロー条項とは，株券等の譲渡に際し，その譲渡代金を株券等の譲渡の時点で交付せず，銀行等の第三者に預託しておき，将来一定の条件が成就した場合に，売主に対して交付されることを約する条項である。

71) 表明保証違反の補償義務の履行を公開買付価格の減額ととらえる必然性はなく，かかる補償義務は公開買付手続外の当該大株主と買付者の間の特約として公開買付価格の均一性の問題とは無関係であると解することも可能とする見解もある（長島・大野・常松法律事務所編（2013）180頁。証券法研究会編（2012）45頁，西村総合法律事務所編（2001）79頁も参照）。

実質的にも，公開買付応募契約は，通常，大株主が必要な情報の開示を受けた上で，公開買付者との間で交渉の機会や十分な熟慮期間も与えられた上で合意するものであるから，公開買付応募契約において大株主が自ら不利益を受ける合意を行うことは，応募株主等の公平性や平等待遇を害するわけではないため，均一性ルールや公開買付規制の趣旨にも反しない。[72]

　したがって，公開買付応募契約において大株主の表明保証違反または義務違反に係る補償条項やエスクロー条項等を置くことは，公開買付価格の均一性ルールに反しないと解する。その他，公開買付応募契約において，大株主が自ら不利益を受けることを甘受する周辺的合意をしたとしても，応募株主等の公平性や平等待遇を害さない限り，均一性ルールに反しないと解すべきであろう。

6　さいごに

　以上のとおり，わが国の均一性ルールは，条文上，必ずしもその規制範囲は明確ではない。特に，均一性ルールが導入された立法当初から比べると，今日の企業社会においては，M&A 取引のグローバル化や複雑化，種類株式等の多様化等が格段に進んでおり，現在の法令の規定のみからでは，適切な規制範囲を読み取ることは容易ではない。

　そこで，本章においては，まず，米国，英国および EU 企業買収指令における同種の価格規制について検討した。これら諸外国の公開買付規制においては，公開買付け公表前の一定期間の価格や，複数の種類の株式の均一性を規制する場合には，その旨が条文上明示的に規制されている一方，特定の株主が不利な条件を甘受するような形で取引を開始することは当然には禁止されていない。また，全部買付義務の規制が貫徹されている英国では，支配権の異動に際しての少数株主のエグジット権の保障のために複数の種類の株式等にわたる価格規制が存する一方，全部買付義務が課されない米国においては，この点について Best-Price Rule は原則として及ばないこととされていることとのバランスからも，全部勧誘（買付）義務が限定的に導入されているにとどまるわが国において，均一性ルールを殊更に拡大して適用する必要は高くはないはずである。

---

[72]　長島・大野・常松法律事務所編（2013）180 頁および証券法研究会編（2012）45 頁も，補償条項につき同様の結論をとる。

このような諸外国の公開買付規制の水準感を踏まえ，わが国の均一性ルールを合理的に解釈するに際しては，同一の公開買付けの中での公開買付価格についての均一性が求められているにすぎないわが国の均一性ルールの規定態様を勘案し，応募株主等に対して実際に決済される公開買付価格が均一であることが求められる1つの公開買付手続（直接規制領域）の問題と，それ以外の周辺領域における問題を大別することが考えられる。そして，直接規制領域においては，均一性ルールの適用を原則として肯定した上，その適用の在り方を論じる一方，公開買付手続外の周辺領域に属する合意については，基本的に均一性ルールは適用されないと解するべきである。もっとも，周辺領域に属する合意であっても，明らかに均一性ルールの潜脱となるような場合には，例外的に均一性ルールの趣旨に抵触するものと解される。

以上のような解釈論が認められれば，わが国の公開買付実務における均一性ルールの射程距離について予測可能性が高まり，正当なM&A取引や取決めに対する委縮効果を軽減するように思われる。本稿が健全なM&A実務の発展の一助となれば幸いである。

参 考 文 献

Philip Robert-Tissot（2015），"*A Practitioner's Guide to the City Code on Takeovers and Mergers 2014/2015*"（Thomson Reuters）.

Report of The High Level Group of Company Law Experts on Issues Related to Takeover Bids（2002）

Thompson, Samuel C. Jr,（2015），*Mergers, Acquisitions & Tender Offers: Law and Strategies-Corporate, Securities, Taxation, Antitrust, Cross Border Tender Offers, Open Market Purchases, and Going Private Transactions*（Release No. 10），Practising Law Institute

飯田秀総（2013）「公開買付価格の均一性の解釈論」神戸法学雑誌63巻3号1-25頁

池田唯一＝岩原紳作＝神作裕之ほか（2010）『金融商品取引法セミナー〔公開買付け・大量保有報告編〕』（有斐閣）

池田唯一＝大来志郎＝町田行人編著（2007）『新しい公開買付制度と大量保有報告制度』（商事法務）

江頭憲治郎＝神作裕之＝藤田友敬ほか編著（2005）『改正会社法セミナー〔株式編〕』（有斐閣）

太田洋（2012）「公開買付規制を巡る近時の諸問題」金融商品取引法研究会研究記録

35 号
河本一郎＝関要監修（2008）『逐条解説　証券取引法〔3 訂版〕』（商事法務）
神崎克郎＝志谷匡史＝川口恭弘（2012）『金融商品取引法』（青林書院）
神田秀樹監修，野村證券株式会社法務部＝川村和夫編（1997）『注解証券取引法』（有斐閣）
岸田雅雄監修（2011）『注釈金融商品取引法〔第 1 巻〕定義・情報開示』（きんざい）
証券取引法研究会（1972）「証券取引法の改正について(9)」インベストメント 25 巻 4 号 44-75 頁
証券取引法研究会（1992）「証券取引法の改正について(26)──公開買付制度の改正について」インベストメント 45 巻 2 号 27-52 頁
証券法研究会編（2012）『金商法大系 I　公開買付け(2)』（商事法務）
商事法務研究会編（1971）『改正証券取引法の解説』（商事法務研究会）
橘光伸（1991）「公開買付制度に係る政省令の解説〔上〕」商事法務 1238 号 61-64 頁
龍田節（1994）『証券取引法 I』（悠々社）
内藤純一（1990）「新しい株式公開買付制度〔上〕」商事法務 1219 号 2-8 頁
長島・大野・常松法律事務所編（2013）『公開買付けの理論と実務〔第 2 版〕』（商事法務）
西村総合法律事務所編（2001）『M&A 法大全』（商事法務）
藤田友敬（2013）「支配株式の取得と強制公開買付──強制公開買付制度の機能」岩原紳作＝山下友信＝神田秀樹編『会社・金融・法〔下巻〕』（商事法務）所収
松川隆志（1971）「有価証券の公開買付けの届出制度」商事法務 556 号 2-10 頁
三井秀範＝土本一郎編（2011）『詳説公開買付制度・大量保有報告制度 Q&A』（商事法務）
森本滋（2005）「公開買付規制にかかる立法論的課題──強制公開買付制度を中心に」商事法務 1736 号 6-15 頁
森本大介＝浅岡義之＝安井桂大＝髙田陽介（2015）「自社株公開買付けと他社株公開買付けの価格差組合せ取引の検討──増進会出版社による栄光ホールディングスの完全子会社化事例を踏まえて」商事法務 2077 号 40-53 頁
山下友信＝神田秀樹編（2010）『金融商品取引法概説』（有斐閣）

第1章へのコメント

飯田秀総

1 「均一」という用語

　買付価格の均一性ルールの「均一」という用語は，公開買付規制が導入された昭和46年証取法改正時から用いられてきた。すなわち，昭和46年証取法改正当時の法27条の4第3項の委任を受けた証券取引法施行令13条1号は「買付けの条件は，均一にすること」と規定していた。平成2年証取法改正で，法27条の2第3項で，「買付け等の価格……については，政令で定めるところにより，均一の条件によらなければならない」とされ，現在に至っている。

　日本語としての語感からすれば，均一とは，「どれもすべて一様なこと」を意味する。だから，買付価格の均一性も，同一の公開買付けに応じた株主に対しては，同じ価格で買い付けなければならないということを意味すると解するのが最も自然であるし，現に金商法施行令8条3項本文はこのことを条文化している。

　このような「均一」の理解は，発行開示規制の募集・売出しの定義において「均一の条件」が要求されていた時代に，販売価格の条件を小刻みに変えることで「均一の条件」に該当しなくなり，脱法が可能になってしまうという問題が意識されていた（証券取引審議会基本問題研究会ディスクロージャー小委員会報告(1991)103頁参照）こととも整合する。

　もっとも，発行開示規制における解釈では，この日本語としての語感よりは柔軟に解されることもあった。すなわち，売出しの定義に「均一の条件」が要求されていた時代の解釈として，「売付価格を一定以上として申込価格の高いものから順次有価証券の取得・買付けを認めることにしても，均一の条件に反することにならない」（神崎ほか(2006)156頁）という見解もあった。これは，

高い価格で申込みをすれば優先的に有価証券を取得できる機会を全ての投資者に与えているから,「均一の条件」という文理にも反しないという考えともいえるだろう。

また,金商法施行令 8 条 3 項但書は,複数の種類の対価(例えば現金と株式)を応募株主等に選択させる場合は,種類ごとに均一にして,かつ,全ての株主に対価の選択肢が同じでなければならないと規定する。この場合,複数の種類の価値,すなわち,現金の価値と株式の価値が,厳密に一致しなくてもよい(龍田(1994)247 頁)。

そうだとすると,1 つの公開買付けにおいて,大株主には低い価格,一般の株主には高い価格を提案するということも,複数の種類の対価を用いれば可能ともいえる。例えば,現金と買収者の株式の 2 種類の対価を設定すれば,2 種類の対価の間で価値が異なっていても構わないからである。対価の種類の選択の機会が全ての株主に保障されているから,買付価格の均一性のルールの趣旨に反しないともいえる。

本章はここまでの大胆な解釈論を展開しているわけではなく,むしろ手堅い解釈をするものといえよう。

2　実質論の検討

公開買付規制は,規制がないときに起きた問題事例に対応する形でルールが発展してきた。例えば,英国の義務的公開買付制度も,理念が先行して作られたというより,問題事例に対応する必要性に迫られて形成されたルールといえる(飯田(2015)56 頁)。日本でも,2005 年以降の公開買付規制についての証取法改正は,脱法的な事例に対応する形で行われたという側面もある。そのため,公開買付規制の解釈の実質論としての妥当性を考えるに当たっては,過去にどのような問題が起きたからルールが作られたのかを確認することが有益な手がかりとなる。

買付価格の均一性のルールは,公開買付規制における平等取扱いの理念の現れである。そして,平等取扱いの理念が登場した背景には,米国と英国がそれぞれ問題事例を経験したことがある。

2.1 特定の株主の優遇の防止

英国では，かつて，特定の株主を優遇する買付けが行われ，これが問題視されたという経験がある。例えば，特定の機関投資家のみを有利に取り扱って買い付けたり，あるいは，特定の支配株主からは別途買付けでより高い価格で買い付けて，残りの少数株主からはより低い価格で買い付けたり，といったことが問題となったことがある（飯田（2015）52-53 頁参照）。別途買付けの禁止には，このような行為を防止できるという機能がある。

2.2 強圧性の防止

米国では，公開買付規制を証券取引所法に導入したウィリアムズ法の立法前は，いわゆるサタデー・ナイト・スペシャルという，ごく短期間での買付けが行われて，しかも応募順に買い付けるという意味で早い者勝ちによる買付けが行われていた。対象会社の株主は，素早くこれに応募しないと買収プレミアムを受け取れず，自己の保有する株式の価値が低くなるおそれがあると考えて，まずは応募するということが行われていた。これはまさに，公開買付けに強圧性があるせいで，株主が応募してしまうという現象である。このような意味での強圧性に対応するために，ウィリアムズ法は，早い者勝ちではなく，20 日間の応募期間を確保し，応募した株主に応募の撤回を認め，また部分買付けが行われた場合には按分比例による決済をするというルールを定めた。この一環として，買付価格の均一性のルールを位置づけることができる（Booth（1989）at 710-712）。

すなわち，早く応募した人には高い価格で，遅く応募した人には低い価格で買い付けるということがもしもできてしまうと，これは強圧的な公開買付けが可能ということになってしまう。強圧的な公開買付けが可能だと，非効率的な買収までもが成立できてしまう。買付価格の均一性のルールがあればこのような公開買付けを禁止できるから，効率性の観点からも望ましいともいえる。[1]

---

1) なお，Booth（1989）at 714 は，本文と逆の事例，すなわち，最初に応募した株主には低い価格で買い付けて，後に応募した株主からは高い価格で買い付けることを禁止するという側面に着目して，強圧性を減るルールと説明している。しかし，本文で述べた強圧性とは違う意味のように思われる。むしろ，この例は，遅く応募した方が有利な

2.3　英米の経験から見た買付価格の均一性のルールに求められる平等取扱い

　このような英米の経験からすると，買付価格の均一性のルールの解釈に当たって，①特定の株主（支配株主）のみを優遇する帰結は容認できないこと，および，②強圧性を発生させる帰結も容認できないこと，という2つの視点が得られる。

　この視点からすると，大株主が買収者と交渉をした結果，大株主のみが低い価格で買い付けられ，他の少数株主は高い価格で買い付けられるというスキーム（以下「ケース1」という）を禁止する必要はない。なぜならば，この場合，①大株主のみが不利に取り扱われるにすぎないし，また，②応募順で買付価格に差を設けるわけではないからである。なお，公開買付後の株式の価値と，公開買付価格との間に差額があることによる公開買付けの強圧性の問題は残るが，これは買付価格の均一性のルールで対応することはもともとできないものであり，買付価格の均一性のルールの問題ではない（この強圧性への対応策の一例として第2章参照。詳しくは飯田（2013）参照）。

　他方で，大株主から高い価格で，少数株主から低い価格で買い付けるという場合（以下「ケース2」という）はどうか。この場合も，②強圧性の問題は生じない。しかし，①大株主のみを優遇する買付けであるから，英国の経験からすればケース2は容認できないこととなる。この結論は，日本法が3分の1ルール（強制的公開買付制度。金商27条の2第1項2号）を採用していることからも導かれる（**2.4**参照）。

2.4　3分の1ルールの下での買付価格の均一性

　3分の1ルールは，支配権が移転する際に，少数株主にも売却の機会を与えるために導入された（内藤（1990）5頁）。この制度においては，少数株主に支払われる対価が，支配株主に支払われる対価と同じかそれ以上の価格であることが前提となる。なぜなら，もしも少数株主に支払われる対価の方が，支配株主

価格で買い付けてもらえるから，応募期間の終了間際まで応募しないようにするインセンティブを株主に与えてしまい，効率的な買収までもが成立しにくくなるというフリーライド問題を防止する機能に着目していると理解した方がわかりやすいように思われる。公開買付けの強圧性とフリーライド問題については，飯田（2013）参照。

に支払われる対価よりも低くてよいのだとすると，3分の1ルールを導入していない状況とあまり変わらなくなってしまい，規制を導入した意義が失われてしまうからである。そのため，買付価格の均一性のルールには，3分の1ルールを実効性のあるものにする機能もある。この機能からすれば，少数株主への対価を低くするケース2は禁止されなければならない。逆にいえば，3分の1ルールの観点からみても，ケース1のように，少数株主への対価を高くすることを禁止する必要はない。

2.5 本章の解釈論の実質論は支持できること

以上のように，買付価格の均一性のルールには，特定の株主の優遇への対応・強圧性への対応・3分の1ルールの趣旨の実効性確保という機能がある。これらの機能を阻害するような解釈をとることはできない。しかし，これを阻害しない解釈であれば，実質論として支持することができる。

そして，本章の主張のうち，例えば，大株主に不利，その他の株主に有利な条件であれば，公開買付けを複数同時に行うことは可能で，両者間での均一性は不要であるという解釈は，これらの機能を阻害しないので，実質論として支持すべき解釈といえる。

1人の公開買付者が，同時期に2つの公開買付けを異なる価格で実施するという例は，米国・英国には存在しないだろうが，英国・米国であればこのようなスキームをとるまでもなく，端的に支配株式の相対取引を行ってから，支配株式の相対取引で支払った対価以上の買付価格で少数株主に対して公開買付けを行うことができる。これに対して，日本では，3分の1ルールが事前規制型の制度を採用しているせいで，このような2つの公開買付けの実施というスキームをとる必要が生じるのである。

3 同時並行的な公開買付けと別途買付けの禁止

ただし，本章が，別途買付禁止規制は，「公開買付けによらないで」買付け等を行うことを禁止するものであり，条文上は，「『その』公開買付けによらないで」という形で，公開買付けの意味に限定が付されていないため，同時並行的に実施されている別の公開買付けであったとしても，ここにいう「公開買付

け」(金商27条の3第1項参照)に含まれると解釈していることについては,疑問の余地がある。

別途買付けの禁止の趣旨は,3つある。第1に,公開買付期間中には公開買付けによる買付けのみを認める制度の方が,対象会社の株主に対する情報開示等の面で制度として簡明である。第2に,英国の経験のように,特定の株主から公開買付価格よりも高い価格での別途買付けを禁止する必要がある。第3に,別途買付けの禁止と同じ結果は,別途買付けを禁止せずに,別途買付けを認めた上で,公開買付価格を別途買付けの価格まで引き上げることを義務づける方法によっても達成することは可能であるが,これでは脱法しやすいという難点がある(松川(1971)7頁参照)。

これらの趣旨からみると,27条の5に,「その」公開買付けという「その」がないのは,同一の者によって2つの公開買付けが同時並行的に実施されることを想定せずに起草されたからにすぎないと考えることもできる。

もっとも,ケース1の別途買付けを認めたとしても,第2の趣旨に反しない。また,第3の趣旨に関しては,たしかに,別途買付けが未公表で秘密裏に行われてしまえば,第三者がその存在を知ることは容易ではないから,脱法されるおそれがあるが,別途買付けも公開買付けで行われるのであれば,第三者がその存在を知ることは容易であるから,脱法のおそれも小さい。また,万が一,買収者の真の目的がケース2を実現することにあったとしても,対象会社の株主は高い方の買付価格の公開買付けに応募すればよいだけであるから,同時並行的に行われる公開買付けを認めることによる脱法の危険はやはり小さいと考えてよいだろう。第1の趣旨に関しては,たしかに,同一の者による公開買付けを同時並行的に行うことを認める場合,対象会社の株主に対する情報開示の簡明さは失われる。しかし,本章が指摘するように,混乱が生じないように適切な情報開示を行うとともに,公開買付代理人によるフォローでも対応は可能である。

したがって,結論としては,同一の者による公開買付けを同時並行的に行うことは,認めてよい。適切な情報の開示をさせるのであれば,条文の根拠は,むしろ,27条の5但書第1号の,公開買付開始公告を行う前に契約を締結している場合で,その契約があることおよびその内容を公開買付届出書において明らかにしているときに該当することに求めるのが妥当であるようにも思われ

る。しかし，同時に行う別の公開買付けが同号の「契約」に該当するといえるかには疑問の余地があるし，一般の株主との間には公開買付開始前には何らの契約も締結していない。そのため，同号を適用するのも困難である。よって，同時並行的に同一の者が公開買付けを行うのを認めるのであれば，やはり同条の規制の対象は公開買付け以外の方法による買付け等に限られ，公開買付けを実行する場合は規制の対象外と解するしかない。同時並行で2つの公開買付けを実施していることを開示させる根拠はなく，各公開買付けの開示がされていること自体で投資者は知ることができるとわりきるしかないのだろう。適切な開示と公開買付代理人のフォローが自発的に行われることを制度的に要求する明確な条文上の根拠がないことを考えると，別途買付禁止の第1の趣旨を克服できたといえるのかは，疑問の余地がある。実質論としてはこれを認めてよいし，27条の5の解釈論としても不可能ではないと考えるが，立法によって整備した方がよいように思われる。なお，事前の段階で規制する3分の1ルールを維持するから，このような複雑な議論になるのであり，立法による整備を検討するのであれば，そもそもの3分の1ルールを欧州のように事後型のルール（支配の獲得後に公開買付けを義務づけるルール）にしたり，あるいはそもそも3分の1ルールを廃止することなどによってもこの問題を解決することが可能である。

4 全部勧誘義務と均一性

　最後に，全部勧誘義務が発生するケースにおいて，異なる種類の株券等に対する対価の実質的均一性が必要かという論点は，均一性がいかなる意味を持つ規制なのかという視点ではなく，全部勧誘義務がどのような機能を果たすべきかという視点から議論すべきである（太田（2015）53頁参照）。

　全部勧誘義務の根拠を，公開買付者が3分の2以上の議決権を取得する場合に，少数株主に対象会社から公正な価格で退出する権利を与えるべきであるという視点で理解するのであれば，英国のように，実質的な均一性を求める解釈が妥当なように考えられる。もちろん，普通株式と異なる種類の株式等の価値評価には，事柄の性質上，一義的な正解があるわけではないから，このような解釈をとった場合には，法の適用に難しい課題が残るだろうが，このような

立法をおよそ諦める理由にまではならない。

　他方，日本法では，全部勧誘義務が発生するのは，公開買付けによって3分の2以上の議決権を取得する場合に限られるのであって，市場内のみで買い集めた結果として3分の2以上の議決権を取得した場合にはこの義務は発生しない。このことからすると，全部勧誘義務を英国のような退出権として位置づける理解は，日本では妥当しないともいえる。特に，日本法において全部勧誘義務と同時に全部買付義務が導入された際，全部買付義務は，応募株主に手残り株が発生するのを防止する必要があるという観点はあったが（大来(2006) 42頁参照），公開買付けに応募しなかった少数株主に退出権を導入するという観点が強調されていたわけではなかったことも，このような考え方を裏づける。

　全部勧誘義務が発生する場合に，実質的な均一性が必要なのか，また，仮に必要だとしてどのような買付価格であれば実質的な均一性の要件を満たすのか，ということは，結局のところ，全部勧誘義務を課すことによってどのような状態になることを目指しているかによって決まるというべきである。均一性の概念の解釈から決めるのは困難だろう。

参 考 文 献

飯田秀総（2013）「買収手法の強圧性ととりうる法の対処策」田中亘編『数字でわかる会社法』（有斐閣）所収

飯田秀総（2015）『公開買付規制の基礎理論』（商事法務）

大来志郎（2006）「公開買付制度・大量保有報告制度」商事法務1774号38頁

太田洋（2015）「公開買付規制を巡る近時の諸問題」金融商品取引法研究会編『金融商品取引法制の潮流』（日本証券経済研究所）所収

神崎克郎＝志谷匡史＝川口恭弘（2006）『証券取引法』（青林書院）

証券取引審議会基本問題研究会ディスクロージャー小委員会報告（1991）「ディスクロージャー制度の見直しについて（平成3年4月26日）」商事法務1249号101-105頁

龍田節（1994）『証券取引法Ⅰ』（悠々社）

松川隆志（1971）「有価証券の公開買付けの届出制度」商事法務556号2-10頁

Booth, Richard A. (1989), "The Problem With Federal Tender Offer Law", *California Law Review*, vol. 77. pp707-776.

第 2 章　公開買付けに関する行為規制

飯 田 秀 総

1　はじめに

本章では，公開買付けに関する行為規制をめぐる諸問題の中から，筆者が特に重要と考える 5 つの問題，すなわち，①公開買付開始公告・公開買付届出書・公開買付説明書の役割，②外国株主を対象外として実施する公開買付け，③MBO や支配・従属会社間で行われる公開買付け（以下「利益相反型の公開買付け」という）の開示規制，④買付期間と公開買付けの売却圧力（強圧性ともいう。以下では通例に従って強圧性と呼ぶ），⑤公開買付けの撤回規制について検討する。米国・英国のルールと比較しながら日本法の位置づけを相対化し，現行のルールの課題を指摘することが本章の目的である。

2　公開買付開始公告・公開買付届出書・公開買付説明書

2.1　問題の所在──開始公告，届出書，説明書の 3 つがなぜ必要か？

公開買付けを開始する際，公開買付者は，公開買付開始公告を行い（金商 27 条の 3 第 1 項），公開買付届出書を提出し（金商 27 条の 3 第 2 項），さらに，公開買付説明書を作成・交付しなければならない（金商 27 条の 9 第 1 項・2 項）。

実際に開示されているものをみる限り，この 3 つの書類に記載される内容は，各書類の様式に応じるという意味での違いはあるものの，実質的な内容についてはいずれの書類でもほぼ同一の内容が同程度の詳しさで記載されているのが

実務の現状である[1]。ケースバイケースではあるが，一般の投資家が，全部読むはずがないような多い分量になっている。しかも，いずれの書類もEDINETによる開示が行われている[2]。

それでは，インターネットによる開示が中心となっている現代において，なおこの3つ（適時開示も含めれば4つ。以下同じ）の開示書類を作成させる意義はあるのだろうか？

もしも，3つも同じような書類を作成させることに，投資者保護等の観点からみても意義がないとすれば，公開買付者に無用なコストを課す非効率的な規制となってしまっているおそれがある。

また，第11章の実証分析によれば，公開買付けが開始されているという情報を知らずに市場で安い価格で売却してしまっている株主が少なからず存在していることが推察される。それでは，3つも同じような書類が開示されてはいるが，対象会社の株主はこの情報にきちんとアクセスできているのだろうか。

このような問題意識から，本節では，この3つの開示規制の機能について検討する。以下では，立法の経緯を検討することにより，3つの書類が併存して要求されるに至った経緯を確認し（**2.2**），次いで3つの書類の役割と問題点を指摘し（**2.3**），その後に比較法的な検討を行う（**2.4**）。

2.2　立法の経緯

公開買付規制は，昭和46年の証取法改正で導入された。その際，発行開示規制を参考にした立法が行われた。両者は対称的な裏返しの関係にある。つまり，発行開示は投資者が買う局面であるのに対し，公開買付けは投資者が売る局面である。そこで，公開買付規制は発行開示規制の裏返しとして立法された。例えば，当時の証取法27条の2第2項においては，発行開示規制の条文を公開買付けについて準用する規定を設けていたことにも，このことが現れている。

また，立案担当者は，昭和46年証取法改正当時の公開買付けの定義につい

---

[1]　さらにいえば，東京証券取引所に上場している会社の場合の適時開示（有価証券上場規程（東京証券取引所）402条(1)x）に基づく開示の内容もほぼ同一である。
[2]　公開買付開始公告については，EDINETによる電子公告か，あるいは，新聞公告かの選択肢があるが（金商令9条の3第1項），コストの安いEDINET公告によるのが通常の実務である（長島・大野・常松法律事務所編（2013）147頁参照）。

【図表1】 昭和46年証取法改正当時の定義（条文数は当時のもの。下線は筆者による）

公開買付け（27条の2第1項）	募　集（2条3項）	売　出（2条4項）
<u>不特定かつ多数の者に対する</u>株券その他の有価証券で政令で定めるもの（以下この章において「株券等」という。）の有価証券市場外における<u>買付け</u>（有価証券との交換を含む。以下この章において同じ。）<u>の申込み</u>又はその有価証券市場外における<u>売付け</u>（有価証券との交換を含む。）<u>の申込みの勧誘</u>	<u>不特定且つ多数の者に対し</u>均一の条件で，あらたに発行される有価証券の取得の<u>申込を勧誘</u>すること	<u>不特定且つ多数の者に対し</u>均一の条件で，既に発行された有価証券の<u>売付の申込</u>をし，又はその<u>買付けの申込を勧誘</u>すること

て，「募集・売出の定義を参考として多少広い定義を設け」（渡辺ほか（1971）117頁）たとしている。この点を少し敷衍しておこう。【図表1】では，公開買付け，募集，および売出のそれぞれの当時の定義を比較している。

　下線部分は共通する文言であり，不特定かつ多数の者に対する行為を対象としている点が共通している。

　異なるのは，募集・売出には用いられている「均一の条件で」という文言が，公開買付けの定義には用いられていない点である。この点で，公開買付けの定義の方が，募集・売出の定義よりも広い。立案担当者によると，その趣旨は，脱法防止にあったとされている。[3]

　また，昭和46年改正では，発行開示と同様に，公開買付けについても事前届出制が採用された。すなわち，公開買付届出書を大蔵大臣に提出・届出をし，届出の効力発生後（届出から10日経過後）でなければ，公開買付けをすることができないとされていた。なお，事前届出制度が採用された根拠の1つとして，日本法の下では，違法な公開買付けが行われても，「米国のように，機動的に裁判所の差止命令の発動を求めることができるかどうか問題があるため」（渡辺ほか（1971）118頁），大蔵大臣の審査が投資者保護に必要なためだとされている。

　この公開買付届出書の効力が発生した後で，公開買付者は，公告をしなけれ

---

[3] 渡辺ほか（1971）117頁は，「もしも『会社支配権取得を目的とし，一定期間内に一定株数を一定価格で買い付けることを公表して行う買付け申込み』とすると，……売買契約の内容を変えれば容易に脱法されてしまう」としている。立法の当初から，脱法の防止という問題意識を立案担当者が持っていたことは，注目に値する。

ばならなかった。公告すべき事項は，公開買付届出書の一部の重要な事項（公益又は投資者保護のため必要かつ適当なものとして大蔵省令で定めるもの）に限定されていた（当時の証取法27条の3第2項）。

そして，公開買付者は，あらかじめ公開買付けに関する説明書を交付しなければならないとされていた。これに関しては，発行開示規制における目論見書の交付の規定が準用されていた（当時の証取法27条の5第2項・13条2項・4項・5項）。

このように，昭和46年証取法改正で導入された公開買付けの開示規制は，発行開示規制の枠組みを公開買付けの文脈に当てはめる形で立法されていた。また，公開買付届出書の意義に関しては，大蔵大臣による事前審査によって，違法な公開買付けを防止する点に重要な機能があったといえる。また，情報開示は，公開買付届出書の公衆縦覧，公開買付開始公告，および公開買付説明書の交付によって行われていた。

その後，平成2年証取法改正によって，事前届出制が廃止された。その背景には，日米構造協議や，外資に対し制限的なルールではないかという疑惑を払拭するという事情があった（内藤（1990）8頁）。この改正の結果，現行法の開示規制の枠組みができあがった。すなわち，公開買付者は，公開買付開始公告を行い，同時に公開買付届出書を提出し，公開買付説明書も交付しなければならないという枠組みである。

以上の経緯で3つの書類が要求されるようになったわけである。

2.3 3つの書類の役割と問題点

2.3.1 一般的な理解

現在の学説において，3つの書類の役割は，次のように説明されている。

公開買付届出書は，「監督者たる内閣総理大臣による市場規制のための情報収集を……本来的な目的とする」（高田（2011）734頁）ものであり，公開買付開始公告よりも詳細な情報の開示を要求するものである（加藤（2010）262頁）。また，公開買付届出書は，内閣総理大臣に提出するのみならず，その写しを対象会社と，対象会社が上場している金融商品取引所に送付しなければならない（金商27条の3第4項）。公開買付届出書は，広く一般の投資者に開示されるという側面があると同時に，その写しが対象会社に直接的に交付されるという点に

意義がある。この写しの交付の制度がもしもなければ，公開買付者と対象会社の間にそれ以前に何らの関係もない場合，対象会社は，自社が公開買付けの対象となっていることに気がつかないおそれもあるだろう。そして，公開買付説明書は，発行開示規制における目論見書の交付要請に対応するものであり（神崎ほか（2012）482 頁），公開買付開始公告・公開買付届出書が間接開示であるのと比較すると，公開買付説明書は直接開示としての意義がある。

2.3.2　問　題　点

　公開買付開始公告は，公開買付けが開始されることを投資者に知らせるものである（神崎ほか（2012）470 頁），とされているが，公開買付開始公告には独自の意義があるだろうか。公開買付届出書は開示され，かつ，これの方が公開買付開始公告よりも詳しい情報が開示されるのだから，公開買付開始公告は不要なのではないかとも思われる。[4] また，発行開示規制においては，公開買付届出書に相当する有価証券届出書はあるが，公開買付開始公告に相当するものはない。発行開示規制との対比で考えれば，なぜ公開買付けの場合には，公開買付届出書の提出・公衆縦覧のみでは不十分で，公開買付開始公告を強制することが必要なのだろうか。

　その答えは，公開買付けの場合と有価証券の発行の場合とで，勧誘が行われていることに投資者が気付かなかった場合に，投資者が受ける影響が異なる点に，手がかりがあるように思われる。

　すなわち，発行市場では，有価証券届出書が提出されて，有価証券の募集・売出が行われていることに気付かなかった投資家は，単に当該有価証券に投資する機会を失うだけで，保有するポートフォリオに変化は生じない。

　ところが，公開買付けの場合は，公開買付届出書が提出されて，公開買付けが行われていることに気付かなかった投資家は，公開買付価格で売却するという機会を失うのみならず，公開買付けによって対象会社の支配権が変動する結果として，その保有している株式の価値に変化が生じる。後者の影響がある点に，公開買付けの場合の独自の特徴がある。そのため，公開買付けの場合に限って，「公告」を先行させることを要求することには意義があると考えること

---

[4]　高田（2011）764 頁も，公開買付開始公告と公開買付届出書の記載内容が重複する事項も多く，情報提供機能はほぼ一体となっていると指摘する。

は可能である。なぜならば,公告を要求することで,公開買付けが開始されていることを投資者に広く知らせ,知らないうちに対象会社の支配権の変動による影響を受けるということを防止しているといえるからである。

　もっとも,対象会社に支配株主がいないという意味で株式の所有の状況が分散所有型の会社に対して支配権獲得を目指して公開買付けをする場合には,買収者は「公告」のルールがなくても,対象会社の株主に対して広く公開買付けを知らせるインセンティブを持っているはずではある。そのため,この類型では「公告」を要求するルールがなくても問題はないとも考えられる。

　他方で,3分の1超の支配株式を保有する支配株主から株式を取得しようとするケースにおいては,対象会社の株主に公開買付けが行われていることを知らせることが特に重要である。なぜならば,このようなケースでは,3分の1ルール(強制的公開買付制度。金商27条の2第1項2号)があるせいで公開買付けが強制される。しかし,この3分の1ルールがなければ相対取引で株式譲渡契約が締結されたであろう場合には,当該売買契約の当事者にとっては,強制されて行う公開買付けを支配株主以外の者には知られずに実施することができれば,実質的には相対取引で行っているのと同様な結果を得ることができる。そのため,もしも「公告」を要求するルールがなければ,形式的には公開買付けとして実施しつつも,実質的に相対取引のように実行したいと考えて,他の株主に知られずに公開買付けが行われてしまうかもしれない。ところが,そのような事態が発生してしまうと,公開買付けを強制して,少数株主に売却の機会を与えようとする3分の1ルールの趣旨が実現できなくなってしまう。だから,「公告」を要求していることには合理性があるともいえるだろう。

　ところが,公開買付届出書も提出され,それはEDINETによって誰でも閲覧可能な状態になるという,現代の開示の状況を考慮に入れると,「公告」をさらに要求する意義は小さいとも考えられる。

　ところで,会社法では,個別の株主への通知が必要な行為であっても,公告をもって通知に代えることを認めている(例えば株式併合についての会社181条)。これと同様の発想で考えられないだろうか。公開買付けについて,支配権の変動から影響を受ける株主を保護するために,会社法的な発想で考えると,本来は個別の通知が必要だが,公告をもって通知に代えることができる。そして,その公告は,公開買付届出書の公衆縦覧(EDINET公告)で十分である。募集株

式の発行であれば，有価証券届出書の届出をしていれば，通知・公告が不要なのであるから（会社201条5項），これとパラレルに考えてもよいように思われる。

このように考えてくると，公開買付開始公告と公開買付届出書の2つを併存している理論的な根拠も，あまり説得的ではないことが明らかになった。この両者を要求する法制度が採用されているのは，事前届出制度を採用していた昭和46年証取法改正の名残という経緯に由来するところが大きく，公開買付届出書のEDINET公告が行われている現在においてはもはや意義は失われたといってよいのではないだろうか。

この2つを要求するとしても，両者でほぼ同一の記載を求める必要はない。公開買付開始公告は，まさに公開買付けを開始することを広く投資家に知らせることに注力して，記載の内容や分量は簡略なものとしてよい（ただし，その場合には，公開買付届出書を読むように促す記載は必要）し，少なくともそのように運用した方が，投資者にとっても有益であるように思われる。なぜなら，膨大な量の開示書類を2つ渡されるよりは，詳しい公開買付届出書と，簡潔な公開買付開始公告というように，2つに分かれていた方が，投資者にとってはわかりやすいと考えられるからである。

このような問題意識から，次に，米国と英国について比較法的な検討を行う。

2.4 比較法的な検討

2.4.1 米　　国

米国法において，公開買付者は，Schedule TO〔17 CFR §240.14d-100〕をSECに届け出て，対象会社に送付しなければならない（1934年証券取引所法14条(d)(1)〔15 U. S. C. §78n(d)(1)〕）。Schedule TOの記載事項は，公開買付者のアイデンティティとバックグラウンド，資金の出所，取引の目的，対象会社についての計画や提案などである。Schedule TOの記載事項の最初は，取引条件等の要約であり，わかりやすい言葉（plain English）で記載することが求められており，実際の開示をみる限りではFAQ方式で記載されることが多いようである。[5]

対象会社の株主に対する情報の通知については，Schedule TOのSECへの届出とは別に規定されている。日本では株式対価の公開買付けは実例がないか

---

5) Item 1 of Schedule TO, Item 1001 of Regulation M-A (17 CFR §229.1001).

ら，日本との比較で重要なのは現金を対価とする公開買付けの場合なので，この場合についてみると，SEC 規則 14d-4(a)〔17 CFR §240.14d-4〕では，買付けの対象となっている種類の証券の保有者に対する通知の方法として，次の3つの選択肢を公開買付者に与えている。すなわち，第1に，ロング・フォームの公表 (long-form publication) である。これは，公開買付者と取引の内容についてかなり詳細な情報を，1つまたは複数の新聞に掲載するものである。第2に，要約の公表 (summary publication) である。これは簡略な情報を，1つまたは複数の新聞に掲載し，証券保有者から要求があれば追加で詳細な情報を交付するというものである。第3に，SEC 規則 14d-5〔17 CFR §240.14d-5〕の規律によって，対象会社の株主名簿を利用して，開示資料を直接送付するというものである[6]。

　この米国の枠組みは，日本法のものとよく似ている。日本の公開買付規制が導入された昭和46年証取法改正の際には，米国法が参考にされていたから，似ているのはある意味当然のことではある。ただ，現在の米国法では，株主に対してわかりやすい方法での情報の伝達をするという方針が採用されており，日本のように，いずれの書類をみても，冒頭に記載される公開買付けの目的等の項目から長大な文章が書いてあるという現状とは異なる。

2.4.2　英　　国

　筆者の上記の問題意識からすると，英国について注目すべきなのは，ウェブサイトの利用が増加したことに対応して，2009年にシティコードの改正が行われた点である[7]。特に，ウェブサイトに掲載されたことを株主に通知する次のような仕組みが存在する点が注目に値する。

　つまり，開示書類等は，次の3つのいずれかが行われれば，送付されたと取り扱われる (The Takeover Code, Rule 30.1)。すなわち，①伝統的なハードコピー（紙媒体）の送付，②電磁的方法での送付，③ウェブサイトにおいて公表し，かつ，公表日より遅くならない日においてウェブサイト告知 (website notification) を送付するという方法の3つである。ウェブサイト告知は，ハードコピ

---

　6)　2つの方法がある。第1に，公開買付者が費用を負担して，対象会社が株主に郵送する。第2に，対象会社が株主名簿を公開買付者に渡して，公開買付者が株主に郵送する。
　7)　改正の提案理由については，Takeover Panel (2008) 参照。

ーまたは電磁的方法の送付によらなければならない（The Takeover Code, Definition）。そして，公開買付者は，対象会社から，対象会社の株主の電子メールのアドレスを提供してもらう権利を有している（The Takeover Code, Appendix 4.4）。なお，ハードコピーでの送付を希望する者には，これを要求する権利が与えられている（The Takeover Code, Rule 30.2）。

　要するに，ウェブサイトでの開示を広範に認めつつ，ウェブサイトでの開示が行われていることについて，対象会社の株主に紙媒体または電子メールで通知される仕組みとなっているわけである。

2.4.3　検　　討

　日本法の公開買付けについての開示の規制の基本的な枠組みは，昭和46年証取法改正で導入されて以来，米国法に従うものといえる。新聞で公告することが認められており，それに気がつかなかった者はやむを得ないという割り切りともいえる。

　他方で，英国では，ウェブサイトでの開示が行われたことについて，株主に通知がなされる仕組みが整備されている。そのため，株主は新聞を読んでいなくても，自己の保有している株式の発行者が，公開買付けの対象会社となっていることに気がつくことのできる仕組みとなっている。

　日本の株主は，EDINETを頻繁にチェックするか，または，新聞をよく読んで，公告欄に，自己が保有する株式の発行者が公開買付けの対象会社となっていることに気がつかなければ，これを知らずに公開買付期間が終了してしまうことは十分にあり得る。

　このことは，一見すると，米国も同様であるから，やむを得ないこととして割り切ることができるようにも思われる。

　しかし，第11章の実証分析で示されているとおり，公開買付公表後の市場価格の形成には非効率が発生しており，公開買付が開始されるという情報の周知徹底が欠けているのが日本の現状であるから，簡単に割り切るべきではない。

　さらに，日本法は3分の1ルールによって，少数株主に対して売却の機会を保障しようとする法制度を採用している。そうであれば，米国のような割り切りをするのは，法制度として一貫しないおそれがある。英国は，義務的公開

買付制度を採用しており，30％以上の株式を取得する者が登場すれば，その者に公開買付けを実施することを義務づけることによって，少数株主に対して会社から退出する機会を与えている。日本の3分の1ルールの趣旨を実現しようと思えば，むしろ英国のような開示に関する通知の制度を整備する必要性があるように思われる。日本法は，平成2年の証取法改正において，開示規制につき，事前届出制度を廃止しつつ，従来の枠組みを基本的に温存した。しかし，同年改正において，3分の1ルールを導入したという意味では，公開買付けが行われることの位置づけ・哲学が大きく変容したはずである。そうであるにもかかわらず，開示の方法について，米国法の枠組みをベースにしたままになっている。3分の1ルールを今後も廃止しないのであれば，この点は改善が必要であるように思われる。特に，株主に電子メール等で通知する仕組みが整備できれば，（個人情報保護との関係を捨象できるならば）コストも小さくすむし，また，株主も気がつきやすいという意味では合理的な制度である。

2.5 小　括

公開買付けの開示の方法については，運用についても制度についても，まだまだ改善の余地があるように思われる。本章の問題提起が，実務の運用と立法論には再検討の必要性があることを示すことができたとすれば，本節の目的は達成されたといってよい。

3　外国の株主を対象外として実施する公開買付け

3.1　問題の所在

米国の証券取引所法の規制の対象となることを避けるために，米国国内において行われるものではないということを公開買付届出書に記載しているケースが多い。その例は次のようなものである。

> 本公開買付けは，直接間接を問わず，米国内において若しくは米国に向けて行われるものではなく，また米国の郵便その他の州際通商若しくは国際通商の方法・手段（電話，テレックス，ファクシミリ，電子メール，インターネット通信を含みますが，これらに限りません。）を使用して行われるものではなく，更に米国の証券取引所施設を通じて行われるものでもありません。上記方法・手段に

> より，若しくは上記施設を通じて，又は米国内から本公開買付けに応募することはできません。
> 　また，本書又は関連する買付書類は，米国内において若しくは米国に向けて又は米国内から，郵送その他の方法によって送付又は配布されるものではなく，かかる送付又は配布を行うことはできません。上記制限に直接又は間接に違反する本公開買付けへの応募はお受けいたしません。
> 　本公開買付けに応募する方（外国人株主等の場合はその常任代理人）はそれぞれ，以下の表明・保証を行うことを要求されます。
> 　応募者が応募の時点及び公開買付応募申込書送付の時点のいずれにおいても，米国に所在していないこと，応募者が本公開買付けに関するいかなる情報若しくは買付けに関する書類を，米国内において，若しくは米国に向けて，又は米国内からこれを受領したり送付したりしていないこと，買付け若しくは公開買付応募申込書の署名乃至交付に関して，直接間接を問わず，米国の郵便その他の州際通商若しくは国際通商の方法・手段（電話，テレックス，ファクシミリ，電子メール，インターネット通信を含みますが，これらに限りません。）又は米国内の証券取引所施設を使用していないこと，及び，他の者の裁量権のない代理人又は受託者・受任者として行動している者ではないこと（当該他の者が買付けに関する全ての指示を米国外から与えている場合を除きます。）。[8]

　これは公開買付けを一部の株主を除外するようにみえるが，金商法上，許されるのだろうか。

　平等的取扱いの原則に違反するのではないかという懸念があるという見解もある（神谷ほか（2003））。

　これに対しては，次のような合法説も有力である。すなわち，「米国株主の応募制限は，一定の場所，方法および手段による勧誘をしていないことを記載しているにすぎず，公開買付規制との関係では公告をすることにより全ての株券等について勧誘を行っていると解することも可能であり，また，米国内の株主の保有する株券等であってもかかる制限に触れない形での応募（たとえば，米国外に所在する代理人等の判断による応募）は可能であって，特定の株券等の応募自体を完全に排除するものではないことから，全部勧誘義務に違反しないと考えても不合理ではないであろう」（長島・大野・常松法律事務所編（2013）196-197頁）。

---

[8]　平成27年7月31日に提出された，株式会社EGインベストメントによる，株式会社エコグリーンを対象者とする公開買付届出書の記載。

3.2 米国法の適用範囲

そもそもこのような問題が発生する原因は、米国法の適用範囲の設定が広すぎるからである[9]。

1999年に導入されたSEC規則14d-1(b)では、米国以外の国の会社を対象会社とする公開買付けについての米国法の適用のルールが次のように整理されている。すなわち、米国の株主が10%以下の場合、証券取引所法14条(d)項などは適用除外とされる。また、米国の株主が10～40%の場合は、証券取引所法14条(d)項などの一部の規定が適用除外されるにとどまる。そして、いずれの場合についても、証券取引所法14条(e)項の反詐欺法は適用される[10]。

このような米国国外で行われる公開買付けに対しても、米国法を適用するルールの妥当性について、米国の学説においても次のような批判もある。すなわち、米国の投資家は、米国の証券法の完全な保護を受けられないとわかった上で、米国国外の企業に対して投資をするという意思決定を意識的に行っており、ウィリアムズ法（公開買付けについて規定する米国の証券取引所法のこと）を適用することは、不適切かつ不当に負担となるように思われ、米国の株式保有のレベルは見たところでは重要でない（Carron & Davidoff (2005) at 487）という批判がある。

3.3 検　討

実質論としては、上記の合法説を支持すべきである。なぜなら、特定の外国の株主からの応募を受け付けないという扱いをすることによって、当該外国の証券規制の適用を回避し（あるいはその適用の可能性を下げ）なければ、公開買付

---

9) その代表的な裁判例が、Consolidated Gold Fields PLC v. Minorco, S. A., 871 F.2d 252 (2d Cir. N. Y. 1989) である。事案は、対象会社が英国の会社であり、対象会社の株主のうち、米国の株主は530万株（2.5%）にすぎず、5万株は直接に保有、310万株は英国のノミニー口座、215万株はADR（米国預託証券）によって保有されていたという状況で、公開買付けの開示書類で、公開買付者は明確に米国株主を除外して行うことを明示して英国で公開買付けが行われたにもかかわらず、米国の証券取引所法14条(e)項が適用された。

10) 10%基準（40%基準）は、原則として、米国国内での1日の取引量の平均値が、全世界での1日の取引量の平均値の10%（40%）を超えなければ、この要件を満たしていると推定される。ただし、公開買付者が、10%基準（40%基準）を満たしていないことを認識していた、または、認識する理由があるときはこの限りではない。Securities Act Release No. 8957 (Sept. 19, 2008).

けの実施自体が困難となるという意味で，この取扱いをする必要性があり，かつ，応募を制限される特定の外国の株主には，常任代理人による応募の機会は確保されており，また，このような実務が定着していて，公開買付けに際して日本法が適用されるであろうことをわかった上で株式を取得していることも少なくないだろうといえるから，当該特定の外国の株主の利益との関係でも相当性が認められる取扱いといえるからである[11]。

　もっとも，金商法の解釈として可能であるとしても，条文で明文上の根拠規定を定めた方が，望ましいように思われる。なぜならば，公開買付規制違反には民事責任・課徴金・刑事責任が発生する以上は，公開買付規制違反に該当しない類型についてはこれを条文上明確化した方が，萎縮効果が生じにくくなるし，現にそのような立法を行っている国もあるからである。

　例えば，英国の場合には，そのような規定がある。すなわち，公開買付けの書類は，EEA（欧州経済領域）外の株主に対しても，送付しなければならない。ただし，そうしないだけの客観的な正当事由が十分にある（sufficient objective justification）場合はこの限りではない（The Takeover Code, Rule 23.2）。具体的には，書類をその外国株主に送ることによって外国法による民事責任，行政処分，刑事責任が課される実質的なリスクがあるときは，外国株主が3％未満ならば送らなくてよい。3％以上のときであっても，Panelが免除を認めることができるとされている（The Takeover Code, Note on Rule 23.2）。

　この英国の例を参考に日本で立法するとすれば，金融庁に，このような免除の権限を与えるということが考えられる。現状では，明文上の根拠はないが，公開買付けの実施の前に関東財務局への非公式な事前相談を行う実務慣行があるといわれており，上記で引用したような公開買付届出書の記載についても認められているようであるから（証券法研究会編（2012）228頁参照），解釈・運用での適切な対応がとられているといえるだろう。しかし，行政機関による非公式な解釈は担当官の変更に伴って変更される可能性があるものであり，やはり，正面から立法で明らかにしておくことが筋であるように思われる。

---

11) 必要性と相当性を根拠とするロジックは，ライツ・オファリングにおける同様の問題で金融庁（2011）が採用している。

4 利益相反型の公開買付けにおける株式価値算定書の開示

4.1 問題の所在

本節では，利益相反型の公開買付けにおける開示，特に，株式価値算定書の開示のあり方に改善の余地はないか，という問題を検討する（利益相反型の公開買付けに関するその他の問題については第4章・第5章参照）。

発行者以外の者による株券等の公開買付けの開示に関する内閣府令（以下「他社株府令」という）13条1項8号では，①MBOの場合（すなわち，公開買付者が対象者の役員，対象者の役員の依頼に基づき当該公開買付けを行う者であって対象者の役員と利益を共通にする者である場合），または，②親会社が子会社に対して公開買付けを行う場合（すなわち，公開買付者が対象者を子会社（会社2条3号）とする会社その他の法人である場合）には，買付け等の価格の算定に当たり参考とした第三者による評価書，意見書その他これらに類するものがある場合には，その写しを公開買付届出書の添付書類として提出しなければならない，と規定されている。なぜなら，上記①と②のいずれの場合も，利益相反の問題があるからである。

上記①と②のカバーする範囲は，キャッシュ・アウトが行われるケースはもちろんのこと，それ以外のケースも含まれている。すなわち，例えば公開買付者が対象者の役員であれば，その後にキャッシュ・アウトが行われるか否かにかかわらず，この規制が適用される。もっとも，この条文が適用される典型例は，MBOや親子会社間の取引でキャッシュ・アウトが行われて上場廃止に至るケースだから，キャッシュ・アウトが行われるケースを前提に議論を行う。[12]

実務の現状をみると，公開買付届出書に添付する目的で作成されたサマリー（と思われるもの）のみが添付されている。そこでは，例えばDCF法であれば，その計算の結果の数字は記載されている。

問題は，計算の過程の詳細は省略されており，フリー・キャッシュ・フロー

---

12) キャッシュ・アウトが行われないケースでも，キャッシュ・アウトが行われるケースと同様の開示規制が及ぶことの理由としては，キャッシュ・アウトの有無を問わずに，利益相反の問題が生じるからだろう。別の理由としては，キャッシュ・アウトが行われるケースに限定してしまうと，キャッシュ・アウトのケースの脱法行為を惹起しかねないからというものも考えられる。

の数値や割引率として，具体的にどのような数値を使ったのかなどは全くわからないものが多いことである。なぜなら，これらが開示されていなければ，株式価値算定書の結論の信用性の評価はできないからである。例えば割引率が少し違うだけでDCF法の算定結果は大きく異なってくるのだから，最低限，どのような数値を使ったのかを開示しなければ，あまり有意義な情報とはいえないように思われる。

このように考えてくると，そもそもの問題は，公開買付届出書に添付されているもの以外の，より詳しい計算過程を示した算定書があるのに，これを添付しないという運用にありそうである。これは，他社株府令13条1項8号に違反しないと解釈してよいのだろうか。

結論を先取りすると，立法論としては，これらの株式価値算定書については，買収者に提出させるのではなく，対象会社に提出させる制度にした方が望ましく，解釈論としては，現状の公開買付届出書の添付書類としての株式価値算定書のサマリーの提出でもやむを得ない（ただし，対象会社側が取得した株式価値算定書については，意見表明報告書の中で実際に用いた数値も含めて開示されるということが，この現状を是認する条件となる）というのが，本節の主張の骨子である。これを以下では敷衍する。

4.2 開示の主体

4.2.1 買収者に開示させることの問題点

買収者が買収後の事業計画の全てを公表させられることになってしまうと，他の潜在的な買収候補者に手の内をさらすことになってしまう。すると，買収後の事業計画の作成がフリーライドされて，その作成コストを削減できる分だけ潜在的な買収候補者の方が有利な立場になってしまう。そうなってしまったのでは，そもそも買収のための準備として事業計画を作成すると，その作成コストを負担する分だけ不利になるとわかっているから，株主の利益になるような買収であっても，誰も最初にそのような計画を立てて買収を開始しようとしなくなってしまう弊害が予想される。[13]

---

[13] 平成18年の証取法改正の際に，「公開買付価格についてあまりにも情報の開示を求めすぎると，過剰規制となり，企業再編行為に対して過度に萎縮効果が働きかねない」（大来（2006）5頁）といわれていたことは，本文の意味で正当である。

そのため，買収者が買収後に予定している事業の計画の全ての開示を求める制度は必ずしも妥当ではないともいえる。この点を考慮に入れると，利益相反型の公開買付けの場合であっても，公開買付者に将来のフリー・キャッシュ・フローの予測の全てを開示させることは妥当でないおそれがある。そうだとすると，計算過程の詳細を省略して，計算結果のみの開示にとどめている現在の実務の運用にも，以上のような意味での合理性はあると考えられる。

ただし，英国では，買収者が「対象会社の将来の事業についての意向，および，買収提案の長期的な商業的な正当化根拠」について開示しなければならない（The Takeover Code, Rule 24.2(a)(i)）。英国では，買収者が，将来の計画を開示させられる制度になってはいるが（ただし，将来のフリー・キャッシュ・フローの数値を開示しなくてはならないという明確なルールがあるわけではない），買収がそもそも行われない弊害が生じているわけではない。そのため，買収者が手の内をさらすことの弊害がどこまで大きいのかは，疑問の余地もある。

4.2.2　米国法における対象会社による開示と日本の実務

米国では，MBO や親子会社間の取引に関する開示としては，ゴーイング・プライベートが行われる場合の SEC 規則 13e-3 の規制（1934 年証券取引所法に基づくルール）が，重要である。SEC 規則 13e-3 は，次のようなルールである。すなわち，対象会社は，フェアネス・オピニオンなどの意見書，報告書，または算定書を受け取ったかどうか，および，これを受け取っている場合にはその要約を開示しなければならない。要約には，採用された手法，その結果と意見，その結果を得るに至った根拠と方法，対象会社等から受領した指示，および，調査の範囲について対象会社から課された制限を含めなければならない[14]。また，意見書等それ自体を，添付書類（Exhibit）として，提出（file）しなければならない[15]。そして，実際に開示されている株式価値算定書においては，キャッシュフロー・割引率の数値も含めて開示されている。

---

14)　17 CFR §240.13e-3(e), 17 CFR §240.13e-100 (Item 9), 17 CFR §229.1015 (Item 1015).

15)　17 CFR §240.13e-3(d)(1), 17 CFR §240.13e-100 (Item 16), 17 CFR §229.1016 (Item 1016(c)).

日本でも，東証の適時開示についての通知の発出後は[16]，意見表明報告書で対象会社側からDCF法の前提条件の詳細が開示されるようになっている。さらに，東証は，公衆縦覧の対象とならない前提で，対象会社から算定書それ自体を受領しているようである（佐川（2013）81頁）。

SEC規則13e-3と東証のルールの共通点として注目すべきことは，開示する主体が，対象会社であって，公開買付者ではないということである。

理論的には，対象会社は，現状の株主構成のままで事業を継続した場合の企業価値を前提に，公開買付け自体の賛否（企業価値を向上するものなのかどうか）や公開買付価格の公正性について判断すべきであり[17]，その判断のための資料として株式価値算定書を取得するのは，現在では通常のことといえるだろう（第7章参照）[18]。そのため，これを開示させることの追加的なコストは小さいといえる。

たしかに，株式価値算定書を公表すると第三者に買収されるおそれが高まるかもしれない。しかし，対象会社による株式価値算定書の開示は，買収後の営業秘密とすべき事業計画をも開示するという性質のものではないから，買収者が買収を開始するインセンティブを失うというような弊害は小さいだろう。したがって，現在の東証のルールは妥当な内容になっているように思われる。そして，本来的には，これを金商法上のルールとして整備するのが望ましいと考えられる。

---

[16] 平成25年7月8日付「MBO等に関する適時開示内容の充実等について」東証上会第752号。解説として，佐川（2013）参照。

[17] 意見表明報告書において，対象会社は，公開買付けが対象会社の利益（企業価値の向上）になるかどうか（公開買付け自体への賛否），また，対象会社の株主にとって，応募することが利益となるかどうか（応募推奨・不応募推奨）を表明するという理解が，実務では一般的である。証券法研究会編（2012）381頁参照。なお，三笘（2008）は，意見表明報告書は，株主にとって投資の損得について助言するものではなく，応募推奨・不応募推奨は賛同意見を補足する従属的な意見にすぎず，公開買付け自体への賛否に追加して，応募推奨・不応募推奨を明示する実務的な意義はないとする。なお，キャッシュ・アウトの局面における意見表明報告書において何を記載すべきかについての私見については，飯田（2015a）参照。

[18] もっとも，親子会社間の取引のケースなどでは，株式価値算定書を取得しないケースがあるかもしれない。そのときは，これを取得していないことを開示しなければいけない。そして，これを取得していないこと自体が公開買付価格の不公正性を推認させる間接事実となり，このことを知った上で対象会社の株主が応募するか否かを意思決定することになるだろう。

4.2.3 小　　括

　利益相反型の公開買付けにおける株式価値算定書等の開示について，日本法では，金商法で買付者に開示を求め，東証のルールで対象会社に開示を求めている。しかし，買収者による開示には，他の潜在的な買収者の候補者に手の内をさらすことの弊害も考えられるところであり，また，実際に開示されている内容は算定書の結論のみであって，肝心のその計算過程が開示されていないという意味で，投資者の役に立つ内容になっているとは考えにくいのが現状である。そうなのであれば，むしろ，金商法においても，対象会社にも株式価値算定書等の開示を要求し，対象会社は，MBO等の提案の公正性を判断する際に株式価値算定書等を取得した場合には，計算に用いた具体的な数値と計算過程の概要を開示させるようにすべきである。

　第7章で示されているように，買付者が取得する株式価値算定書と対象会社が取得する株式価値算定書の算定結果の間に，平均的には大差がないのであるから，対象会社に具体的な数値を開示させることで，結果的には買付者側の算定結果の信用性も検証しやすくなるだろう。また，事業計画の作成に当たっては，対象会社の情報に精通していなければならず，その意味では対象会社の経営者が作成したものが一番信頼できる。もちろん，利益相反のせいで経営者がその作成の内容を歪めてしまうおそれもあるが，そのようなおそれがない時期に作成されたものであれば，信用できる[19]。この意味でも，対象会社側に詳細を開示させるということが，投資者の判断にも資する情報提供につながりやすいといえるように思われる。

---

19) 例えば，デラウェア州の裁判例である，LongPath Capital, LLC v. Ramtron Int'l Corp., 2015 Del. Ch. LEXIS 177 (Del. Ch. June 30, 2015) でも，通常の事業の中で対象会社の経営陣が作成した事業計画は信用できるとされている。しかし，次の場合には，信用できないとされてもいる。すなわち，①通常の事業の中以外で作成された場合，②長期の事業計画を作成したことが一度もなかった経営陣が作成した場合，③自己の職位を守るためなど，事業計画を変造する動機がある経営陣が作成した場合，④買取請求訴訟などの訴訟の可能性があることによって，計画の中立性が影響をおそらく受けただろう場合には，事業計画は信用できない。

4.3 開示の内容

4.3.1 フリー・キャッシュ・フローなどの数値

　利益相反型の公開買付けの場合に，対象会社に株式価値算定書等の詳細を開示させるとして，具体的にどのような内容まで開示を求めるべきなのだろうか。

　株式価値算定書等の信頼性を検証できるようにするためには，次の事項の開示を求めるべきだろう。すなわち，DCF法を用いているならば，計算結果のみならず，フリー・キャッシュ・フロー（およびターミナル・バリュー）と割引率として用いた数値を開示させるべきである。また，類似会社比較法による算定については，どの会社と比較したのか，および，マルティプルとして使った数字とその算定根拠を開示させるべきである。SEC規則13e-3に基づく開示では，これらの事項は開示されているから，日本で特にこれを開示しなくてよいという理由はないようにも思われる。ちなみに，英国では，対象会社はフィナンシャル・アドバイザーからのアドバイスを受けることが義務づけられており（The Takeover Code, Rule 3），そのアドバイスの要旨（substance）を開示しなければならない（The Takeover Code, Rule 25.2）。ただし，フリー・キャッシュ・フローの開示が求められているのかどうかは明確ではない。

　なお，米国のデラウェア州の判例法において，企業買収の際のフリー・キャッシュ・フローの開示の要否については，判例が分かれている。Skeen v. Jo-Ann Stores, Inc.[20]事件では，二段階公開買付けの事案（なお，利益相反の事案ではない）において，二段階目の合併の際に少数株主が，フリー・キャッシュ・フローの開示義務を対象会社の取締役は負っていると主張したのに対し，デラウェア州最高裁は，開示義務が発生するのはその情報が重要な場合なのであって，開示される情報が有益であるにすぎない場合には取締役に開示義務は発生せず，フリー・キャッシュ・フローの開示は投資者に有益であるにすぎないとして，フリー・キャッシュ・フローの開示義務はないとした。しかし，デラウェア州の衡平法裁判所の判例では，フリー・キャッシュ・フローは重要な情報であるとして，開示義務を課したケースもある[21]。また，衡平法裁判所の判例では，

20）　750 A.2d 1170 (Del. 2000).

21）　*In re* Netsmart Techs., Inc. S'holders Litig., 924 A.2d 171 (Del. Ch. 2007) ; Maric Capital Master Fund, Ltd. v. Plato Learning, Inc., 11 A.3d 1175 (Del. Ch. 2010).

フェアネス・オピニオンの公平な要約を株主に開示する義務が取締役にはあり，仮定，計算過程，計算結果のレンジを開示しなければならないとしたものもある[22]。他方で，開示義務を否定する判例では，フリー・キャッシュ・フローの予測は信用できず，株主をミスリードすることがあること等を指摘している[23]。これらの事件は，いずれも SEC 規則 13e-3 の規制の対象外の事案である。

デラウェア州の判例法の状況は，SEC 規則 13e-3 の適用される事案を超えて，およそ公開買付けが行われる全てのケースで株式価値算定書を開示させることには慎重であるべきことを示唆している。

4.3.2 アドバイザーの報酬

日本では，公開買付届出書に添付される株式価値算定書（のサマリー）には，株式価値算定機関と会社（株主）との間の潜在的利益相反の有無について言及する例と，言及しない例がある。潜在的な利益相反がある場合とは，例えば，公開買付けの成立を条件に株式価値算定機関が手数料を受け取る契約を締結している場合や，対象会社と公開買付けとは関係のない別のサービスを株式価値算定機関が提供している場合である。これらの契約を締結していたからといって，必ずしも，意見書の内容が歪められるというわけではないだろう（Cain & Denis (2013)）。しかし，株式価値算定機関が受け取る報酬の額やスキームによっては，報酬の受取額を多くするために，対象会社の経営陣の意向に沿うように算定の数字を歪めるおそれが理論的には考えられる（Bebchuk & Kahan (1989) pp. 37-45）。そのため，株式価値算定機関の潜在的利益相反の要素を示す事実は，株式価値算定書の内容の信頼性を株主が判断するに当たっては重要な情報であるように思われる。株式価値算定書の開示に際して，潜在的利益相反の要素についても開示させるように制度を設計すべきではないのだろうか[24]。

---

22) *In re* Pure Res. S'holders Litig., 808 A.2d 421 (Del. Ch. 2002).
23) *In re* CheckFree Corp. S'holders Litig., 2007 Del. Ch. LEXIS 148, at *11 (Del. Ch. Nov. 1, 2007).
24) 飯田 (2012) 80 頁は，会社法における「合併対価の相当性に関する事項」（会社則182条1項1号）の解釈としてではあるが，株式価値算定機関の独立性に関する事項の開示もしなければならないと主張する。なお，Bebchuk & Kahan (1989), pp. 49-51 は，株式価値算定機関の潜在的利益相反問題への対応策として，①裁判所が株式価値算定機関と会社の間の関係を精査し，成功報酬になっている場合にはフェアネス・オピニオンの信用性を割り引くこと，および，②フェアネス・オピニオンについてのセカンド・オ

米国の場合，SEC 規則 13e-3 では，意見書等を提出した第三者（以下「フィナンシャル・アドバイザー」という）と対象会社等との間に，過去２年間の間に存在していた，または現在存在していると相互に考えている重要な関係と，その関係の結果として受領したまたは受領する報酬について，対象会社は開示しなければならない[25]。なお，フィナンシャル・アドバイザーと対象会社との間の関係についての開示について，SEC のスタッフによっては，詳細な定量的な開示を求められることもあれば，ひな形の文言での定性的な開示でよしとされることもある (Davidoff (2006) pp. 1592-1593; Friedman (2013) pp. 1551-1552)。

　これに対して，デラウェア州の判例法の下では，報酬体系が企業買収取引の完了等をトリガーとする成功報酬になっているならば，そのことを開示しなくてはならないことがある。ただし，デラウェア州の判例法の下でも，成功報酬が全体の報酬のどのくらいの割合を占めているときに，成功報酬の金額について開示しなければならないかという基準については，まだ明らかではない (Friedman (2013) pp. 1554-1556)。

　また，SEC 規則では，フィナンシャル・アドバイザーと買収者との間の関係についての開示は求められていない。しかし，デラウェア州の判例法では，ケースバイケースでこれについての開示を求められることがある (Friedman (2013) pp. 1556-1558)。

　さらに，SEC 規則では開示を求められていない，フィナンシャル・アドバイザーが当該買収から得られる利益（買主の株主であるとか，売主の株主であるとかといった地位から得られる利益）についても，デラウェア州の判例法では，ケースバイケースで，この開示が要求されることもある (Friedman (2013) pp. 1558-1561)。

　報酬の開示に対する慣行が，日本と米国とでは異なっているし，米国でも，報酬の金額や条件などの詳細を求めるケースばかりではないことからすると，日本で定量的な開示を求めるのは時期尚早であるおそれもある。また，成功報酬になっていたとしても，株式価値の算定の正確性との相関関係はないという

　　ピニオンを取得すること，を提案している。また，永江 (2011) 85 頁は，不適切なフェアネス・オピニオンを提供した株式価値算定機関に損害賠償責任を課すというアプローチの可能性を示唆している。
　25）　17 CFR §240.13e-3(e), 17 CFR §240.13e-100 (Item 9), 17 CFR §229.1015 (Item 1015)。

実証研究もある（Cain & Denis (2013)）。そうだとすれば，現在，一部の日本の実務で開示されているように，定性的な情報を開示させれば十分であるようにも思われるので，最低限，固定報酬か成功報酬かという情報と，株式価値算定以外のことに関する株式価値算定機関と対象会社との間の契約関係についての情報の開示を求めるべきである。

　しかし，これはあくまでも最低限のレベルでの開示にすぎず，日本の現状を考えれば，報酬の額や成功報酬の場合の計算方法についても開示を求めるべきではないだろうか。なぜならば，第1に，米国と違って，日本では株式価値算定機関が株主から損害賠償請求を受けるおそれは極めて低く，実際に訴訟になったというケースも聞いたことがない。また，株式価値算定機関の行為規範についての明確なソフトローも，米国と違って，日本にはない。株式価値算定機関の提供する株式価値算定書の内容の信用性を担保するには，結局のところ開示に依拠するしかないのが日本の現状であり，株式価値算定機関の独立性についても開示を充実する以外に実効性のある規律がないからである。第2に，有価証券報告書において，公認会計士・監査法人に対する監査報酬の額の開示はすでに行われており（開示府令の有価証券報告書等の様式），報酬額の開示による弊害が生じているとは思われず，株式価値算定書の報酬額の開示についても弊害が生じるとは考えにくいからである。

4.3.3　小　　括

　開示の内容については，算定に用いた数字の内容は開示させるべきであり，アドバイザーの潜在的な利益相反についても定性的な情報は当然のこととして，その報酬額や成功報酬の場合の計算方法についても開示させるべきである。その実現方法としては，他社株府令に明確に規定するということが最も望ましい。しかし，それが困難であるとすれば，事後的に裁判が起こされた場合に，上記の事項が開示されていたかどうかを裁判所が審査し，開示されていない株式価

---

26) 米国における，フェアネス・オピニオン提供者の責任については，永江（2011）85-90頁参照。
27) 米国の自主規制として，金融取引業規制機構（FINRA：Financial Industry Regulatory Authority）のRule 5150にフェアネス・オピニオンを提出する者の開示についてのルールが定められている。

値算定書についてはその信用性を大幅に割り引いて評価し，開示されている株式価値算定書についてはそれよりも信用できるものとして（ただし，算定結果の信頼性については裁判所は十分にチェックすべきものとして）取り扱うということによって，当事者に上記の事項の開示を事実上促すという方向性も考えられる。

5　公開買付けの強圧性対策としての買付期間延長制度

5.1　問題の所在

　公開買付けの強圧性とは，公開買付けの提案を受けた株主が公開買付価格に不満があっても，自分以外の他の株主がその公開買付けに応じてしまうことにより当該公開買付けが成立してしまい，自分は少数株主として取り残される不安あるいは公開買付けよりも低い価格で二段階目のフリーズ・アウトをされる不安から，不本意ながらも公開買付けに応じざるを得ず，その結果として，非効率的な企業買収までもが実現してしまう問題のことである（飯田（2013a）231-232頁）。

　この問題は，学説において長らく議論されてきただけではなく，実際に生じている。第1に，実際に強圧性の問題を対象会社の取締役会が懸念しているケースが見られる。すなわち，意見表明報告書において，提案されている公開買付け自体には反対だが，上場廃止のおそれがあるから，応募の是非を株主の判断に委ねるために中立の立場をとる，という例がある。これは，まさに強圧性の問題があることを示している。つまり，自分は公開買付けに応募したくないが，他の株主が応募してしまうと上場廃止になる，しかも企業価値は下がる，という最悪な事態を避けるために，次善の策として自分も公開買付けに応募するという株主がいることを，対象会社の取締役会が想定し，意見表明報告書で上記のような記載をしていると解される。

　第2に，第8章で示されるように，スクイーズアウト（キャッシュ・アウト）の意向が示されると実質応募率が有意に高くなっている。これは，スクイーズアウトの場合には強圧性が実際にあるおそれがあることを示している（ただし，それによって非効率的な買収が実現しているかは別問題ではある）。スクイーズアウトが行われる二段階買収の場合，一段階目の公開買付けが行われてから，二段階目のキャッシュ・アウト（その多くは全部取得条項付種類株式の取得による）が行われる

までの間に時間的間隔が数か月あるから、一段階目と二段階目の価格が同額で行われるとしてもその間隔の分を割り引いて評価すれば、一段階目の公開買付けに応募した方が有利だろう（ただし、二段階目で株式買取請求権を行使して、裁判所に価格決定の申立てをすることで、公開買付価格を上回る価格決定がなされる可能性はあるが、この点の検討は省略する）と考えて、応募している株主も少なくないおそれがある。[28]

この公開買付けの強圧性の問題に対応する方法には様々なものが考えられるが（飯田 (2013a))、その1つの方法として、買付期間延長制度を導入することが考えられる。

5.2　強圧性の買付期間延長制度による解消

買付期間延長制度は、すでに、英国やドイツなどで採用されているものであり、これを参考にすると次のような制度が考えられる。

5.2.1　全部買付けの場合

まず、全部買付けの場合には、過半数の応募がある場合に限り、強制的に、買付期間を延長させる制度（そして、この延長期間中には、当初の買付期間に応募した株主は応募の解除権（金商27条の12）を行使できないとする制度）を導入することが、学説からは提案されている（田中 (2012) 418-421頁、飯田 (2015b) 168-171頁、198-199頁）。

これによって、公開買付けに応募するかどうかの意思表示と、当該公開買付けそれ自体についての賛成・反対の意思表示を分離することができ、強圧性の問題は解消できる。なぜなら、上記の「不安」を持つ株主は、当初の公開買付期間中には応募しないことで公開買付けそれ自体への反対の意思表示をすることができ、もし、当初の公開買付期間中に応募した株主が多ければ、追加の応募期間に応募すればよくなるので、当初の公開買付期間中に不本意ながら応募する必要がなくなるからである。

また、当初の買付期間中に過半数の応募がある場合に限るという提案の理由

---

28) このロジックを背景に、平成26年の会社法改正によって、90%以上の株式を保有すれば、二段階目のキャッシュ・アウトについて対象会社の株主総会を開催せずに実行できるようになった（会社179条）。

は次のとおりである。すなわち，もしも，過半数に満たない応募しかない場合であっても，延長期間の設定を強制したとしよう。すると，当初の買付期間中に 10％ の応募しかなかったとしても，延長期間が設定されてしまう。10％ の応募しかなければ支配権も移転しないし，キャッシュ・アウトを実行するための株主総会の特別決議が成立する見込みも低い。ところが，この場合にも延長期間が設定されると，その延長期間の間に他の株主の多くが応募してしまうと，買収者が過半数や 3 分の 2 超の議決権を取得してしまい，会社の支配権を取得したり，キャッシュ・アウトが実行できるようになったりしてしまい，自分だけ取り残されてしまうかもしれないという状況が再び登場してしまう。これを防ぐには，過半数の応募がある場合に限り延長期間を強制する制度にしないと，強圧性の対策にはならなくなってしまう（飯田（2015b）77-78 頁，114-115 頁，168-171 頁，198-199 頁）。

5.2.2　部分買付けの場合

また，部分買付けの場合も，強圧性の問題は理論的には十分に考えられる（ただし，第 8 章では，部分買付けの場合に特に類型的に実質応募率が上昇しているというような状況は報告されていない）。したがって，理論的には，この場合にも強圧性に対応する方法を導入した方がよい。

その方法としては，部分買付けの場合にも，延長期間の設定を強制するという方法も考えられる。

部分買付けの上限の設定に応じて場合を分けて考えよう。

①部分買付けの上限が 3 分の 1 以下の場合には，この部分買付けが成立しても事実上の支配権すら移転しないから，強圧性を問題にする必要はなく，延長期間の強制を求める必要はない。

②部分買付けの上限が 3 分の 1 超で半数以下の場合には，3 分の 1 という事実上の支配権が移転するかどうかが重要である。事実上の支配権の移転に反対だが，他の株主が応募してしまって事実上の支配権の移転が生じるならば自分も応募したいと考える株主もいるだろう。したがって，強圧性への対応が必要であるとすれば，3 分の 1 超の応募がある場合には延長期間の設定を強制することが考えられる。

③部分買付けの上限が過半数から 3 分の 2 以下に設定されている場合には，

過半数の応募がある場合には延長期間の設定を強制すべきである（全部買付けの場合と同様の理由による）。ただし、当初の買付期間の応募が例えば40％と事実上の支配権の移転が生じる場合、②の場合と同様の強圧性が発生すると考えられる。そのため、事実上の支配権の移転についての強圧性への対応をするのであれば、3分の1超の応募がある場合には延長期間の設定を強制すべきだろう。すると、当初の買付期間に40％の応募があり、延長期間に追加で20％の応募があるという場合、当初の買付期間で事実上の支配権が移転し、延長期間で過半数の支配権も移転するということになる。延長期間における過半数の支配権の移転に関する強圧性の発生についても、これを解消しようとすれば、延長期間において過半数の応募がある場合には、さらにもう1度延長期間の設定を強制するということが考えられる。

　しかし、このように込み入った制度にすることは立法技術的に困難であるように思われる。そこで、理論的な完全性を犠牲にすることにはなるが、部分買付けの場合も当初の買付期間において過半数の応募があるときに限り、買付期間の延長を強制するということが考えられる。なぜならば、買収者が過半数を取得するかどうかは、株主総会の普通決議を買収者が単独で左右できるかどうかという意味で重要な水準であるし、全部買付けの場合と延長期間の強制の発動基準をそろえることによる制度のわかりやすさを重視するからである。

　また、わかりやすさのみならず、3分の1ルールがあるせいで強制される公開買付けの場合への弊害を防ぐという意味でも、過半数を買付期間の延長を強制する発動基準とすることが妥当である。もしも、事実上の支配権のラインである3分の1超を発動基準としてしまうと、3分の1ルールがあるせいで、実質的には相対取引として行われるディスカウント公開買付けの場合にも延長期間の設定が強制されるようになってしまう。これでは、3分の1ルールによる事業再編の阻害効果がより悪化してしまうおそれがある。しかも、ディスカウント公開買付けの場合には、支配株主以外の株主は応募しないことが多いだろうから、そもそも強圧性の問題が類型的に発生しにくいともいえる。

　したがって、買付期間の延長によって強圧性に対応するのであれば、わかりやすさ等を考慮の上、買付期間の延長を強制するための発動基準は過半数の取得とするべきだろう。

5.2.3 小　括

　結局，部分買付けの場合の複雑な制度となることを回避することも含めて，買付期間延長制度を立法論として実現する場合には，買付者の持分割合が，当初の期間で応募があった株式を取得して 2 分の 1 超となった場合には，買付期間を 10 営業日（これより短い 5 営業日などでもよいが，5 営業日の間に対象会社の株主が公開買付代理人の証券会社に口座を開設するだけの時間的余裕があるかは疑問である）間延長し，その延長期間中は，当初の買付期間中に応募しなかった株主が応募することだけを認めるというような制度を導入すればよい。

　なお，同様の制度は，米国法にもある。すなわち，1999 年に導入された SEC 規則 14d-11 によって，全部買付けの場合，最初の期間満了時に応募株式数と割合についての結果を公表していることを条件に，3 営業日以上の延長を認めている。そして，この公開買付けの延長期間（追加応募機会）において，当初の買付期間中に応募した株主の解除権を制限する SEC 規則 14d-7(a)(2) の制度がある。

5.3　理論的には最善ではないが，わかりやすい制度であること

　買付期間延長制度は，強圧性への対応として理論的にベストなものであるとまではいえない。買付期間延長制度には，当初の買付期間に応募するインセンティブを失わせてしまい，公開買付けが成立しにくくなるという弊害が理論的には予想される（飯田（2015b）169-171 頁，198-199 頁）。

　そのため，公開買付けそれ自体の賛否の意思表示をさせると同時に，反対の意思表示をした者に，公開買付けの賛成者が多数ある場合には，その反対株主の保有する株式も買い付けられることを希望するかどうかの意思表示をさせるという方法が理論的には優れている。しかし，この仕組みはややわかりにくく，この仕組みを実際に用いている例は英国の部分買付けの場合に限定されてしまう（飯田（2015b）199-200 頁）。

　これに対して，買付期間延長制度は現に英国やドイツで行われており，公開買付けが成立しにくくなるという弊害も特に観測されていないという意味では，上記の買付期間延長制度についての理論的な懸念は実際にはあまり気にする必要がないともいい得るだろう。

　また，延長期間の強制という制度の提案は，わかりやすく，その運用に当た

っても技術的な困難性はそこまで高くないと期待できる。そして，上記のように，部分買付けの場合には，理論的には複雑な制度とすることも考えられるが，実現可能性を重視してシンプルな制度を提案してもいる。その趣旨は，理論的な完全性を追求するあまりに，実現不可能な立法論を提案し，結果的に，強圧性に対応する制度が何も導入されないという事態を避けることにある。上記の提案は，理論的な完全性を追求するというより，実現可能性を重視したものである。

5.4　買付期間の規制の趣旨にも反しないこと

買付期間延長制度の導入は，買付期間についての現在の規制の趣旨から見ても大きな弊害はないといえる。すなわち，公開買付期間の現行法の規制では，最短で20営業日以上，最長で60営業日以内でなければならない（金商27条の2第2項，金商令8条1項）。この規制の趣旨は，最短期間の規制については株主に熟慮期間を与えるため，また，最長期間の規制については①応募株主を長期間不安定な地位に置くことを防止するため，および，②長期間にわたり，取引所における当該銘柄の円滑な流通，公正な価格形成を阻害することを防止するためである（渡辺ほか（1971）117頁）。

MHMデータベースによれば，買付期間は20〜30営業日程度のケースが多い（第8章参照）。これに，10営業日がプラスされる程度の長さであれば，最長期間の規制の趣旨を阻害することにはならない。

5.5　小　　括

したがって，理論的にもまた比較法的にも，このような買付期間延長制度を導入することは十分に正当化できると思われる。部分買付けの場合に強圧性の問題に対応する必要があるのかについて，第8章の結果から見て，その必要性を疑問視する批判も予想される。しかし，部分買付けの場合にも強圧性の問題は生じるおそれがあるという理論が全くの誤りであるとは考えにくいし，過半数の応募があるときにのみ延長期間の設定を強制する制度は，部分買付けの上限を過半数から3分の2以下とする場合についてのみ適用され，そのようなケースというのは第8章によれば，部分買付けの中でも例外的なケースであり，3分の1ルールによる取引の迅速性の阻害という弊害を，現在よりも悪

化させるとはいえないように思われる。

6 公開買付けの撤回

6.1 問題の所在[29]

6.1.1 規制の概要

　金商法27条の11第1項は，公開買付者が，公開買付開始公告をした後に，公開買付けを撤回することを原則として禁止している。

　例外として撤回が認められるのには，2つの類型がある。第1は，対象会社またはその子会社の業務・財産に関する重要な変更その他の公開買付けの目的の達成に重大な支障となる事情が生じたときとして，政令で定められた事情に該当する場合で，この場合には撤回することがある旨を公開買付開始公告および公開買付届出書に記載しておけば，撤回することが認められる。第2は，公開買付者に関し破産手続開始の決定その他の政令で定める重要な事情の変更が生じた場合である。この2つの場合には，公開買付けを撤回することが認められている（同項但書，金商令14条，他社株府令26条）。

　ところが，この撤回が認められる事由は限定列挙となっているため，公開買付者の撤回の自由が制限されている。法が認めている撤回事由は，対象会社またはその子会社に関する事情としては，①対象会社またはその子会社の決定事実[30]，②新株発行等の買収防衛策の維持（金商令14条1項2号），③対象会社の発生事実[31]，④株券の取得につき他の法令に基づく行政庁の許可等が得られなかったこと（金商令14条1項4号），および⑤議決権制限株式を利用した買収防衛

---

29) 本節は，飯田（2009, 2013b）に基づく。
30) 金商令14条1項1号（株式交換，株式移転，会社分割，合併，解散，破産手続の開始等，資本金の額の減少，事業譲渡等，上場廃止の申請等，株式分割等，株式の割当て・発行等，自己株式の処分，すでに発行されている株式について，会社法108条1項8号・9号に掲げる事項について異なる定めをすること，重要財産の処分・譲渡，多額の借財，これらに準ずる事項）。ただし，他社株府令26条1項の定める軽微基準に該当する場合には，撤回事由に該当しない。
31) 金商令14条1項3号（事業の差止め等，免許取消し等の行政処分，破産手続開始の申立て等，手形の不渡り等，主要取引先からの取引の停止，災害に起因する損害，財産権上の請求に係る訴えが提起されたこと，上場廃止等，これらに準ずる事項）。ただし，他社株府令26条3項の定める軽微基準に該当する場合には，撤回事由に該当しない。

策の維持等（金商令14条1項5号，他社株府令26条4項）である。また，公開買付者に関する事情としては，①死亡・後見開始の審判を受けたこと，②解散，③破産手続開始の決定等を受けたこと，④公開買付者およびその特別関係者以外の者による破産手続開始の申立て等がなされたこと，⑤不渡り等があったことである（金商令14条2項）。

このように，公開買付けの撤回ができる場合について，法が制限することは妥当なのだろうか。規制によって生じる不利益を上回るだけの利益が生じるかどうかを判断する必要がある。

6.1.2 規制によって生じる不利益

規制によって生じる不利益としては，公開買付規制が適用されない株式譲渡契約ならば，買付けの撤回が認められているような事由であっても，公開買付規制では撤回が認められないということがあれば，規制による不利益が生じているといえる。なぜなら，株式の売買の自由が金商法によって制約されてしまうからである。

そして，この不利益が発生しているのかどうかについて，確定的な評価を下すことは必ずしも容易ではない。なぜならば，公開買付規制における撤回事由の中には，「……に掲げる事項に準ずる事項」（金商令14条1項1号ツ）という包括的な事由が規定されており，「準ずる」という絞りをどれだけ広く解釈するかに依存する側面があるからである。金商令14条1項1号ツにおける「準ずる事項」と，株式譲渡契約におけるMAC条項（対象会社に重大な悪影響が及ぶような変化が生じた場合に，買主に取引からの離脱を認める条項）のどちらが広いのかは，必ずしも明らかではない。株式譲渡契約においては，何がMAC条項に該当する事由なのかを厳密に定義しないことも多いようであるから（藤原編著(2010)141頁），そのような抽象的な事由を根拠に取引から離脱をすることを認める契約を締結することには一定程度のニーズがあるといえるかもしれない。しかし，このような抽象的な内容を撤回事由として公開買付開始公告等に記載しても，適法な公開買付けの撤回事由として認められない可能性がある。この点で，契約の自由が金商法によって制約されている可能性がある。

また，株式譲渡契約で前提条件とされることのある事項のうち，例えば，売主（大株主）による表明保証が正確であることや，買主が最終的に買収資金の

調達が可能であったことなど[32]は，公開買付規制の撤回事由として例示されている事項とはかなり性質が異なるものだから，金商令14条1項1号ツにおける「準ずる事項」にも該当しないと思われる。この点でも，契約の自由が金商法によって制約されている可能性がある。

さらに，例えば，株式譲渡契約において，対象会社が第三者と締結している契約にチェンジ・オブ・コントロール条項が含まれている場合に，その第三者に支配権の移転に際して異議を述べない旨の同意を得られていることが前提条件とされることもある。これと類似した公開買付けの撤回事由として認められるものとしては，「主要取引先からの取引の停止」がある。しかし，これは，チェンジ・オブ・コントロール条項に関するものではない。やはりこの点でも，契約の自由が金商法によって制約されている可能性がある。

以上のように，公開買付けの撤回事由が限定列挙されている。これをふまえての実務上の工夫として次のような例があった。すなわち，対象会社の大株主が公開買付者との間で応募契約を締結し，一定の事由が発生した場合に株主が応募を撤回することを義務づける条項を応募契約に規定しておくというものである。東京高判平成23・12・21金法1946号129頁は，まさにそのような事案だった。すなわち，対象会社の大株主と公開買付者の間で契約して，公開買付けを撤回することができる事由（金商27条の11第1項，金商令14条1項）以外の事由（この事件では，対象会社が賛同しないこと）により創業家一族である大株主に公開買付けの応募の撤回を義務づけていた。大株主が応募しなければ，公開買付けは成立しない（下限の条件を満たすことができない）。そして，実際に，対象会社が賛同表明を撤回したため，大株主は応募せず，不成立に終わった。

しかし，その後に公表された金融庁のQ&Aでは，このような応募契約は違法だとされている（三井＝土本編（2011）136頁）。金融庁のQ&Aの趣旨は，撤回制限のルールの脱法を防止することにある。

6.1.3 規制による利益（制度趣旨）

それでは，以上のような，契約の自由を制限してでも金商法・金融庁のQ&Aが守ろうとしている利益は何だろうか。

---

32) 株式譲渡契約における前提条件については，藤原編著（2010）131-146頁参照。

公開買付けの撤回が原則として禁止されている理由は，「公開買付者自身による撤回を幅広く認めると，安易に公開買付けが行われ，株主・投資者の立場を不安定にするとともに，株価操作等につながるおそれも生ずるからである」（池田ほか編著（2007）80頁）と説明されている。

この説明のうち，前段部分の，「安易に公開買付けが行われ，株主・投資者の立場を不安定にする」ことを防止するという説明には疑問がある。そもそも，公開買付けが安易に行われて，株主・投資者の立場が不安定になるというのが，どのような状況を想定しているのか明らかではない。もしも，公開買付けによって最終的に買付けの決済にまで至るかどうかが不確実であることを問題視するのだとすると，そのような不安定な状況は，公開買付けが撤回される場合以外にも生じるはずである。例えば51％の応募がなければ買付けを行わないという条件（応募株式数の下限の条件）を付して公開買付けを行う場合も，公開買付期間が満了するまでは当該公開買付けが成立するか否かは不安定である。同じような不安定が発生するが，下限の条件を付けることは認める一方で（金商27条の13第4項1号参照），公開買付けの撤回は認めないということの根拠は何か。

手がかりは，上記の説明の後段部分だろう。すなわち，株価操作等の予防としての意義である。下限の条件を付して行う公開買付けで株価操作等がなされるおそれは小さいが，撤回を予定して行う公開買付けによる株価操作等のおそれは大きいという区別が成立するのであれば，公開買付けの撤回を特に制限する理由は理解できる。

しかし，その区別が成立するという前提自体に，疑問の余地がある。例えば，51％の株式を保有する支配株主と公開買付者が共謀して，公開買付けを開始することによって株価操作を行いつつ，応募株式数の下限の条件を51％以上としておいて，最終的に支配株主が公開買付けに応募をしなければ，当該公開買付けは実施されず，公開買付者は株式を取得するための代金を支払う必要がなくなる。結果的には，公開買付けが撤回された場合と類似の状況が生じているといえるように思われる。このように，公開買付けの撤回の制限の説明には疑問の余地がある。

もっとも，このようなケースはかなり例外的であるとも考えられるので，さしあたり，この疑問は棚上げすると，このルールには，たしかに，相場操縦規制のエンフォースメントのコストを下げるという機能があると評価できる。な

ぜなら，公開買付けの撤回の原則禁止というルールが存在しない場合に比べれば，相場操縦行為として監視すべき行為の対象を減らすことができるからである。ただし，公開買付けを使って相場操縦を行おうと考えている者は，上記の例の応募株式数の下限を使うというような別ルートでの相場操縦を画策するおそれがあるはずであり，手口がより巧妙なものになっていって，巧妙な手口を解明するコストを考えると，本当にトータルでエンフォースメントのコストを引き下げられているのかということにも疑問の余地はある。

　また，公開買付けが開始されると，市場価格は買付価格に近づく。しかし，公開買付けが撤回されてしまうと，その市場価格は結果的には実態を反映しない偽りの価格だったともいえる。このような市場の価格形成を防止すること自体にメリットがあると評価することも可能ではある。たしかに，当初から公開買付けを撤回するつもりのケースであれば，市場価格は虚偽だったと評価できる。しかし，そのような場合ではないときの公開買付けの撤回のケースでは，公開買付けを開始した時点では公開買付けを開始するという正しい情報が市場価格に反映されていたといえるのだから，このような場合でも市場価格は虚偽だったと消極的に評価する必要はないように思われる。

6.1.4 過剰規制性

　他方で，公開買付けの撤回規制が過剰ではないかと考えられる事情もある。例えば，公開買付者が，公開買付けに要する資金について，公開買付開始後に貸付けを受ける予定で公開買付けを開始したが，予期せぬ事態によって貸付けを受けられなくなったとしても，公開買付けの撤回を制限する規制があるせいで，公開買付けを撤回することはできない（三井＝土本編（2011）131頁）。

　ところが，公開買付者が資金調達できなかった場合に公開買付けを実施させても，最終的には債務不履行に陥り，公開買付けに応募した株主に民法上の解除権を行使させる結果になるところ，株主等の便宜を考えれば，端的に公開買付けの撤回を認めた方がよいと論じる見解もある（証券法研究会編（2012）118頁）。そして，この問題については，立法的な対応が期待されると説く見解もある（証券法研究会編（2012）118頁）。

33）英国にこのような説明があることにつき，飯田（2009）122頁注(9)参照。

このような事態は，公開買付けにおいて公開買付者はMAC条項を撤回事由とすることができないが，銀行が公開買付者へ融資する契約においては対象会社に関するMAC条項が規定されている場合に，銀行はMAC条項に該当する事由が生じたことを理由に融資をせず，公開買付者は公開買付けを撤回できないというときに発生する。つまり，MAC条項に該当する事由が生じたことによって融資を受けられないのに公開買付けを実行しなければならないリスクを，公開買付者に負わせる結果となる。このような非合理的なリスク分担が強制されるということは，英米では起こらない（後述）。もしかしたら日本の銀行とつきあいの深い日本の公開買付者であれば，このようなリスクを銀行によって顕在化されるおそれは低いのかもしれないが，そのようなつきあいのない海外の公開買付者からみれば，これはまさにリスクとなるから，そもそも公開買付けを開始することを躊躇させる要因となる。公開買付けの撤回禁止規制が過剰規制であることによって，効率的な買収までもが起こらなくなってしまっているおそれがある。

6.1.5　過小規制性

逆に，相場操縦の予防としては，公開買付けの撤回規制は過小規制であって，実効性に疑問の余地もある。すなわち，まず，すでに述べたように，公開買付けの撤回と，条件の不成就はかなり似ている。また，例えば，現金を対価とする株式交換を公表したが，予期せぬ事態によって銀行から貸付けを受けられなかった場合に，株式交換を中止することは，会社法上は可能だろう。そうだとすると，株式交換等の会社法上の手法を活用することで，公開買付けの撤回規制は迂回されるおそれがあり，相場操縦を目論む者はこのルートを使えば相場操縦の目的を達成できてしまうかもしれない。株式交換と公開買付けとの違いの1つとしては，対象会社の同意の要否があるが，友好的な公開買付けの場合には対象会社は同意しているのだから，この区別は意味をなさない。相場操縦の予防規定を置くのであれば，それは公開買付けの撤回禁止として規定するだけでは不十分である。

このように考えてくると，公開買付けの撤回を利用した相場操縦という，企業買収に関する相場操縦行為の一部の類型のみを対象とする規制をするのではなく，より一般的に企業買収全般を対象とする規定を用意するのが本来のある

べき姿であるように思われる。

6.1.6　応募契約の活用は脱法か

　応募契約を活用することによって，撤回事由として規定されていない事由によって撤回したのと同様の結果を実現することが，脱法的な行為として禁止されるべきかどうかという問題も，公開買付けの撤回制限のルール（金商 27 条の 11）の趣旨をどこまで貫徹するべきかという問題である。

　公開買付けの撤回を禁止することそれ自体に価値があるルールなのだとすると，脱法禁止という考えも理解できる。しかし，公開買付けの撤回禁止を相場操縦の予防的なルールだと考えるのであれば，本筋である相場操縦規制を及ぼせばよいように思われる。

　相場操縦規制を妥当に運用することが事実上不可能であるというような事情があるのであれば，金融庁の解釈も理解できる。しかし，そうでない限りは，このような応募契約による解除の義務づけを否定する解釈には賛成できない。特に，3 分の 1 ルールがある日本法においては，株式譲渡契約で前提条件などとして約定するような，契約からの離脱を認める事由が発生した場合にも，ひとたび公開買付けを開始したら，撤回することができないという場合がある。株式譲渡の自由という会社法の大原則からすれば，株式譲渡契約においてどのような条件で契約をするかについても自由が認められていて然るべきであるように思われる。さもなければ，3 分の 1 以上の株式については譲渡自由の原則が，金商法によって大きく制約されてしまうことになりかねない。

6.1.7　小　　括

　公開買付けの撤回の制限には，株価操作等の予防としての意義がある一方で，株価操作等の予防の規制としては過剰規制・過小規制の両方の問題があり，また，契約の自由を制約しているという問題もある。はたして，公開買付けの撤回の制限についてのルールはどのようにあるべきだろうか。本節では，この問題に対する接近方法として比較法的な検討を行うこととする。

6.2 比較法的な検討

6.2.1 米　国　法

　米国法には，公開買付けの撤回禁止規制に相当するルールは存在しない。かつては，5日間に限って撤回可能という制限が存在した。しかし，合併にはそのような制限がないから，ルールの不均衡をそろえるために1999年に改正が行われた。つまり，日本法の母法たる米国法では撤回制限のルールが変更されたのにもかかわらず，日本法ではその母法の動きについて行っていないというのが現状である。

　米国法では，撤回制限のルールのかわりに，公開買付けに関連して相場操縦的な行為を行うことは違法であるという規定がある（1934年証券取引所法14条(e)項）。ここでいう相場操縦的な行為とは，不実開示または不開示がある場合のことである。不実開示，不開示または欺瞞がない公開買付けの撤回は，「相場操縦的」には該当しない[34]。

　そして，次の場合に，公開買付けを実施する予定があることを公表することが禁止される。すなわち，(a) 合理的な期間内に公開買付けを開始する意図，および，公開買付けを完了させる意図がないのに，潜在的な公開買付けを公表する場合，(b) 直接・間接を問わず，その公表によって，買付者または対象会社の株式の市場価格を相場操縦する意図がある場合，または，(c) 公開買付けを完了するために証券を購入する手段があることについて合理的な信念を持っていない場合である（SEC規則14e-8）。

　この(c)の「合理的な信念」の意味について，SECは，「必須というわけではないが，コミットメント・レターその他の資金調達能力の証拠（例えば手持ちの資金または既存の信用枠など）があれば，多くの場合に，公開買付者は取得しようとした証券を購入することができることについて合理的な信念を持っ

---

[34]　Schreiber v. Burlington Northern, Inc., 472 U.S. 1, 6-12 (1985)（敵対的公開買付けが1株当たり24ドルを対価として開始され，対象会社役員は反対したが，対象会社株主達は応募した。しかし，買収者が当該公開買付けを中止し，対象会社役員と合意に達し，1株当たり21ドルでの公開買付けを再度開始し，対象会社の上級役員にはゴールデンパラシュートの契約をした。対象会社の株主が，1回目の敵対的公開買付けの撤回は「相場操縦的」だと主張して提訴したという事案）。

ていたことという本条の要件を満たすだろう[35]」としている。

この SEC 規則 14e-8 の適用例として，SEC v. Weintraub 事件がある[36]。事案は，Y が Kodak の株式を 46% のプレミアムで全株取得する（総額約 13 億ドル）ことを提案するという手紙を Kodak の取締役，執行役等に送るとともに，Dow Jones や Bloomberg にメールを送り，さらに，Kodak の大株主の機関投資家にもオファー・レターを送った。また，Y は AMR（アメリカン・エアラインズの親会社）に対しても，48% のプレミアムで全株取得する（総額約 32.5 億ドル）ことを提案するという手紙を AMR に送り，複数のメディアにも送付していた。これらの手紙を送る前に，Y は，Citi，UBS，Wells Fargo の地元の支店に入って，30 億ドル，35 億ドル，13 億ドルの融資を申し入れたが，拒否された。Y はクレジット・レターや融資契約を入手したことは一度もなかった。判旨は，特に資産もなく，手持ちの資金もなく，その他の資金調達もなかったことなどからすると，Y は公開買付けを完了する意図はなく，あるいは，公開買付けを完了することができるという合理的な信念を持っていなかったといえるので，SEC 規則 14e-8 に違反するとした。

なお，他の適用事例はほとんどない。例えば，現金合併による相場操縦が行われれば，SEC 規則 10b-5 違反となるだろうが，そのような事例は見当たらない。

以上の米国法の公開買付けの相場操縦規制は，資金調達の予定もなしに相場操縦目的で公開買付けを利用することを禁止するという観点からすると，合理的な規制であり，立法論を考える上では参考になる。

6.2.2 英　国　法

英国のルールでは，条件，前提条件として，公開買付者または対象会社の主観的な判断に依存するものは，原則として認められない（The Takeover Code, Rule 13.1）。前提条件を付けるときは，Panel に相談をしなければならない（The

---

35) Final Rule: Regulation of Takeovers and Security Holder Communications, Release No.34-42055, at II .D.1 (Oct. 22, 1999). 判例の中には，「SEC は，完全に約束された融資約束まではいかない状態で，公開買付けに関する発表が行われることを予定している」（Hartmarx Corp. v. Abboud, 326 F.3d 862, 869 (7th Cir. 2003)）と述べるものもある。

36) 2011 U.S. Dist. LEXIS 149999 (S.D. Fla. Dec. 30, 2011). (The

Takeover Code, Rule 13.2)。公開買付者は，公開買付けを開始する確固たる意図を公表した後は，条件・前提条件が充足するように合理的な努力の全てを用いなければならない（The Takeover Code, Rule 13.5(b)）。公開買付けの撤回が許されるのは，買付者にとって重大な意味がある事情の場合のみ（The Takeover Code, Rule 13.5）である。対象会社への重大な悪影響（MAC 条項）も前提条件（撤回事由に相当する）とすることができるが，上記の基準を満たすかどうかは，Panel によって厳格に審査される[37]。例えば，対象会社の取締役会の構成に変更がないことを条件としていたケースで，実際には変更が生じたという場合に，公開買付けの撤回が認められなかったことがある（Robert-Tissot et al. (2013) p. 200）。また，米国の 2001 年 9 月 11 日のテロが起きたことが，MAC 条項の事由に該当するかについては，対象会社への短期的な影響ではなく，長期的な影響の観点から重大性の要件を満たすかどうかを判断しなければならないとして，MAC 条項の事由に該当しないとされたケースもある（Robert-Tissot et al. (2013) pp. 201-202）。他方で，対象会社の年金スキームに変更がないことを条件としていた場合に，年金の規制当局が，対象会社の受託者を変更し，6 か月間はこれを変更できないようにしたが，その年金のエスクローアカウントの額が買収金額を上回るほどの巨額であったという事案において，公開買付けの撤回が認められたケースもある（Robert-Tissot et al. (2013) pp. 203-204）。

ただし，義務的公開買付けの場合に条件を付すことは認められていないから，MAC 条項を条件とすることは認められていない（The Takeover Code, Rule 9.3）。

また，買付資金の融資が受けられることを公開買付けの条件とすることは原則として禁止される（The Takeover Code, Rule 13.4）。ただし，例外的な場合（例えば規制当局の承認に時間がかかるので，その長期にわたって融資のコミットメントを買付者が受け続けることが合理的でないような場合）には，Panel は，融資が受けられることを条件とすることを認める用意がある。なお，融資証明は必要だが（The Takeover Code, Rule 24.8），証明者に無過失の融資義務まで課すものではない。

---

37) MAC 条項が撤回事由とされている場合，買収者が，取引の目的の中心に打撃を与えるようなとても重要な状況があることを立証しなければならない。ただし，法的な意味で妨害されたということまでは必要ではない。PRACTICE STATEMENT NO 5 (http://www.thetakeoverpanel.org.uk/wp-content/uploads/2008/11/code.pdf)。

6.2.3　検　　討

　英国法からは，撤回事由としては公開買付者・対象会社の主観的な判断に依存するものを認めるには慎重であるべきこと，米国法からは，撤回禁止規制を緩和するならば，相場操縦規制を強化する必要があることが示唆される。以上をふまえて，現在の日本法のルールを相対化してその特徴を明らかにするために，立法論上の選択肢を検討しよう。

　立法論の1つの選択肢としては，公開買付けの撤回禁止規制を緩和することが考えられる。例えば，英国のように，公開買付者・対象会社の主観的な判断に依存する撤回事由以外のもの，すなわち，客観的な事情による撤回事由であればこれを認めるという制度が考えられる。

　あるいは，これ以上に緩和するとすれば，撤回事由を法が定める事項に限定するのではなく，公開買付者が撤回事由を自由に指定することを認め，公開買付者が撤回事由を公開買付開始時に開示していれば，当該撤回事由に該当することを理由に公開買付けを撤回することを認めることも考えられる。

　ただし，公開買付けの撤回禁止の規制は，株価操作等の予防的な規制，すなわち相場操縦規制の一部を構成する規制であるという観点からすると，公開買付けの撤回を幅広く認めれば，全ての問題が解決するという単純な割り切りをすることはできない（三井＝土本編（2011）133頁）。公開買付けが相場操縦目的で行われることを防止するルールは必要である。

　そのため，現在の撤回制限のルールを緩和するのであれば，同時に，公開買付けを相場操縦として利用するような行為を禁止する規制を用意する必要があると考えられる。

　このような立法方針に従った場合の課題を検討しよう。

　例えば，MAC条項を撤回事由として認めるとしよう。この場合に，英国のように，規制当局がMAC条項に該当する事由が発生したのか否かを審査するという制度とセットとするというのが1つの選択肢である。日本では，金融庁や関東財務局が審査するということとなるだろう。もっとも，英国であれば，もともとMAC条項に何が該当するのかということについて実務上の蓄積があるのだろうが，日本には株式譲渡契約におけるMAC条項の意味自体も必ずしも明確ではなく，英国のような実務上の蓄積があるとはいいがたい（M&A契約研究会（2016）110-111頁，133-134頁参照）。そのため，規制当局による審査を制度

化しても実効性は低いように思われる。

　そうであれば，撤回の段階での審査を重くするのではなく，むしろ，米国のように，撤回を幅広く認めつつ，相場操縦規制を強化するという選択肢が考えられる。例えば，資金調達できる見込みがないのに現金を対価とする企業買収（公開買付けや組織再編等）を開始することを，金商法158条の風説の流布と同様の類型として立法し，相場操縦の規制を強化することは，立法論として合理性があるように思われる。このような立法をする場合に，銀行との間での融資契約が締結されていたり，あるいは，コミットメント・レターが取得されたりしていれば，原則として，資金調達できる見込みがあったと扱えばよい。このようなルールを整えることができれば，公開買付けの撤回を利用した相場操縦を開始するということはかなりの程度で抑止できるだろう。[38]

　このように，撤回事由の制限を緩和しつつ，相場操縦規制を強化するという方向性を基本方針として，関係条文の解釈・立法を整備していくことが望まれる。

7　むすび

　日本の公開買付規制は，昭和46年証取法改正で導入されたときには米国法を参照し，平成2年証取法改正で3分の1ルールが導入されたときは英国法を参照し，2000年代に入ってからは実際の事案の蓄積による法改正が行われるようになった。3分の1ルールを導入したときに公開買付規制の基本が変わったはずだが，その変更が全ての規制に及ぼされたわけでもない。また，3分の1ルールが，支配を獲得した後に公開買付けを義務づける欧州型と異なり，事前に支配権を取得する段階で公開買付けを強制するものとなっているため，買収者にとっては窮屈なルールも多い。日本法は比較法的には独自の発想を採用していることを自覚し，意識的にルールの改善を図っていく必要がある。また，公開買付けの強圧性についても，これに正面から対応する立法が実現されたこともないが，やはりこの点もルールの改善を図る必要がある。本章の検討

---

[38]　ただし，この場合，相場操縦規制違反のモニタリングの対象が増加することになるから，撤回された公開買付けが相場操縦に該当するか否かの審査をするマンパワーなどの体制整備を強化する必要はあるかもしれない。

がその一助となれば幸いである。

参考文献

M&A契約研究会（2016）「クロージング／クロージングの前提条件」論究ジュリスト16号104-136頁

飯田秀総（2009）「公開買付規制の検証——3分の1ルール・公開買付の撤回禁止を題材に」ソフトロー研究14号85-127頁

飯田秀総（2012）「組織再編等の差止請求規定に対する不満と期待」ビジネス法務2012年12月号76-81頁

飯田秀総（2013a）「買収手法の強圧性ととりうる法の対処策」田中亘編著『数字でわかる会社法』（有斐閣）所収

飯田秀総（2013b）「公開買付け撤回禁止規制の改革論の視点」マール227号40-42頁

飯田秀総（2015a）「特別支配株主の株式等売渡請求」商事法務2063号29-39頁

飯田秀総（2015b）『公開買付規制の基礎理論』（商事法務）

池田唯一＝大来志郎＝町田行人編著（2007）『新しい公開買付制度と大量保有報告制度』（商事法務）

大来志郎（2006）「公開買付制度の見直しに係る政令・内閣府令の一部改正の概要」商事法務1786号4-11頁

加藤貴仁（2010），山下友信＝神田秀樹編『金融商品取引法概説』（有斐閣）所収

神谷光弘＝イシズカノブヒサ＝渡邊健樹（2003）「公開買付けにおける米国株主の取扱いの法的諸問題」商事法務1683号15-23頁

神崎克郎＝志谷匡史＝川口恭弘（2012）『金融商品取引法』（青林書院）

金融庁（2011）開示制度ワーキング・グループ法制専門研究会報告「ライツ・オファリングにおける外国証券規制への対応と株主平等原則の関係について」（www.fsa.go.jp/news/23/sonota/20110916-4/02.pdf）

佐川雄規（2013）「MBO等に関する適時開示内容の見直し等の概要」商事法務2006号76-83頁

証券法研究会編（2012）『金商法大系Ⅰ　公開買付け(2)』（商事法務）

高田昭英（2011），岸田雅雄監修『注釈金融商品取引法第1巻』（金融財政事情研究会）所収

田中亘（2012）『企業買収と防衛策』（商事法務）

内藤純一（1990）「新しい株式公開買付制度〔上〕」商事法務1219号2-8頁

永江亘（2011）「米国におけるフェアネス・オピニオンを巡る議論の検討」金沢法学54巻1号77-93頁

長島・大野・常松法律事務所編（2013）『公開買付けの理論と実務〔第2版〕』（商事

法務)

藤原総一郎編著(2010)『M&Aの契約実務』(中央経済社)

三井秀範=土本一郎編(2011)『詳説公開買付制度・大量保有報告制度Q&A』(商事法務)

三笘裕(2008)「公開買付けにおける対象会社による意見表明」新堂幸司=山下友信編『会社法と商事法務』(商事法務)所収

渡辺豊樹ほか(1971)『改正証券取引法の解説』(商事法務研究会)

Bebchuk, Lucian Arye & Marcel Kahan (1989), "Fairness Opinions: How Fair Are They And What Can Be Done About It?", *Duke Law Journal*, vol. 27. pp27-53.

Cain, Matthew D. & David J. Denis (2013), "Information Production by Investment Banks: Evidence from Fairness Opinions", *Journal of Law and Economics*, vol. 56, pp. 245-280.

Carron, Brett A. & Steven M. Davidoff (2005), "Getting U. S. Security Holders to the Party: The SEC's Cross-border Release Five Years on", *University of Pennsylvania Journal of International Economic Law*, vol. 26, pp. 455-511.

Davidoff, Steven M. (2006), "Fairness Opinion", *American University Law Review*, vol. 55, pp. 1557-1625.

Friedman, David (2013), "The Regulator in Robes: Examining the SEC and the Delaware Court of Chancery's Parallel Disclosure Regimes", *Columbia Law Review*, vol. 113, pp. 1543-1584.

Robert-Tissot, Philip et al. (2013), *A Practitioner's Guide to the City Cede on Takeovers and Mergers 2013/2014* (SWEET & MAXWELL).

Takeover Panel (2008), Electronic Communications, Websites and Information Rights (PCP 2008/3), available at http://www.thetakeoverpanel.org.uk/wp-content/uploads/2008/11/pcp200803.pdf.

[付記] 本稿は,JSPS科研費26285021・16K03403の助成を受けた研究成果の一部である。

第 2 章へのコメント

内田修平＝越智晋平

本稿では，本章の *4* で取り上げられている株式価値算定書の開示に関するルールについて，公開買付けに続いて行われるスクイーズ・アウトの手続も視野に入れてコメントを試みる。

1 金商法および取引所規則に基づく開示

1.1 開示ルールの概要

公開買付けの場面における株式価値算定書に関する開示については，金商法および取引所規則がルールを設けており[1]，株式価値算定書自体の開示や提出が求められる場合のほか，公表資料において，株式価値算定書の概要の記載が求められる場合がある。それらのルールの概要は【表1】のとおりであり，公開買付者側と対象会社側に求められる開示の内容について，金商法と取引所規則では規定内容に違いがみられることが分かる。

本章は，このうち，MBOなどの利益相反型の公開買付けの場合に株式価値算定書自体の開示・提出を求める金商法上のルールに関し，立法論として，株式価値算定書は公開買付者ではなく対象会社に提出させるべきとし，かかる立場を前提に，解釈論として，公開買付届出書の添付書類とされている株式価値算定書の写し（他社株府令13条1項8号）については，（現在の実務のように）サマリーの提出でもやむを得ないとするものである。そして，そのような立場を採る理由として，買収後の事業計画の公表が義務づけられると，その事業計画にフリーライドする潜在的買収者が有利な立場となる結果，最初に自らコストを負担して事業計画を立て，買収を開始しようとする者が現れなくなってしまう

---

1) 本稿では，東京証券取引所の上場規則（有価証券上場規程）を前提に議論を進める。

第1部　制度編

【表1】 株式価値算定書に関する開示のルール

		公開買付者	対象会社
金商法	株式価値算定書自体の開示	〈MBO，親会社によるTOB〉 買付け等の価格の算定に当たり参考とした第三者による評価書，意見書その他これらに類するものがある場合には，その写しを公開買付届出書の添付書類として開示（金商27条の3第2項，他社株府令13条1項8号）	なし
	公開買付届出書／意見表明報告書における記載	算定の際に第三者の意見を聴取した場合，当該第三者の名称，意見の概要等を「算定の経緯」欄に具体的に記載（他社株府令第2号様式記載上の注意(6)f）	なし （注）実務上は，「当該公開買付けに関する意見の内容，根拠及び理由」の欄で，株式価値算定書の概要等についてプレスリリースと同様の記載がされることが通例。
取引所規則	株式価値算定書自体の開示	なし	なし
	プレスリリースにおける記載	公開買付届出書と同等の内容を記載（適時開示ガイドブック*186頁） 算定機関の意見を聴取しない場合は，その旨を記載（適時開示ガイドブック186頁） （注）公開買付者又はその親会社が上場会社である場合のみ開示が求められる（有価証券上場規程402条1号x，403条1号o）。	算定書を取得した場合には，①算定機関の名称及び上場会社・公開買付者との関係，並びに②算定の概要**を記載（適時開示ガイドブック208頁） 算定書を取得しない場合は，その旨を記載（適時開示ガイドブック208頁） 〈MBO，支配株主等によるTOB〉 算定の重要な前提条件について，より詳細に記載***（適時開示ガイドブック209頁） （注）対象会社が上場会社である場合のみ開示が求められる（有価証券上場規程402条1号y）
	取引所への提出	〈上場廃止見込みのTOB，親会社によるTOB〉 当事会社以外の者であって，企業価値又は株価の評価に係る専門的知識及び経験を有するものが，買付け等の価格に関する見解を記載した書面を，作成後直ちに，取引所に対して提出（有価証券上場規程421条1項，同施行規則417条13号） （注）公開買付者が上場会社である場合のみ提出が求められる。	〈上場廃止見込みのTOB，MBO，支配株主によるTOB〉 当事会社以外の者であって，企業価値又は株価の評価に係る専門的知識及び経験を有するものが，買付け等の価格に関する見解を記載した書面を，作成後直ちに，取引所に対して提出（有価証券上場規程421条1項，同施行規則417条14号） （注）対象会社が上場会社である場合のみ提出が求められる。

*　東京証券取引所「会社情報適時開示ガイドブック」（2015年6月版）における記載を前提としている。以下同じ。
**　具体的な算定方式，その採用理由，算定結果の数値（レンジ可），算定の重要な前提条件等。
***　例えば，DCF法については，算定の前提とした財務予測の具体的な数値，算定の前提とした財務予測の出所，算定の前提とした財務予測が当該取引の実施を前提とするものか否か，算定の前提とした財務予測で大幅な増減益を見込んでいるときは，当該増減益の要因，割引率の具体的な数値，継続価値の算定手法及び算定に用いたパラメーターの具体的な数値，およびその他特殊な前提条件がある場合にはその内容の記載が求められている。

という弊害を指摘する。

1.2　対象会社による開示

　金商法が株式価値算定書自体の開示を求める理由については，MBOなど利益相反構造にある取引における公開買付けの場合には，特に買付価格の算定において利害の対立が顕著に現れるため，「株主・投資者の投資判断の材料」とするために株式価値算定書の開示を求めることとした旨の説明がされている[2]。このような趣旨からすれば，対象会社の株主の利益に配慮して適正に情報を開示すべき立場にある[3]対象会社の取締役に，株式価値算定書に関しても十分な開示を求めるべきという議論の方向性には[4]，筆者らも基本的に異論はないところである。

　具体的には，【表1】のとおり，金商法上，対象会社による意見表明報告書の提出に際して，対象会社が取得した株式価値算定書の写しを添付書類として提出することは求められておらず，また，株式価値算定書の概要の記載も明示的には求められていない[5]。公開買付者には株式価値算定書自体の提出や算定

---

[2]　池田唯一＝大来志郎＝町田行人「新しい公開買付制度と大量保有報告制度〔初版〕」（商事法務，2007）107頁。

[3]　東京高判平成25・4・17判時2190号96頁（レックスホールディングス損害賠償請求事件）は，取締役は，善管注意義務の一環として，株式公開買付けにつき会社として意見表明をするときは，当該意見表明において，株主が株式公開買付けに応じるか否かの意思決定を行う上で適切な情報を開示すべき義務を負っていたと解するのが相当であるとしている。

[4]　このような方向の議論として，公開買付者にとっての価格の公正性（公開買付価格が高すぎないか）を確認するために取得される公開買付者側の株式価値算定書よりも，対象会社の株主にとっての価格の公正性（公開買付価格が低すぎないか）を確認するために取得される対象会社側の株式価値算定書の方が，株主・投資家の投資判断の材料としては有益であるとの指摘もある。内田光俊＝竹田絵美「フェアネス・オピニオンをめぐる諸問題」（商事法務1901号，2010）18頁，ケン・レブラン＝ブライアン・ウィーラー＝茂木心「フェアネス・オピニオンと算定書──米国的観点からみた日本の慣行」（商事法務1957号，2012）41頁等。

[5]　実務上は，対象会社が上場会社である場合は，取引所規則に基づきプレスリリースによる開示が必要とされるため，その記載との平仄の観点から，対象会社における株式価値の算定結果について，意見表明報告書の「当該公開買付けに関する意見の内容，根拠及び理由」の欄（他社株府令第4号様式の3）に記載されることが通例であるが，これは実務運用上の慣例にとどまる。なお，MBOおよび親会社によるTOBの場合，利益相反を回避する措置を講じているときは，その具体的内容を記載することとされているが（他社株府令第4号様式記載上の注意(3)d），この場合でも，株式価値算定書の概要

機関の意見の概要等の具体的な記載を求める一方，対象会社による開示については明示的な規定を置いていない現行のルールは，規制のバランスという観点からは，見直しの余地があるように思われる。

したがって，対象会社が取得した株式価値算定書の概要が適切に開示されるよう，例えば，意見表明報告書の様式ないし記載上の注意を改正することなどが検討に値すると考えられる。また，解釈論としても，対象会社の意見表明報告書の「当該公開買付けに関する意見の内容，根拠及び理由」の欄において，（実務で通例的に行われているとおり）株式価値算定書の概要について取引所規則で求められているのと同水準の開示を行うことが必要と解すべきように思われる。

他方で，対象会社に株式価値算定書自体の開示までを求めること（例えば，株式価値算定書の写しを意見表明報告書の添付書類とすること等）については，なお慎重な検討を要する[6]。従前から指摘されてきたとおり，公開買付価格についてあまり広く情報の開示を求めすぎると，企業買収に対して不当な萎縮効果が働きかねないからである[7]。

この点，本章は，対象会社による株式価値算定書の開示は，買収後の営業秘密とすべき事業計画をも開示するという性質のものではないから，開示しても弊害は小さい旨を指摘する。しかし，買収を前提としない事業計画であっても，未公開の財務情報等が盛り込まれている場合があり，その開示が強制されれば，競合他社等への情報漏えいにより対象会社の経営に悪影響を及ぼす可能性は否定できない[8]。加えて，現行の金商法は，公開買付者が提出すべき書類の範囲について「買付け等の価格の算定に当たり参考とした第三者による評価書，意

の記載が明示的に求められているわけではない。

6) 取引所規則においては，上場廃止となることが見込まれる場合やMBO等の場合に，取引所に対する株式価値算定書の提出が求められるが，これが一般に公表されるわけではない（【表1】参照）。本章も，このような現在の東京証券取引所のルールについて，妥当な内容と評価している。

7) 大来志郎「公開買付制度の見直しに係る政令・内閣府令の一部改正の概要」（商事法務1786号，2006）5頁。

8) 日本公認会計士協会の経営研究調査会研究報告第32号「企業価値評価ガイドライン」は，このような可能性を指摘した上で，公開買付届出書の添付書類とされる株式価値算定書について，評価対象会社の情報を含んだ詳細な評価報告書ではなく，その要旨（結論，仮定・前提条件，実施手続，結論に至った経緯等）を記載した評価書を開示すれば十分としている。このような指摘は，公開買付者による開示にとどまらず，対象会社による開示の場面でも同様に妥当するように思われる。

見書その他これらに類するもの」と規定しており，その外延が不明確である[9]。対象会社について，これと同種の文言で開示が求められるとすれば，その範囲が広く解される可能性が否定できず，そのような観点からも，企業買収への委縮効果が生じるおそれがある。

1.3 公開買付者による開示

　本章は，公開買付者による株式価値算定書自体の開示・提出について論じるものであり，公開買付届出書において株式価値算定書の概要の記載を求めることの当否は，明示的には議論の対象とされていない。

　この点，株式価値算定書に関する開示は公開買付者ではなく対象会社に求めるべきという議論を更に進めていくと，公開買付者には，株式価値算定書に関する開示を求める必要はないとの議論につながる可能性もある。しかし，MBOなど利益相反構造による情報の偏在が問題となり得る場面や，敵対的買収など株式価値の算定について意見の対立が生じる場面[10]などにおいて，株主に十分な判断資料を提供する観点から，（株式価値算定書自体の開示・提出までは求めないとしても）公開買付者による株式価値の算定について一定の情報開示を求めることは，対象会社の株主の利益保護の観点からも意義があり得る。

　本章も，公開買付者による株式価値算定書に関する開示が一切不要とまで論じているわけではないと考えられる。株式価値算定書に関して，対象会社による開示が重要であるからといって，必ずしも公開買付者による開示（公開買付届

---

9) 当該規定の創設時におけるパブリック・コメントにおいては，「他社株府令第13条第1項第8号について，『価格の算定に当たり参考とした第三者による評価書』では適用範囲が広すぎるので，『価格に係る第三者による評価書』とすべきである。」とのコメントに対し，金融庁は「投資者への十分な情報提供の観点から，公開買付価格の決定プロセス等にかかる開示の充実，MBO等の局面における公開買付価格の妥当性や利益相反回避のための（原文ママ）方策に係る開示の充実等が必要と考えられます。そのような考え方を踏まえ，MBO等の局面において求める添付書類の範囲を法定化しているところです。」と回答している。この回答からすれば，当該規定の文言が広く解釈される可能性も低いとはいえないように思われる。

10) 実際に，対象会社から公開買付者に対して質問（金商27条の10第2項1号）が行われた事案の多くにおいて，公開買付者による株式価値算定に関する質問が行われている。このように，公開買付け開始の前段階において，公開買付者と対象会社の取締役会の間で公開買付価格に関する協議・交渉が不十分であった場合に，公開買付者による株式価値算定に関する情報の開示を求めることは，対象会社の株主への判断資料の提供という観点から，実務上も重視されているものといえる。

出書における概要の記載等）の意義が否定されるわけではない点には留意する必要があろう。

2 裁判手続における開示

2.1 裁判手続における株式価値算定書の取扱い

　金商法および取引所規則に基づく開示のほか，公開買付けに際して取得された株式価値算定書の取扱いが問題となる場面として，裁判手続における開示がある。例えば，二段階取引において公開買付け後に（公開買付価格と同価格で）行われるスクイーズ・アウトに関する価格決定申立事件（非訟事件手続）や，対象会社の取締役の責任追及に係る損害賠償請求事件（訴訟手続）が典型例である。

　これらの手続においては，裁判所が，スクイーズ・アウトにおける公正な価格の算定に当たって，対象会社に関する株式価値算定書の任意の提出を求めることがある[11]。また，当事者が提出を拒む場合には，裁判所が文書提出命令を行うことも可能とされている[12]。株式価値算定書が証拠として提出された場合には，金商法および取引所規則のように，広く公衆に対して開示されるわけではないが，訴訟事件であれば，原則として誰でも，これを閲覧することが可能となる（民訴91条）。また，非訟事件手続においても，当事者および利害関係を疎明した第三者は，裁判所の許可を得て，これを閲覧することができる（非訟32条）。そのため，裁判手続においても，株式価値算定書の提出を過度に要求すると，対象会社の経営への悪影響や企業買収に対する委縮効果といった懸念（上記 *1.2* 参照）が妥当し得る点に留意が必要と思われる。

　この点，神戸地裁平成24年5月8日決定（金判1395号40頁）は，頓挫したMBOを主導した取締役らの責任を追及する株主代表訴訟において，公開買付

---

11) これには法的な拘束力はないものの，要請に従わない場合には不利益な認定につながるおそれもあるため，事実上，当事者に対して一定の影響力を有するともいい得る。実際，東京高決平成20・9・12金判1301号28頁（レックスホールディングス株式取得価格決定申立事件）では，株主の度重なる要請にもかかわらず，対象会社がMBO後の事業計画や公開買付者が作成した株価算定評価書を提出しなかったことが，対象会社にとって不利益な事実認定の理由の中で言及されている。

12) 2013年1月1日に施行された非訟事件手続法により，損害賠償請求事件等の通常の訴訟事件のみならず，価格決定申立事件等の非訟事件においても，文書提出命令の制度が利用可能となった（非訟53条1項，民訴223条）。

けに際して公開買付者および対象会社が取得した対象会社に関する株式価値算定書について，文書提出義務の対象外となる「職業の秘密文書」（民訴220条4号ハ）や「自己利用文書」（民訴220条4号ニ）に該当しないとし，文書提出命令の申立てを認めている。

　もっとも，上記決定は，MBOが完全に頓挫してから既に3年以上が経過していること，対象会社において同様のMBOの実施が予定されていないことといった当該事案特有の事情を考慮して「職業の秘密文書」への該当性を否定したものである。また，「自己利用文書」への該当性については，当該株式価値算定書に記載された算定結果やその前提条件がいずれも公開買付者や対象会社のプレスリリースで公表されていることなどを理由に，これを否定している。

　このように，上記決定は，MBOが頓挫するという特殊な事情の下，その内容が既に公表されていた株式価値算定書の提出を命じたものであり，通常の公開買付け（およびこれに引き続くスクイーズ・アウト）一般において，株式価値算定書（特に，未公表の情報を含むもの）を広く文書提出命令の対象とすることを認めたものとまでは評価すべきでないように思われる。

　今後の裁判手続においては，上記のように，株式価値算定書の提出を過度に要求することには懸念があることを踏まえ，取引の状況や株式価値算定書の証拠としての必要性および記載内容（未公表情報の有無・内容や，その開示による弊害の有無・程度）等を十分に考慮した上で，柔軟かつ合理的な実務運用がなされることを期待したい。

2.2 株式等売渡請求に係る売買価格決定手続における取扱い

　平成26年会社法改正により創設された株式等売渡請求制度の下では，全部取得条項付種類株式や株式の併合を用いたスクイーズ・アウトとは異なり，

---

13) 「第197条第1項第2号に規定する事実又は同項第3号に規定する事項で，黙秘の義務が免除されていないものが記載されている文書」とされており，このうち民事訴訟法197条1項3号所定の「技術又は職業の秘密」とは，その事項が公開されると，当該技術の有する社会的価値が下落しこれによる活動が困難になるものまたは当該職業に深刻な影響を与え以後その遂行が困難になるものをいうと解されている（最決平成12・3・10民集54巻3号1073頁）。

14) なお，同決定においては，公開買付者が取得した株式価値算定書については，各算定方法による具体的な算定過程までを記載したものではないことも認定されている。

15) 全部取得条項付種類株式を用いたスクイーズ・アウトにおいては，スクイーズ・ア

取引の直接の当事者となるのは特別支配株主（すなわち公開買付者側）であり，売買価格決定手続（会社179条の8）により裁判所が決定する価格についても，特別支配株主が支払義務を負うことになる。そのため，売買価格決定事件において利害関係参加人（非訟21条1項）として実質的な当事者と扱われるのも，対象会社ではなく特別支配株主となる。そうすると，公開買付者側で取得・作成した資料について，事実上，裁判所からより広く提出が求められる可能性も否定し切れない。

しかし，このような違いは，スクイーズ・アウト手法の法的構成の違いを理由とする手続法上の整理によるものにすぎず，スクイーズ・アウトの対価の公正性の考え方自体に影響を及ぼすべきものではない。本章の指摘する，対象会社による株式価値算定書に関する開示の必要性は，株式等売渡請求に係る売買価格決定手続においても同様に妥当し，裁判所が公正な価格を算定する際には，対象会社における公正性担保措置としての株式価値算定の結果等が重要な考慮要素となると考えられる。非訟事件の実質的な当事者が特別支配株主となるからといって，対象会社による株式価値算定の結果等が軽視され，代わりに公開買付者側で取得・作成した株式価値算定書等の資料について過度開示が求められるといった事態は，避けるべきであるように思われる。

　　ウトに必要な行為を主体的に行うのは対象会社であり，裁判所により決定された価格の支払義務を負うのも対象会社であるため，対象会社が「裁判を受ける者となるべき者」（非訟21条1項）に該当し，価格決定事件の利害関係参加人として実質的な当事者となるものと取り扱われてきた。金子修『逐条解説非訟事件手続法〔初版〕』（商事法務，2015）77頁。株式の併合を用いたスクイーズ・アウトについても，株式買取請求に応じた株式の買取りおよびその代金の支払の義務を負うのは対象会社であるため，同様の議論が妥当するものと考えられる。

16)　坂本三郎『一問一答平成26年改正会社法〔第2版〕』（商事法務，2015）287頁。
17)　松田亨＝山下知樹『実務ガイド　新・会社非訟　会社非訟事件の実務と展望〔増補改訂版〕』（きんざい，2016）293頁。東京地裁民事第8部による近時の取扱いにおいても，そのように取り扱われているようである。なお，価格決定事件の手続において意見聴取が必要な者も，全部取得条項付種類株式の取得および株式の併合の場合には対象会社とされているのに対して（会社870条2項2号・4号），株式等売渡請求の場合には特別支配株主とされている（同項5号）。
18)　法制審議会会社法制部会第12回会議議事録14頁〔内田関係官発言〕。

第3章　公開買付前後の第三者割当てを めぐる法的問題の検討

松 中　　学

1　はじめに

　公開買付前後に第三者割当てが行われるケースは，多いとはいえないものの，一定数存在する[1]。第三者割当て一般をめぐる会社法上の問題については，不公正発行および有利発行を中心に既に多くの議論がある。しかし，後にみるとおり，特に有利発行規制との関係では，公開買付けと組み合わされていない第三者割当てをめぐる議論がそのまま当てはまるわけではなく，独自の検討が必要である。また，公開買付規制についての検討も必要となる。従来，自己株式の公開買付けへの応募については議論されてきたが，公開買付前後の第三者割当てについて包括的な検討はほとんどなされていない[2]。

　また，二段階取引を用いた締出しの際に，公開買付けのみでは第二段階で用いる手法に必要な議決権数を確保できない場合に，不足分を株式の発行により補う（または，そのために新株予約権を発行する）トップ・アップ・オプションを用いることも考えられる。後述のとおり，わが国においても，近時，トップ・アップ・オプションの利用をめぐる議論が進みつつある。これも，公開買付けと第三者割当てを組み合わせた取引の一種といえるが，特有の問題も存在する。

　そこで，本章では，まず，公開買付けの前後にまたは同時にそれと組み合わせて行われる第三者割当て一般について，公開買付規制（*2*），会社法上の募集株式の発行等の規制（*3*）の順で法的な問題を検討し，続けて売却圧力を生み

---

1) 第2部第9章 *1.2* および *1.3*。
2) 長島・大野・常松法律事務所編（2013）348頁以下が最初のものである。

出すことへの対処（*4*）について検討する。最後に，以上を前提に，公開買付後の第三者割当ての特殊な形態といえるトップ・アップ・オプション特有の問題について検討する（*5*）。

2　公開買付規制[3]

2.1　開　示　規　制

公開買付けの前後に行われる第三者割当てについて，公開買付規制上，どのような開示が必要になるか。公開買付前と後，および自己株式の公開買付けへの応募に分けて検討する。

(1) 公開買付前の第三者割当て

公開買付前の第三者割当ては，後述の公開買付後のものや自己株式の応募ほど明確に開示義務が定められているわけではない。第三者割当ては既に行われており，発行開示が適切になされていれば，公開買付けの時点であらためて開示させる必要はさほどないともいいうる。

もっとも，公開買付規制にも開示義務の根拠となりうるものはある。他社株府令では明示されていないが，公開買付届出書第1「公開買付要項」3「買付け等の目的」では，公開買付けに至る過程を記載する必要があるとされている。すなわち，金融庁は，平成18年証取法改正に伴う他社株府令改正の際のパブリックコメントにおいて，「公開買付けに至る過程は，<u>公開買付けの目的の存在を前提とした行為と考えられ</u>，買付け等の目的の個所に反映されるものと考えられます。（後略）」と回答していた（強調筆者）。[4]

---

[3] 第三者割当てに関連する公開買付規制の問題としては，自己株式処分と強制公開買付制度の関係や特定買付け等と第三者割当てを組み合わせた場合など，強制公開買付規制についてのものも存在するが，ここでは第三者割当ての前後に公開買付を行う場合を念頭に置くので検討しない。

[4] 金融庁「『証券取引法等の一部改正に伴う証券取引法施行令等の改正（案）』に対するパブリックコメントの結果について」（2006年12月13日）回答78〔http://www.fsa.go.jp/news/18/syouken/20061213-1.html〕。これは，「公開買付けに至る過程を開示させることにより，価格の公正さを間接的に推知させ得ることから，開示項目に加えてはどうか。」との意見に対する回答である。

強調部分の内容は必ずしも明確ではないが、公開買付けが行われることを前提として、その前になされる第三者割当てもここに該当すると考えられる。この場合、第三者割当てと公開買付けで1つの目的（例えば、支配権取得）を達成する取引であり、そうすると第三者割当てについても公開買付けの目的（先の例では、支配権取得）の「存在を前提とした行為」といえるからである。

(2) 公開買付後の第三者割当て

公開買付けの後に第三者割当てを行う場合は、公開買付後に対象者の株券等を追加取得することになる。そのため、公開買付届出書第1「公開買付要項」3「買付け等の目的」に記載する必要がある（他社株府令2号様式記載上の注意(5) c)。

(3) 自己株式の応募

自己株式の公開買付けへの応募は、買付者と対象者の間に応募契約・合意などがあれば一定の開示が必要となる。

第1に、買付者と対象者の間の合意があれば、公開買付届出書第4「公開買付者と対象者の取引等」2「公開買付者と対象者又はその役員の間の合意の有無及び内容」に記載しなければならない。通常は合意がなされ、ここに該当すると考えられる。

第2に、対象者が買付者の特別関係者に該当する場合は、公開買付届出書第3「公開買付者及びその特別関係者による株券等の所有状況及び取引状況」3「当該株券等に関して締結されている重要な契約」に記載する必要がある。さらに、大株主との応募の合意に該当する場合、公開買付開始公告および公開買付届出書第1「公開買付要項」3「買付け等の目的」に記載する必要がある。

---

5) 証券法研究会編（2012）276頁注28もこの点を指摘する。
6) 証券法研究会編（2012）275頁、長島・大野・常松法律事務所編（2014）489頁参照。
7) 金融庁総務企画局「株券等の公開買付けに関するQ&A」[http://www.fsa.go.jp/policy/m_con/qanda.pdf] 問37に対する回答（「……公開買付者と対象者の大株主が公開買付けへの応募について何らかの合意をしている場合には、大株主の応募の有無が公開買付けの結果に与える影響の大きさに鑑み、その内容を公開買付開始公告及び公開買付届出書に具体的に記載する必要があると考えられます。」）参照。

2.2　自己株式の公開買付けへの応募の可否

　公開買付規制上，公開買付期間中に買付者に対して自己株式の処分を行うこと自体は可能だと論じられており[8]，実際に行われている[9]。従来，自己株式の処分が「買付け等」に該当するかどうかは，主に強制公開買付制度との関係で新株発行（新規発行取得）と同様に扱うべきかという文脈で論じられてきた。帰結自体が大きく変わるわけではないものの，自己株式処分による株式の取得が「買付け等」に該当するかによって，公開買付けに応募しているのか，公開買付けによる取得とは別に自己株式の処分を行っているのか，法的な整理が異なる。主に形式的な問題ではあるが，整合的な処理は必要であるため，以下で検討する。

　第1の考え方は，「買付け等」に該当するというものである[10]。このように考えると，公開買付けへの応募はもちろん可能である。また，公開買付期間中に公開買付外で自己株式処分を行う場合には別途買付規制（金商27条の5）が適用される。他方，第2の見解は，新株発行と同様に扱うべきだとして，「買付け等」に該当しないというものである[11]。確かに，立法論としては，新株発行・自己株式処分の扱いは統一すべきである（どちらにそろえるべきなのかは政策的な問題である）。しかし，現在の金商法は新規発行取得と「買付け等」を明確に区別している（金商27条の2第1項柱書と同項4号対照）。沿革的には自己株式処分は「買付け等」に当たらないと扱われてきたともいえるが[12]，現在の条文の読み方としては苦しい。

　その点はひとまず措いて，第2の見解に依拠するとどのように考えることになるか。この場合，公開買付期間中に買付者に自己株式の処分を行うことはできるが，それは「公開買付けへの応募」ではないと考えられる。「公開買付け」の定義には「……買付け等を行うこと」が入っている（金商27条の2第6項）ため，自己株式の処分が「買付け等」に当たらないとすると，定義上，自己株

---

8)　証券法研究会編（2011）85-87頁参照。
9)　第2部第9章 **2.2**(1)。
10)　金融庁はこの立場をとってきた。例えば，大来（2008）33頁。
11)　証券法研究会編（2011）83-85頁。この問題についての詳細は，池田ほか（2010）134-138頁の議論参照。
12)　池田ほか（2010）137-138頁〔武井一浩発言〕参照。

式の処分による株式の取得は公開買付けに当たりえない。実際，「買付け等」に該当しないことに異論のない新株発行については，「新株発行を行って公開買付けに応募する」余地がないことにも異論はないだろう。

　もちろん，第2の見解によったとしても，公開買付中に買付者に対して自己株式処分を行うことは可能ではある。この場合，公開買付けの外（処分される自己株式は応募株券等には該当せず，発行会社は応募株主等にも該当しない）で並行して取得するという扱いになるはずである。また，「買付け等」が要件に含まれる別途買付規制（金商27条の5）を含め，公開買付規制はかからない。他方，公開買付けへの応募と自己株式処分を合わせた場合に買付予定の上限を超えることになる場合でも，応募株券等と共に按分処理することはできない（公開買付けへの応募数に応じて処分数を確定させることはできよう）[13]。

3　会社法上の募集株式の発行等の規制との関係

　次に，公開買付前後に行われる第三者割当てとの関係で，会社法上の募集株式の発行等についての規定がどのように解釈されるべきかを論じる。以下では，有利発行（*3.1*），不公正発行（*3.2*）について検討し，最後に平成26年会社法改正で設けられた会社法206条の2について触れる（*3.3*）。

3.1　有利発行について

　公開買付けと組み合わせた第三者割当てについて，何をもって有利発行と解すべきか。特に，公開買付価格および取引公表前の株価と発行価格の関係が問題になりうる[14]。まず，*3.1.1*において数値例を用いて公開買付けと組み合わせて第三者割当てを行った場合の利害状況を分析する。これは，企業価値を上げる（下げる）取引を行う場合に，そのシナジー・利得（負の場合には損失）の分

---

[13]　証券法研究会編（2011）86頁は「買付け等」に該当しないと考えると，「『買付け等』に該当しない以上別途買付規制……にも抵触せず，公開買付者が『買付け等』以外の態様で公開買付けの情報開示・あん分比例等の諸規律を遵守して同じ買付価格で対象会社株式を取得することが禁止される必要はない」とする。結論は支持できるが，公開買付規制が適用されない以上，按分比例の処理の対象にすることもできないはずである。

[14]　長島・大野・常松法律事務所編（2013）352-355頁は，取引公表前の株価を含む，公開買付価格より低い発行価格による発行について検討している。

配が公開買付価格と発行価格によってどのように変化するのかをみるためである。これを前提に，有利発行規制の解釈・適用における公開買付価格の扱い (***3.1.2***) および取引前の時価の扱い (***3.1.3***) について論じ，最後に具体的な有利発行の基準をまとめる (***3.1.4***)。

3.1.1 問題状況の分析

以下では，単純化した条件の下で[15]，数値例を使って利害状況を分析する。便宜上，公開買付けが先に行われて第三者割当てがそれに続くものとする（以下では，両者を合わせて「取引」という。「取引前」はいずれも行われていない時点を，「取引後」は両方が行われた後の時点を指す）。ただし，両者で一連の取引と考えられる限り，順序が入れ替わっても有利発行規制については同様の議論が基本的には当てはまる。

【設例1】

【設例1】では，(1)の設定の下で，第三者割当ての発行数・発行価格を変えた場合，応募株主，残存株主，および買付者の利得にどのような影響を与えるのかを中心にみる。(5)〜(7)では，一定の利得の配分を達成するにはどのような発行数・発行価格とする必要があるのかをみる。

(1) 設　定

取引前の対象者（発行会社）T社　　企業価値100，発行済株式総数100株
（1株×100人の株主）

公開買付け　　買付者A社は1株1.2でT社株式50株の公開買付けを行う。取引前にA社はT社株式を保有していない。

第三者割当て　　T社は公開買付後，調達額12，発行数n，発行価格pでA社に第三者割当て（$n=12/p$）

取引後のT社　　公開買付けと第三者割当てにより企業価値が100から140に増加

T社の株価　　取引前の株価：$100/100=1$，取引後の株価：$140/(100+n)$

---

[15] 完全情報，かつ買付者に私的利益がないと仮定している（後者の仮定は【設例3】を除く）。

(2) 取引後の利得

この取引による応募株主，残存株主，買付者の利得は次のとおりである。前二者の利得はそれぞれの株主全体（いずれも 50 株分）についてのものである。1 株当たりの利得は下記を 50 で割れば得られる。

応募株主の利得：$(1.2-1) \times 50 = 10$

残存株主の利得：$\left(\dfrac{140}{100+n} - 1\right) \times 50 = \dfrac{7000}{100+n} - 50$

買付者の利得：$140 \times \dfrac{50+n}{100+n} - (1.2 \times 50 + 12) = 140 \times \dfrac{50+n}{100+n} - 72$

買付者の利得がゼロとなる（これ以上 n を減らして p を増やす第三者割当てには応じない）のは，$n=2.941$，$p=4.08$ となる場合である。また，残存株主の利得がゼロとなるのは，第三者割当後の株価が 1 の場合であり，このとき $n=40$，$p=0.3$ となる。

(3) 公開買付価格と同額で発行する場合

この場合，$p=1.2$，$n=10$ となり，第三者割当後の T 社株価は 1.27 となる。当事者の利得は次のとおりである。

　　応募株主の利得　　　10
　　残存株主の利得　　　13.64
　　買付者の利得　　　　4.36

【設例 1】の設定の下で，公開買付価格による第三者割当てを行うと，残存株主が最も多く利得することになる。公開買付けに応募しない方が利得が大きいため，ホールドアップ問題により公開買付けが成立しない。

(4) 取引前の株価で発行する場合

この場合，$p=1$，$n=12$ となり，第三者割当後の T 社株価は 1.25 となる。当事者の利得は次のとおりである。

　　応募株主の利得　　　10
　　残存株主の利得　　　12.5
　　買付者の利得　　　　5.5

公開買付価格よりも低い取引前の株価でも，残存株主が最も多く利得する。

(3)と同様に，ホールドアップ問題により公開買付けが成立しない。

(5) **買付者と残存株主の間で持株比率に応じた企業価値の増分（シナジー）の分配を行う場合**

公開買付けに付随しない第三者割当てについては，割当先（新株主）と既存株主の間で持株比率に応じてシナジーを分配することとなる条件であれば取締役会の権限内と解するのが有力な立場である[16]。そこで，【設例1】の設定の下で，そのような分配を達成する発行条件を考える[17]。

これは，買付者（$50+n$株）と残存株主（50株）の間で持株比率に応じてシナジー（応募株主の取り分を除いた $28-10=18$）を分配することとなる発行数・発行価格なので，次を満たす n を求めればよい。

$$\left(\frac{7000}{100+n}-50\right)\bigg/\frac{50}{100+n}=\left(140\times\frac{50+n}{100+n}-72\right)\bigg/\frac{50+n}{100+n}$$

$$\Leftrightarrow\left(\frac{7000}{100+n}-50\right)\times\frac{100+n}{50}=\left(140\times\frac{50+n}{100+n}-72\right)\times\frac{100+n}{50+n}$$

ここでは，$n=22$，$p=0.545$ となり，第三者割当後のT社株価は $140/122=1.1475$ となる。この場合のシナジーの分配は，以下のとおりである。

　　応募株主の利得　　　10
　　残存株主の利得　　　7.377
　　買付者の利得　　　　10.623

買付者と残存株主の間のプレミアムの分配は一応「公正」と考える余地があり，かつホールドアップ問題は生じない。しかし，公開買付けに応募せず残存した場合の利得が公開買付けに応募した場合よりも相当低く，売却圧力は高い。このような場合，株主は全員公開買付けに応募し，按分処理がなされると考えられる。

本説例では，A社による公開買付けに100株（T社株主全員）の応募があり，按分処理がなされる結果，公開買付後には全ての株主が0.5株を売却し，0.5

---

16) 以下では，厳密にはシナジーといえないものも含めて企業価値の増分全てを含め，便宜上「シナジー」という。
17) 後掲注33），34）参照。

株を保有し続けることになる[18]。そうすると，応募株主かつ残存株主は1株当たり0.6の現金（公開買付価格の対価）を受け取り，1.1475/2＝0.57375の価値のT社株式を保有し続けることになる（合計1.17375）。

このように応募株主と残存株主が一致する場合には，上記のn，pでは第三者割当後の持株比率に応じた利得の分配にはならない。すなわち，応募株主・残存株主全体（第三者割当後に50株保有）の利得は10＋7.377＝17.377，買付者（第三者割当後に50＋22＝72株保有）の利得は10.623であり，50：72にはなっていない。そこで，按分処理を前提に，応募株主かつ残存株主と買付者が取引後の持株比率に応じた利得を得ることになる発行数・発行価格を求めると，$n=40$，$p=0.3$となり，第三者割当後のT社株価は140/(100＋40)＝1となる[19]。応募株主かつ残存株主の利得は10＋0＝10となり，買付者の利得は18となる[20]。

(6) 残存株主と応募株主の利得を等しくする場合

やや観点を変えて，残存株主と応募株主の利得を同じものとする第三者割当ての条件を考える。いずれも50株なので，これらの株主の間では持株比率に応じた分配（＝1株当たりの利得が同じ）にもなる。第三者割当ての条件が変化しても応募株主の利得10は変わらないため，残存株主の利得が10となればよい。そのため，

$$\frac{7000}{100+n}-50=10$$

を満たすnを求めればよい。$n=16.67$，$p=0.72$となり，発行後の株価は（当然に）1.2となる。当事者の利得は次のとおりである。

　応募株主の利得＝残存株主の利得　　10
　買付者の利得　　8

---

18) 便宜上，1株未満の株式の売却や保有の可否など，株式の単位に関するルールを無視している。
19) 上記の式に公開買付けの対価を含めて，

$$\left(10+\frac{7000}{100+n}-50\right)\times\frac{100+n}{50}=\left(140\times\frac{50+n}{100+n}-72\right)\times\frac{100+n}{50+n}$$

となるnを求めればよい。
20) 全ての株主が応募し，按分処理されるので，株主（合計100株）は，1株当たり公開買付けにより0.6の現金と0.5の価値を有する株式（1株1の価値を有するT社株0.5株）を保有することになる。

当然のことながら，株主にとっては応募・不応募で利得に変わりはない。なお，シナジーの分配は持株比率に応じたものよりも残存株主にとっては多い。

(7) 全員のシナジー分配を同じにする

次に，買付者・応募株主・残存株主の三者の利得が同じになる第三者割当ての条件を検討する。買付者に加えて応募株主の利得も変化させるので，この場合，公開買付価格も考慮に入れる必要がある。公開買付価格を P_t として，次を満たす P_t, n を求めればよい。

$$(P_t - 1) \times 50 = \frac{7000}{100+n} - 50 = 140 \times \frac{50+n}{100+n} - (50 \times P_t + 12)$$

これを解くと，$n=17.978 (p=0.66750, P_t=1.187)$ となり，全員が約9.3の利得を得る。応募株主・残存株主の間では持株数に応じた利得の分配がなされているが，（第三者割当後の）買付者の1株当たりの利得はこれらよりも小さい。

【設例 1'】
【設例 1】の設定のうち公開買付価格のみを変えることで，公開買付価格がどのように第三者割当ての条件と当事者の利害に影響するのかをみる。当然ではあるが，公開買付価格が下がることで，公開買付けに応募するよりも残存した方が利得が大きくなる場面が増える。

(1) 設　　定
【設例 1】の設定のうち公開買付価格を 1.1 として，他は【設例 1】と同じとする。

(2) 取引後の利得
取引後の当事者の利得は次のとおりである。

応募株主の利得：$(1.1-1) \times 50 = 5$

残存株主の利得：$\left(\dfrac{140}{100+n} - 1\right) \times 50 = \dfrac{7000}{100+n} - 50$

買付者の利得：$140 \times \dfrac{50+n}{100+n} - (1.1 \times 50 + 12) = 140 \times \dfrac{50+n}{100+n} - 67$

なお，買付者の利得がゼロとなるような正の n は存在せず，残存株主の利得がゼロとなるのは【設例1】と同様に $n=40$, $p=0.3$ の場合であり，このとき第三者割当後の株価は 1 となる。

(3) 公開買付価格と同額で発行する場合

この場合，$p=1.1$，$n=10.91$ となり，発行後の株価は 1.26 である。当事者の利得は次のとおりである。

　　応募株主の利得　　　5
　　残存株主の利得　　　13.11
　　買付者の利得　　　　9.89

公開買付けに応募せず残存した方が利得が大きいので，公開買付けは成立しない。

(4) 取引前の株価で発行する場合

この場合，$p=1$，$n=12$ となり，発行後の株価は 1.25 である。当事者の利得は次のとおりである。

　　応募株主の利得　　　5
　　残存株主の利得　　　12.5
　　買付者の利得　　　　10.5

(3)と同様に，残存した方が利得が大きく，ホールドアップ問題が生じる。

(5) 買付者と残存株主の間で持株比率に応じたシナジーの分配を行う場合

応募株主の取り分を除いたシナジー（28−5＝23）を発行後の持株比率に応じて分配するので，以下を満たす n を求めればよい。

$$\left(\frac{7000}{100+n}-50\right) \Big/ \frac{50}{100+n} = \left(140 \times \frac{50+n}{100+n}-67\right) \Big/ \frac{50+n}{100+n}$$

$$\Leftrightarrow \left(\frac{7000}{100+n}-50\right) \times \frac{100+n}{50} = \left(140 \times \frac{50+n}{100+n}-67\right) \times \frac{100+n}{50+n}$$

これを満たすのは $n=17$, $p=0.706$ であり，発行後の株価は $140/117=1.197$ となる。この場合の当事者の利得は次のとおりである。

　　応募株主の利得　　　5

残存株主の利得　　　9.83
　　買付者の利得　　　　13.17

【設例1】(5)と異なり，公開買付けに応募しない方が利得が大きくなるため，やはりホールドアップ問題が生じる[21]。他方，【設例1】(5)よりも公開買付価格を通じて買付者が利得を吐き出す部分が減るので，逆に第三者割当ての価格は高くなる。

(6) 残存株主と応募株主の利得を等しくする場合

応募株主の利得＝残存株主の利得となる場合なので，発行後の株価が1.1となればよい。このとき，$140/(100+n)=1.1$ なので，$n=27.27$，$p=0.44$ となる。当事者の利得は次のとおりである。

　　応募株主の利得　　　5
　　残存株主の利得　　　5
　　買付者の利得　　　　18

【設例1】(6)と同様に，当然ながら公開買付けに応募しても残存しても利得は変わらない。

【設例2】

【設例1】と比べて企業価値の向上分のみを減らし，第三者割当ての条件および当事者の利得への影響をみる。

(1) 設　　定

【設例1】の設定のうち，取引後の企業価値を130とし，他は【設例1】の設定と同じとする。

(2) 取引後の利得

当事者の利得は次のとおりである。

　　応募株主の利得：$(1.2-1)\times 50=10$

---

21)　そのため，【設例1】(5)で検討した按分処理は検討していない。

残存株主の利得：$\left(\dfrac{130}{100+n}-1\right)\times 50=\dfrac{6500}{100+n}-50$

買付者の利得：$130\times\dfrac{50+n}{100+n}-(1.2\times 50+12)=130\times\dfrac{50+n}{100+n}-72$

なお，買付者の利得がゼロとなるのは，$n=12.07, p=0.99$ の場合であり，残存株主の利得がゼロとなるのは，第三者割当後のT社株価が1となる $n=30, p=0.4$ の場合である。

(3) 公開買付価格と同額で発行する場合

この場合，$p=1.2, n=10$ となり，発行後の価格は1.18となる。当事者の利得は次のとおりである。

　　応募株主の利得　　　10
　　残存株主の利得　　　9.09
　　買付者の利得　　　−1.09

買付者は損をするので，このような取引は行わない。企業価値は増加しているにもかかわらず，公開買付価格で発行させると取引自体が生じない，または公開買付価格の方を下げるインセンティブが生じることに注意が必要である。[22]

(4) 発行前の株価で発行する場合

この場合，$p=1, n=12$ となり，発行後の価格は1.1607となる。当事者の利得は次のとおりである。

　　応募株主の利得　　　10
　　残存株主の利得　　　8.04
　　買付者の利得　　　−0.04

(2)でみた条件から明らかなとおり，買付者は（僅かだが）損をするため，この取引は行わない。取引公表前（取引を反映していない）の株価による発行であって

---

[22] 上記(2)でも触れたように，買付者が損をしない発行条件は，

$$130\times\dfrac{50+n}{100+n}-72\geq 0$$

を満たす必要がある。これを満たす n, p は $n\geq 12.07, p\leq 0.99$, であり，このとき，発行後の価格≦1.16となる。

も，企業価値を向上させる取引が行われない例である。

(5) 買付者と残存株主の間で持株比率に応じたシナジーの分配を行う場合
【設例1】(5)と同様に，応募株主の利得を除いた部分を取引後の持株比率に応じて分配する条件を求めるには，次を満たす n を求めればよい。

$$\left(\frac{6500}{100+n}-50\right)\times\frac{100+n}{50}=\left(130\times\frac{50+n}{100+n}-72\right)\times\frac{100+n}{50+n}$$

したがって，$n=22$，$p=0.545$ となり，発行後の株価は $130/122=1.066$ となる。残存株主の利得は約 3.28 であり，応募株主の利得 10 より低いため，全員が応募して按分処理がなされる。そのため，【設例1】(5)と同様に，このままでは応募株主かつ残存株主の利得と買付者の利得は（第三者割当後の）持株比率に応じたものにはならない。そこで，按分処理をした後で，応募株主かつ残存株主の利得と買付者の利得を第三者割当後の持株比率に応じたものとする発行条件を求めると，$n=40$，$p=0.3$ となり，第三者割当後のT社株価は $140/(100+40)=1$ となる[23]。

【設例1】【設例1'】【設例2】の分析まとめ

以上の3つの設例の検討から得られる示唆をまとめる。

第1に，公開買付価格や取引前の株価で第三者割当を行わなければならないとすると，企業価値が向上する取引が行われなくなる可能性がある。フリーライド問題によって公開買付けが成立しない（【設例1】(3)(4)），あるいは，そもそも買付者にとって割に合わないものとなる（【設例1'】(3)(4)）ためである。

第2に，公開買付価格で発行しなくても，残存株主には持株比率に応じたもの以上のシナジーが分配されうる。より一般化すると，公開買付価格／取引後の企業価値が大きくなるにつれて，公開買付価格による第三者割当ては買付者にとって割に合わなくなる。換言すると，公開買付価格が十分に高い場合に，それを有利発行の基準とすると，企業価値を向上させる取引が行われにくくな

---

23) 前掲注19）と同様に，公開買付けによる応募株主の利得を式に含めて，
$$\left(10+\frac{6500}{100+n}-50\right)\times\frac{100+n}{50}=\left(130\times\frac{50+n}{100+n}-72\right)\times\frac{100+n}{50+n}$$
を満たす n を求めればよい。

第3章 公開買付前後の第三者割当てをめぐる法的問題の検討

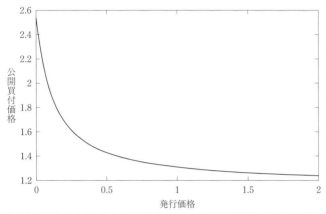

買付者の利得＝0となる場合の発行価格（X軸）と公開買付価格（Y軸）の関係。
公開買付価格以外の設定は【設例1】【設例1'】と同じ（企業価値が140に向上）

る。他方，同じ企業価値の向上でも，公開買付価格が低くなるにつれて，第三者割当ての発行価格をそれに近づけることが可能になる。

第3に，発行数・発行価格のみならず，公開買付価格も利得の分配に影響する。このことは，公開買付価格で発行する場合，【設例1'】では，【設例1】と比べて応募株主の利得が減った分，買付者・残存株主の利得が増加している点に表れている。同じように公開買付価格で発行しているようでも，公開買付価格自体が変化しているため，当事者の利得が変わる。そして，公開買付けの当事者である買付者と応募株主のみならず，残存株主の利得も変化する。[24]

最後の点について，より一般的にみてみる。上のグラフは，買付者の利得を一定（ここではゼロ，すなわち取引から生じる利得は全て応募株主と残存株主の間で分配され，これ以上公開買付価格または発行価格を（他方の価格を下げずに）上げることができない状態である）とした場合に，公開買付価格（P_t）と第三者割当ての発行価格（p）がどのような関係にあるのかを示したものである。公開買付価格以外は【設例1】・【設例1'】と同じである。ここから，公開買付価格を上げると第三者割当ての発行価格は下がることがみてとれる。また，発行価格を取引前の株価以上とするとX軸が1より左側の組合せがとれなくなり，公開買付価格以上とす

---

24) 【設例1】と【設例1'】の(3)を対照。他方，取引前の株価で発行すると，【設例1】と比べて【設例1'】では，応募株主の利得が減少し，買付者の利得が増加する一方，残存株主の利得は変わらない。【設例1】と【設例1'】の(4)を対照。

127

るとさらに取引が成立する組合わせが少なくなることも分かる。

【設例3】

次に，企業価値が減少する場面について検討する。公開買付けのみであれば行われない企業価値が減少する取引でも，第三者割当てを組み合わせると実行される余地があることが分かる。

(1) 設　　定

設定は次のとおりである。企業価値の変化および公開買付価格以外は【設例1】と同じである。なお，単純化のため，第三者割当て以外に買付者は私的利益の引き出しをしないものとする。

取引前の対象者T社　　企業価値100，発行済株式総数100株（1株×100人の株主）

公開買付け　　買付者A社は1株1.05でT社株式50株の公開買付けを行う。取引前のA社の持株数はゼロ。

第三者割当て　　T社は調達額12，発行数n，発行価格pでA社に第三者割当て（$n=12/p$）

取引後のT社　　公開買付けと第三者割当てにより企業価値が100から90に減少

T社の株価　　取引前の株価：$100/100=1$，取引後の株価：$90/(100+n)$

(2) 取引後の利得

当事者の利得は次のとおりである。

応募株主の利得：$(1.05-1)\times 40=2.5$

残存株主の利得：$\left(\dfrac{90}{100+n}-1\right)\times 50=\dfrac{4500}{100+n}-50$

買付者の利得：$90\times\dfrac{50+n}{100+n}-(1.05\times 50+12)=90\times\dfrac{50+n}{100+n}-64.5$

第三者割当てを行わず，公開買付けのみであれば，買付者はこのような公開買付けを行わない。企業価値が減少するにもかかわらず，買付者は，取引前の株価より高い公開買付価格を支払うことになるため，残存株主からの収奪など

による私的利益はない限り，損をするだけだからである。

なお，買付者の利得がゼロになるのは $n=76.47$, $p=0.1569$ の場合である。他方，残存株主の利得がゼロ（以上）となる正の n は存在しない。

(3) 第三者割当てを組み合わせることで取引が実行される可能性

第三者割当ての発行数・価格によっては，このような取引を行うインセンティブがある。(2)でみたとおり，$n>76.47$, $p<0.1569$ であれば買付者の利得は正になる。そのため，例えば，$p=0.12$ の発行価格で100株発行する場合は取引が実行される（第三者割当後の株価は 0.45 となる）。この場合の当事者の利得は次のとおりである。

　　応募株主の利得　　　2.5
　　残存株主の利得　　－27.5
　　買付者の利得　　　　3

この場合，応募した方が利得が大きい（応募しないと損失を被る）ため，全株主が応募し，按分処理がなされる。その結果，応募株主かつ残存株主は1株当たり 0.25 の損失を被る（全体では 25 の損失）。

上記の買付者の利得が正になる第三者割当ての条件は，公開買付価格が下がる，買付数が減少する（公開買付価格が発行前の株価を上回る場合に限る），企業価値の減少幅が小さくなると緩やかに（満たしやすく）なる。

【設例3】の分析まとめ

【設例3】から得られる示唆をまとめる。

買付者は公開買付けで損をしても第三者割当てによってそれを補う余地がある。このため，公開買付けのみでは行われないはずの企業価値を下げる取引でも，第三者割当てを組み合わせることで実現してしまう可能性がある[25]。これは，低い発行価格と大きな発行数により，残存株主から買付者（・応募株主）に利益移転が生じているためである。ただし，この例に表われているとおり，相

---

25) 現実には，こうした第三者割当てを厭わない買収者は，公開買付後に他の形でも少数株主の搾取を伴う私的利益の獲得を狙う可能性が高い。そのため，公開買付けに第三者割当てを組み合わせること自体を規制しただけでは，企業価値を損なうが買収者に利得が生じる取引を防止できるとは限らない。

当に低い価格である必要がある。

　もちろん，株主の留保価格の分布次第では公開買付けへの応募が足りずに実現しない可能性はある。しかし，低い価格で大量の第三者割当てを行えると，それ自体が公開買付けの売却圧力を強めることになる。

3.1.2　公開買付価格より低い価格での発行

　以上を元に，公開買付価格を有利発行の基準とすることについて，すなわち，それより低い発行価格による第三者割当てを有利発行とすべきかについて検討する。

　上の設例から分かるとおり，公開買付価格と同額以上でなければ有利発行となるとすると，フリーライド問題により公開買付けが成立しないか，そもそも買付者にとって割の合わない条件となる場面が生じ，企業価値を向上させる取引を抑止しかねない。もちろん，株主総会決議を経ればより低い価格で発行することはできるものの，企業価値を増加させる取引に追加的なコストを賦課することになる。

　さらに問題になるのは，企業価値の向上分の相当な割合を公開買付価格に反映させると，その分第三者割当ての価格をそこに近づけるのは難しくなる点である。このため，公開買付価格を基準としなければならないとすると，取引が実行される場合でも，公開買付価格を引き下げるインセンティブが生じる。

　こうした結果になるのは，通常の第三者割当てと異なり，新株主と既存株主という二者の利害対立ではなく，買付者・応募株主・残存株主の三者の利害を考える必要があるからといえる。そのため，通常の第三者割当てのように，発行価格・発行数だけをみて，割当先（買付者）とその他の株主の利害対立を調整するわけにはいかない。同じ比率で応募株主・残存株主・買付者の間でシナジーを分配する場合でも，公開買付価格と買付数によって発行価格・発行数が変わってくる。また，第三者割当てを組み合わせることで公開買付価格が引き下げられる可能性があるところ[26]，公開買付価格を有利発行の基準とすると，公開買付価格を下げるインセンティブは一層強くなる。

　したがって，公開買付価格より低いからといって，直ちに有利発行となると

26）　**5.3**参照。

考えるべきではない。実際に公開買付価格を下回る発行価格の取引も相当数みられるが[27]，以上の理論的背景を考慮すると自然といえる。

3.1.3 取引前（取引公表前）の株価との関係

次に，取引前の株価を有利発行の基準とすべきかについて検討する。公開買付けを伴わない第三者割当てについては，取引の公表によって高騰した株価を排除できるかは見解が分かれるが，企業価値の増加を反映する前（高騰前）の株価が基準となることについては異論はない[28]。そして，正のシナジーが生じる取引の公表により高騰した株価を排除し，高騰前の株価で発行しても有利発行ではないとする見解は，それによって新旧株主の間で持株比率に応じたシナジーの分配（1株当たりでみると同額のシナジー分配）がなされる点に意味を見出していた[29]。

しかし，通常の第三者割当てと異なり，公開買付けに付随する第三者割当てでは，取引前の株価で発行しても，残存株主（既存株主）と新株主の間で持株比率に応じたシナジーの分配がなされるわけではない。むしろ，上記の【設例1】ないし【設例2】では，このような分配は発行前の株価よりも相当に低い価格で発行しないと達成できなかった[30]。このことは，按分処理を考慮しても同様である（むしろ，上記の設例ではより低い価格とする必要があった）。

このようなことが生じるのは，公開買付けによって買付者がプレミアムとしてシナジーの一部を吐き出しているからである。持株比率に応じたシナジーの分配を行うとしても，発行前の時価を基準としなければならないともいえないのである。より一般化すると，通常の第三者割当てにおいては，取引前の株価を基準とすることには持株比率に応じたシナジーの分配という意味があるが[31]，

---

27) 第2部第9章 *1.4*【図表19】。
28) 神田編（2013）15-18頁〔吉本健一〕参照。なお，本章でとりあげている場面は，市場で買占めが行われたことで株価が高騰した場合とは異なる。田中（2011）53頁参照。
29) 例えば，江頭（1995）227-229頁，江頭（2015）763-764頁注3参照。
30) 発行前の株価で発行すると，偶然，持株比率に応じたシナジー分配になることはある。例えば，【設例1】で，公開買付価格を1とした場合にはそのようになる。
31) もちろん，そもそも持株比率に応じたシナジーの分配となることに特別な意味が見出せるのかを問う余地はある。ここでは，従来，そのようなシナジー分配を達成する発行価格であれば有利発行とならないとの考えが有力であったことを前提に（*3.1.4*参

公開買付けと組み合わせる場合には，取引前の株価を基準とすることに何ら特別な意味はない[32]。

3.1.4 具体的な基準

以上から，公開買付けと組み合わせた第三者割当てについて，有利発行の具体的な判断基準を検討する。

以下の要点をまとめると，次の2点に集約される。第1に，発行価格が公開買付価格を下回ること自体で有利発行となるわけではない。第2に，発行前の株価を下回る発行価格も，同様にそれ自体で有利発行となるわけではない。

(1) シナジー分配の権限をめぐる考え方との関係

具体的にどこからが有利発行になるかは，第三者割当てにおけるシナジー分配の権限をどのように考えるかに依存する。以下では，取引前の株価の扱いを中心に，取引全体で企業価値が向上する場合について，シナジーの分配の権限をめぐる2つの考え方に基づいて基準を検討する[33]。

まず，(a)少なくとも持株比率に応じたシナジーの分配より既存株主に不利にならない場合には，取締役会限りで新株を発行できるとの考え方がある[34]。(a)によると，発行前の時価より相当程度（一般的な10％程度を超えたディスカウントなど）低い価格での発行でも，正当化される余地が十分にある。

次に，(b)取締役会は可能な限り既存（残存）株主にとって有利な分配を引き出さなければならないという考え方に立つ場合を考える。(b)の考え方では，単

照），公開買付けと組み合わせた第三者割当てにおいては，取引前の株価にその程度の意味すらないことを示している。

[32] **3.1.4**(3)でみるとおり，取引前の株価を基準とする根拠となりうるのは，単なる現実的な運用可能性にすぎない。

[33] シナジー分配と取締役会の権限をめぐる2つの考え方については，松中（2013）150頁以下参照。

[34] 提携や救済などでシナジーが生じる第三者割当てにおいて，企業価値の向上を反映して上昇した株価（取引の公表後の株価）ではなく，その前の株価（取引の公表前の株価）で発行すると，持株比率に応じた分配がなされる。この場合に，有利発行の基準となる「株価」から，上昇した株価の排除を肯定し，公表前の株価による発行も有利発行ではないと解する立場（例えば，東京高判昭和48・7・27判時715号100頁）は，持株比率に応じた企業価値向上分の分配は取締役会の権限内であると考えていることになる。松中（2013）150頁参照。

に発行価格（と公開買付価格，両者の関係）をみるのではなく，ありうる他の選択肢と買付者（割当先）との交渉過程もみる必要がある。ただし，既存株主と買付者の間では既存株主が全てのシナジーを取得できない限り，有利発行に当たる（それ以外の分配は取締役会限りではできない）という（やや極端な）考え方に立ったとしても，公開買付価格より低い価格であれば常に有利発行になるわけではない点に注意が必要である。【設例 2】(3)のように，公開買付価格で発行すると買付者の利得がマイナスになることもあるからである。さらに，このような立場に立ったとしても，公開買付けと組み合わせた第三者割当ての場合，取引前の株価も有利発行の基準とする理論的な根拠がないのは同じである。【設例2】(4)のように，取引前の株価であっても，買付者の利得はマイナスとなることがあるからである。

　第 2 部第 9 章における調査の限りでは，公開買付けに近接して第三者割当てを行う取引では，対象者が行き詰まっている場合が一定数あることが分かる[35]。仮にシナジー分配の権限について基本的には(b)の立場に立つとしても，対象者が救済を必要としている場面では交渉力が低くなる（救済者の候補（あるいは倒産・清算）だけが外部機会になり，単独で存立するという選択肢がない）ため，不利にみえるシナジーの分配でも取締役会が引き出しうるベストなものとして認める余地はある。

　以上をまとめると，公開買付価格も取引前の株価のいずれも，これらを下回る発行価格でも有利発行とならないと考える余地は十分にある。これは，取締役会のシナジーの分配権限を狭く捉えても当てはまる。

　他方，【設例 3】のような企業価値が減少する場面や，企業価値が向上する場面でも持株に大幅な希薄化が生じて利益を損なうことはある。当事者の利害には公開買付けの条件も影響するため，こうした取引を防ぐには，理論的には公開買付けの条件も含めて取引全体の公正さをみて判断するのが望ましい[36]。また，そもそも，株主間の不公正な利益移転ではなく，企業価値を減少させる買収を防ぐことは有利発行規制の機能とは考えにくい。そのため，有利発行規制のみによってこうした事態に対処するのは困難がある。

---

35) 第 2 部第 9 章 **2. 1. 2**(3)。
36) **5.3** 参照。

(2) 理想的な判断基準

以上から，通常の第三者割当てのように，どの時点かの株価のみを用いて有利発行かどうかを判断するのは理論的には根拠がない[37]。これまでの検討からは，問題の取引が当事者に与える影響を分析した上で，シナジーの分配が取締役会の権限内に収まっているか（例えば，上記(a)のように考えるのであれば，持株比率に応じた以上のシナジーが既存株主に分配されているか）を判断するべきということになる。

(3) 現実的な判断基準

もっとも，そもそも企業価値の変化は現実には数値化するのが容易ではないなどの理由で，現実に(2)に忠実な運用を行うのは難しい。そこで，より現実的な方策として，以下の観点から判断することも考えられる。

第1に，第三者割当ての条件を反映する前後の株価の変化（反映後の株価そのものではない）を用いることも考えうる。すなわち，企業価値を向上させる取引のはずなのに，取引後の株価が取引前の株価を下回る場合には，大幅な希釈化が生じている可能性が高いため，有利発行と考えるというものである[38]。もっ

---

[37] 取引公表後の株価も，次のとおりやはり基準にならない。(1)公開買付けのみを公表した場合，株価は理論上は公開買付価格に張り付くため，公開買付価格による発行と同じになる。(2)公開買付けと第三者割当てを同時に公表した場合，(a)公開買付けが終わるまでは公開買付価格に，(b)公開買付後は第三者割当ての条件を反映した株価に落ち着くと考えられる。(2)(a)の場合は(1)と同じである。(2)(b)の価格自体は，その第三者割当てによって生じうる影響を既に反映しており，その第三者割当ての発行条件の基準にはならない（例えば，【設例1】の各ケースでは，取引後の株価は発行価格より高くなっている。これに対して，取引公表前と比べた変化には意味がある。後掲注38）参照）。(3)公開買付けに加えて第三者割当てを行うことのみを公表した場合（詳細な条件は未公表），公開買付価格とありうる第三者割当ての条件についての投資家の予想の両方を反映したものになる。しかし，それはあるべき価格とは関係がない。

[38] なお，長島・大野・常松法律事務所編（2013）354頁は，買付者（割当先）となる者の「株主としてのシェアが大きくなることに由来するシナジーは，有利発行の有利性の判断においては考慮外とすべきであるから（そうでなければ，当該者に由来するシナジーを当該者のみが享受できないこととなる），この観点からも，取引公表後の市場価格が増資払込金額を上回ったことのみで有利発行の問題が生ずることはないと解すべきである」とする。議論の方向性としては支持できるが，取引公表後の株価自体はそもそも有利発行の基準とはならない（前掲注37）参照）。有利発行の基準として参考になるのは，取引公表後のいずれかの時点の株価そのものではなく，公開買付価格の影響が消え，企業価値の増加と第三者割当ての条件を反映した価格（前掲注37）の(2)(b)の株価）

とも，買収が実は企業価値を下落させるという場合も株価は下落する。そのため，企業価値が下落したわけではないにもかかわらず株価が下落した場合に，その事実を有利発行の徴表と捉えるべきであろう。もっとも，これは事前に発行価格を設定する際に用いることは難しい（本章へのコメント**1.3**参照）。あくまでも，裁判などで事後的に有利発行かどうかを判断する場合の手段となりうるにとどまる。

第2に，理論的な根拠は全くないものの，現実には取引前の株価を基準とすることが考えられる。取引前の株価を下回る場合には株主総会の承認を要求すれば，問題のある取引を一定程度抑止できる余地はある。他方で，取引前の株価を下回る価格での発行は常に有利発行であるとすると，企業価値を向上させる取引にも意味のないコストを賦課してしまう。そのため，仮に（やむを得ず）取引前の株価を一応の基準と捉えるとしても，それを下回る発行価格でも常に有利発行と捉えるべきではない。シナジー分配をめぐる上記(1)(b)の考え方に立ったとしても，少なくとも，問題となっている買付者（割当先）が最適な買収の相手であり，かつその第三者割当てがなければ買収が実現しないことが示されるのであれば，取引前の株価よりも相当程度に低い価格による発行でも有利発行とすべきではない。

第3に，現実的な判断基準という観点からは外れるが，より根本的な解決としては，有利発行そのものについて上記(1)(b)の考え方を前提に，一定時点の株価をみるという手法を捨てることが考えられる。むしろ，取締役（会）の判断・交渉プロセスを中心に可能な限り発行会社（対象者）の既存株主にとって望ましい条件を引き出したといえるかどうかを判断する，というものである[39]。見方を変えると，公開買付けと組み合わせた第三者割当ては，現在の有利発行規制の問題が浮かびあがる一場面といえる。

なお，有利発行におけるシナジー分配の権限についてどのように考えるかは別として，買付者との交渉を一切行わないといった場合には対象者（発行者）の取締役は善管注意義務違反となりうる。

　　　　が取引公表前の株価と比べてどのように変化したかである。
　39）　ただし，このように考えても，論理必然的に企業価値の増分を全て応募株主・残存株主が得られない限り有利発行となるわけではない。そのような考え方をとるかどうかは別の問題である。

3.2 不公正発行について

公開買付けに付随する第三者割当てにおいては，発行数を決める要素として，調達する資金の額よりも取引全体の後で取得する議決権数・割合が重要になることもある。この場合，「資金調達目的」がないと判断される可能性があるとの議論も考えうる[40]。しかし，裁判例における主要目的ルールは，必ずしも「資金調達目的」を求めるものではない。むしろ，不当な目的が主な目的ではないといえるかどうかという判断構造である。ここで，正当な目的があることは，不当な目的が主な目的であることを否定するという位置付けである。そして，正当な目的は資金調達に限られるわけではない[41]。

それでは，公開買付けの結果を踏まえて一定の議決権割合の取得を目的とすることはどうか。

従来，不当な目的とされてきたのは，支配権争いが生じている局面において，経営陣に友好的な者（経営陣自身を含む）による支配権の維持・確保が中心であった。また，支配権争いが生じているわけではない場面でも，少数株主権を奪うこと（そのための希釈化）は，不当な目的とされてきた。これらは，いずれも会社法上の規範と衝突し，否定的に評価される行為である。支配権維持であれば，株主が取締役を選任するという構造と衝突し，少数株主権の剥奪は法が認めた権利を奪うことにつながる。より実質的な根拠は，価値の高い買収を阻害する，経営者の私的利益の追求を認めるといった弊害が生じるからといえる。

これに対して，公開買付けと第三者割当てを組み合わせて，一定の議決権数を確保することは，支配権の確保につながりうるものの，会社法上直ちに否定されるわけではない。そもそも，会社法206条の2による制限はあるものの，第三者割当てのみによって一定の議決権数を確保することも可能である[42]。

---

[40] 長島・大野・常松法律事務所編（2013）356-359頁もこの点を含めて不公正発行について論じている。また，トップ・アップ・オプションについても同様の問題が論じられている。後掲注48）参照。

[41] 以上につき，大杉（2007）54-55頁，松中（2008）(1) 1060頁（裁判例は正当な目的を資金調達に限定したことは一度もない）。より近時の裁判例をみても同様である。松中（2014）147頁。長島・大野・常松法律事務所編（2013）356-357頁も同様の議論に沿って，このような第三者割当ても肯定している。

[42] ただし，証券取引所の規制も含む近時の制度変化は，大規模な第三者割当てを行う取締役会の権限を制約する方向にある。白井（2013）470-476頁参照。

より重要なのは実質的な理由づけである。取引全体で企業価値を向上させうるところ，それには一定の議決権の取得が必要となることは考えられる。例えば，買付者が対象者の親会社となって役員選任権を握る，または3分の1を確保して特別決議が必要な事項の拒否権を握ることで，両者の事業の調整を確実に行えるようになる，あるいは，買付者にとって，それによりはじめて対象者（の経営陣）の裏切りを防ぎ，安心して資金を投下できるようになることも考えられる。このため，一定の議決権の取得のために発行数が決められている，すなわち，公開買付けと組み合わせて支配を取得することが主な目的となっているとしても，それだけでは不当な目的とはいえない。むしろ，取引自体が価値を持つといえ，それには買付者による一定の議決権数の確保が必要といえる状況であれば，正当な目的ともいえる。

他方，支配権争いの存在する中で友好的な者にこうした第三者割当てを行う場合には，防衛策と同様の効果を生じさせるため，より厳しく審査する必要がある（例えば，複数の公開買付けが並行して行われている中で，友好的な買付者にのみ第三者割当てを行うことを確約する場合）。また，そうした状況ではなくても，もっぱら取締役ら自身の利益のために，株主にとっては不利益になる取引を進める目的で第三者割当てを行うのであれば，不当な目的と評価できる。

以上のとおり，一定の議決権数の確保は支配権の確保につながることから経営者の利益相反がある場面では不当な目的となりうる。しかし，そうした事情がない場合には不当な目的とはいえず，むしろ取引の持つ価値とスキームによっては必須の正当な目的といえる。

3.3 会社法206条の2について

以下では，公開買付前・公開買付中に行われるものと，公開買付後のものに分けて，公開買付けと組み合わせた第三者割当てに対する会社法206条の2の適用について検討する。

(1) 公開買付前・中に第三者割当てを行う場合

まず，公開買付前・中に第三者割当てを行う場合について検討する。第三者割当てと公開買付けの両方が行われた後では総議決権の過半数を取得することになるが，第三者割当後（かつ，公開買付けの決済前）の時点では過半数を取得し

ていない場合，会社法206条の2は適用されない。

　これは，後述の公開買付後の第三者割当ての場合と非対称な規制となっており，不当にも思える。しかし，会社法206条の2は，もともとそういった規制にすぎない。すなわち，第三者割当ての後に，市場内取得など，公開買付け以外の（かつ，第三者割当てではない）方法で株式を取得して議決権の過半数を確保する場合も同様の結果となる。また，同条が適用されないため，株主総会決議（やその前提となる株主への通知・公告と反対通知）は要求されないが，公開買付けを通じて開示と退出機会はある程度確保されているため実質的な問題は小さいとも一応いいうる。

(2) 公開買付後に第三者割当てを行う場合

　公開買付けだけでは買付者が未だ対象者の親会社等になっていないところ，公開買付後に第三者割当てを行い，対象者の議決権の50％超を取得する場合は会社法206条の2が適用される。これは，第三者割当前からの保有議決権も同条1項1号の議決権数に含まれるためである[43]。なお，公開買付けによって既に買付者が対象者の親会社等になっている場合は，適用除外となる（会社206条の2第1項柱書但書）。

4　売却圧力（強圧性）との関係

　以下では，公開買付けと第三者割当てを組み合わせることで生じうる売却圧力について検討する。

　公開買付けに第三者割当てを組み合わせることで（特に，買付後に一定数の議決権確保のために第三者割当てを行う場合），公開買付けの売却圧力が生じる（高まる）可能性があると考えられる。売却圧力が生じるメカニズムは，(1)公開買付けで一定の割合（例えば50％超）を確保できるかどうかに関係なく，買付者が支配権を得ることを確約する，(2)これにより，公開買付けが確実に成立するのと同じことになる，(3)そのため，残存すると株式の価値が低下すると考える株主は必ず応募する，というものである。

　43）坂本編著（2014）130頁参照。

もっとも，これは公開買付けのスキームを通じて解決・緩和が可能である。まず，下限の付いた公開買付けの成立を第三者割当ての条件として，公開買付後に第三者割当てを行うことが考えられる。これは，過半数を確保できなくても事実上の支配権を得られる場合に，株主の選択が歪むことへの対処と同じである[44]。また，公開買付けに一定の応募があったことを第三者割当ての条件とすることでも緩和が可能である。ただし，取得目標の議決権数の一部を条件とすると（例えば51％の確保を目的としている場合に40％の応募を条件とする），公開買付けのみでその割合を取得するのと同等にはならない。さらに，以上とは別に，総会決議を得る，すなわち公開買付けへの応募と切り離して株主が賛否を示す機会を設けることによる対処も考えられる。

5 トップ・アップ・オプションに特有の問題

5.1 総　論

トップ・アップ・オプションとは，主に二段階買収を利用した締出しの場面において，公開買付けのみでは第二段階目の取引手法に必要な議決権割合を確保できない場合に備えて，対象者が買収者に不足分を補う数の株式を取得する権利を与えるもので，アメリカで普及していた[45]。これは，例えば，特別支配株主による株式等の売渡請求制度を利用するために90％の議決権取得を目指して公開買付けを行ったところ，88％しか確保できなかったため，あらかじめ合意しておいた対象者からの第三者割当てによって，残りの2％分の株式を取得するというものである。

第2部第9章で確認した限りでは，トップ・アップ・オプションはまだ利用されていないが[46]，特別支配株主の株式等売渡請求制度が創設されたことから，手続の簡素化や取引にかかる時間の節約というメリットを見込んで用いられる可能性もある[47]。そして，日本における利用の当否や具体的な手法，およ

---

44) Bebchuk (1985) pp.1718-19 参照。
45) アメリカの状況と法については，Ganor (2011) 参照。邦語のものとしては，高橋 (2013)。実証研究としては，Devos, Elliott & Songur (2015) がある。
46) 第2部第9章 **2.1.2**(1)。
47) ただし，デラウェア州のように，議決権の90％を確保した場合（short form merger）とそうでない場合（long form merger）で審査基準や争い方が大きく変わる（デラ

び適切な利用方法についても議論が進みつつある。[48]

5.2　第三者割当てによって90%の議決権を確保することの問題

(1) 問題の所在

公開買付けに第三者割当てを組み合わせて議決権の90%を確保して，特別支配株主の株式等売渡請求制度などを利用できるようにすることは，総議決権の90%の保有が要件となっている（会社179条1項括弧書。以下，「90%要件」という）こととの関係で問題はないだろうか。もし，同要件の潜脱であると評価されるのであれば，特別支配株主による売渡株式等の差止め（会社179条の7第1項）が認められる余地がある。[49] また，トップ・アップ・オプションのための第三者割当てが不公正発行（会社210条2号）に当たるとして争う余地もある。

第三者割当てによって90%要件を満たすという問題は，特別支配株主の株

ウェア州法とその問題については，Subramanian (2005) 参照）といった事情が日本にあるわけではない（日米の救済方法の差異と評価につき，田中 (2016) 12-13頁参照）。そのため，一時期のアメリカほど広く普及するかは不明である。なお，デラウェア州では2013年に，一定の条件を満たす場合，公開買付後に90%を取得していなくても合併決議の可決に必要な議決権を取得していれば，総会決議なく締出しを行えるという規定を新設した（8 DEL. CODE ANN. §251(h)）ため，トップ・アップ・オプションの意義は小さくなった。

48) トップ・アップ・オプションの利用に懐疑的なものとして，高橋 (2013) および舩津 (2015) 176-177頁。他方，内田 (2014) 23頁は，少なくとも，3分の2の議決権を確保した場合には直ちに不公正発行に当たるとはいえないとする。また，飯田 (2015) 166-169頁は，取締役に適切なシナジー分配を行う義務を課すことを前提に，利用を禁ずる必要はないとする（義務の内容などについては，同155-159頁参照）。さらに，石綿ほか (2016) は，利用を肯定した上で，具体的な手法と適法性・公正さを確保するための設計を提言する。同論文へのコメントである田中 (2016) も基本的にこの方向性を支持する。

49) ただし，そもそも不当な第三者割当てによって90%要件を満たしたことが，売渡株式等請求に法令違反がある（会社179条の7第1項1号）といえるかという問題も残る。特別支配株主の要件を満たしていないにもかかわらず，株式売渡請求を行おうとする場合はここに該当する（坂本編著 (2014) 264頁）。90%要件を満たすための第三者割当てが違法・不公正であるときは，同要件を満たしていない場合に当たるとして，法令違反となるという議論が一応考えうる。たしかに，一般的には，売渡請求を行う株主による株式の取得に瑕疵があり，その取得分を除くと議決権の90%を保有しているとはいえない場合には同要件を満たしていないと理解しうる。しかし，第三者割当ての差止め（仮処分）が命じられていない段階で，あるいはそれが棄却（却下）された場合に，新株発行無効訴訟ではなく売渡請求の差止訴訟の中で，第三者割当ての効力を争えるのかという問題は残る。

式等売渡請求に加えて略式組織再編でも生じうる。また，公開買付けが前置された取引以外でも生じうる。そこで，会社法は，なぜ90％の議決権を保有していたら総会決議を経ることなく締出しを可能としているのか，というより一般的な問題を踏まえて検討する必要がある。

(2) 総会決議に意味がない

　総会決議が不要となる根拠としてまず考えられるのは，総会決議を経させることに意味がないというものである[50]。これは，第三者割当てによって株式を取得した場合でも結果的には同じであるが，第三者割当てによって「意味をなくす」のが問題ではないかとも考えられる。

　しかし，総会決議の可決可能性という観点からは，例えば，公開買付けによって85％の議決権を取得していたところ，第三者割当てによって90％要件を満たしたなど，既に3分の2の議決権を確保していた場合は，どのみち特別決議が必要な手段で締め出せるため大差はないと評価できる[51]。また，日本の会社法では，（デラウェアなどと違って）90％を取得した場合に締め出される株主の保護のレベルが大幅に変わるわけではない[52]。

　これに対して，90％を取得していない場合の締出しの手法で株主総会決議が要求されている理由として，（否決される余地ではなく）特に情報開示に関する規制に違反した場合に株主総会決議取消訴訟を通じて締出しの効力を争える点を重視し，第三者割当てによって90％要件を満たすことに否定的な見解もある[53]。しかし，株主総会決議が不要な締出しの手法では，いずれも法令違反に加えて，対価が著しく不当な場合にも差止めを認めている（会社179条の7第1項・784条の2・796条の2）。そのため，開示に関する規制に違反した場合に対処できるだけでなく，対価の不当性について差止めを求めることができるか不明確な株主総会決議が必要な手法より，少なくとも事前の救済のレベルは高いと

---

50)　平成17年会社法改正において略式組織再編制度を創設した際に総会決議を不要とした理由とされていた。相澤＝細川（2006）198頁。
51)　石綿ほか（2016）（上）9頁，（下）2頁も同様の点を指摘する。
52)　前掲注47) 参照。
53)　舩津（2015）175-176頁。買収者が3分の2を保有していない場合にも当てはまる議論であるが，3分の2を保有している場合についての方が一層意味を持つこととなる見解のため，ここで検討している。

すらいえる。そして,多くの利害関係者に影響を与えることから事後的な効力の否定がはばかられるM&Aにおいては,事前の救済が重要だといえる。

他方,既に保有していた議決権が3分の2未満であったところ,第三者割当てによって90%要件を満たした場合は状況が異なる。もともと特別決議が可決されない可能性があるところ,総会決議が不要になるからである。ただし,このためには,例えば65%という限りなく3分の2に近い議決権を保有している場合でも,発行済株式総数の2.5倍の発行が必要となる。より一般的に,買収者の議決権割合を1%増加させるには総議決権数の10%(すなわち,増加させたい分の10倍)の株式の発行が必要となる。そのため,公開会社における発行可能株式総数は発行済株式総数の4倍以内でなければならないという規制(会社37条3項本文・113条3項)を前提とすると,定数変更を行わずに,トップ・アップ・オプションを用いて90%の議決権割合を達成するには最低でも60%を取得している必要がある。そして,買収者が対象者の議決権の60%しか保有していない場合でも,残る40%の議決権を保有する少数株主のうち約6.67%の議決権を保有する者(少数株主のうち約16.67%)が賛成すれば,総会決議が必要な手法で締出しは可能になる。換言すると,特別決議が可決されないにもかかわらず,トップ・アップ・オプションによって決議が不要となるのは,大多数(少なくとも少数株主の約83%以上)の少数株主が反対している場合である。公開買付けに応募しなかった株主が残存している以上,その可能性は決して非現実的とはいえないが,常にそうなるわけではない。

以上より,株主総会決議の可決可能性という観点からは,次のように評価できる。第1に,特別決議を可決できる3分の2以上の議決権を買収者が既に

---

54) この点については,松中(2015)200-202頁,207-211頁参照。

55) なお,特別支配株主の株式等売渡請求の場合は,他の手法と異なり,対象者の組織自体には変動は生じないため,事後的救済の余地を広くとることも考えうる(もっとも,効力が否定されると,締出しに賛成した少数株主も含めて株主全体に影響が生じるため,事前の手段と比べて抑制的にならざるをえない)。事後的救済の手段を確保する観点からは,特別支配株主の株式等売渡請求の無効事由を柔軟に捉えることによって,無効訴訟(会社846条の2)を通じた救済を考えるべきとも指摘されている。石綿ほか(2016)(上)10頁。

56) 対象者の発行済株式総数が100株,買収者が公開買付けで取得したのが65株とすると,第三者割当てによって250株を発行し,発行済株式総数350株,買収者の保有株式を315株とする必要がある。

57) Ganor (2011) p.719参照。

有している場合については，90％要件の潜脱と評価すべきではない。第2に，3分の2を満たしていない場合であっても，授権枠の制限によって大幅な株式の発行は制限される上に，「本来であれば特別決議が可決されない」といえる場面ばかりではない。

他方，特別決議が可決されない可能性があり，それを回避するために第三者割当てを用いるといった問題のある場面については，経営陣の都合の良い者に支配権を与える，または都合の悪い少数株主から議決権を剥奪するという不当な目的による不公正発行と理解し[58]，差止め（仮処分）によって対処することができよう。

(3) 私的利益の引き出しに限界がある

90％以上の議決権を保有している場合に総会決議なく締出しが行える理由としては，別のものも考えられる。買収者の保有割合が高ければ高いほど，締出しによって少数株主を搾取する形で買収者が私的利益の引き出しを行うことは難しくなる。これは，搾取の相手（締め出される少数株主）が多数の株式を持っているほど搾取できる利益も大きく，反対に相手が持っている株式が少ないほど搾取できる幅は小さくなるからである。そのため，圧倒的多数の株式を保有している買収者が締出しを行うのであれば，少数株主の搾取による利得を見込んでいる可能性は低く，むしろ企業価値の向上を見込んでいると蓋然性が高いといえる。このように考えると，なぜ特別決議を可決できる3分の2よりも高い基準なのかは説明できる[59]。

この考えに依拠する場合，トップ・アップ・オプションを用いたとしても90％を保有していることには変わりないので，総会決議なく締出しを行うことは正当化されそうである。もちろん，低い発行価格が設定された場合には，

---

58) 公開買付けにより取得した株式数（議決権割合）や株主の意見の分布（および経営陣の認識），公開買付けを含めた第三者割当てに至るプロセスといった要素から判断することとなる。

59) ただし，現在の会社法と整合的ではない点もある。第1に，やや細かい点ではあるが，特別支配株主（会社179条1項括弧書）および特別支配会社（会社468条1項括弧書）の要件は株式数ではなく議決権ベースである。第2に，より根本的には，総会決議が不要となると，株主総会決議取消訴訟を通じて効力を争うことはできないが，差止めおよび無効訴訟を通じて争う余地はあり，必ずしも規制のレベルが低いといえない制度設計になっている。

企業価値を毀損する取引でも「元が取れる」可能性は生じる[60]。ただし，トップ・アップ・オプションを用いて速やかに締出しを行う（残存株主が生じない）場面では，発行価格が低すぎることが買収の対価（公開買付価格，締出しの対価，およびこれらに影響を与えうる価格決定手続）に影響を与えていない限りにおいて，企業価値を毀損する取引は割に合わなくなる[61]。他方，トップ・アップ・オプションを用いることによって買収の対価，特に公開買付価格自体が低くなる場合には，企業価値を毀損する取引も割に合う可能性が出てくる。そうすると，結局は **5.3** でみる問題に収斂する。

(4) ま と め

以上のとおり，トップ・アップ・オプションによって株主総会決議が不要となる 90％ 要件を満たすこと自体に問題があるわけではない。残る問題は，トップ・アップ・オプションによって一定の議決権数のハードルを超えることではなく，第一段階において買い付ける株式数を減らすことで，トップ・アップ・オプションを用いない場合と比べて公開買付価格が下がる可能性である。これについては，**5.3** で検討する[62]。

5.3　公開買付価格への影響

(1) 問題の所在

これまでの検討からすると，株主総会の特別決議が可決されない可能性がある場合を除き，トップ・アップ・オプションを用いることにさしたる実質的な問題はないかのようにも思える。しかし，僅かな割合（例えば，89％ から 90％ など）の不足分を補う場面にも当てはまる実質的な問題もある。それは，公開買付けで一定の議決権を確保できない場合には第三者割当てによって補うとすると，公開買付価格（をはじめとする公開買付けの条件）にも影響が出うる点である[63]。

---

60) トップ・アップ・オプションではなく，公開買付けに付随する第三者割当て一般の問題として，**3.1.1**【設例3】参照。
61) **5.4** 参照。
62) **5.3** でみるとおり，両者は同じ行為から生じる関連したものではあるが，理論的には別の問題である。
63) なお，Devos, Elliott & Songur (2015) pp. 19-20 & 51 tbl. V は，2000〜2006 年までの取引では，トップ・アップ・オプションの利用は，対象者側の取引公表前後における

すなわち，90％ を公開買付けのみで確保する場合よりも低い価格で公開買付けを行い，90％ に不足する分の株式を発行するというものである。

　株式の供給曲線は右上がりのため，より多くの株式を公開買付けで取得するには，より高い留保価格を付している株主にも応募してもらう必要があり，公開買付価格も高くなる。しかし，公開買付けで取得しなければならない株式数が減れば，より低い留保価格を付している株主が応募すれば十分ということになる。そのため，トップ・アップ・オプションの利用によって公開買付価格を低くできるという効果が生じる。これは，トップ・アップ・オプションに限らず，また公開買付けの前後にも限らず，買付者に第三者割当てを行う場合には生じる効果である[64]。しかし，締出しのように，公開買付けによって多くの株式数を取得することを目指す場合に特に問題になる。

　なお，公開買付価格が下がる可能性は，**5.2** で検討した，トップ・アップ・オプションによって 90％ の議決権要件を満たすことで株主総会決議が不要となることとは，関連するが，理論的には別の問題である[65]。例えば，トップ・アップ・オプションがなければ議決権の 90％ を取得できる公開買付価格 90 を提示したはずのところ，トップ・アップ・オプションの利用を前提に 85％ を取得できるだけの価格 85 で公開買付けを行い，85％ を買い付けた場合を考える（例1）。この場合，3分の2を取得しているので，トップ・アップ・オプションを使うことで総会決議の可決可能性が変わるわけではない。しかし，公

アブノーマルリターンと負の相関があるとする（2007 年以降ではそのような関係はないとする）。もっとも，買収者側についても同様の関係がみられることからすると（Devos, Elliott & Songur（2015）pp. 20 & 52 tbl. VI），トップ・アップ・オプションによって買収者に有利な条件が設定されているといえるわけでもない。むしろ，そもそも当事会社の株主利益にあまりつながっていない（企業価値をさほど向上させないか，損なう）取引で多く用いられていたといえそうである。

64）　第三者割当てに限らないが，公開買付前に買付者が株式を取得しておく toe-hold の存在は，公開買付けのプレミアムと負の関係にある。Betton, Eckbo & Thorburn（2008）pp. 354-57 参照。理論的な背景については，Betton, Eckbo & Thorburn（2008）pp. 332-36 参照。

65）　なお，両問題の差異としては次の点もある。総会決議の可決可能性が問題となるのは3分の2や 90％ といった一定の議決権数のハードルを超える場合のみなのに対して，公開買付価格が下がる可能性は，公開買付けによらずに買付者の持株数を増やすのであれば常に問題になりうる。また，前述のとおり，トップ・アップ・オプションのみならず，公開買付前に第三者割当てなどによって買付者が対象者の株式を取得する場合にも，公開買付価格への影響は生じる。

開買付価格は5下がっており応募株主（同じ対価で締め出される残存株主も）の利得は減少している。ここで問題とするのは，後者の点である。上記の例1と，買付者がトップ・アップ・オプションを利用しない場合でも85の価格で公開買付けを行っていたはずのところ，トップ・アップ・オプションを利用して85の価格で公開買付けを行い，85％を取得した場合（例2）を比較すると，これら2つの問題が別のものであることがより明確になる。いずれの場合でも公開買付後の第二段階の取引実行時点の状態は同じであり，総会決議の可決可能性という観点からは，同じ評価になる。しかし，公開買付価格が下がるという観点からは，例1は問題になりうるが，例2は問題にならないことになる。

　もちろん，議決権の3分の2をとれば総会決議を可決させられるし，それに足る株式数を確保できる価格まで引き下げても問題としないという立場も成り立つ。しかし，トップ・アップ・オプションによって，どのみち可決される総会決議が不要となることは問題がないとしても，公開買付価格が下がることは問題とする立場もとりうる。価格が担保されているのであれば，わざわざ可決されることが分かっている総会決議を経させるのは無駄が生じる一方，価格が下げられている場合にも，総会決議が必要な取引手法をとらせたところで解決されるわけではない。すなわち，総会決議の要否とは別に，端的に価格の引下げに使われにくいようにする必要があると考えられるからである。

　いずれに立つかは政策的な問題といえるが，本章ではさしあたり2つめの立場に立って検討を進める。その方がトップ・アップ・オプションのありうる問題点を明確にするためにも，あるいはその利用の正当化可能性を強化するにも役立つからである。[66]

(2) 評　　価

　以上で検討したとおり，トップ・アップ・オプションの利用は迅速な締出し

---

[66] なお，トップ・アップ・オプションを利用できない場合と比べると，利用できる場合には，(1)もともと90％を取得する予定の買収において価格が引き下がる可能性がある，(2)元々90％未満を取得する予定の買収において90％を取得することで，迅速性が高まるなどの点で利得が生じるという変化が生じる。価格の引下げを問題とすることは，(1)で少数株主に生じる不利益を小さくし，(2)でトップ・アップ・オプションによる利得を買付者以外の株主に金銭的な形で（も）分配させることを意味する。

を可能にするなどのメリットがある一方[67]，公開買付価格を引き下げる影響が生じる余地があるという問題もある。そして，ありうる問題の中でこの点が最も重要といえる。そうすると，公開買付価格への影響について一定の対処が可能であれば，懸念は払拭されて利用が正当化されるといえる。

(3) 法的な対処

(1)でみた価格への影響に対して何らかの対処が可能か。

まず，価格が下がったことで売らなかった株主については，原理的には価格決定手続で対処しうる。例えば，トップ・アップ・オプションがなければ公開買付価格は 90% の株主が応募する 90 であったが，買付者はトップ・アップ・オプションを用いて 5% 分を補えると考え，85% の株主が応募する 85 の価格で公開買付けを行う例を考える。この例で，「価格が低すぎる」と考えて応募しなかった（85 より高い留保価格を有する）株主である。価格決定手続ではそれぞれの株主の留保価格が保障されるとは限らないが，「公正な価格」の内容次第では対処できる問題とはいえる。

他方，下がった価格も留保価格よりは高いので売却した株主については，どうにもならない[68]。先の例でいえば，80 の留保価格を有していた株主の利得はトップ・アップ・オプションの利用によって 5 低下することになる。応募株主は価格決定手続による救済を受けることはできないため，この部分は不利益を被ったままになりかねない[69]。

---

67) 本章ではメリットについて詳細に検討していないが，時間の短縮など一定のメリットはあると考えている。詳細については，石綿ほか（2016）（上）7-8 頁参照。

68) もっとも，これはそもそも法的に対処すべきものかを問題とする余地もあろう。すなわち，下がったとはいえ留保価格よりは高い価格による公開買付けがなされており，法が留保価格よりどれだけ高い価格になるかまで保障するわけではないとの議論も考えうる。これに対しては，トップ・アップ・オプションの問題点を考えている以上，それがなければ生じたであろう状態と比較する必要があるとの反論も可能である。ただし，トップ・アップ・オプションがなければ，より高い価格で 90% の取得を目指していたとは限らない（より低い価格で 3 分の 2 を取得していたかもしれない。前掲注 66) 参照）。

69) 価格決定手続で 90 が「公正な価格」とされることに確証を持つことができれば，応募せずに価格決定手続に進むので問題が生じないと考えることも理論的には可能である。ただし，価格決定手続で裁判所がどのように判断するのかというリスクを無視しても，(1)そもそもトップ・アップ・オプションがなければ公開買付価格がいくらになったのかは判明しづらい，(2)価格決定手続自体にコストがかかる，という要因があるため現

このように株式の発行価格ではなく公開買付価格が下がることに対して、株式の発行の場面のみを捉えて対処するのは困難である。むしろ、公開買付けも含めた取引全体の内容が問題となる以上、トップ・アップ・オプションのみを捉えて対処するのではなく、公開買付けを含む取引全体で公正さを確保する必要がある。このためには、次のような対処が考えられる。まず、例えば、85％以上を公開買付けで取得していることなど、トップ・アップ・オプションを用いることができるようにするための条件として、公開買付けによる一定の株式の取得を課すと一定程度この問題は緩和できる[70]。また、公開買付けの条件が十分なものになることを取引のプロセスを通じて確保することもこの問題の解決・緩和に資する。

現実に行われる取引が、取引全体として公正さが確保されたものであれば問題はないが、そうでない取引に対して、どのような救済・エンフォース手段を用いることができるか。原理的には、先に行われる公開買付けや取引全体を差し止める、あるいは事後的にクラスアクションなどを通じて買収前の株主が対価が低くなった部分を回復できれば、取引全体の条件をみた上で適切なレベルのエンフォースを確保することができる。現行法はそのような仕組みになっていないものの、次の方法が考えられる。

まず、事前の段階では、第三者割当ての場面を捉えて、買付者との交渉過程などから、明らかに公開買付価格を下げること自体が目的であるといえる場合に不公正発行として差し止めることが考えられる。次に、事後の段階では、株主総会決議の効力を争う手段はないものの、応募株主は対象者取締役の第三者に対する責任の追及（会社429条）を、公開買付けに応募しなかった株主はそれに加えて価格決定手続を通じて、対価が下がった分について争うことは、一応可能ではある。

　　　実には当てはまらない可能性が高い。
　70）石綿ほか（2016）（下）9頁は、トップ・アップ・オプションを公正なものとするための5つの条件を提示する中で、公開買付後に買付者らが2/3以上の議決権を有していることもあげている（ただし、ここで検討している問題への対処ではなく、**5.2**で検討した総会決議が否決される可能性がある場合への対処としてである）。

5.4 払込みの方法について

5.2でみたとおり，トップ・アップ・オプションを用いる際には発行済株式総数に対して相当に大きい割合で株式を発行する必要も生じうる。発行数が増えれば増えるほど払込金額も増え，買収者が資金不足に陥る可能性もある。アメリカでは，買収者の発行する note により払い込み，第二段階の合併後に混同により消滅させることで資金負担を回避するのが一般的とされてきた[71]。

日本で全く同じ構成をとるのは難しいが，同様の機能を持つ手法として，対象者から買収者に貸付けを行う内容の諾成的消費貸借契約を締結した上で，発行する株式について対象者が有する払込請求権とその諾成的消費貸借契約に基づいて買収者が有する金銭交付請求権を対象者側から相殺するという手法が提唱されている[72]。こうした手法には，実質的に払込みがなされないとの批判があるかもしれない。

しかし，公開買付後に迅速に公開買付価格と同額の対価で締出しがなされて残存株主が生じず，かつ価格決定手続においてトップ・アップ・オプションのための株式の発行による希釈化を考慮しないのであれば，トップ・アップ・オプションのための株式の払込みの内容自体は，対象者の企業価値にも（買収者以外の）株主に分配される価値にも影響はない。株主は公開買付けの対価か，（通常は公開買付価格と同額の）締出しによる対価を受け取り，価格決定手続がこれらを担保しているため，上記の条件を満たす限り，第三者割当ての払込みの内容はいずれにも影響を与えないからである[73]。

また，買収者に資金負担を課すと，特別決議が可決されない可能性がある場面で大幅に議決権を補うトップ・アップ・オプションの使用を防ぐ効果が生じうるため，資金負担を軽減する手法は適切ではないかのようにも思える。しかし，負担しなければならない資金の額と規制の必要性はうまく対応しない。また，僅かな割合を補うにも相当数の株式を発行する必要があるため，問題がない取引の負担が大きい。

---

71) 例えば，Laster & Davis (2009) p. 13；Ganor (2011) p. 719-20 参照。
72) 石綿ほか (2016) 12 頁，田中 (2016) 12-13 頁。
73) トップ・アップ・オプションを用いること自体による公開買付価格への影響については，**5.3**参照。

以上から，こうした手法自体を否定する実質的な理由はないだろう。

5.5 トップ・アップ・オプションについての結論

　トップ・アップ・オプションの利用についての議論をまとめる。まず，トップ・アップ・オプションを利用すること自体は，議決権の 90% という特別支配株主および特別支配会社の要件の潜脱と評価すべきではない。この問題に関する限り，トップ・アップ・オプションを用いなければ総会決議の可決可能性が確保できない場合に限って対処すればよい。また，実質的には買収者に資金負担が生じないような払込方法をとったとしても，公開買付後に迅速に公開買付価格と同額の対価で締出しが行われ，価格決定手続で希釈化を考慮しないという条件が整えば，これを否定すべきではない。売却圧力については，確かにトップ・アップ・オプションによって生じるが，取引スキームにおける工夫を通じて一定の対処が可能である。

　他方，理論的に最も重要な問題は，公開買付け（を含む買収全体）の条件，特に対価への影響である。これについては，取引全体の公正さを確保することによって対処するのが望ましい。現行法上，エンフォースの手段は必ずしも十分とはいえないが，事前・事後に取引全体の公正さを考慮してエンフォースを行うことは一応可能である。また，実務上の取組みによって公正さが確保されるようになれば，この問題は緩和されるといえる。

参 考 文 献

相澤哲＝細川充（2006）「組織再編行為」相澤哲編著『立案担当者による新・会社法の解説（別冊商事法務 295 号）』（商事法務）所収

飯田秀総（2015）「特別支配株主の株式等売渡請求」神田秀樹編『論点詳解平成 26 年改正会社法』（商事法務）所収

池田唯一ほか（2010）『金融商品取引法セミナー〔公開買付け・大量保有報告編〕』（有斐閣）

石綿学＝内田修平＝石川大輝＝福田剛（2016）「トップ・アップ・オプションの法的枠組みと我が国への導入可能性（上）（下）」金融・商事判例 1481 号 2-12 頁，1482 号 2-11 頁

内田修平（2014）「平成 26 年会社法改正が M&A 法制に与える示唆（上）」商事法務2052 号 18-25 頁

江頭憲治郎（1995）『結合企業法の立法と解釈』（有斐閣）
江頭憲治郎（2015）『株式会社法〔第 6 版〕』（有斐閣）
大来志郎（2008）「公開買付制度・大量保有報告制度」松尾直彦編著『金融商品取引法・関係政府令の解説（別冊商事法務 318 号）』（商事法務）所収〔初出，2006〕
大杉謙一（2007）「判批」野村修也＝中東正文編『M&A 判例の分析と展開』（経済法令研究会）所収
神田秀樹編（2013）『会社法コンメンタール 5 ──株式(3)』（商事法務）
坂本三郎編著（2014）『一問一答平成 26 年改正会社法』（商事法務）
証券法研究会編（2011）『金商法大系 I 公開買付け(1)』（商事法務）
証券法研究会編（2012）『金商法大系 I 公開買付け(2)』（商事法務）
白井正和（2013）『友好的買収の場面における取締役に対する規律』（商事法務）
高橋衛（2013）「トップ・アップ・オプションに関する若干の考察」北九州市立大学法政論集 40 巻 4 号 257-289 頁
田中亘（2011）「判批」会社法判例百選〔第 2 版〕52-53 頁
田中亘（2016）「トップ・アップ・オプションの会社上の問題点」金融・商事判例 1482 号 12-15 頁
長島・大野・常松法律事務所編（2013）『公開買付けの理論と実務〔第 2 版〕』（商事法務）〔初出，2009〕
長島・大野・常松法律事務所編（2014）『アドバンス金融商品取引法〔第 2 版〕』（商事法務）
舩津浩司（2015）「キャッシュ・アウト──全部取得条項付種類株式・株式併合」神田秀樹編『論点詳解平成 26 年改正会社法』（商事法務）所収
松中学（2008）「主要目的ルールの検討──主要目的ルールとは何か，そして裁判所はなぜそれを採用したのか(1)(2・完)」阪大法学 57 巻 6 号 1011-1064 頁，58 巻 1 号 87-147 頁
松中学（2013）「募集株式の発行等と株主の利益」田中亘編著『数字でわかる会社法』（有斐閣）所収
松中学（2014）「権限分配の『建前』と変容──第三者割当てを例に」ビジネス法務 2014 年 12 月号〔14 巻 12 号〕146-149 頁
松中学（2015）「子会社株式の譲渡・組織再編の差止め」神田秀樹編『論点詳解平成 26 年改正会社法』（商事法務）所収
Erik Devos, William B. Elliott & Hilmi Songur (2015), Top-up Options and Tender Offers, available at http://www.efmaefm.org/0EFMAMEETINGS/EFMA%201ANNUAL%20MEETINGS/2015-Amsterdam/papers/EFMA2015_0513_fullpaper.pdf
Guhan Subramanian (2005), "Fixing Freezeouts", *Yale Law Journal*, vol. 115, pp. 2.
J. Travis Laster & Matthew F. Davis (2009), "Catching Up on Top Up Options", *Insights: The Corporate & Securities Law Advisor*, vol. 23, 8.

第 1 部　制度編

Lucian Arye Bebchuk (1985), "Toward Undistorted Choice and Equal Treatment in Corporate Takeovers", *Harvard Law Review*, vol. 98, pp. 1693.

Mira Ganor (2011), "The Power to Issue Stock", *Wake Forest Law Review*, vol. 46, 701.

Sandra Betton, B. Espen Eckbo & Karin S. Thorburn (2008), "Corporate Takeovers", *Handbook of Corporate Finance: Empirical Corporate Finance*, vol. 2, pp. 291 (B. Espen Eckbo ed.)

第3章へのコメント

戸嶋浩二＝徳田安崇

1 有利発行について

1.1 実務からの視点

本章では、公開買付前後に第三者割当てが行われるケースについて、第三者割当てが有利発行といえるかの判断基準を、シナジーの分配が取締役会の権限内に収まっているかという観点から数値分析している。

公開買付けと第三者割当てを組み合わせることは、第2部第9章で詳細に分析されているように、実務的に頻繁とまでは言えないまでも、少なくない事例が積み上がっている。このような場合に、公開買付価格と第三者割当てにおける払込金額の関係をどのように考えるべきかは、実務的に非常に悩ましい論点であり、かつ、必ずしも理論的な指針が示されていなかったところである。実務家においては、基本的には、①公開買付価格＝払込金額が合理的であるとするか、または、②公開買付価格＞払込金額であっても、払込金額が取締役会決議の直前日の価額の90％以上であれば、通常の第三者割当てと同様に有利発行とならないとするかの二者択一的に考えられてきたところである[1][2]。

これに対して、本章は、シナジー分配という観点から詳細な数値分析を行い、あるべき姿を試行しているという点で、これまでになかった画期的なものであり、理論面だけではなく、今後の実務にも少なからぬ影響を与えることが予想

---

1) 日本証券業協会「第三者割当増資の取扱いに関する指針」（2010年4月）に従ったものであり、一定の合理性があるとされている（宮入バルブ事件・東京地決平成16・6・1判時1873号159頁、江頭憲治郎『株式会社法〔第6版〕』（有斐閣・2015）762頁以下）。
2) 長島・大野・常松法律事務所『公開買付けの理論と実務〔第2版〕』（商事法務・2013）352頁以下。

される。

　もっとも，上記の二者択一的な考え方を前提としてきた実務家には，払込金額が取引前の株価の 90％ を優に下回る価格となることが当然のように語られる本章は，いささか挑戦的な試みのように映ることも否めない。そこで，ここではまず，本章と実務を架橋することを試みる。

1.2　背後にある問題──部分買付けとフリーライド問題

　まず，本章では公開買付けと第三者割当てを組み合わせた取引について検討しているが，その前に，部分買付けのみで終わった場合には各当事者がどのような利得になるかについて，本章の設例をもとに整理しておく。

　【設例 1】の場合で，第三者割当てを行わず，単に公開買付けのみを行い，取引後の T 社は企業価値が 100 から 128 まで増加する（株価は $128 \div 100 = 1.28$ となる）と仮定しよう。すなわち，買付者は 1 株あたり 1.2 で公開買付けを行い，シナジーにより株価は 1 株あたり 1.28 となる。

　この場合，公開買付けによる応募株主，残存株主，買付者の 1 株あたりの利得は次の通りである。

　　買付者の利得　　　$1.28 - 1.2 = 0.08$
　　応募株主の利得　　$1.2 - 1 = 0.2$
　　残存株主の利得　　$1.28 - 1 = 0.28$

　買付者と応募株主は，買付価格によってシナジー（$1.28 - 1 = 0.28$）を分け合って，それぞれ 1 株あたり 0.08 と 0.2 を利得としている。これに対して，残存株主はシナジーを全て享受できるため，常に 1 株あたり 0.28 を利得できる。

　同様のことは，買付価格を 1.1 とする【設例 1'】でも生じる。この場合，買付者は 1 株あたり 0.18 を，応募株主は 1 株あたり 0.1 を利得とし，シナジー（0.28）を分け合うのに対して，残存株主はやはり 1 株あたり 0.28 をすべて利得できる。

　プラスのシナジーが生じる限り，シナジーは持株比率に応じて等しく株主に分配され，残存株主は常にシナジーを全て利得する。これに対して，買付者は，買付価格を株価にプレミアムをつけた価格とすることにより，シナジーの一部を応募株主に分配するため，買付者と応募株主の利得は（買付価格にプレミアムがつく限り）常に残存株主よりも低いという結果となる。

	買付者	応募株主	残存株主
【設例1】 （プレミアム＝0.2／株）	0.08／株	0.2／株	0.28／株
【設例1'】 （プレミアム＝0.1／株）	0.18／株	0.1／株	0.28／株

すなわち，部分買付けにおける残存株主は，残存株主だけではシナジーを実現できなかったにもかかわらず，部分買付けにより生じるシナジーを利得することができるという意味で，部分買付けにフリーライドすることとなる[3]。

これに対し，本章は，残存株主と新株主（割当先＝買付者）の間で持株比率に応じてシナジーを分配することとなる条件による発行は，取締役会の権限内であり，有利発行とすべきでないとする考え方を前提としている（本章 *3.1*）。そして，この前提のもと，上記フリーライド問題を解消する手立てとして，公開買付けと第三者割当てを組み合わせた取引において，第三者割当ての払込金額を取引前の株価よりもさらに低くすることも可能とすべきではないかとの問題提起をしている。

1.3 実務に与える影響

他方，本章の中でも自認されているように，取引により生じるシナジーを客観的に計ることができないため，この考え方をそのまま実務に用いることは困難である。そこで本章では，①第三者割当ての条件を反映する前後の株価の変化を用いること，②現実には取引前の株価を基準とすること，③取締役（会）の判断・交渉プロセスを中心に判断することを，現実的な判断基準として提示している。もっとも，上記①の判断基準は，第三者割当ての価格決定後に有利発行かが判断される点で，実務上採用は難しいと思われる。また，上記③は，これまでの第三者割当てにおける有利発行の判断基準から大幅に乖離してしまうため，裁判所でこの考え方が採用される可能性は必ずしも高くないように思われる。

よって，現実的な判断基準としては，取引前の株価を基準とすること（上記②）に帰着しそうである。この結論について，本章は「理論的な根拠は全くな

---

[3] Sanford Grossman & Oliver Hart "Takeover Bids, the Free-Rider Problem, and the Theory of the Corporation" 11 Bell *Journal of Economics* 42 (1980).

い」と述べている。もっとも,本章の各設例の(4)(発行前の株価で発行する場合)を見ると,残存株主の利得は常に買付者の利得を上回っている。

これをより抽象化すべく,【設例1】の前提を,公開買付価格を p,払込金額を取引前の株価(=1),取引後の企業価値を V とすると次の通りとなる。

　　取引前のT社　　企業価値100,発行済株式総数100
　　公開買付け　　　公開買付価格 p で,50株の公開買付けを行う
　　第三者割当て　　発行数 n,払込金額1,調達額 $n \times 1 = n$
　　取引後のT社　　企業価値が100から V に増加

このとき,取引後の1株あたりの価値は $V \div (100+n)$ になり,買付者が $50+n$ 株を取得するのにかけたコストは,公開買付価格の合計 $50p$ と,第三者割当ての払込金額の合計 n の合計 $50p+n$ である。よって,それぞれの1株あたりの利得を計算すると次の通りとなる。

　　買付者の利得　　　$\dfrac{V}{100+n} - \dfrac{50p+n}{50+n}$

　　応募株主の利得　　$p-1$

　　残存株主の利得　　$\dfrac{V}{100+n} - 1$

すなわち,取引後の1株あたりの利得は,$p>1$ である限り(つまり,公開買付けにおいてプレミアムが支払われる限り),常に残存株主が買付者を上回ることになる。

よって,払込金額を取引前の株価と同額とする限り,残存株主から買付者への利得の移転はなく,公開買付けと第三者割当てを組み合わせた取引において,少なくとも(公開買付価格が取引前の株価よりも高い場合に)取引前の株価ではなくそれよりも高い公開買付価格を基準として払込金額を決定する理由はないということはいえる。本章が「公開買付価格を有利発行の基準とすると,公開買付価格を下げるインセンティブは一層強くなる」(本章 *3.1.2*)としているのは正に指摘の通りである。払込金額を公開買付価格と同額とすることは,一見,既存株主にとって公正なようにも見えるが,公開買付けを通じたシナジーの分配を妨げ,さらには企業価値を向上させる取引が行われにくくなるという指摘は,実務上の指針としても重要な意義を有することとなる。

加えて,本章では,発行前の株価より相当程度(一般的な10%程度を超えたディ

スカウントなど）低い価格での発行でも正当化される余地が十分あるとし，取引前の株価を基準とする場合（上記②）も，それは一応の基準であって，取引前の株価を下回る発行価格でも常に有利発行と捉えるべきではないとする。重要な指摘であるが，どのような場合に有利発行とならないかは，実務的には今後の課題となろう。

2 強圧性について

2.1 強圧性が生じる場合

　本章は，公開買付けと第三者割当てを組み合わせることで売却圧力が生じるメカニズムとして，公開買付けで一定の割合を確保できるかどうかに関係なく，買付者が支配権を得ることを確約するため，公開買付けが確実に成立するのと同じことになり，そのため，残存すると株式価値が低下すると考える株主は必ず応募するということを提示する。そして，この解決・緩和のため，公開買付けにおいて下限を設定すること，公開買付けに一定の応募があったことを第三者割当ての条件とすることや，株主総会決議を得ることを提案している。

　もっとも，公開買付けと第三者割当てを組み合わせる取引においては，公開買付けは通常，全部買付けを目的としない部分買付けである。これに対して，公開買付けにおける強圧性とは，通常，全部買付けを目的とした二段階買収の場面で，公開買付価格よりも低い価格で二段階目のフリーズ・アウトが実施されることが予告されているような場合に，公開買付けの提案を受けた株主が公開買付価格に不満があっても，他の株主がその公開買付けに応じてしまうことにより当該公開買付けが成立してしまい，自分だけ少数株主として取り残される不安（あるいは公開買付けよりも低い価格で二段階目のフリーズ・アウトをされる不安）から，不本意ながら公開買付けに応じてしまう事態をいう[4]。

　公開買付けと第三者割当てを組み合わせる取引で，このような事態は生じるであろうか。少なくとも部分買付けにおいて二段階目のフリーズ・アウトはなく，低い価格でフリーズ・アウトされるという不安は通常ないと考えられる。他方，残存株主として取り残される場合，取引後にシナジーが十分実現せず，

---

4) 飯田秀総『株式買取請求権の構造と買取価格算定の考慮要素』（商事法務・2013）286頁以下。

またはディスシナジーが生じる場面で，応募株主の利得が残存株主の利得よりも多ければ，不本意ながら公開買付けに応募するということは考えられる。上記 **1.3** で用いた前提の下，払込金額を取引前の株価（＝1）とした場合における，残存株主の利得より応募株主の利得が大きいという状況を不等式で表すと，次のようになる。

$$\frac{V}{100+n} - 1 < p - 1 \quad (1)$$

もっとも，公開買付価格（p）が高ければ高いほど上記不等式(1)の両辺の差は大きくなるが，このような状況をもって「不本意ながら」応募するため，強圧性があるとはいえないことは明らかである。「不本意ながら」とは，買付者がシナジーを十分に応募株主に対して分配していない（p が十分に高くない）状況といえるだろう。買付者が得られる利得が株式保有から得られる利得のみであると仮定すれば，応募株主の利得より買付者の利得が大きいという状況は，次のように表される。

$$p - 1 < \frac{V}{100+n} - \frac{50p+n}{50+n} \quad (2)$$

そして，上記不等式(1)および(2)から次のような不等式が導かれる。

$$\frac{V}{100+n} - 1 < \frac{V}{100+n} - \frac{50p+n}{50+n}$$

$$\therefore \quad 1 > p$$

すなわち，払込金額を取引前の株価とし，公開買付価格にプレミアムが付されていれば，買付者が残存株主および応募株主よりも利得を得るという事態は生じない。そして，プレミアムを付さなければ通常は応募株主が集まらないので，このような事態は実務的に想定しづらいように思われる。

他方，払込金額を取引前の株価よりも大きく下回らせるならば，このような事態は生じ得る（本章の【設例 1】(5)を参照）。…①

また，買付者が得られる利得が株式保有から得られる利得のみではなく，対象者より私的利益（B）が得られるような場合であれば，買付者が残存株主および応募株主よりも利得を得るが，応募株主の利得が残存株主の利得よりも多いため，株主が「不本意ながら」応募するという事態も想定される。…②

$$\frac{V}{100+n} - 1 < B + \frac{V}{100+n} - \frac{50p+n}{50+n}$$

2.2 強圧性への対処

　まず，上記①のように，払込金額を取引前の株価よりも大きく下回らせる場合は，上記 *1* でみたように，実務上は有利発行として株主総会決議が必要とされる可能性が高い。よって，この場面では株主総会決議が必要となり，これにより強圧性が解消されているといえる。

　次に，上記②のように，買付者が対象者より私的利益を得る場合はどうであろうか。買付者が私的利益を得ることの弊害は，部分買収に共通する事象ともいえる。もっとも，第三者割当てを伴わない部分買付けと比較すると，第三者割当てを伴わない部分買付けでは公開買付けに応じないことにより公開買付けを成立させず，よって買付者が私的利益を得ることを妨げることも可能であるが，第三者割当てを伴う部分買付けの場合，本章 *4* で指摘の通り，公開買付けが確実に成立するのと同じことになるため，残存すると株式の価値が低下すると考える株主は必ず応募するという問題がある。また，通常の第三者割当てと比較すると，部分買収が確実に成立し，買付者が私的利益を得ることにより既存株主が損害を被るという構造事態は変わらないものの，既存株主が単に損害を被るだけではなく，公開買付けにおいて売却圧力がかかるという側面で異なっている。

　もっとも，この点については，平成26年改正により導入された会社法206条の2により一定程度対処されているといえる。本章 **3.3**(2)でも指摘されているように，第三者割当てを公開買付け後に行い，これにより対象者の議決権の50％超を取得する場合は会社法206条の2が適用される。これは，（単に技術的な問題というに止まらず）公開買付け前に第三者割当てをすれば，公開買付け自体の成否は株主による応募の判断に委ねられる一方，公開買付け後に第三者割当てをすれば，公開買付けの成否にかかわらず第三者割当てにより買付者が支配権を取得できるという点に対応したものということもできる。そして，これにより強圧性への対応は（少なくとも現行制度下における他の状況との比較では）一定程度なされているといえるように思われる。

第4章　現状を踏まえた利益相反回避措置に関する検討

白井正和

1　はじめに

　本章では，MBO[1]の一環として行われる公開買付けおよび親会社により子会社に対して行われる公開買付けの場面を対象に，これらの場面で対象会社において採用されることが増加する傾向にある利益相反を回避または軽減するための措置（以下「利益相反回避措置」という）について検討を試みる。具体的には，これらの場面で利益相反回避措置を採用することの必要性について述べるとともに，こうした必要性の観点からみて，わが国で採用されている利益相反回避措置が示す様々な特徴のうち，利益相反回避措置が有効に機能する上で問題となりうるようなものがあるのであれば，かかる特徴がもたらしうる弊害を除去または軽減するための方策について検討する。

　最初に，*2* では，本書第10章の分析に基づきながら，公開買付届出書の記載内容から読み取ることができるわが国の利益相反回避措置の現状とその特徴を簡潔に示すとともに，次の *3* では，企業買収の場面における対象会社内部

　＊　本章の執筆に当たっては，公益財団法人石井記念証券研究振興財団から研究助成を受けた。同財団にはこの場を借りて厚く御礼申し上げる。
　1）　MBOとは，一般に，現在の経営者が資金を出資し，事業の継続を前提として対象会社の株式を購入することをいう（経済産業省（2007）4-5頁）。一概に株式の購入といっても多様な方法が存在するが，以下では，第一段階目として，公開買付けにより株式を購入するとともに，第二段階目として，公開買付けに応じない株主を組織再編等を通じて対象会社から締め出すことによって株式を取得する取引を，典型的なMBOとして議論の対象とする。

の判断権限の分配について確認し，MBO による公開買付けまたは親子会社間の公開買付けの場面で，対象会社において利益相反回避措置を採用することがなぜ必要といえるのかについて検討する。その上で，**4～6** では，公開買付届出書の記載内容から読み取ることができるわが国の利益相反回避措置の特徴について，利益相反回避措置が有効に機能する上で問題となりうるようなものかどうかを考察した上で，仮に問題となりうるようなものであると考えられるのであれば，かかる特徴がもたらしうる弊害を除去または軽減し，わが国で利益相反回避措置がより有効に機能することを可能にするための方策について検討する。最後に，**7** は本章の議論のまとめである。

2 わが国の利益相反回避措置の特徴と本章の議論の対象

2.1 公開買付届出書からみた利益相反回避措置の現状とその特徴

　本書第 10 章では，公開買付届出書の記載を手がかりに，2006 年 12 月 13 日から 2013 年 12 月末日までの間に開始された MBO による公開買付け 99 件および親子会社間の公開買付け 101 件の合計 200 件の公開買付けを対象として，これらの公開買付けで採用された旨の記載がある利益相反回避措置の内容をデータ化し，それを分析することで，わが国の利益相反回避措置の現状とその特徴を明らかにしている。そこで示されている内容は多岐にわたるが，その中でも，わが国の利益相反回避措置に関する今後の議論において焦点とすべき点を明確にするという観点から，特に注目に値すると思われる内容としては，次の 4 つの点を挙げることができる。

　第 1 に，①特別委員会（独立委員会または第三者委員会と呼ばれることもあるが，本章では特別委員会の名称で統一する）の設置状況[2]に関しては，MBO による公開買

[2) なお，特別委員会の設置状況に関して政策的な観点から議論をするに当たっては，特別委員会の設置が公開買付けを通じて株主が受け取るプレミアムの大きさにどのような影響を与えているかについての分析・検討が試みられることがある。この点について，本書第 8 章の分析によれば，特別委員会の設置と公開買付けを通じて株主が受け取るプレミアムの大きさとの間に統計上有意な正の関係は観察されなかった。もっとも，このような結果だけを根拠として，特別委員会の設置は株主の利益保護に何ら資するものではないと結論づけることはできない。例えば，公開買付けにおけるプレミアムの額が小さくなることが当初から予想される取引であるが故に，（取引の有効性を高めることなどを目的に）特別委員会の設置が促されるという側面も容易には否定できないからで

付けの場面と親子会社間の公開買付けの場面とで無視することができない大きな違いが認められる。まず，MBOによる公開買付けの場面では，99件中58件（割合にして59％）で対象会社に特別委員会が設置されているなど，特別委員会の設置という利益相反回避措置はわが国でも実務においてそれなりに利用されていることが確認できる。とりわけ近年では，MBOによる公開買付けの場面で対象会社に特別委員会が設置される事例は大幅に増加する傾向にあり，例えば2011年以降に開始されたMBOによる公開買付けに関していえば，39件中37件（割合にして95％）で対象会社に特別委員会が設置されている。これに対して，親子会社間の公開買付けの場面では，対象会社に特別委員会が設置される事例は101件中22件（割合にして22％）と，全体のうちのごく一部にすぎない。近年でもその割合は大きくは増加しておらず，2011年以降に開始された親子会社間の公開買付けをみても，31件中11件（割合にして35％）でしか対象会社に特別委員会は設置されていない。

　第2に，②わが国では，設置された特別委員会に交渉権限が付与される事例は少なく，特別委員会に財務アドバイザーの選任権限が付与される事例はさらに少ない。具体的には，設置された特別委員会に交渉権限が付与される事例は，特別委員会が設置された80件中13件（割合にして16％）にすぎず，また，設置された特別委員会に財務アドバイザーの選任権限が付与される事例は，特別委員会が設置された80件中3件（割合にして4％）にすぎない。したがって，わが国では，MBOによる公開買付けの場面を中心に，近年では対象会社に特別委員会を設置する実務が形成されつつあるが，特別委員会に与えられる権限や同委員会が活動する上で必要となる情報への信頼性の確保（買収者側からの影響の遮断）に関しては，必ずしも十分とはいえない可能性がある。

　第3に，③わが国では特別委員会の委員として社外の有識者を活用する傾向がみられる。特別委員会に1人以上の社外の有識者が委員として就任する事例は79件中68件（割合にして86％）であり，特別委員会の委員の総数に占める有識者委員の数は245人中137人（割合にして56％）である。また，全体的

ある。
3)　特別委員会の委員に対象会社の役員以外の者が就任する場合を広く社外の有識者（または有識者）による委員就任と呼ぶこととする。なお，補欠監査役が委員に就任する場合も社外の有識者による委員就任として扱う。

な傾向としては，近年になるにつれて，特別委員会の委員として社外の有識者を活用する動きは若干ではあるが強まりつつある。例えば，2011年以降に開始された公開買付けに関して設置された特別委員会についていえば，特別委員会に1人以上の社外の有識者が入る事例は48件中45件（割合にして94%）であり，特別委員会の委員の総数に占める有識者委員の数は146人中88人（割合にして60%）である。こうした社外の有識者を活用する傾向は，独立取締役が特別委員会の委員に就任することが多い米国の企業買収の場面ではあまり観察されないものであり，わが国で対象会社に設置される特別委員会の特徴の1つであるといえるだろう。[4]

第4に，④特別委員会の設置と並ぶ代表的な利益相反回避措置として挙げられることが多いマジョリティ・オブ・マイノリティ条項（以下「MOM条項」という）の採用に関して，[5] わが国では，MBOによる公開買付けの場面では採用が進んでいるものの，親子会社間の公開買付けの場面ではほとんど採用されていない。具体的には，MBOによる公開買付けの場面では，99件中75件（割合にして76%）でMOM条項が採用されているものの，親子会社間の公開買付けの場面では，101件中10件（割合にして10%）でしかMOM条項は採用されていない。また，近年では，MBOによる公開買付けの場面ではMOM条項を採用することが一般化しつつあるといえるが，親子会社間の公開買付けの場面では，近年でもMOM条項が採用される事例はごく少数にとどまるといわざるをえない。例えば，2011年以降に開始されたMBOによる公開買付けに関していえば，そのすべて（39件中39件，割合にして100%）でMOM条項が採用されていた。これに対して，2011年以降に開始された親子会社間の公開買付けの場面では，31件中6件（割合にして19%）でしかMOM条項は採用されてい

---

4) わが国でこのような社外の有識者を活用する傾向が観察されることの背景として考えられる事情については，本書第10章 **3.2** を参照。

5) MOM条項の採用とは，公開買付けの実施に際して，非利害関係株主が保有する株式の過半数に相当する株数を買付予定数の下限とする旨の条件を付すことをいう。MOM条項が採用される場合には，非利害関係株主が保有する株式の過半数に相当する株数の応募がなければ公開買付けは成立しないことになる。そのため，MOM条項を採用することで，とりわけ親子会社間の公開買付けの場面において，（株主に対する情報開示が十分であることや実施される公開買付けに強圧性がないことなどのいくつかの重要な前提条件が満たされているのであれば）その実施の是非に関する子会社少数株主の判断を尊重することが可能になる。

ない。このように，MOM 条項の採用状況に関しては，MBO による公開買付けの場面と親子会社間の公開買付けの場面とで非常に大きな違いがあることが分かる。

2.2 本章の議論の対象

以上の公開買付届出書の記載内容からみたわが国の利益相反回避措置に関する特徴のうち，本章では，第2から第4の特徴（②から④の特徴）を重点的に取り上げ，これらの特徴のうち，利益相反回避措置が有効に機能する上で問題となりうるようなものがあるのであれば，かかる特徴がもたらしうる弊害を除去または軽減し，わが国で利益相反回避措置がより有効に機能することを可能にするための（選択肢として考えられるいくつかの方策のうち，より望ましいと思われる）方策について検討する。検討に当たっては，MBO による公開買付けまたは親子会社間の公開買付けの場面において，対象会社に利益相反回避措置を採用することがなぜ必要といえるのかについて考察し，こうした利益相反回避措置の必要性の観点から，以上の②から④の特徴を分析することとしたい。

なお，以上のわが国の利益相反回避措置に関する特徴のうち，第1の特徴（①の特徴）については，紙幅の関係から本章では取り扱うことはせず，章を改めて次の第5章に議論を委ねることとする。①の特徴の当否および仮に①の特徴を有することに問題があると評価する場合の当該問題に対する何らかの提言を行うためには，MBO による公開買付けの場面と親子会社間の公開買付けの場面とで，対象会社の株主の利益保護の必要性という観点からみて生じうる差異等に関する詳細かつ理論的な分析が必要となるからである。

3 対象会社内部の判断権限の分配と利益相反回避措置の必要性

以下では，わが国の利益相反回避措置に関する②から④の特徴につき，利益相反回避措置が有効に機能する上で問題となりうるようなものかどうかを考察するための前提として，MBO による公開買付けまたは親子会社間の公開買付けの場面で，対象会社において利益相反回避措置を採用することがなぜ必要と

いえるのかについて検討を試みる。

3.1　企業買収の場面における対象会社内部の判断権限の分配

わが国で企業買収を実現する方法としては，①買収者が対象会社の株式を取得することで実現するもの（株式取得），②買収者が対象会社の事業の譲渡を受けることで実現するもの（事業譲渡），③合併，会社分割，株式交換および株式移転といった会社法第五編の組織再編を通じて実現するもの（組織再編）の大きく3通りの方法がある。そして，企業買収の場面における対象会社内部の判断権限の分配という観点から捉えれば，企業買収の場面では，原則として，取締役（取締役会）による買収条件等の交渉および判断の過程と，取締役の交渉によって形成された買収条件等を受け入れるか否かに関する株主による最終的な判断の過程という，役割の異なる二段階の判断枠組みが採用されていると評価することが可能である。

企業買収を実現するためには，まずは買収者と対象会社との間で交渉を行い，買収条件等について合意を形成することが必要となる。③組織再編による場合には，会社法の規定に基づき，組織再編契約の締結または組織再編計画の作成が要求される。また，①株式取得のうち第三者割当増資による場合や②事業譲渡による場合でも，こうした行為の条件等について買収者と対象会社との間で合意の形成が必要である。このような買収者と対象会社との間の合意は，通常は両社の代表取締役による交渉を通じて形成された上で，最終的には両社の取締役会によって承認されることが一般的である。これに対して，①株式取得のうち買収者が対象会社の株主から直接に株式を取得する方法を採用する場合には，平成26年改正会社法によって新設された株式等売渡請求制度（会社

---

6) 以下の本章3における議論の多くは，白井＝仁科＝岡（2015）18頁以下〔白井正和〕で議論した内容に基本的には依拠しつつ，テーマや問題の所在の違いなどを踏まえて加筆・修正を加えたものである。

7) 厳密には，組織再編という用語は会社法には存在しない。本章では，合併，会社分割，株式交換および株式移転といった会社法第五編の第二章〜第四章に規定されている取引を総称して「組織再編」と呼ぶ。

8) 合併契約（会社748条・749条・753条），吸収分割契約（会社757条・758条）および株式交換契約（会社767条・768条）を総称して「組織再編契約」と呼ぶ。

9) 新設分割計画（会社762条・763条）および株式移転計画（会社772条・773条）を総称して「組織再編計画」と呼ぶ。

179条～179条の10)を利用する場合を除き,買収者と対象会社との間の合意の形成は必ずしも必要ではないものの,実際には,両社の取締役会の間で合意が形成されることがほとんどである。[10]

その後,合意された内容につき,原則として対象会社の株主の同意を得ることになる。この株主の同意には,①株式取得のうち買収者が対象会社の株主から直接に株式を取得する方法を採用する場合のように,個々の株主が買収者に対する株式の売却に応じることで同意を得るものと,②事業譲渡による場合や③組織再編による場合のように,会社法の規定に基づき株主総会の特別決議を要求することで同意を得るものとがある。[11]これに対して,①株式取得のうち第三者割当増資による方法を採用する場合には,わが国の公開会社では,定款所定の発行可能株式総数[12]の限度であれば,原則として取締役会限りの判断で第三者割当増資の実施を含む募集株式の発行等を行うことが可能である(会社199条1項2項・201条1項)ことには留意が必要である。そのため,大規模な第三者割当増資を実施することで,対象会社において取締役限りの判断で企業買収を実現することも可能であり,この点についてはこれまで学説からの強い批判が寄せられていた。[13]こうした状況の中,平成26年改正会社法によって,支配株主の異動を伴う募集株式の発行等に対する新たな規制が導入された[14]ことから,今日では,企業買収を実現するに当たって,①株式取得のうち第三者割

[10) その理由として,買収者によるデューディリジェンスを実施する必要があることや,対象会社の従業員等の反発を避ける必要があることなどが挙げられる。
11) 事業譲渡につき会社法467条1項1号2号・309条2項11号,組織再編につき会社法783条1項・795条1項・804条1項・309条2項12号。
12) 発行済株式総数の4倍までは,発行可能株式総数として取締役会に授権することができる(会社37条3項・113条3項)。
13) 学説上は,大規模な第三者割当増資を実施することで,取締役会限りの判断で買収を実現できてしまうことに対して強い批判が寄せられており,授権資本の枠を引き下げることや,発行可能株式総数の範囲内であっても,一定の数量を超える株式が発行される場合には株主総会決議を要求することなどが提案されてきた(森本(1978)20-22頁,洲崎(1986)731-733頁等)。
14) 具体的には,公開会社が,ある引受人(当該公開会社の親会社等である場合を除く)に募集株式を割り当てることにより,当該引受人が総株主の議決権の過半数を有することになるような募集株式の発行等を実施しようとする場合において,総株主の議決権の10分の1以上の議決権を有する株主が当該募集株式の発行等に反対する旨の通知をしたときは,当該公開会社は,原則として株主総会の普通決議による当該募集株式の発行等の承認を受けなければならない(会社206条の2)。

当増資による方法を採用する場合であっても，（一定の条件を満たすときに限られてはいるものの）何らかの形で対象会社における株主の同意を要求する仕組みが採られていると解する余地もないわけではない。[15]

以上みてきたように，企業買収を実現するためには，対象会社における取締役と株主の双方の同意が基本的には必要となる。取締役の判断だけで買収を実現させることも，株主の判断だけで買収を実現させることも，原則としてできない。このように，対象会社において取締役と株主による二段階の判断枠組みを採用していることが，企業買収が行われる場面の大きな特徴である。

そして，対象会社内部における株主と取締役との間の判断権限の分配という観点からは，このような二段階の判断枠組みにおいて，取締役に与えられた役割と株主に与えられた役割が異なる点が注目に値する。すなわち，企業買収の場面では，対象会社の取締役には，買収者の選択や買収条件等の交渉および判断を行う権限が与えられている一方で，対象会社の株主には，取締役によって形成された買収条件等を受け入れるか否かについての最終的な判断権限が与えられており，買収を実現するに当たって両者の果たしている役割は異なるものといえる。このような対象会社内部の役割分担は，内部情報に精通し情報優位の立場にある対象会社の取締役に対して，買収に関する広範な交渉および判断の権限を認めることで，（取締役にそのような広範な権限を認めない場合と比較して）買収を通じた企業価値または株主利益のより一層の増加を可能にするとともに，企業買収の場面において株主・取締役間で生じうるエージェンシー問題[16]を解

---

15) ただし，会社法206条の2の規定は，総株主の議決権の10分の1以上の議決権を有する株主が，支配株主の異動を伴う募集株式の発行等に反対する旨の通知をしたときに初めて株主総会決議が要求されるという内容となっており，支配株主の異動を伴う募集株式の発行等であっても，そのことをもって当然に株主総会決議が要求されるわけではない。このような新たな規制が果たして十分なものといえるかどうかについては，議論の余地があるだろう（この問題について論じるものとして，例えば白井（2013）473-476頁）。

16) ある人（プリンシパル）が，自らの目的を達成するために，別の人（エージェント）に権限を委譲して何らかの仕事を代行させる契約関係を，一般にエージェンシー関係という。そして，エージェンシー問題とは，プリンシパルの利益がエージェントの働きによって左右されるというエージェンシー関係が存在する場面において，プリンシパルとエージェントとの間の利害が必ずしも一致せず，かつ，プリンシパルがエージェントに対して常にプリンシパルの最善の利益のために行動させることを確保できないことによって，エージェントがプリンシパルの利益に合致しない行動をとる可能性が生じてしまう問題をいう。会社の株主と取締役との関係に即していえば，株主（プリンシパル）は，

決するための１つの手段として，株主に対して，取締役が与えられた権限を適切に行使したかどうかを判断する機会を保障するものであり，一般に，合理的なものと評価することができるだろう。

3.2　利益相反回避措置の採用が必要となる理由

3.1で述べたように，企業買収の場面における対象会社では，原則として，取締役（取締役会）による買収条件等の交渉および判断の過程と，取締役の交渉によって形成された買収条件等を受け入れるか否かに関する株主による最終的な判断の過程という，役割の異なる二段階の判断枠組みが採用されている。そして，これらの二段階の判断枠組みが有効に機能することを通じて，会社法は，企業買収の場面における対象会社の株主の利益を十分に確保しようとしているのである[17]。

ところが，一部の企業買収の場面では，対象会社において，これらの二段階の判断枠組みが有効には機能しないことが強く懸念されるという事態に直面することになる。典型的な場面として，近年では，わが国でも，MBOの場面や親子会社間の企業買収の場面では，こうした懸念が現実のものとして認識され始めている。

まず，MBOの場面では，本来は企業価値の向上を通じて株主の利益を代表すべき対象会社の取締役が，自ら同社の株式を同社の株主から取得することになるため，株式の売り手と買い手という関係に立つ株主と取締役との間には構

取締役（エージェント）に対して，常に株主の最善の利益のために行動させることを直接には確保できない結果，一般に株主とは利害が完全には一致しない取締役としては，株主にとって最善の行動をとらなくなる可能性が生じてしまう。こうした問題を株主と取締役との間のエージェンシー問題といい，エージェンシー問題によって生じるコストをエージェンシー・コストという。エージェンシー問題一般については，Jensen & Meckling (1976) を参照。

17) 以上の議論に対しては，株主と取締役との間のエージェンシー問題は企業買収の場面に限られるものではないことからすれば，なぜ企業買収の場面における株主の利益保護を特に重要視する必要があるのかについて疑問に思われるかもしれない。この疑問に対する１つの答えとしては，企業買収の場面では，通常の会社経営の場面と比べても，①対象会社の取締役の行為によって同社の株主の利益は重大な影響を受けることになる点や，②対象会社の株主と取締役との間には（事後の取締役の選解任の可能性を通じたコントロールが困難であることや，認知上のバイアスが生じやすいことなどにより）利益相反関係が生じやすい点を指摘することができるだろう。詳細については，白井 (2013) 55-57頁を参照。

造的な利益相反関係が認められる。そのため，上記の二段階の判断枠組みのうち，第一段階目の取締役による交渉および判断が適切に（すなわち対象会社の株主の利益に忠実に）行われることは必ずしも期待できない。換言すれば，MBOの場面では，企業買収の是非や買収条件等の妥当性について，対象会社の内部に独立した判断主体が存在しないことが強く懸念されるのである[18]。

次に，親子会社間の企業買収の場面では，親会社と子会社少数株主との間には少数株主が保有する株式の買い手と売り手という関係が生じることになるため，両者の間には構造的な利益相反関係が認められる。そして，子会社における取締役の人事権等は従来から親会社が握っていることからすれば，MBOの場面と同様に，上記の二段階の判断枠組みのうち，第一段階目の取締役による交渉および判断が適切に（すなわち子会社少数株主の利益に忠実に）行われることは必ずしも期待できない。また，現行の会社法の下では，子会社の発行済株式の3分の2以上の議決権を有する親会社についていえば，原則として自らが保有する株式のみに基づいて子会社の株主総会における特別決議を成立させ，完全子会社化を実現することも可能であるため，第二段階目の株主による判断の機会についても実質的には奪われている可能性が否定できない[19]。

以上みてきたように，MBOの場面や親子会社間の企業買収の場面では，取締役または親会社の構造的な利益相反問題に基づいて，上記の二段階の判断枠組みのうち，第一段階目の取締役による交渉および判断が適切に行われることは必ずしも期待できないという問題が強く懸念される。そこで，これらの場面では，構造的な利益相反関係の存在が疑われる取締役に代わり，第一段階目の判断枠組みにおける実質的な（交渉および）判断の主体として，特別委員会に強い期待が寄せられることになる。すなわちそこでは，特別委員会が対象会社の内部における独立した（交渉および）判断の主体として機能することが強く期待されているのであり，そのことがまさに利益相反回避措置としての特別委員会

---

18) 白井（2014）9頁。
19) また，親会社が子会社株式の50％程度を保有するにすぎないとしても，例えば当該子会社が上場会社で（親会社が保有する分を除く）子会社株式が広く分散している場合には，議決権の行使等には関心がない子会社少数株主も多数存在することが予想される。こうした点を踏まえれば，親会社が子会社株式の50％程度を保有するにすぎない場合であっても，実質的には，第二段階目の株主による判断の機会が大幅に損なわれている可能性は否定できない。

の設置が必要となる理由であると考えられる。

　また，とりわけ親子会社間の企業買収の場面では，親会社が保有する多数の子会社株式に起因して，買収の是非に関する株主による最終的な判断の機会が実質的に奪われてしまうという問題も生じうる。そこで，こうした問題に対処する観点から，親会社による買収（の第一段階目として行われることが多い親会社による子会社株式の公開買付け）を実現するための条件として，非利害関係株主の過半数の同意を要求するという MOM 条項の採用が強く望まれる場合がある。換言すれば，利益相反回避措置としての MOM 条項の採用は，企業買収の場面で対象会社の株主の利益を確保する観点から設けられている二段階の判断枠組みのうち，第二段階目の株主による買収の是非に関する判断枠組みを有効に機能させることを目的とするものといえるだろう。[20]

3.3　特別委員会の設置と MOM 条項の採用との関係

　3.2 でみてきたように，対象会社における特別委員会の設置は，企業買収の場面で対象会社の株主の利益を確保する観点から設けられている二段階の判断枠組みのうち，第一段階目の取締役による判断枠組みに代替するものと評価することができる。これに対して，同じく代表的な利益相反回避措置である MOM 条項の採用は，上記の二段階の判断枠組みのうち，第二段階目の株主による判断枠組みを有効に機能させることを目的として採用される措置であると考えられる。

　そして，*3.1* で述べたように，企業買収の場面で対象会社の株主の利益を確保する観点から設けられている二段階の判断枠組みにおいて，対象会社の取締役に与えられる役割と株主に与えられる役割は異なることからすれば，利益相反回避措置としての特別委員会の設置と MOM 条項の採用とでは，対象会社

---

[20]　すなわち，MOM 条項の採用には，第二段階目の株主による判断枠組みを有効に機能させることで，構造的な利益相反関係が認められる親子会社間の企業買収の場面において，対象会社の株主の利益保護を図る機能が期待される。なお，ここで保護の対象となる株主の利益の中には，株主が保有株式に関して抱いている市場価格を上回る評価が含まれると考えられ，MOM 条項を採用することにより，子会社少数株主にとっての「満足」がネットで増加する場合にのみ買収が行われることの蓋然性を高めることになる（田中（2013）12 頁）。この点に関して，会社法の下での株式買取請求制度の目的について論じるものではあるが，Kanda & Levmore（1985）437-441 頁も参照。

の株主の利益を確保するという目的に関しては共通するとしても，それらが企業買収の場面で実際に果たしている機能は相当に異なるといえるだろう。特別委員会の設置は，対象会社の内部における独立した判断主体として，取締役に代わり，ときには会社の機密情報にも接しながら，問題となっている企業買収の是非の判断や買収条件等の交渉（少なくとも買収条件等の妥当性の判断）などを積極的に行うことを目的として導入される措置であるのに対し，MOM条項の採用は，主として親子会社間の企業買収の場面において，買収条件等を受け入れるか否かについての株主による最終的な判断の機会を有効に機能させるために採用される措置だからである。

その上で，第一段階目の取締役による判断枠組みと第二段階目の株主による判断枠組みがともに有効に機能することで，対象会社の株主の利益を十分に確保しようとすることが企業買収の場面における法の趣旨であると考えられる。そうであるとすれば，とりわけMBOによる公開買付けや親子会社間の公開買付けの場面では，取締役と株主（または親会社と子会社少数株主）との間に必然的に生じざるをえない情報格差や利害の不一致を踏まえれば，これらの役割の異なる二段階の判断枠組みのうち，（特別委員会の設置またはMOM条項の採用を通じて）どちらか一方の判断枠組みが有効に機能していることのみをもって，他方の判断枠組みが機能不全に陥っていても構わないと解することは原則としてできないように思われる。したがって，例えば，第二段階目の株主による判断枠組みを有効に機能させるための措置であるMOM条項が採用されていることのみをもって，第一段階目の取締役による判断枠組みに代替する措置である特別委員会の設置を不要であると解することは，通常は困難であろう。

4 特別委員会の交渉権限と財務アドバイザーの選任権限

4.1 問題の所在

本章*2.1*で述べたように，近年ではわが国でも，対象会社に特別委員会が設置される事例は増加する傾向にあるものの，(a)特別委員会に交渉権限が付与される事例は少なく（交渉型ではなく諮問型の特別委員会がほとんどである），また，(b)特別委員会に財務アドバイザーの選任権限が付与される事例はさらに少ない。これらの点が，わが国で設置される特別委員会の重要な特徴として指摘するこ

とができる。

　それでは，わが国で設置される特別委員会が上記の(a)(b)の特徴を有することは，特別委員会が利益相反回避措置として有効に機能する上で問題となりうるようなものといえるのだろうか。また，仮に問題となりうるようなものといえるのであれば，(a)(b)の特徴がもたらしうる弊害を軽減または除去し，わが国で利益相反回避措置としての特別委員会をより有効に機能させるためには，どのような方策を採ることが望ましいと考えられるか。以下では，この2つの点に焦点を絞りながら，対象会社に設置される特別委員会が有すべき権限について論じることとする。

4.2　特別委員会への交渉権限の付与

　最初に，(a)の特徴，すなわち特別委員会に交渉権限が付与される事例がわが国では少ないという特徴について，利益相反回避措置を採用する必要性の観点からみて，こうした特徴が利益相反回避措置としての特別委員会が有効に機能する上で問題となりうるようなものといえるかどうかについて検討する。

　本章 *3.2* で述べたように，MBOの場面や親子会社間の企業買収の場面で対象会社に特別委員会の設置が必要となることの理由としては，対象会社における取締役または親会社の構造的な利益相反問題に起因して，企業買収に際して対象会社の株主の利益を確保するために設けられている二段階の判断枠組みのうち，取締役による第一段階目の判断枠組みが有効には機能しないことが強く懸念されることが挙げられる。そのことからすれば，特別委員会に期待される役割としては，独立当事者間の企業買収の場面において，対象会社の取締役に期待される役割と同様の役割が期待されることになるだろう[21]。具体的には，特別委員会が対象会社の内部における独立した判断主体として，対象会社の取締役に代わり，問題となっている買収の是非の判断や買収条件等の交渉（少なくとも買収条件等の妥当性の判断）などを行い，対象会社ひいてはその株主の利益を十分に確保するという役割を果たすことが期待される。

　このように，特別委員会には，独立当事者間の企業買収の場面において対象会社の取締役に期待される役割と同様の役割が期待されることからすれば，特

---

21)　白井＝仁科＝岡（2015）26-27頁〔白井〕。

別委員会に求められる活動の水準については，一般に，問題となっている企業買収の審査，分析および交渉の過程において，対象会社ひいてはその株主の利益を十分に確保する観点から積極的な役割を果たすことが要求されるべきであろう。そうであるとすれば，特別委員会は，本来的には，対象会社の取締役が交渉した買収条件等の妥当性を判断するのみならず，構造的な利益相反問題が懸念される取締役に代わり，対象会社の内部における独立した判断主体として，買収の是非の判断や買収条件等の交渉を積極的に行うことが望ましい。もちろん，MBO または親子会社間の企業買収と一概にいっても，そこに含まれる取引には様々なものがあることからすれば，取引ごとの特性（例えば，構造的な利益相反問題の深刻さの程度や取引の規模・緊急性等）に応じて交渉権限を付与すべき必要性が変わりうることは確かではあるが，原則としては，特別委員会に交渉権限を付与すべきであるように思われる[22]。

また，特別委員会に原則として交渉権限を付与すべきであるということは，比較法的観点からも支持することができる。わが国よりも利益相反回避措置としての特別委員会の利用に関する歴史が古く，取引事例も豊富な米国（特にデラウェア州）において，裁判所がどのような点に注目して特別委員会の有効性を判断しているかについて考察することは，わが国で設置される特別委員会の有効性を判断する上でも大いに示唆を与えてくれるものといえるだろう。そして，米国デラウェア州の裁判所は，一般に，特別委員会は取引の審査，分析および交渉の過程において積極的な役割を果たしている必要があると考えており[23]，

---

[22] 以上の議論に対しては，理論はさておき，社外の有識者が委員に就任することが多いわが国の特別委員会の実情を踏まえれば，同委員会に交渉権限まで付与したとしても，十分な交渉が実現できるかどうかは疑問であるといった批判が考えられる。社外の有識者は，対象会社の実情に必ずしも精通しているわけではないからである。もっとも，交渉権限を付与された特別委員会が買収者との間で交渉することが期待される事項は，主として買収の条件（買収の対価）であり，対象会社にとって望ましい買収計画を新たに提案することや，新たな買収相手を探し出すことまで求められているわけでは必ずしもない。そして，買収条件の妥当性を判断し，株主の利益を確保する観点から買収者との間で買収条件について真摯に交渉することについては，信頼できる財務および法務のアドバイザーの助力が十分に得られるのであれば（その意味では，次の **4.3** で論じるように，財務アドバイザーの選任権限を原則として特別委員会に付与することが強く望まれる），社外の有識者が委員に就任している特別委員会であっても，特段の困難を伴う行為であるとはいえないように思われる。

[23] 米国法の詳細については，白井＝仁科＝岡（2015）102-115 頁〔白井〕を参照。

このことは，デラウェア州最高裁判所の Kahn 判決において，完全な公正の基準についての立証責任の転換が認められるためには，単に独立取締役によって構成される特別委員会を設置するだけでは足りず，独立当事者間の交渉であると評価可能な程度の十分な交渉権限が同委員会に付与されることが必要であると指摘されていること[24]に如実に表れている[25]。

確かに，特別委員会に原則として交渉権限を付与すべきとすることで，企業買収の実現が不当に遅延することになる（そのことは対象会社の株主にも不利益をもたらしうる）といった懸念も考えられないではない。しかし，少なくとも本書第10章で調査した内容からは，特別委員会に交渉権限を付与した事例で特別委員会の検討期間が長くなるといった傾向は観察されなかった[26]。

以上の点を踏まえれば，MBO の場面や親子会社間の企業買収の場面では，対象会社に設置される特別委員会に交渉権限が付与されることが原則であるべきであり，取引ごとの特性に応じて交渉権限を付与すべき必要性は変わりうるとしても，特別委員会が設置された 80 件中 13 件（割合にして 16%）でしか同委員会に交渉権限が付与されていないわが国の実情には，やはり問題があるといわざるをえない。そうであるとすれば，わが国で利益相反回避措置としての特別委員会をより有効に機能させるために，対象会社に対して，特別委員会に交渉権限を付与することを促すための何らかの方策を検討することが必要であろう（こうした検討については 4.4 で論じる）。

4.3　特別委員会への財務アドバイザーの選任権限の付与

次に，(b)の特徴，すなわち特別委員会に財務アドバイザーの選任権限が付与

---

24) Kahn v. Lynch Communication Systems, Inc., 638 A.2d 1110, 1117（Del. 1994）.
25) さらには，Kahn 判決後のデラウェア州衡平法裁判所の判決の中には，十分な交渉権限が意味する具体的な内容として，単に交渉する権限が与えられていれば足りるというわけではなく，特別委員会に取引を拒絶する権限（the power to "say no"）まで与えられているかどうかを重視するものが少なくない。*See e.g.,* Kohls v. Duthie, 765 A.2d 1274, 1285（Del. Ch. 2000）; In re Western National Corporation Shareholders Litigation, Civ. A. No. 15927, 2000 WL 710192, at *23-24（Del. Ch. May 22, 2000）.
26) 特別委員会が設置されたすべての事例（80 件）における同委員会による平均検討期間は 45.5 日間であるが，特別委員会に交渉権限が付与された事例（13 件）における平均検討期間は 43 日間で，むしろ平均検討期間は交渉権限が付与された事例の方が短いことが示された。

される事例がわが国では極めて少ないという特徴について，利益相反回避措置を採用する必要性の観点からみて，こうした特徴が利益相反回避措置としての特別委員会が有効に機能する上で問題となりうるようなものといえるかどうかについて検討する。

4.2 でも述べたように，特別委員会には，独立当事者間の企業買収の場面において対象会社の取締役に期待される役割と同様の役割が期待されることからすれば，特別委員会が自らの役割を十分に理解し，対象会社の公正な価値について十分に情報を得るよう努めていることが，同委員会が有効に機能するためには必要不可欠であろう[27]。そして，特別委員会が問題となっている企業買収に関する情報を十分に得るための手段としては，取引に利害関係を有する取締役（または親会社）からの取引に関する情報提供[28]に加えて，財務アドバイザーからの情報提供がその重要な情報源であると考えられるが，このうち財務アドバイザーからの情報提供に関しては，MBOの場面や親子会社間の企業買収の場面では，対象会社の取締役会が選任し，雇用した財務アドバイザーからの情報提供には潜在的な利益相反の問題が懸念されるといわざるをえない[29]。そのため，特別委員会は，財務アドバイザーからの情報提供に関する潜在的な利益相反の問題についての懸念を十分に払拭し，同委員会の判断または交渉の基礎となる情報への信頼性を確保する観点からは，対象会社の取締役会ではなく，自らが選任した財務アドバイザーから情報提供を受けることが望ましい[30]。特別

---

27) *See* In re Trans World Airlines, Inc. Shareholders Litigation, Civ. A. No. 9844, 1988 WL 111271, at *7 (Del. Ch. Oct. 21, 1988).

28) ただし，取引に利害関係を有する取締役（または親会社）からの情報提供には，構造的な利益相反関係に基づく情報の歪みが生じることが懸念されるため，当該情報を全面的に信頼するのではなく，独立した財務アドバイザーの助力の下で，当該情報をある程度は批判的に検討する姿勢が特別委員会には求められるだろう。

29) 対象会社の取締役会が財務アドバイザーを選任し，雇用する場合，対象会社の取締役会と財務アドバイザーは実質的には依頼者とサービス提供者の関係に立つことになるため，対象会社の取締役会を支配する親会社またはMBOに参加する取締役の構造的な利益相反の問題に起因して，財務アドバイザーが特別委員会に対して買収者側に有利な情報提供を行う（または取引に利害関係を有する取締役・親会社から提供された買収者側に有利な情報を無批判に受け入れる）可能性は必ずしも十分には否定できないからである。このような財務アドバイザーの情報提供に関する潜在的な利益相反の問題は，企業価値の算定等に関して事実上は財務アドバイザーには広範な裁量が認められうることを踏まえれば，決して軽視してよいものであるとは思われない。

30) このことは，前掲注28)で言及したように，取引に利害関係を有する取締役（また

委員会が有効に機能するためには，買収提案の審査や買収者との交渉等を手助けしてくれる独立した財務アドバイザーの存在が重要であることを踏まえれば，原則としては，特別委員会に財務アドバイザーの選任権限を付与すべきであるといえるだろう。

また，特別委員会に原則として財務アドバイザーの選任権限を付与すべきであるという議論は，比較法的観点からも支持することができる。米国の学説上は，株主と取締役との間に強い利益相反関係が認められる一部の企業買収の場面において，特別委員会が有効に機能するためには，当該利益相反関係から明確に独立したアドバイザーが果たす役割が極めて重要であると指摘する見解が多く[31]，米国デラウェア州の判例においても，問題となっている取引からの利害関係の影響を十分に遮断するためには，特別委員会が独自にアドバイザーを選任することが強く要請されている[32]。

確かに，特別委員会に原則として財務アドバイザーの選任権限を付与すべきとすることで，対象会社の取締役会が選任する財務アドバイザーと特別委員会が選任する財務アドバイザーが対象会社に重複して雇用されることになり，対象会社が負担する買収に要する費用が大幅に増加する（そのことは対象会社の株主にも不利益をもたらしうる）といった懸念も考えられないではない。しかし，対象会社の取締役会と特別委員会とで重複して財務アドバイザーを雇用する必要はないのであり，対象会社が雇用する財務アドバイザーの選任権限を特別委員会のみに与えることで，全体として対象会社が負担する買収に要する費用は変わることなく（対象会社において雇用される財務アドバイザーは特別委員会が選任するアドバイザーだけである），かつ，財務アドバイザーからの情報提供に関する潜在的な

は親会社）から提供される情報には必ずしも全面的な信頼を置くことはできないことを踏まえ，特別委員会が活動する上で，財務アドバイザーから提供される情報の重要性が極めて高いと考えられることからすれば，なおさらである。

31) *See e.g.,* Hazard & Rock (2004) pp. 1405；Cox (2003) pp. 1086-1091；Allen (1990) pp. 2061-2063.

32) 例えば，デラウェア州衡平法裁判所の判決の中には，（アドバイザーの選任権限が特別委員会に形式的に与えられているというだけでは十分ではなく）支配株主が推薦したアドバイザーを，特別委員会が自ら面接することなく選任したという事実をもって，特別委員会の独立性が欠如していることの有力な証拠であると評価するものがある。Kahn v. Dairy Mart Convenience Stores, Inc., Civ. A. No. 12489, 1996 WL 159628, at *8 n. 6 (Del. Ch. Mar. 29, 1996). *See also* Kahn v. Tremont Corp., Civ. A. No. 12339, 1996 WL 145452, at *8 (Del. Ch. Mar. 21, 1996).

利益相反の問題を十分に払拭することができるのである[33]。

以上の点を踏まえれば，MBO の場面や親子会社間の企業買収の場面では，原則としては対象会社に設置される特別委員会に財務アドバイザーの選任権限が付与されることが望ましいのであり，特別委員会が設置された 80 件中 3 件（割合にして 4%）でしか同委員会に財務アドバイザーの選任権限が付与されていないわが国の実情には問題があるといわざるをえない。そうであるとすれば，わが国で利益相反回避措置としての特別委員会をより有効に機能させるために，対象会社に対して，特別委員会に財務アドバイザーの選任権限を付与することを促すための何らかの方策を検討することが必要であろう（こうした検討については次の *4.4* で論じる）。

4.4 考えられる対処法

それでは，わが国の利益相反回避措置としての特別委員会の利用にみられる(a)(b)の特徴を変えるべく，対象会社に対して，特別委員会への交渉権限および財務アドバイザーの選任権限の付与を促すためには，どのような方策を採ることが望ましいのだろうか。

1 つの方法としては，株式買取請求権が行使される場面（株式取得価格の決定が申し立てられる場面を含む，以下本章において同じ）における公正な価格の算定に関する裁判所の判断を通じて，対象会社に対して特別委員会への交渉権限および財務アドバイザーの選任権限の付与を促していくことが考えられる[34]。過去の裁

---

33) こうした本章の議論に対しては，特別委員会が組成される前に，対象会社の取締役会がすでに財務アドバイザーを選任・雇用して買収者との間で買収条件等の検討・交渉を開始している事例が存在するのであれば，そのような事例においては，特別委員会に原則として財務アドバイザーの選任権限を付与すべきとすることで，対象会社における財務アドバイザーの重複雇用の問題が生じうるといった批判があるのかもしれない。しかし，仮にそのような事例が実務において存在するとしても，そのことは，特別委員会に原則として財務アドバイザーの選任権限を付与すべきだとする見解に対する有効な批判には必ずしもならないように思われる。そのような事例では，特別委員会が組成される前に，対象会社の取締役が買収者との間で買収条件等の検討・交渉を開始していることになるが，構造的な利益相反の問題が懸念される MBO の場面や親子会社間の企業買収の場面では，そのような特別委員会が組成される前の段階における買収者との検討・交渉それ自体が本来的には適切ではないとも考えられるからである。
34) 株式買取請求権は，対象会社ひいては対象会社を取得した買収者に対して，公正な価格による株式の買取りを請求するものであり，対象会社の取締役に対して直接に何らかのペナルティを科すものではないが，本章で議論の対象となっている MBO の場面や

判例をみる限り，MBOの場面や親子会社間の企業買収の場面に関していえば，それらの行為を通じて対象会社の企業価値が増加すると裁判所において認定されることが少なくない。そして，情報優位の立場にある対象会社の取締役が，MBOや親子会社間の企業買収を通じて対象会社の企業価値は増加すると説明し，訴訟においてそのような説明を覆すことは一般には容易ではない[35]ことを[36]踏まえれば，このような裁判所における企業価値の増加に関する認定の傾向は今後も続くものと思われる。

そうすると，問題は，MBOの場面や親子会社間の企業買収の場面において，裁判所はどのようにして（公正な価格として）シナジーを適正に分配する価格を算定したらよいかである。この問題について，学説上は，MBOの場面や親子会社間の企業買収の場面では，株主と取締役との間には構造的な利益相反関係や情報の非対称性が存在することを踏まえ，裁判所は，（第一段階目の取引である公開買付けに関する）公開買付価格の形成過程における公正さを審査した上で，公正と評価される場合には当該買付価格を尊重するとともに，不公正と評価される場合に限って，裁判所は独自に公正な価格（シナジー適正分配価格）を算定すべきとする見解が多数を占める[37]。その上で，公開買付価格の形成過程におけ

　　親子会社間の企業買収の場面のように，買収者と対象会社の取締役の少なくとも一部が経済的に同一の立場にあると評価できるような場合には，対象会社の取締役の行為を規律する手段として株式買取請求制度が効果的に機能すると考える余地がある。
35)　対象会社の取締役としては，MBOや親子会社間の企業買収の実施を承認した以上は，事後に裁判所において公正な価格の算定が問題となった際に，当該MBO等を通じて企業価値が毀損することになると説明することは実際には困難であろう。
36)　対象会社の企業価値の毀損を裁判所に認めてもらうための1つの方法として，問題となっている企業買収の公表後の対象会社の株価が（市場や業界全体の株価の推移と比較して大幅に）下落して推移したのであれば，その点を指摘すればよいとも一見すると考えられそうではある。もっとも，市場における株価の変動には様々な要因があるのであって，株価の下落やその推移のみに基づいて，直ちに対象会社の企業価値の毀損があるということは現実には必ずしも容易ではない。この問題については，テクモ事件をめぐる一連の裁判例（東京地決平成22・3・31民集66巻3号1921頁，東京高決平成23・3・1民集66巻3号1943頁，最決平成24・2・29民集66巻3号1784頁）を参照。
37)　加藤（2009）5頁，宍戸（2012）94頁等。また，従来の裁判例においても，公開買付価格の形成過程が公正と評価できるかどうかを，裁判所が独自にシナジー適正分配価格を算定すべきかについて判断する際の考慮要素とするものが多い（大阪高決平成21・9・1判タ1316号219頁，東京地決平成21・9・18金判1329号45頁，東京高決平成22・10・27資料版商事322号174頁，東京地決平成25・3・14金判1429号48頁，東京高決平成25・10・8金判1429号56頁，東京地決平成25・9・17金判1427号54

る公正さを評価するに当たっては，同過程における利益相反回避措置に着目する見解が有力に主張されており[38]，中でも，特別委員会が有効に機能したかどうかが重要な検討事項の１つであると指摘されている[39]。

以上の点を踏まえれば，対象会社に対して特別委員会への交渉権限および財務アドバイザーの選任権限の付与を促す観点からは，公開買付価格の形成過程における公正さを評価するに当たって，特別委員会が有効に機能したかどうかを判断する際の考慮要素の１つとして，特別委員会の交渉権限および財務アドバイザーの選任権限の有無を（少なくともこれまで以上に）重要視していくことが考えられる[40]。このように，公正な価格の算定に関する裁判所の判断を通じて権限付与を促していくことは，一般に，企業買収に関する実務は裁判例の内容から大きな影響を受けていると考えられることからすれば[41]，１つの有力な手段であると評価することができる[42]。もちろん，特別委員会に交渉権限または財務アドバイザーの選任権限が付与されていないことのみに基づいて，手続が不公正であると評価すべきではないが（あくまで様々な事情を総合的に考慮する必要があるだろう），わが国の特別委員会に関する(a)(b)の特徴を変えるよう促して

頁，東京地決平成 25・11・6 金判 1431 号 52 頁等）。
38) 田中（2014）228 頁，伊藤ほか（2015）410-412 頁〔田中亘〕等。
39) 十市（2012）47 頁，白井＝仁科＝岡（2015）48 頁〔白井〕等。
40) 逆にいえば，特別委員会の交渉権限および財務アドバイザーの選任権限の有無について，公表裁判例をみる限り，これまでのほとんどの裁判例では特に検討の対象とされてこなかった（なお，財務アドバイザーの選任権限の有無については，サイバード事件の東京高裁決定〔東京高決平成 22・10・27 資料版商事 322 号 174 頁〕において問題提起がされているが，それ以外の裁判例では特に検討の対象とはされていないように思われる）ことが，わが国の実務において，対象会社に特別委員会は設置されても，同委員会にこれらの権限が付与されることは少なかったことの主な原因の１つであるとも考えられる。
41) 例えば，対象会社における特別委員会の設置を高く評価したサイバード事件の東京地裁決定（東京地決平成 21・9・18 金判 1329 号 45 頁）後は，わが国の MBO の場面でも特別委員会が設置される事例が大幅に増加しており，裁判例の内容が実務に大きな影響を与えた可能性がある（吉村（2012）61 頁を参照）。
42) この点と関連して，米国の学説上は，米国の企業買収に関する判例法理により生み出されるものは，明確なルールの形成ではなく，むしろ取締役の良い行動に関する規範の形成であると捉える見解が有力に主張されている。*See* Rock (1997) pp. 1060-1063. 裁判所における個々の事案に対する詳細な評価の蓄積を通じて，明確なルールには必ずしも還元できない実務上の規範を形成していくことの必要性は，わが国の企業買収の場面でも同様に存在するといえるだろう。

いく観点からは，公正な価格の算定に当たり，特別委員会の交渉権限および財務アドバイザーの選任権限の有無に着目する姿勢を，裁判所がこれまで以上に明確に示していくことが望まれる。

これに対して，別の方法として，MBO の場面や親子会社間の企業買収の場面では，特別委員会への交渉権限および財務アドバイザーの選任権限の付与を対象会社における取締役の義務の一内容として捉え，取締役に対する責任追及（会社 429 条 1 項等）の脅威を通じて，特別委員会へのこれらの権限の付与を促していくことも考えられないではない。もっとも，取締役に対する責任追及の脅威を通じて権限付与を促していくことには，企業買収を行うこと自体に対する萎縮効果が強くなりすぎるおそれが必ずしも否定できない[43]ことを踏まえれば，将来においてはさておき，少なくとも現時点では，特別委員会への交渉権限および財務アドバイザーの選任権限の付与を促す手段として，取締役に対する責任追及の脅威を積極的に位置づけることには疑問の余地がないとはいえない。例えば，米国の MBO や親子会社間の企業買収の場面のように，特別委員会への交渉権限および財務アドバイザーの選任権限の付与が実務において一般に観察できるようになるまでは，特別委員会にこれらの権限が付与されなかったことを主な理由として，対象会社の取締役に損害賠償責任を認めるといった結論を導くことには慎重であるべきであろう[44]。

4.5 若干の補足

以上の **4.4** における議論は，対象会社に対して特別委員会への交渉権限お

---

[43] 取締役に対する損害賠償責任を追及する場合，企業買収の場面では，対象会社または株主が被る損害の総額は莫大なものになりかねないため，いったん裁判所によって取締役の責任が認められてしまうと，以後の MBO の場面や親子会社間の企業買収の場面において，買収を行うこと自体に対する強い萎縮効果をもたらしてしまう可能性が否定できないからである。

[44] ただし，取締役に対する損害賠償責任を追及する訴訟において，結論としては取締役に義務違反までは認められないとした上で，例えば傍論部分において，特別委員会に交渉権限または財務アドバイザーの選任権限が付与されなかったことにつき，MBO や親子会社間の企業買収の場面での対象会社の取締役の行為としては望ましいものではなかったなどの裁判所の評価を積極的に示すことには賛成である。傍論部分において示すのであれば萎縮効果はさほど強いものとはならないだろうし，こうした傍論の説示を通じて，実務において取締役の望ましい行動に関する規範の形成を促すことが期待できるからである。

よび財務アドバイザーの選任権限の付与を促すという政策的な観点に立ち，公開買付価格の形成過程における公正さを評価するに当たっては，裁判所はこれらの権限の有無をこれまで以上に重要視すべきであるというものであるが，誤解を招くことのないよう念のため付言すれば，公正な価格の算定に関する裁判所の全体的な審査の方向性として，今後は（例えば特別委員会の設置の有無やその有する権限の内容などの）形式面の審査により重きを置くべきであると考えているわけではない。裁判所の全体的な審査の方向性としては，（議論の詳細については別の論稿ですでに述べたことがあるので，ここでは概略のみを簡単に紹介するにとどめるが）わが国でも，特別委員会が具体的に行った検討・交渉の実質面に可能な限り重きを置き，問題となっている取引の審査，分析および交渉の過程において同委員会が実際に果たした役割（例えば，特別委員会が具体的にどのような活動をし，そのことが公開買付価格または企業買収の条件等の決定にどのような影響を与えたのか）に焦点を当てて，詳細な検討を試みるという態度が望まれよう[45]。

ただし，そうはいっても実質面の審査には，とりわけわが国では証拠開示制度が米国と比べて十分ではないことなどを踏まえれば，現時点では現実問題として限界があることも確かであり，そうであるとすれば，実質面の審査をサポートする観点から形式面の審査もやはり欠かすことはできないだろう。以上の **4.4** における議論は，その際の形式面の審査に当たって今後特に重要視していくべき内容を述べたものであり，公正な価格の算定に関する裁判所の全体的な審査の方向性としては，わが国でも実質面の審査をできる限り強化していくべきであるという考えに変わりはない。

5 特別委員会における社外の有識者の活用

次に，わが国では，特別委員会の委員として社外の有識者を活用する傾向がみられることについては，どのように評価したらよいだろうか。

この問題についてはすでに別の論稿において検討したことがあるため[46]，こ

---

45) 利益相反回避措置としての特別委員会の有効性を評価するに当たっては，今後はわが国でも実質面の審査に可能な限り重きを置くべきであるとする見解として，白井＝仁科＝岡（2015）116-117頁〔白井〕。
46) 白井＝仁科＝岡（2015）117-118頁〔白井〕。

こでは結論とその理由を簡単に示すだけにするが，少なくとも現時点では，特別委員会の委員から社外の有識者を排除する必要があるとは考えていない。米国[47]とは異なり，取締役会に占める社外取締役の割合が高いとはいえないわが国では，社外取締役および社外監査役のみからなる特別委員会を設置することは容易ではない可能性があるため，現時点で社外取締役および社外監査役のみからなる特別委員会の設置を強く要求することは，これらの役員が3名程度[48]存在しない会社を対象としたMBOまたは親子会社間の企業買収の実施を困難にするなど，取引を阻害する要因ともなりかねないからである。ただし，このように考えるとしても，社外の有識者を含む特別委員会の委員に対して，契約によって取締役と同等のコミットメントとインセンティブを与えるよう工夫することが望ましいとはいえるだろう。[49]

6 MOM条項の採用

最後に，MOM条項に関して，わが国では，MBOによる公開買付けの場面では採用が進んでおり，とりわけ近年では採用することが一般的であるとさえいえるが，その一方で，親子会社間の公開買付けの場面ではほとんど採用されていないという特徴がみられることについて，どのように評価したらよいのだろうか。

わが国では，親子会社間の公開買付けの場面でMOM条項が採用されることは稀である（101件中10件，割合にして10％）が，こうした傾向の背景としては，親会社による子会社少数株主の締出しなどの親子会社間の企業買収は，会社法上はすでに親会社が保有している子会社株式の議決権とあわせて3分の2以上の議決権を確保すれば原則として可能であるため，MOM条項の採用に伴う効果（特に公正な価格の算定に際しての公開買付価格の形成過程における公正さに関する裁判所の判断に与える効果）が必ずしも明確とはいえない現在の状況の下では，公開

---

47) 米国の取締役会における独立取締役の割合の高さに関しては，Gordon (2007) pp. 1472-1476を参照。
48) 本書第10章 **3.2** の調査によれば，わが国で設置される特別委員会の1件当たりの委員の平均人数は3.1人である。
49) 飯田（2013）336-337頁を参照。

買付者（親会社）にとって，公開買付けが成立しにくくなるというデメリットを甘受してまで，親子会社間の公開買付けの場面で MOM 条項を採用する十分なインセンティブがないことなどが考えられる。[50]

　もっとも，本章 *3.2* でみたように，MOM 条項の採用は，主として親子会社間の企業買収の場面において，対象会社の株主による最終的な判断の機会が実質的に奪われてしまうという問題に対処する観点から，買収を実現するための条件として非利害関係株主の過半数の同意を要求することで，第二段階目の株主による判断枠組みを有効に機能させることを目的とするものである。そうであるとすれば，本来的には，MBO による公開買付けの場面よりもむしろ，株主による最終的な判断の機会が実質的に奪われてしまっている可能性が高い親子会社間の企業買収の場面においてこそ，公開買付けに際して MOM 条項を採用する必要性は高いはずである。にもかかわらず，多くの MBO による公開買付けの場面では MOM 条項が採用されている一方で，[51]親子会社間の公開買付けの場面では MOM 条項がほとんど採用されていない（株主による最終的な判断の機会は実質的に奪われたままである）という現状には，やはり問題があるといわざるをえない。そこで，親子会社間の企業買収の場面において MOM 条項の採用を促すための方策を検討する必要がある。

　それでは，親子会社間の企業買収の場面において MOM 条項の採用を促すためには，どのような方策を採ることが望ましいのだろうか。先ほど述べたように，親子会社間の公開買付けの場面で MOM 条項がほとんど採用されていないことの主な背景事情としては，公開買付者（親会社）にとって，公開買付けが成立しにくくなるというデメリットを甘受してまで，親子会社間の公開買

---

50) これに対して，MBO による公開買付けの場面では MOM 条項が採用されることが比較的多いといえる（99 件中 75 件，割合にして 76%）が，こうした傾向の背景としては，公開買付けを実施する前の段階における買収者側の対象会社株式に関する保有割合が（親子会社間の公開買付けの場面と比べて）低い MBO の場面では，いずれにせよ非利害関係株主の多数の賛同を得なければ MBO を完遂することができない場合が多いため，MOM 条項を採用することで買収者が負担する追加的なコストは相対的に低いと考えられることや，MBO の場面では，買収者は LBO ファイナンスを行う金融機関から多額の買収資金を調達することが通常であると考えられるが，融資に際して金融機関から MOM 条項の採用を促される場合があることなどが挙げられる。
51) このことはすなわち，実務において MOM 条項を採用することは十分に可能であることを意味している可能性が高いといえるだろう。

付けの場面でMOM条項を採用する十分なインセンティブがないことが考えられる。そうであるならば，親子会社間の企業買収の場面において，公開買付者（親会社）にMOM条項を採用する十分なインセンティブを与えれば，問題は解決するはずである。具体的には，特別委員会への交渉権限および財務アドバイザーの選任権限の付与を促す観点から本章 4.4 で指摘した方策と同様の方策を採用すること，すなわち公開買付価格の形成過程における公正さを評価するに当たり，利益相反回避措置が有効に機能したかどうかを判断する際の考慮要素の1つとして，親子会社間の企業買収の場面ではMOM条項の採用の有無を（少なくともこれまで以上に）重要視していくことが考えられる。もちろん，MOM条項が採用されていないことのみに基づいて，手続が不公正であると評価すべきではないが（あくまで様々な事情を総合的に考慮する必要があるだろう），わが国の親子会社間の企業買収の場面においてMOM条項の採用を促していく観点からは，公正な価格の算定に当たり，親子会社間の企業買収の場面ではMOM条項の採用に着目する姿勢を，裁判所がこれまで以上に明確に示していくことが望まれる。

7　本章の議論のまとめ

　以上みてきたように，わが国で採用されている利益相反回避措置の特徴のうち，(i)特別委員会に交渉権限または財務アドバイザーの選任権限が付与される事例が少ないという特徴や，(ii)親子会社間の企業買収の場面においてMOM条項が採用される事例が少ないという特徴については，MBOの場面や親子会社間の企業買収の場面において，利益相反回避措置の採用がなぜ必要といえるのかという観点からみて問題があるといわざるをえない。そこで，公正な価格の算定に当たり，公開買付価格の形成過程における公正さを評価するに際して，裁判所がこれらの権限・条項の有無に着目する姿勢をこれまで以上に明確に示していくことで，(i)および(ii)の特徴を（少しずつではあるのかもしれないが）変えていくよう促していくことが望まれる。

参 考 文 献

飯田秀総（2013）『株式買取請求権の構造と買取価格算定の考慮要素』（商事法務）

伊藤靖史＝大杉謙一＝田中亘＝松井秀征（2015）『会社法〔第3版〕』（有斐閣）

加藤貴仁（2009）「レックス・ホールディングス事件最高裁決定の検討（中）」商事法務 1876 号 4-19 頁

経済産業省（2007）「企業価値の向上及び公正な手続確保のための経営者による企業買収（MBO）に関する指針」（2007 年 9 月 4 日公表）

宍戸善一（2012）「判批」ジュリスト 1437 号 92-96 頁

白井正和（2013）『友好的買収の場面における取締役に対する規律』（商事法務）

白井正和（2014）「MBO における利益相反回避措置の検証」商事法務 2031 号 4-16 頁

白井正和＝仁科秀隆＝岡俊子（2015）『M&A における第三者委員会の理論と実務』（商事法務）

洲崎博史（1986）「不公正な新株発行とその規制（二・完）」民商法雑誌 94 巻 6 号 721-746 頁

田中亘（2013）「CS（顧客満足，あるいは消費者余剰）と majority of minority ルール」金融・商事判例 1406 号 10-13 頁

田中亘（2014）「総括に代えて ── 企業再編に関する若干の法律問題の検討」土岐敦司＝辺見紀男編『企業再編の理論と実務』（商事法務）所収

十市崇（2012）「カルチュア・コンビニエンス・クラブ株式取得価格申立事件大阪地裁決定の検討」商事法務 1975 号 41-51 頁

森本滋（1978）「新株の発行と株主の地位」法学論叢 104 巻 2 号 1-27 頁

吉村一男（2012）「MBO・完全子会社化取引における買収対象会社取締役の義務と第三者委員会設置の意義」経理情報 1302 号 58-63 頁

Allen, William T. (1990), "Independent Directors in MBO Transactions: Are They Fact or Fantasy?", *The Business Lawyer*, vol. 45, No. 4, pp. 2055.

Cox, James D. (2003), "Managing and Monitoring Conflicts of Interest: Empowering the Outside Directors with Independent Counsel", *Villanova Law Review*, vol. 48, No. 4, pp. 1077.

Gordon, Jeffrey N. (2007), "The Rise of Independent Directors in the United States, 1950-2005: Of Shareholder Value and Stock Market Prices", *Stanford Law Review*, vol. 59, No. 6, pp. 1465.

Hazard, Geoffrey C. & Rock, Edward B. (2004), "A New Player in the Boardroom: The Emergence of the Independent Directors'Counsel", *The Business Lawyer*, vol. 59, No. 4, pp. 1389.

Jensen, Michael C. & Meckling, William H. (1976), "Theory of the Firm: Managerial Behavior, Agency Costs and Ownership Structure", *Journal of Financial Economics*

(JFE), vol. 3, No. 4, pp. 305.

Kanda, Hideki & Levmore, Saul (1985), "The Appraisal Remedy and the Goals of Corporate Law", *UCLA Law Review*, vol. 32, No. 3, pp. 429.

Rock, Edward B. (1997), "Saints and Sinners: How Does Delaware Corporate Law Work?", *UCLA Law Review*, vol. 44, No. 4, pp. 1009.

第4章へのコメント

石綿 学＝福田 剛

　本章は，第10章の実証研究を踏まえ，MBOや親会社による子会社の買収の際の利益相反回避措置の現状およびあるべき方向性について，貴重な示唆を与えるものである。特に，本稿は，株式買取請求に係る価格決定手続等における裁判例が，その後の実務運用に大きな影響を与えると指摘したうえ，裁判所において利益相反回避措置について精緻な議論を展開することを求める。裁判所において精緻な判断が積み重ねられることは，実務における予測可能性を高めることにつながり，基本的に望ましい。

　各論において，本章は，社外取締役が取締役会に占める割合が必ずしも高くない現状に鑑み，特別委員会の委員として社外の有識者を活用することを許容するなど，現在のわが国の実態を踏まえて，建設的に議論している。

　実際，そもそも独立社外取締役が不足している場合に加え，仮に，独立社外取締役が複数名選任されていても，それらの者がM&A取引に関する常識的な知見や感覚を持ち合わせていなかったり，たまたま相手方当事者と利害関係を有している場合など，当該社外取締役を委員として選任することが適切ではなく，外部の有識者を委員として選任せざるを得ないことがある。もっとも，実務的には，外部の有識者から構成される特別委員会と社外取締役から構成される特別委員会とを比較して，検討の質や充実度などに差異があるという印象はない。

　本章はさらに，特別委員会に対する交渉権限・財務アドバイザーの選任権限の付与や，MOM条項の採用を促すためには，裁判所が，株式買取請求に係る価格決定手続等において，これらの事情を考慮要素としてより重視する必要があると指摘する。一般論として，裁判所が重視する考慮要素があれば，取引実務は，これを踏まえて形成されていくため，取引実務を変更させるため，裁判所における裁判実務の変更を促すことは有意義である。もっとも，後述のとお

り，MOM条項の採用を強く促すのがいいのかという点については，慎重な検討が必要である。

　また，本章においては，M&A取引に関する対象会社における判断者の役割分担を論じる。たしかに，合併や株式交換等のいわゆる組織再編の事案では，①取締役（取締役会）による買収条件等の交渉および判断の過程と，②取締役の交渉によって形成された買収条件等を受け入れるか否かに関する株主による最終的な判断の過程という2段階の判断枠組みによる整理が馴染みやすい。また，わが国の多くのM&Aにおいては，本章の論じる整理が妥当し，問題を理解するのに役立つ。

　もっとも，株式取得によるM&A取引の場合など，必ずしも上記の整理が妥当しないケースも考えられる。例えば，既存の大株主がいる会社の株式取得において，大株主等が積極的に公開買付けの条件を交渉する意思・能力を有している場合においては，取締役（取締役会）による買収条件等の交渉および判断の過程は必ずしも重要ではないことが多い。また，敵対的買収の場合には，取締役（取締役会）による買収条件等の交渉は行われないまま，株主による最終的な判断に委ねられることも少なくない。つまるところ，①取締役（取締役会）による買収条件等の交渉および判断の過程と，②取締役の交渉によって形成された買収条件等を受入れるか否かに関する株主による最終的な判断の過程のいずれについても，企業価値・株主利益の向上の観点から用意された判断過程として統一的に理解すれば足りるのであり，2つの過程に相当するものが常に必要と捉えるのは硬直的に過ぎる可能性がある。

　かかる観点からは，取引の公正性を確保するうえで，特別委員会の設置が必須であるとまではいえない。例えば，取締役会の過半数を独立した社外取締役が占める場合であって，取締役会で十分な審議が行われる場合や，大株主が存在しており，大株主との間で独立した当事者間の交渉が期待できる場合などには，特別委員会を設ける意味は小さい。特に，社外取締役により構成される特別委員会であっても，会社の事業や企業価値に関して有している見識や判断能力は，業務執行に携わっている取締役とは大きく異なっていることが多く，企業価値の向上という観点からの判断について，多くを期待できるわけではない。他方，株主利益に照らして公正と一般に認められるプロセスが経られているか，株主に対して妥当な対価が提供されているかなどといったことについては，特

別委員会において，アドバイザーなどの助言に従い，適宜，協議・交渉するなどしたうえ合理的に判断することが一定程度期待できると思われる。

また，MOM 条項については，少なからず弊害を伴いうるものであるため，さらに慎重な配慮が求められる。

MOM 条項は，少ない資本的拠出しか行っていない者に対しても，非公開化取引に対する拒否権という強大な権利を付与するものであり，濫用されれば，企業買収に対して大きな阻害効果を持ちうる。仮に，議決権割合の多い親会社が，MOM 条項を付して公開買付けを行えば，市場で MOM 条項の成立を危うくする程度の株式を単独または他と共同して買い集めることにより，その公開買付けを妨害することができる。例えば，当該買収を快く思わない競業他社などが，当該親子会社の再編を妨害することにより私的利益を追及したり，アクティビスト株主が，ビッグポケットである親会社を揺さぶり，不当に高額な対価を求めることもありうる。これらの株主からすれば，仮にこれらの試みが上手くいかずに，スクイーズ・アウトが行われるのであれば，その際に株式買取請求権等を行使することにより，公正な価格での買取りを求めることができるため，株式買取請求権等が手厚く保護されるわが国の制度の下，少なくとも公開買付価格を下回る価格で市場で買い集めておく限り，「負けのない勝負」をすることができる。問題は，そのようなリスクがあることが，企業買収を検討する経営陣に委縮効果を与え，経営を効率化し，企業価値の向上に資する取引が躊躇され，日の目を見ずに終わってしまうことである。

また，親会社による子会社の非公開化が（公開買付けを経ずに）組織再編により行われるような場合に MOM 条項が求められることになれば，議決権行使率が高くない企業などにおいては，ますます組織再編を行うハードルが高くなることにもなる。

以上より，親会社と子会社の企業再編において，MOM 条項が用いられた場合に，公正性を基礎付ける事情として積極的に評価すべきことは勿論であるが，MOM 条項が付されていないことをもって，当然に不公正であると評価するべきではないと考える。

第5章　MBOと親会社による子会社の非公開化の規制は同一であるべきか？

加藤貴仁

1　問題意識

　金融商品取引法（以下「金商法」）は，①「公開買付者が対象者の役員，対象者の役員の依頼に基づき当該公開買付けを行う者であって対象者の役員と利益を共通にする者」である場合と②「対象者を子会社（会社法第2条第3号に規定する子会社をいう。以下同じ。）とする会社その他の法人である場合」に，「買付け等の価格の算定に当たり参考とした第三者による評価書，意見書その他これらに類するものがある場合には，その写し」を公開買付届出書の添付書類とすることを要求している（金商27条の3第2項，発行者以外の者による株券等の公開買付けの開示に関する内閣府令〔以下，他社株府令〕13条1項8号括弧書）。また，これらの場合には，公開買付届出書に，「当該公開買付けの実施を決定するに至った意思決定の過程を具体的に記載すること。利益相反を回避する措置を講じているときは，その具体的内容も記載すること」も要求される（他社株府令12条・第2号様式記載上の注意（27））。
　①はいわゆるMBOの手段として公開買付けが行われる場合，②は親会社による子会社の非公開化の手段として公開買付けが行われる場合に相当する[1]。以上に述べた規制は，MBOまたは親会社による子会社の非公開の手段として公開買付けを行う買収者に，公開買付届出書またはその添付書類において，買

---

1)　本章では，「親会社による子会社の非公開化」という用語を，親会社が子会社の発行済株式全部を取得する取引を指すものとして使用する。また，親会社および子会社の定義は，会社法2条3号4号に従うものとする。

付価格の妥当性ならびに利益相反回避措置の有無およびその内容の開示を求めるものである。これらはMBOおよび親会社による子会社の非公開化の場合に限り適用されるものであるが，その根拠は，両取引が利益相反取引である点に求められる（森・濱田松本法律事務所編（2015）741-742頁）。ただし，問題とされる利益相反の内容は，以下のように，MBOと親会社による子会社の非公開化で異なる。

　MBOの場合には，買収対象会社（以下，単に「対象会社」という）およびその株主のために行動することを期待される対象会社の取締役が買収者と共通した利益を有するという意味での利益相反が問題となる。親会社による子会社の非公開化の場合には，買収者である親会社は対象会社である子会社を支配しているため，対象会社の取締役が対象会社およびその少数派株主ではなく買収者の利益のために行動することを強いられるという意味での利益相反が問題となる。いずれにせよ，MBOと親会社による子会社の非公開化では，利益相反のため，対象会社の取締役が買収者側の利益のために行動する懸念があるという点が共通する。

　本章の目的は，MBOおよび親会社による子会社の非公開化の手段として行われる公開買付けに対して，金商法が特別な規制を課すことの是非自体を論じるものではない。むしろ，金商法のようにMBOと親会社による子会社の非公開化を同一の枠組みで規制することの是非を再検討することを目的とする。[3]
MBOと親会社による子会社の非公開化をどのような枠組みで規制すべきかという問題の重要性は，金商法にとどまらない。MBOおよび親会社による子会

---

2) また，MBOまたは親会社による子会社の非公開化の手段として行われる公開買付けに対して，買収対象会社の取締役が意見表明報告書において意見表明をする場合にも（金商27条の10第1項），利益相反回避措置（当該措置を講じている場合に限る）の内容を開示することが義務づけられる（他社株府令第4号様式記載上の注意(3)）。

3) 上場会社が組織再編等を行うことや，上場会社の株主に対して行われる公開買付けに対して対象会社が意見表明等を行うことは，適時開示制度の対象となる（有価証券上場規程（東京証券取引所）〔以下，東証上場規程〕402条1号i〜l・ap・y）。MBOまたは親会社による子会社の非公開化の手段として行われる公開買付けに対して対象会社が意見表明等を行う場合および親子会社の間で組織再編が行われる場合，必要かつ十分な適時開示を行うことが要求される（東証上場規程441条・441条の2第2項）。「必要かつ十分な適時開示」の内容は多岐にわたるが，親会社が公開買付けを前置せずに子会社と上場株式を対価として組織再編を行う場合を除き，規制の内容は同一である（佐川(2013) 80頁）。

社の非公開化の手段として公開買付けが行われる場合，第二段階として，全部取得条項付種類株式の取得など会社法に基づき公開買付けに応募しなかった株主から持株を強制的に取得することが行われる。このような取引は，二段階買収と呼ばれている。二段階目では，会社法172条に基づく手続など裁判所が公正な対価で株式を取得することを命じる手続が用意されている。これらの手続においても，MBOと親会社による子会社の非公開化は区別して論じられているようには思われない。

　しかし，MBOと親会社による子会社の非公開化は，利益相反取引である点は共通するが，先に述べたとおり利益相反の内容には大きな差異があるように思われる。直観的には，親会社による子会社の非公開化の方が，買収者である親会社が株式保有を通じて対象会社である子会社を既に支配しているという点で，MBOの場合よりも対象会社の株主の利益が害される危険が高いように思われる。しかし，第10章では，対象会社が設ける利益相反回避措置について，親会社による子会社の非公開化よりもMBOの場合の方が，特別委員会を設置する事案やMOM条項を利用する事案が多いことが指摘されている。[4] 仮に親会社による子会社の非公開化の方がMBOの場合よりも利益相反により対象会社の株主の利益が害される危険が大きいのであれば，第10章で明らかにされた利益相反回避措置に関する傾向には問題があると評価されよう。[5]

---

4) MOM条項とは，MBOまたは親会社による子会社の非公開化を行うための条件の一種であり，その内容は，実質的には，対象会社の株主の中で買収者側と共通の利害関係を有さない者の過半数（場合によってはそれ以上）が賛成する場合に限り取引を行うというものである。具体的には，MBOまたは親会社による子会社の非公開化の手段として公開買付けが行われる場合に，買付予定株式数の下限（金商27の13第4項1号）として，買収者側と共通の利害関係を有さない株主の過半数が応募しなければ達成できない数を定めることが，MOM条項に相当する（白井＝仁科＝岡（2015）30頁，森・濱田松本法律事務所編（2015）764頁）。

5) ただし，利益相反により対象会社が害される危険の程度は個々の事案によって大きく異なるため，常に親会社による子会社の非公開化の方がMBOの場合よりも利益相反により対象会社の株主の利益が害される危険が大きいとは言い切れない。例えば，発行済株式総数の30％に相当する対象会社株式を保有する代表取締役が買収者側に参加する場合と，発行済株式総数の40％に相当する対象会社株式を保有する親会社が買収者となる場合では，前者の方が利益相反の程度は高い可能性がある。前者では，個人として買収者側に参加する代表取締役はできるだけ買収価格を低額にすることに対して直接的な利害関係を有するが，後者では，親会社の取締役と株主の間に存在するエージェンシー問題のため親会社の取締役が親会社の株主利益最大化のために行動するとは限らず，高すぎる買収価格を提示する可能性もあり得るからである。

本章は，第 10 章の分析を踏まえて，公開買付けなど M&A に関する規制を構築する際に，MBO と親会社による子会社の非公開化を同様に取り扱うべきなのか，区別するべきならばどのような点に着目することが望ましいのかを検証することを目的とする。

2　MBO と親会社による子会社の非公開化の構造の比較

2.1　利益相反取引としての共通点

MBO と親会社による子会社の非公開化を規制する枠組みを分析するためには，まず，利益相反取引としての両者の特徴を明らかにする必要があると思われる。この点に関しては，最高裁平成 24 年 2 月 29 日決定（民集 66 巻 3 号 1784 頁。以下「平成 24 年最決」）が重要な示唆を与えてくれると思われる。

平成 24 年最決の事案は，2 つの上場会社が株式移転により統合することに反対して株式買取請求をした株主が裁判所に買取価格の決定が申し立てたものであり，MBO や親会社による子会社の非公開化とは異なる。また，二段階買収の事案でもない。しかし，平成 24 年最決は，*1* で述べた利益相反を根拠として特別の規制を設ける必要性を，いわば裏側から明らかにしたものと評価されるべきである。なぜなら，平成 24 年最決に従えば，裁判所は，MBO や親会社による子会社の非公開化のような利益相反が存在しない場合，原則として，成立した組織再編の条件を公正であると評価するという結論になるからである。平成 24 年最決は以下のように述べている。

「一般に，相互に特別の資本関係がない会社間において株式移転計画が作成された場合には，それぞれの会社において忠実義務を負う取締役が当該会社及びその株主の利益にかなう計画を作成することが期待できるだけでなく，株主は，株式移転完全子会社の株主としての自らの利益が株式移転によりどのように変化するかなどを考慮した上で，株式移転比率が公正であると判断した場合に株主総会において当該株式移転に賛成するといえるから，株式移転比率が公正なものであるか否かについては，原則として，上記の株主及び取締役の判断を尊重すべきである。そうすると，相互に特別の資本関係がない会社間において，株主の判断の基礎となる情報が適切に開示された上で適法に株主総会で承認されるなど一般に公正と認められる手続により株式移転の効力が発生した場

合には，当該株主総会における株主の合理的な判断が妨げられたと認めるに足りる特段の事情がない限り，当該株式移転における株式移転比率は公正なものとみるのが相当である」。

　まず，平成24年最決は，組織再編の当事者が「相互に特別の資本関係がない会社」であるか否かを重視していることを指摘することができるであろう。親会社による子会社の非公開化の当事者は相互に特別の資本関係がある会社であるから，平成24年最決の射程が及ばないことは明らかである。MBOについては，一段階目の公開買付けと二段階目の全部取得条項付種類株式の取得などを一体の取引として評価するならば，形式的には「相互に特別の資本関係がない会社」の間で行われた取引であるということになる。しかし，平成24年最決が「相互に特別の資本関係がない会社」であるか否かを重視する実質的理由に着目すれば，以下の通り，裁判所は，MBOを組織再編の当事者が相互に特別の資本関係がない会社である場合と同様に取り扱ってはならないことが明らかになる。

　会社法に基づく組織再編は，原則として，①各当事者の取締役による組織再編契約の締結等と②各当事者の株主総会による当該組織再編契約等の承認という二段階の手続を経て実行される。平成24年最決は，組織再編の当事者が相互に特別の資本関係がない会社である場合，①と②の手続を経て，組織再編の当事者の株主の利益が十分に保護されることを示唆している。具体的にいうと，①に関しては，会社に対して忠実義務を負う取締役が会社および株主全体の利益のために組織再編契約等を作成することが期待できることが，②に関しては，株主は組織再編契約等の内容が株主としての利益に与える影響を考慮した上で，当該組織再編契約等に賛成するか否かを判断する機会を与えられていることが指摘されている。

　二段階買収と組織再編は，法形式としては異なるが，取引の当事者間で行われていることは実質的に等しいように思われる。なぜなら，二段階買収の形態で行われるMBOや親会社による子会社の非公開化にも，①と②の手続が存在するからである。具体的にいうと，一段階目の公開買付価格の決定が①に相当し，公開買付けと二段階目の株主総会の2回にわたって②の手続が行われる

と評価されるべきである[6]。

このように考えれば，親会社による子会社の非公開化では，①と②の双方について，組織再編の当事者が相互に特別の資本関係がない会社の場合と同様の手続が行われるだけでは，子会社およびその少数派株主の保護の仕組みとしては不十分であることが明らかになる。①では，子会社の取締役が，親会社の利益のために行動するよう強いられる可能性があることが問題となる。②では，親会社が保有する子会社株式の数が多ければ，親会社は，子会社およびその少数派株主の利益を害する場合であっても，子会社の少数派株主の意思を無視して一方的に非公開化を行うことができることが問題となる[7]。

これに対してMBOでは，MBO以前に買収者側が保有する対象会社の株式の数が少なく，かつ，公開買付けの強圧性や買収者および対象会社の情報開示に関する問題がなければ，②の手続は組織再編の当事者が相互に特別の資本関係がない会社の場合と同様の保護を対象会社の株主に与えるものと評価できなくもない。しかし，①に関して，買収者側と共通の利害関係を有する者が対象会社の取締役としてMBOの条件の決定に影響を与える可能性への対処が成されていない限り，対象会社の株主に組織再編の当事者が相互に特別の資本関係がない会社の場合と同様の保護が与えられていると評価することはできないように思われる。

2.2 取引の構造上の差異

*2.1*の検討から，MBOと親会社による子会社の非公開化では，これらに内在する利益相反ゆえに，組織再編の当事者が相互に特別の資本関係がない会社である場合には存在した株主保護の仕組みが，機能不全に陥る可能性のあることが明らかになったと思われる。合わせて，MBOと親会社による子会社の非

---

[6] 二段階買収を一体の取引として評価すべきことは，最決平成28・7・1金判1497号8頁によって明示されている。ただし，二段階目として特別支配株主の株式等売渡請求（会社179条以下）や略式組織再編（会社784条1項）が利用される場合は，②に相当する手続は公開買付けのみとなる。

[7] わが国では，特別決議を成立させることができるだけの議決権を支配していれば，少数派株主を締め出すことができる（会社309条2項3号など）。極論すれば，親会社が子会社の総議決権の3分の2以上を支配していれば，取消事由（会社831条1項3号）が存在する場合を除き，親会社以外の子会社株主が非公開化に反対していても，親会社は子会社を非公開化することができる。

公開化を比較した場合，後者では①と②の双方に重大な問題があるのに対して，前者では①の問題の方が重大であることも明らかになった。両者の間に存在するこのような差異は，両者を同一の枠組みを用いて規制することに慎重な立場を基礎付ける。

例えば，わが国の MBO に関する法制度の整備の出発点となった経済産業省「企業価値の向上及び公正な手続確保のための経営者による企業買収（MBO）に関する指針」（2007 年 9 月 4 日。以下「MBO 指針」）では，MBO と親会社による子会社の非公開化を同列に扱うことに対して，留保がなされている。そして，MBO 指針では，「支配会社の有する議決権の割合が既に高い場合には，支配会社が不十分な価格での取引を行い従属会社の株主の利益が害されるとの恐れは MBO に比しても高く，MBO における議論より更に厳格に考える必要もあるのではないか」，「支配会社が存在する場合には，MBO における上記議論のように対抗買付の機会を確保したとしても，対抗者が出現する可能性が低く，必ずしも適正性の担保とはならない」といった見解が挙げられている。これらの見解は，親会社による子会社の非公開化では①と②の双方に問題があることを指摘するものであり，MBO よりも親会社による子会社の非公開化を厳格に規制することを基礎付ける根拠となり得る。

ところが，同じく MBO 指針では，MBO と比較して親会社による子会社の非公開化を厳格に規制する必要性は小さいことを指摘する見解も紹介されている。具体的には，「支配権の移転が伴う MBO の場合には，一般株主は，支配権の移転に伴う上乗せ価値（コントロール・プレミアム）を享受できる地位にありながら，それを享受できない不当な低価格の対価しか受けられない恐れがあるのに対し，既に支配権が支配会社に移転している場合には，従属会社との間で組織再編等を行ったとしても，一般株主はそもそもコントロール・プレミアムを享受すべき地位にないことから，実際の不利益は MBO の場合よりも小さい」との指摘である。

MBO 指針が示した慎重な態度とそこで紹介された一見すると相対立する見解は，わが国において，MBO と親会社による子会社の非公開化の両者の関係が未だ定まっていないことをうかがわせる。組織再編の当事者が相互に特別の資本関係がない会社の場合と比較すれば，親会社による子会社の非公開化の方が MBO の場合よりも対象会社の株主の利益が害される危険性が高いように思

われる（以下「観点a」）。しかし，MBO指針で紹介された見解が指摘するように，支配権の移転を伴うか否かに着目した場合には，MBOの方が親会社による子会社の非公開化の場合よりも対象会社の株主の利益が害される危険性が高いとの評価も成り立ち得る（以下「観点b」）。

観点aと観点bは一見すると矛盾するようであるが，以下のように考えれば，両者を整合的に理解することができるように思われる。観点aは規制対象の問題，すなわち，MBOと親会社による子会社の非公開化では規制対象とすべき手続き上の問題が異なることを示すものと理解されるべきである。平成24年最決が示した論理に即して説明すれば，観点aは，親会社による子会社の非公開化では，対象会社である子会社の取締役が買収者である親会社の意向に沿った行動をとるという問題に加えて，親会社が子会社の株主の意思を無視して取引を行うことができる場合があるため，この点に対する対処も必要であることを示しているのである。

これに対して観点bは規制目的，すなわち，MBOと親会社による子会社の非公開化では規制によって達成すべき株主保護のレベルに違いがあってしかるべきことを示唆するものと理解すべきである。観点bに関して，平成24年最決は直接的な判示を行っていない。平成24年最決は，MBOや親会社による子会社の非公開化の場合には，組織再編の当事者が相互に特別の資本関係がない会社の場合に用いられる仕組みでは対象会社の株主の利益が十分に保護されないことを示唆している。しかし，平成24年最決は，この点を理由にして裁判所が常に自ら公正な価格を算定する必要があるとまでは述べていない。MBOと親会社による子会社の非公開化の条件を裁判所が決定するという仕組みでは，当事者の予測可能性を著しく害するため，対象会社およびその株主の利益になるMBOや親会社による子会社の非公開化を阻害するという問題がある。

言い方を換えれば，観点bは，平成24年最決では明示されなかった問題，すなわち，MBOや親会社による子会社の非公開化において裁判所が対象会社の株主および取締役の判断を尊重するための条件に関連する。MBOおよび親会社による子会社の非公開化を規制する根拠を利益相反に求めるのであれば，利益相反によって対象会社の株主が害される危険に対して十分な対処がなされているのであれば，裁判所は対象会社の株主および取締役の判断を尊重すべき

との結論になろう。問題は，裁判所がこのような判断をする際に参照できる基準を確立できるか否かである。観点 b は，このような基準を構築する際の手掛かりとなる。

観点 b は，MBO には支配権取引（買収者が新たに支配権を取得する取引）という要素があるが，親会社による子会社の非公開化には存在しないことを示している。支配権取引は，MBO のような利益相反を抱える取引の他に，独立当事者間でも行われる可能性がある。したがって，MBO において，利益相反によって対象会社の株主が害される危険に対して十分な対処がなされているか否かは，独立当事者間の取引の場合を参照しつつ判断することが望ましいように思われる。これに対して，親会社による子会社の非公開化については，独立当事者間で行われる取引を想定することはできない。そのため，MBO に関して存在したような裁判所が参照できるような取引が存在しない。しかし，親会社による子会社の非公開化は親子会社間の取引の延長線上にあるので，少なくとも，親子会社間の取引に関する規制との整合性は確保される必要があると思われる。

2.3 MBO および親会社による子会社の非公開化の規制のベンチマークとは？

MBO と親会社による子会社の非公開化は，利益相反を抱えるという点で共通するが，*2.2* で述べたように，その構造には大きな差異がある。その結果，MBO については規制によって達成すべき状態（ベンチマーク）が明らかであるのに対して，親会社による子会社の非公開化についてはベンチマークが不明確な状況にある。その結果として，MBO と親会社による子会社の非公開化の関係も不明確になり，両者が抱える利益相反の内容に応じた木目の細かい規制を構築することが妨げられているのではないかと思われる。以下では，MBO と親会社による非公開化のそれぞれについて，それぞれのベンチマークを意識しつつ，望ましい規制の内容を再検証することにする。

3 支配権取引としての MBO の規制

まず，MBO を規制する際のベンチマークとして，独立当事者間の支配権取引を位置づけることは，以下に述べるように，規制を必要とする理由が利益相

反であることとも整合的であることを確認しておこう。

　会社がある買収者から会社の発行済株式全部を取得するという提案を受けた場合，取締役会は当該提案を受けるか否かを会社および株主全体の利益の観点から検討する義務を会社に対して負う。会社および株主全体の利益の観点から検討するという意味は，以下の通りである。このような提案を会社が受けることによって企業価値が増加するかという問題と，株主全体の利益，すなわち，対価の妥当性は理論的には区別されるべき問題である。買収者が株主に提示する対価の額の高低は，取引によって生じることが期待される企業価値の増加分の分配の問題である。しかし，独立当事者間では，取締役が買収者の提案を受け入れたとしても株主の多数が反対すれば，取引は成立しない。したがって，取締役会は，買収者の提案によって企業価値が増加するか否かのみならず，企業価値を増加させる提案を成立させるために，その対価の額が多数の株主が納得するものであるかを考慮せざるを得ない。買収者に取締役が出資することが予定されているといった事情が存在しなければ，MBOの場合と同様の利益相反によって，買収対象会社の取締役会の判断が歪められることはない。取締役会は，買収者に従属することなく，いわば独立した当事者として買収提案への対応を決定することができる。このような状況で取締役会が行う判断は，買収提案がなされた当時の状況では会社および株主が期待することができる最善のものであるから，事後的に司法が介入する必要性は小さい。これが，独立当事者間の取引は尊重されるべきことの実質的な根拠である。

　MBOの提案がなされた場合，理論的には，取締役が利害関係を持つMBOの買収者の他に潜在的な買収者が存在する可能性がある。取締役会は，このような潜在的な買収者よりもMBOに同意する方が会社および株主全体の利益の観点から望ましいと判断した場合に限り，MBOに同意するべきである。しかし，1で述べた利益相反によって，このような判断が歪められる可能性がある。したがって，対象会社の取締役会が独立当事者間の取引を行うことができる潜在的な買収者ではなくMBOを選択したことによって，対象会社の少数派株主が不利益を被らないようにするために，何らかの法規制を設けることが正当化される。わが国の金商法やMBO指針などは，買収者および対象会社の取締役会に利益相反回避措置等を利用することを求めることによって，独立当事者間の取引に比肩する状況でMBOの条件が交渉されることを目的としていると解

するべきである。

　次に，独立当事者間の取引をベンチマークとして MBO の規制を構築すべきとの立場からは，例えば，以下のような具体的な示唆を得ることができる。

　第 1 に，対象会社の株主に分配されるコントロール・プレミアムの量について，あらゆる場合に公正であると評価されるような数値は存在しない。独立当事者間の取引においても，両当事者の交渉力の差異等によって，対象会社の株主が享受できるコントロール・プレミアムの量は変化するし，常に両当事者が同等の交渉力を有するとは限らない（加藤 (2009) 13 頁注 16）。言い方を換えれば，MBO を規制する目的は利益相反によって対象会社の買収者に対する交渉力が弱体化することを防止することであって，一定額以上のコントロール・プレミアムを対象会社の株主に保障することと位置づけられるべきではない。

　第 2 に，MBO の提案を受けた対象会社の取締役が具体的になすべき行動は，対象会社を取り巻く当時の経済環境等によって大きく異なる。この点は，デラウェア州の判例法理における Revlon 義務の内容を参照することによって明らかになる。一般的に，MBO は，支配株主の信認義務が問題とされる場合を除き，対象会社の取締役について Revlon 義務の違反が問われる事案であると理解されている（Cain & Davidoff (2011) at 898）[8]。対象会社の取締役が Revlon 義務を負う場合，取締役は対象会社の株主にとっての最善の価格（"the best price"）を獲得することを義務づけられる[9]。しかし，Revlon 義務は，例えば，会社を売却するために公開的な競売手続を行うことなど特定の行動を行うことを取締

---

[8] MBO の買収者側に出資者などとして参加する取締役が支配株主と評価される場合，MBO は支配株主の信認義務の問題として規制される。支配株主の信認義務は親会社による子会社の非公開化の局面でも問題となる。すなわち，アメリカでは，MBO であろうと親会社による子会社の非公開化であろうと，支配株主が買収者となる場合には，共通の規制が適用されるのである。信認義務違反の有無が最も厳格な完全公正基準によって判断される場合，支配株主には取引の内容の公正さを立証することが求められるということである。これに対して，支配株主の信認義務が問題とされる状況ではない場合，主に対象会社の取締役の信認義務が問題とされる。MBO の提案に直面した対象会社の取締役の信認義務違反について，MBO に対して独立取締役または利害関係の無い株主の賛成を得ることができれば，完全公正基準は適用されないと解されてきたようである（Cain & Davidoff (2011) at 874-875）。

[9] Revlon, Inc. v. MacAndrews & Forbes Holdings Inc., 506 A.2d 173, 182 (Del. 1986); Lyondell Chem v. Ryan, 970 A.2d 235, 242 (Del. 2009) (*Lyondell*).

役に義務づけるものではない[10]。取締役に要求されるのは，個別具体的な状況において，株主にとっての最善の価格（"the best price"）を得るために合理的な行動をとることである。したがって，対象会社の取締役に課されるのは，"the best value reasonably available"を獲得することと理解されている[11]。

第3に，MBOも支配権取引である以上，MBOに特有の利益相反に加えて，支配権取引に共通する問題を抱えている。この点も，デラウェア州の判例法理におけるRevlon義務の位置付けを参照することによって明らかになる。Revlon義務は，必ずしもMBOを念頭に置いて発展した判例法理ではない（北川（2010）162頁）。しかし，MBOをRevlon義務の解釈を通じて規制することは，MBOにおける問題は買収者側に対象会社の取締役が出資するという意味での利益相反にとどまらないことを示唆しているように思われる。

このように独立当事者間の支配権取引というベンチマークの存在は，MBOを対象とする規制を構築する際に，重要な示唆を与えてくれる。しかし，独立当事者間の支配権取引を対象とした規制に何らかの問題があれば，MBOを対象とした規制はベンチマークを失うことになる。アメリカでは，Revlon義務の適用範囲やその意義をめぐって様々な見解が主張されている（飯田（2015a）138-149頁）。このことは，支配権取引を対象とする規制についても再検討を要する事項が存在することを示唆しているように思われる。

ところが，わが国の支配権取引に関する規制は，MBOという特殊な類型を牽引車として整備されてきたように思われる。そのため，独立当事者間の支配権取引に関する規律については，議論の蓄積が十分とはいえない状況にある（白井（2013a）2頁）。第10章で明らかにされた，親会社による子会社の非公開化よりもMBOの方がMOM条項の利用される場合が多いという傾向は，わが

---

10) *Lyondell*, 970 A.2d 242-243.

11) Paramount Communications Inc. v. QVC Network Inc., 637 A.2d 34, 44 (Del. 1993)（*QVC*）。デラウェア州衡平法裁判所の裁判官であるLasterは，対象会社の取締役が負う義務の内容を以下のように要約する（Laster (2013) at 21-22）。取締役会は合理的に行動すれば，1人の買収者とのみ交渉することができる。競合的な買収提案に直面した取締役会は，名目的な価格は低いが実現可能性は高い買収提案を選択することができる。取締役会は，株主利益を増加させるために必要であると合理的に行動するのであれば，ある買収者または買収者の中の一部を優遇することができる。状況によっては，取締役会は合理的に行動すれば，買収提案を行うことに興味を持っていると思われる買収者と接触しないという決定を行うことができる。

国では MBO を対象とする規制のベンチマークである独立当事者間の支配権取引に関する規律が不明確であるため，実務が法的リスクを極小化するために過剰に反応した一例であると評価することも可能であるように思われる。

4　親子会社間の取引としての親会社による子会社の非公開化

4.1　規制のベンチマークの不存在

親会社は，その定義上（会社2条4号），子会社の経営を支配している。親会社が自ら子会社株式を第三者に譲渡する場合，子会社の支配権が親会社から譲受人に移転する。しかし，親会社が第三者に子会社株式を譲渡する取引は，MBO における独立当事者間の支配権取引とは異なり，当然に親会社による子会社の非公開化のベンチマークとなるわけではない。そのような解釈が成り立つためには，少なくとも，親会社は子会社の企業価値の最大化につながる場合に子会社株式を第三者に譲渡する義務，もしくは，親会社が提案した非公開化の条件よりも有利な条件を提示した第三者に子会社株式を譲渡する義務が肯定されなければならないと思われる。MBO の場合，対象会社の取締役は，MBO に応じるか否かを決定する前に他に有利な条件を提示してくれる可能性のある買収者の存在などを考慮しなければならない場合がある。これに対して，少なくともわが国では，親会社は，取引条件に関する制約はさておき，子会社を非公開化するか第三者に子会社株式を譲渡するかを自由に選択できると考えられてきたのではなかろうか（伊藤 (2012a) 36頁）[12]。

しかし，親会社による子会社の非公開化について MBO のような規制のベン

---

12) デラウェア州の判例法理でも同様に解されている。*See* Mendel v. Carroll, 651 A.2d 297, 305-307 (Del. Ch. 1994). なお，親会社が保有する子会社株式を第三者に譲渡しようとする場合，当該第三者は公開買付けを強制される場合がある（金商27条の2第1項）。仮に公開買付けを強制する趣旨が親会社など支配株主によるコントロール・プレミアムの独占を妨げることにあるのであれば，親会社による子会社の非公開化においても，親会社が非公開化による子会社の企業価値増加分を独占することは許されないという結論になろう。第三者が支配株主に支払うコントロール・プレミアムの源泉には，第三者が子会社株式を取得した後に生じる子会社の企業価値増加分が含まれるからである。このように考えることができるのであれば，親会社による子会社の非公開化を規制する際のベンチマークとして，親会社による子会社株式の譲渡を位置づけることができるようになる。しかし，公開買付けを強制する趣旨自体に争いがあることに留意しなければならない。

チマークが存在しないことは，親会社による子会社の非公開化を全く規制しないという立場や規制を一から構築すべきとの立場を当然に導くわけではない。このような立場は，関連する取引との間に合理的な理由の無い差異を作り出し，規制逃れ（regulatory arbitrage）を誘発する可能性がある。親会社による子会社の非公開化は親子会社間の取引である以上，親子会社間の取引を対象とした一般的な規制にも服することになる。この点を，デラウェア州の判例法理を例に確認しておこう。

4.2 親子会社間の取引に関する規制と親会社による子会社の非公開化を対象とする規制の関係

デラウェア州の判例法理では，親会社による子会社の非公開化に際して，親会社の信認義務違反が問われることがある[13]。親会社の信認義務は，子会社の非公開化に際してのみ問題となるのではない。親会社は，子会社の支配株主として，一般的に子会社および子会社少数派株主に対して信認義務を負う[14]。アメリカ法では，支配株主に会社または少数派株主に信認義務を課す根拠として，支配株主が取締役を支配できることによって取締役の信認義務に関する規律が骨抜きになることの防止が挙げられている（加藤（2012）50-51頁）。

親会社による子会社の非公開化は，親子会社間の取引の延長線上に位置づけられている。親子会社間の取引は，取締役と会社の取引と同じく，いわゆる"self-dealing"として規制される。"Self-dealing"を規制する根拠は，ある取引の両当事者に取締役または支配株主が立つことによって，会社および株主全体にとって不利な取引が行われてしまうこと，すなわち，利益相反にある。したがって，"self-dealing"の規制を通じて，会社の取引相手となる取締役または支配株主が，取引を行うか否かという会社の意思決定に影響力を行使できな

---

13) なお，支配株主による少数派株主の締出しは支配権の移転を伴わないので，Revlon義務が適用される事案ではないと理解されているようである（Subramanian（2005）at 49-50）。Revlon義務は，買収対象会社の株主の支配権に対する利益を保護するものと位置づけられている。*See QVC*, 637 A.2d 43.
14) 支配株主の定義は制定法ではなく判例法理に基づくものであり，かつ，具体的な事案に応じて支配株主か否かが判断される。ただし，多くの場合，わが国の会社法の定義を満たす親会社は，デラウェア州の判例法理における支配株主と評価されると思われる（加藤（2012）51頁）。

いようにすることが企図される。

　親会社が親会社株式ではなく現金等を対価とする合併（long-form merger）によって子会社を非公開化する場合を対象とする判例法理の発展は，まさに上記のような観点から理解することができる[15]。デラウェア州の判例法理では，Weinberger 判決以降，合併（long-form merger）によって親会社が子会社を非公開化する場合，支配株主である親会社の信認義務違反の有無は完全公正基準に従って判断されてきた[16]。完全公正基準が適用される場合は，経営判断原則が適用される場合と異なり，裁判所が事後的に合併の条件や交渉の内容を実質的に審査する。取引が公正であることの立証責任を負担するのは，支配株主である[17]。Lynch 判決は，支配株主から独立した取締役から構成される独立委員会または支配株主と共通の利害関係を有していない一般株主の過半数の承認があった場合には，完全公正基準が適用されることは変わらないが，取引の公正さの立証責任は原告側に移ると判示した[18]。これに対して，MFW 判決は，支配株主から独立した取締役から構成される独立委員会および支配株主と共通の利害関係を有していない一般株主の過半数の双方の承認があった場合には，経営判断原則が適用されると判示した[19]。

　MFW 判決は，合併（long-form merger）によって親会社が子会社を非公開化する場合であっても，経営判断原則が適用される場合があることを示したという点で，非常に重要な意味を持つ。本章の問題関心からは，特別委員会による承認に加えて，支配株主と共通の利害関係を有していない一般株主の過半数の承

---

15) 簡略化すると，デラウェア州一般事業会社法には，対象会社の株主総会決議が必要な合併（long-form merger）と不要な略式合併（short-form merger）がある。See Delaware General Corporation Law (DGCL) §251(c); 253. なお，2013 年の改正により，買収者が二段階買収の一段階目の公開買付けによって合併（long-form merger）に必要な株主総会の決議要件を満たす議決権数を確保した場合，株主総会決議を経ることなく，二段階目の合併（long-form merger）を行うことができるようになった。See DGCL §251(h).

16) Weinberger v. UOP, Inc., 457 A.2d 701 (Del. 1983).

17) 信認義務違反を争う訴訟において経営判断原則が適用されることの意味は，完全公正基準が適用される場合よりも，被告によるデラウェア州衡平法裁判所規則 12 条 (6) に基づく訴訟却下の申立て（motion to dismiss）が認められやすくなるため，訴訟が早期に終了する可能性が高くなる点にある（加藤 (2012) 54 頁）。

18) Kahn v. Lynch Communication System, Inc., 638 A.2d 1110 (Del. 1994).

19) Kahn v. M & F Worldwide Corp., 88 A.3d 635 (Del. 2014) (MFW).

認,すなわち,MOM条項も利用された場合に限り,経営判断原則が適用されることが示された点が重要と思われる。MOM条項を利用するということは,親会社による子会社の非公開化の成否についての判断を完全に子会社の少数派株主に委ねるということを意味する。デラウェア州判例法では,ここまで支配株主の影響力が排除されて,初めて経営判断原則が適用されることに留意されるべきである。

　*Weinberger*判決,*Lynch*判決,*MFW*判決はいずれも親会社による子会社の非公開化の事案であるが,これらによって形成された判例法理は,支配株主である親会社と子会社の取引を一般的に対象とする規律として位置づけられている(加藤(2012)55-59頁)。したがって,少なくともデラウェア州一般会社法を設立準拠法とする会社については,判例法理において,親子会社間の取引の中で親会社による子会社の非公開化を対象とした特別な規制は存在しない。ただし,親子会社間の取引に際して支配株主である親会社が子会社およびその少数派株主に信認義務を負うという規制は厳格であり,親会社による子会社の非公開を対象とする特別の規制を設ける必要性は大きくないという理解が正しいように思われる。

　これに対してわが国では,支配株主である親会社と子会社の取引は主に情報開示によって規制されているにすぎない(会社計算98条1項15号・112条)。会社法は取締役と会社の利益相反を対象とした特別の規定を有しているが(会社356条・365条),同趣旨の規定は支配株主と被支配会社およびその少数派株主の利益相反には存在しない。親子会社間の取引に際して子会社の株主総会決議が必要となる場合,取引の条件が子会社に著しく不利であることは決議の取消事由となる(会社831条1項3号)。しかし,親子会社間の取引の条件が子会社にとって不利であることについて立証責任を負うのは,原則として,決議取消しを求める子会社の少数派株主である。

　わが国においても,デラウェア州法と同じく,親子会社間の取引に一般的に適用される規制によって親会社による子会社の非公開化の問題を十分に対処できると評価できるのであれば,親会社による子会社の非公開化を対象とした特別の規制は必要ないという結論になろう。[20] この場合,第10章で示された

---

20) 本章では詳細に検討することはできなかったが,上場会社が支配株主と重要な取引を行う場合を対象とした金融商品取引所の規制が存在する(園田(2011)34頁)。親会

MBO の方が親会社による子会社の非公開化の場合よりも様々な利益相反回避措置が利用される傾向にあるという事実は，問題とする必要が無いという結論になる。これに対して，親会社による子会社の非公開化が他の親子会社間の取引には無い特徴を有しているのであれば，わが国において親子会社間の取引の中で親会社による子会社の非公開化を特に取り上げて規制することを正当化できる余地がある。親会社による子会社の非公開化を対象とした特別の規制が必要か否かという問題に答えるためには，親会社による子会社の非公開化が抱える親子会社間の取引を対象とする一般的な規制では対処できない問題の存否および少数派株主の締出しに関する規律との整合性を検討することが必要となる。

4.3 親子会社間の取引の中で親会社による子会社の非公開化を特に取り上げて規制する必要性

4.3.1 親子会社間の取引を対象とする一般的な規制では対処できない問題の存在

第1に，親会社による子会社の非公開化に関する規律が資源配分の効率性に与える影響が挙げられる[21]。例えば，規律が緩やかであると，親会社に対して，市場価格が企業価値に比して過小評価されている時期を狙って非公開化するという誘因を与えることになる（Subramanian (2005) at 32-34[22]）。親会社は，子

社による子会社の非公開化は，前掲注3）で述べた規制に加えて，このような上場会社が支配株主と重要な取引を行う場合に適用される規制にも服する。わが国の親子会社間の取引に適用される規制を評価するためには，会社法だけではなく金融商品取引所の規制も合わせて検討する必要があるが，この点は将来の検討課題とする。

21) 以下の記述は，Subramanian (2005)を参考としている。この文献では，当時，デラウェア州判例法では支配株主が被支配会社の少数派株主を締め出すために選択した方法が異なると適用される規律も異なっていたため，非効率的な取引が行われたり，効率的な取引が妨げられるという問題が発生していたことが指摘されている。具体的にいうと，支配株主が合併（long-form merger）によって締出しを行う場合には完全公正基準が適用されるが，公開買付けを行った後に行う略式合併（short-form merger）によって締出しを行う場合には経営判断原則が適用されるという差異が存在した。なお，現在では，MFW判決が出されたことに加えて，支配株主が公開買付けと略式合併を組み合わせる場合であっても，経営判断原則を適用する前提として，独立取締役から構成される特別委員会の承認と MOM 条項の利用を要求するデラウェア州衡平法裁判所の裁判例（CNX Gas. Corp. Shareholders Litigation, 4 A 3d. 397 (Del. Ch. 2010)）が存在するなど，両者の差異は縮まっているように思われる（Restrepo & Subramanian (2015)）。

22) その他に，非公開化の対価を節約するために，非公開化の直前に子会社の企業価値を引き下げる行為を行うことや子会社の企業価値を引き上げる行為を非公開化後に先送

会社の企業価値に関して，市場価格に反映されていない情報を有している場合がある。このような情報が，親会社と子会社の間でなされる交渉を通じて親会社から子会社に提供されない場合，親会社は子会社の企業価値に比して非公開化の対価を安くすることができる。また，非公開化に必要な費用を節約することができるのであれば，親会社が子会社の企業価値の観点からは上場を維持した方が望ましい場合であっても非公開化を選択し，社会的な損失が発生する可能性がある。子会社の企業価値の下落は，親会社にとっても損失である。しかし，親会社は締出し後の子会社の企業価値の低下を非公開化の対価の節約によって補うことができる（Subramanian (2005) at 34）。何らかの法規制が存在しない場合，子会社など支配株主を有する会社の株式を取得しようとする投資家は，親会社は企業価値に比して安く非公開化できることを踏まえて取得価格を決定する。その結果，支配株主を有する会社の株価が全体的に引き下げられ，これらの会社の資金調達コストが増加する（Subramanian (2005) at 35-37）。

このような問題は，親会社が保有する子会社株式の数が多く，非公開化を成功させるために他の株主から同意を得る必要性が低い場合に深刻なものとなるように思われる。しかし，規律が厳格すぎると，企業価値を増加させるような子会社の非公開化を抑止するという弊害が顕著になる点にも留意が必要である[23]。

これに対して，資源配分の効率性の問題は，親会社による子会社の非公開化に特有の問題ではなく，親子会社間の取引に共通した問題であるとの批判が考えられる。確かに，子会社が親会社との間で，第三者と行った方が子会社にとって望ましい取引や不要な取引を強いられる場合，何ら付加価値を生まない取引が行われるという点で資源配分の効率性が歪められているといえよう。しかし，親会社による子会社の非公開化には，他の親子会社間の取引と比べて資源配分の効率性に与える影響が大きいことに加えて，親会社のインセンティブ構造に無視できない違いがあることを指摘できる。それは以下のように説明でき

りするという誘因も発生する（Subramanian (2005) at 34）。
 23) 例えば，Subramanian (2005) at 39-40 は，合併（long-form merger）の際に設置される特別委員会を構成する独立取締役は締出しが成功しても利益を得るわけではなく，かつ，締出しに賛成すると訴訟にさらされる可能性があるので，企業価値が増加する締出しに反対する誘因を持っていることを指摘する。

る（加藤（2012）70-71 頁）。親会社は，子会社の株式を大量に保有しているため，少なくとも子会社株式に市場価格が存在する場合には，子会社の株式価値を増加させる経済的インセンティブを持っているように思われる。親子会社間の取引が子会社にもたらす価値は，利益配当など具体的な手続きを経ることなく，子会社株式の市場価格に自動的に反映されるからである。これに対して，親会社が子会社の非公開化を行おうとする場合，その構造上，親会社には，子会社の少数派株主の利益のために行動しようとする経済的インセンティブが乏しい。なぜなら，子会社株式の市場価格を通じた規律が存在しないことに加えて，少数派株主は非公開化による子会社株式の価値増加を直接享受できず，非公開化の対価が低ければ低いほど親会社は利益を得るという関係にあるからである。

　ところで，わが国において親会社および子会社がともに上場会社である場合について，子会社は必ずしも不利益を受けているわけではないことを示す著名な実証研究がある（宮島＝新田＝宍戸（2011）332-333 頁）。この研究は，先に述べたことと異なり，親会社は親子会社間の取引などによって子会社を搾取する強いインセンティブを有していないことを示唆している。しかし，親会社による子会社の非公開化は分析対象に含まれていないようである。また，「日本の主要な企業グループでは，その頂点に位置する親会社の株主構成が高度に分散されているのが典型である」とも指摘されている（宮島＝新田＝宍戸（2011）296 頁）。この点は，以下のように，子会社を非公開化しようとする親会社のインセンティブ構造を考える際に重要な意義を持つ。

　親会社のインセンティブ構造は，親会社の取締役のインセンティブ構造によって決まる部分が大きいように思われる。そして，親会社の取締役がその株主の利益のために行動するよう十分に規律付けられていない場合，親会社の取締役は子会社の非公開化に要する費用の削減を最優先に考えない可能性があるのではなかろうか（Black（1989）at 627-628）。親会社による子会社の非公開化は企業グループの再編成の一環として行われる場合が多いと思われるが，親会社の取締役にとっては，予定通りに再編成を行うことが最優先の目的となるように思われる。親会社が子会社による非公開化に要した費用の額が妥当か否かは親会社の取締役の裁量に委ねられた経営判断の問題であるから，その費用が高価すぎることを理由に親会社の経営者が責任を問われる可能性は著しく小さいと

思われる。これに対して，親会社に支配株主が存在する場合，親会社の取締役は支配株主の意向を無視することはできない。そして，支配株主が，親会社が子会社の非公開化のために支出する費用の額を節約することを望むのであれば，親会社の取締役はその意向に従って行動するであろう。その結果，非公開化の条件について親会社と子会社の利害対立が深刻になるのである。

　以上の検討から，親会社による子会社の非公開化は他の親子会社間の取引と比べて，親会社が子会社およびその少数派株主を害する時期または条件で非公開化を行う危険性が高いと評価すべきように思われる。このような危険性は，最終的には子会社の非公開化を行おうとする親会社のインセンティブ構造に由来する。ただし，親会社のインセンティブ構造は，親会社に支配株主が存在するか否かといった事情によって変化することに留意が必要である。

4.3.2　少数派株主の締出しの条件としての「公正な価格」

　親会社による子会社の非公開化は，会社法に基づく少数派株主の締出しであるから，MBO と同じく少数派株主の締出しに関する規律が適用される。わが国の少数派株主の締出しに関する規律の目的には，株式を強制的に取得される株主に公正な価格を保障することが含まれると思われる[25]。この点は，以下のような規定に現れている。株式の併合や合併，株式交換によって締め出される株主は，会社に対して公正な価格で持株を買い取ることを請求できる（会社182条の4第1項・785条1項）。全部取得条項付種類株式の取得によって締め出される株主は裁判所に対して取得価格の決定を申し立てることができるが，その際，裁判所は公正な価格を取得価格として決定するものと理解されている[26]。

　最高裁平成21年5月29日決定（金判1326号35頁）において示された田原補足意見に従えば，少数派株主の締出しに際して保障される公正な価格の構成要素は，①締出しが行われなかったならば株主が享受し得る価値（以下「客観的価

---

24) 最判平成22・7・15判時2091号90頁。
25) なお，親会社による子会社の非公開化の対価として親会社の株式が利用される場合も，子会社の少数派株主に公正な価格が保障されるべきことに変わりは無い。対価が親会社の株式であっても子会社の少数派株主に交付される株式数によっては，対価が現金の場合と同じく，親会社が非公開化によって生じる子会社の企業価値の増加分を独占することが可能になるからである（藤田（2007）277頁）。
26) 最決平成21・5・29金判1326号35頁（田原補足意見）。

値」）と，②締出しによって増大が期待される価値のうち株主が享受してしかるべき部分（以下「増加価値分配価格」）に分けられることになる[27]。その後の下級審裁判例は，田原補足意見に従って，全部取得条項付種類株式の取得価格決定手続を運用しているように思われる[28]。このような運用において，MBOと親会社による子会社の非公開化は区別されていないように思われる[29]。

しかし，MBOと親会社による子会社の非公開化では，ともに対象会社の株主に公正な価格が保障されるべきといっても，公正価格の具体的な内容が実際に同じである，または，同じであるべきとは限らない。利益相反の内容や他の買収者候補の有無などMBOと親会社による子会社の非公開化では対象会社およびその株主を取り巻く状況が大きく異なるからである。

2.1で指摘したように，MBOや親会社による子会社の非公開化のために行われる少数派株主の締出しについて，平成24年最決の射程は及ばない。しかし，このことは裁判所が常に公正な価格を自ら算定すべきことを意味しない。学説では，利益相反回避措置が適切な形で用いられている場合には，MBOや親会社による子会社の非公開化であっても，当事者間の交渉の結果を尊重すべきであるとする見解が有力である（加藤（2009）5-6頁；田中（2014）；飯田（2015b））。この見解は，平成24年最決とも整合的である。平成24年最決は，組織再編が独立当事者間で行われた場合には原則として組織再編の条件は公正であると判断したからである[30]。

---

27) 客観的価値および増加価値分配価格という用語法は，東京地決平成27・3・4金判1465号42頁に従った。
28) 東京高決平成25・10・8金判1429号56頁。
29) 東京地決平成27・3・4金判1465号42頁，東京地決平成27・3・25金判1467号34頁。
30) 平成24年最決は株式移転の事案であり，少数派株主の締出しを対象としていないから，その射程は後者には及ばないとの評価もあり得るかもしれない。しかし，株式を対価とする組織再編であっても，組織再編の条件が当事者の一方にとって著しく不公正であった場合，その会社の株主にとって組織再編の対価は田原補足意見のいう「公正な価格」とはいえないであろう。そして，独立当事者間においては，組織再編の条件は，当事者である会社の企業価値とシナジーなど組織再編による企業価値増加分に加えて，シナジーなどの発生に対する各当事者の貢献度や交渉力など個別具体的な事情によって決まる。独立当事者間で合意可能な条件にも幅があるが，独立当事者間交渉で決定される条件から著しく乖離した条件を各当事者が得る可能性は，原則として存在しないと思われる。一方にとって著しく有利な取引条件では，そもそも合意が成立しない可能性があるからである。独立当事者間交渉では，各当事者は自己の利益を最大化するために行

MBO については，*3* で述べたように，独立当事者間の支配権取引，すなわち，対象会社の取締役から独立している買収者による対象会社の発行済株式全部の取得が規制によって達成すべきベンチマークとなる。MBO に内在する利益相反は，対象会社の取締役の中に買収者側と共通の利害関係を有する者が含まれることであるから，利益相反回避措置によって擬似的な独立当事者間取引の状況が作り出されていると評価されるためには，少なくとも，このような取締役が対象会社側の当事者として交渉などに関与することが妨げられている必要がある。親会社による子会社の非公開化についても，支配株主である親会社からの独立性が確保された取締役によって構成される特別委員会が少数派株主の利益のために交渉を行い，かつ，MOM 条項によって少数派株主の権限が強化されているのであれば，擬似的な独立当事者間取引が作り出されていると評価されるべきであろう。しかし，親会社による子会社の非公開化については，擬似的な独立当事者間取引を作出することの意味が，以下の点で MBO の場合と異なることに留意されるべきである。

　第 1 に，*4.1* で指摘したように，親会社による子会社の非公開化については，独立当事者間の支配権取引が規制によって達成すべきベンチマークになるとは限らない。確かに，利益相反回避措置によって擬似的な独立当事者間取引の状況が達成されれば，裁判所がそれ以上の保護を子会社の少数派株主に与える必要はない[31]。しかし，このことと，利益相反回避措置によって擬似的な独立当事者間取引の状況が達成されていない場合に裁判所は自ら公正な価格を決定しなければならないとの主張が当然に結びつくわけではない。そのためには，少なくとも，*4.3.1* で分析した親会社による子会社の非公開化の問題を解決するために，擬似的な独立当事者間取引の状況が必要であることが論証されなければならないと思われる（伊藤（2012a）31 頁）[32]。

　　　動する。そのため，一方が自己に著しく有利な取引条件を提示しても，他方当事者がそれを受諾するとは限らない。逆に言えば，裁判所が，独立当事者間交渉で決定される組織再編の条件よりも有利な条件を「公正な価格」とすることは，現実社会において実現可能性が著しく低い利益を株主に保障することになる。実現不可能な利益を株主に保障することは，特別の事情が存在しない限り，株主の合理的な期待に含まれず棚ぼたと評価されるべきものである（加藤（2009）5 頁）。

[31]　前掲注 30）参照。
[32]　資本市場の発展や資本コストの削減のためには，親会社が子会社の企業価値が市場で過小評価されている場合を狙って非公開化を行うことを規制することに加えて，非公

第 5 章　MBO と親会社による子会社の非公開化の規制は同一であるべきか？

　なお，**4.2** で紹介したデラウェア州の判例法理，特に支配株主から独立した取締役から構成される独立委員会および支配株主と共通の利害関係を有していない一般株主の過半数の双方の承認があった場合には経営判断原則の適用を認める立場は，独立当事者間の支配権取引と同様の保護を子会社の少数派株主に与えることを目的としている（寺前（2012）173-174 頁）。この点は，MFW 判決において明示されている[33]。しかし，このような保護を子会社の少数派株主に与えることは，支配株主が少数派株主に対して信認義務を負っているからこそ正当化できるのではなかろうか。デラウェア州の判例法理は，支配株主の信認義務違反を判断するための基準に関するものである。そして，一般的に，独立当事者間の支配権取引では，Revlon 基準が適用される場合を除き，当事者の取締役は経営判断原則による保護を受けると考えられているのである（Subramanian（2005）at 49-50）。このように信認義務の解釈において，独立当事者間の取引であることと経営判断原則は，密接に結び付いている。

　第 2 に，支配株主が少数派株主に対してデラウェア州の判例法理における信認義務に相当する義務を負わない場合，子会社の取締役に独立当事者間の支配権取引における対象会社の取締役と同等の行動を期待することは過剰な負担を課すことになる。MBO の場合には，東京高裁平成 25 年 4 月 17 日判決（判時 2190 号 96 頁）によって，対象会社の取締役が善管注意義務の一環として公正価値移転義務（対象会社の株主に MBO によって生じる企業価値を公正な条件で移転する義務）を負うことが明らかにされた。親会社による子会社の非公開化に際して子会社の取締役が同様の義務を負うか否かが正面から問題となった裁判例は，いまだ存在しないようである。しかし，東京高裁平成 25 年 4 月 17 日判決のロジックは，MBO 以外の企業買収にも適用可能なものであると指摘する有力な見解がある（飯田（2015a）150 頁注 82）。仮に子会社の取締役が公正価値移転義務を負いそれに違反した場合，理論的には，会社法 429 条 1 項に基づき親会

　　開化によって生じる企業価値増加分の一定割合の分配を少数派株主に保障することが必要であるとの立場は成り立ち得る。子会社の少数派株主は，市場価格よりも高い価値（以下「主観的価値」）を子会社株式に付けているからこそ，子会社株式を保有している。主観的価値よりも低い価格で強制的に株式を取得される株主は，非公開化だけではなくわが国の株式市場自体に不満を抱くであろう。このような観点から MOM 条項の意義を分析する先行研究として，三笘＝殿村＝遠藤（2013），田中（2013）がある。

[33]　MFW, 88 A.3d 644-645.

社以外の子会社株主全員に対して損害賠償責任を負担する可能性がある。親会社も，株式買取請求手続や全部取得条項付種類株式の取得価格の決定手続において非公開化の条件が修正されれば，子会社からの財産流出という形で非公開化の条件が不適切であったことによる負担を引き受ける。しかし，このような負担の規模は株式買取請求などがなされた株式数によって限定されてしまう。

親会社による子会社の非公開化がどれだけ独立当事者間の取引に近似するかは，親会社と子会社の取締役の関係によって決まるのではなかろうか。公正価値移転義務を負う子会社の取締役は，その義務を果たすために，非公開化の手続を擬似的な独立当事者間取引に近づけることを要求するであろう。しかし，親会社は子会社の取締役と同様の義務を負っているわけではないので，子会社の取締役の要求を受け入れるとは限らない。さらに親会社は，その定義上，子会社の取締役の選解任権を有している。そのため，子会社の取締役が親会社から譲歩を引き出すことは非常に困難となる。このような困難さを踏まえて子会社の取締役の公正価値移転義務の違反が判断されれば，子会社の取締役を一種のジレンマに追い込むことは回避できる。しかし，その結果，子会社の取締役に公正価値移転義務を課す意味が没却されるであろう。

第3に，仮に親会社が，子会社が支配株主から独立している取締役を構成員とする特別委員会を設置し，特別委員会が親会社と交渉することを認めたとしても，子会社の取締役に独立当事者間の支配権取引における対象会社の取締役と同等の行動を期待するべきではない。独立当事者間の支配権取引と異なり，親会社から非公開化の提案を受けた子会社は親会社の同意を得ることなく他の買収者を探すことはできないからである。この点は，親会社による子会社の非公開化の条件として特別委員会の承認が設定されていた場合に特に問題となるように思われる。MBO の場合，特別委員会は潜在的な買収者の存在を MBO の買収者に対する交渉材料として利用するべきであろう。親会社による子会社の非公開化の場合も，親会社から子会社株式を取得することに興味を持つ潜在的な買収者が存在する可能性はある。しかし，特別委員会が親会社との交渉において潜在的な買収者の存在をどの程度利用すべきか明らかではない。親会社には潜在的な買収者に子会社株式を譲渡する義務はないし，潜在的な買収者が子会社株式全部を取得するためには親会社の同意が必要だからである。交渉先が親会社に限られるということは，特別委員会の重要性が高まることを意味す

る (Gilson & Gordon (2003) at 821; Stevelman (2007) at 807)。しかし，特別委員会が潜在的な買収者の条件を利用して積極的に親会社と交渉した結果，親会社が非公開化の提案を取り下げた場合，子会社の少数派株主は市場価格を上回る価格で持株を売却する機会を失うことになる。交渉相手は親会社しか存在しないという状況は，子会社の特別委員会の交渉力を弱める可能性がある（伊藤（2012b）129頁注287）。潜在的な買収者を想定できるMBOの場合と想定できない親会社による子会社の非公開化の場合では，公正な価格の内容も公正価値移転義務の内容も異なることになるように思われる。

4.3.3　小　　括

　親会社による子会社の非公開化は，親子会社間の取引の中で，**4.3.1**で指摘した特有の問題を抱えている。子会社を非公開化しようとする親会社のインセンティブ構造を踏まえると，単なる情報開示規制を超えた規制が必要であるように思われる。親会社による子会社の非公開化は少数派株主の締出しであるから，後者を対象とした規制が適用される。その目的は，株式を強制的に取得される少数派株主に公正な価格を保障することにある。

　直感的には，少数派株主が強制的に株式を取得されることによって子会社の企業価値が増加するのであれば，少数派株主には増加分の公正な分配を受ける権利があるように思われる（Gilson & Gordon (2003) at 837）。しかし，「公正な価格」という文言は抽象的であり，MBOと親会社による子会社の非公開化で差異を設けるという考え方も成り立ち得る。なぜなら，MBOの場合には平成24年最決が想定するような独立当事者間の支配権取引が規制によって達成すべきベンチマークとなるが，親会社による子会社の非公開化にはそのようなベンチマークが存在しないからである。MBOの場合には，利益相反回避措置を利用することによって擬似的な独立当事者間取引を作出した状況で交渉され，かつ，取引の完遂に必要な株主の承認を得た価格は公正な価格と評価されるべきである。MBOの場合，擬似的な独立当事者間取引と評価できるかは，ベンチマークである独立当事者間の支配権取引と比較して判断されるべきである。

　もちろん，公正な価格とは仮に独立当事者間で取引が行われたのであれば合意されたであろう価格であり，それは少数派株主の締出しの場合も同じであるとの立場も成り立ち得る。このような立場に従えば，原則として，親会社によ

る子会社の非公開化においても、親会社から独立していると評価された取締役によって構成される特別委員会が非公開化の条件を交渉・決定し、かつ、少数派株主の過半数の承認を得ることができた価格が公正な価格となる。しかし、特別委員会を構成する取締役にどのような役割を期待すべきかという点は未解決の問題として残る。例えば、子会社の取締役は、独立当事者間の支配権取引における対象会社の取締役と同等の役割を果たすべきなのであろうか。

　MBOと親会社による子会社の非公開化は、規制によって対象会社の株主および子会社の少数派株主が公正な価格を得ることが保障されるべきという点では共通する。公正な価格の定め方は、取引によって生じる余剰の分配だけではなく、そもそも取引を行うか否かという判断にも影響を与えるため、非常に困難な問題を提起する（藤田（2007）276頁）。MBOについては、独立当事者間の支配権取引をベンチマークとすることができるため、公正な価格を仮に独立当事者間で取引が行われたのであれば合意されたであろう価格と定義することができる。これに対して、親会社による子会社の非公開化については、ベンチマークが存在しない。しかし、何をベンチマークとすべきかという問題は、子会社を非公開化しようとする親会社にどのような手続を課すべきか、子会社の取締役は子会社およびその少数派株主に対してどのような義務を負うべきかに関連する重要な問題であることは留意されるべきである。

5　総括と試論

5.1　MBOと親会社による子会社の非公開化の規制は同一であるべきか？

　「MBOと親会社による子会社の非公開化の規制は同一であるべきか」という問いに対する本章の筆者の結論は、「当然に同一であるべきとまではいえない」ということである。例えば、MBOも親会社による子会社の非公開化も、少数派株主の締出しの際の株式買取請求手続等において裁判所が公正な価格を決定するという形で規律を受ける点は共通する。しかし、親会社による子会社の非公開化においては、親会社から独立していると評価される取締役によって構成される特別委員会の承認とMOM条項の下での少数派株主の承認の双方が存在しなければ、成立した非公開化の条件は公正な価格ではないので裁判所

による積極的な関与が必要であるとの解釈はいささか硬直的に過ぎるように思われる。

平成24年最決が示唆するように，MBOにおいても親会社による子会社の非公開化においても，株式を強制的に取得される株主に公正な価格を保障するために何らかの措置が必要であることに疑いはない。このような措置の具体的な内容について，わが国に固有の状況を踏まえ，買収者と対象会社の交渉を独立当事者間の交渉に近づけるためにどのような工夫をするべきかという視点から，第4章の検討を含め，先行研究が蓄積しつつある（白井（2013b）；寺前（2014）；白井＝仁科＝岡（2015））。特別委員会の構成や付与されるべき権限に関する基準は，MBOと親会社による子会社の非公開化に共通するものと思われる。ただし，特別委員会が何を目指して行動すべきか，言い方を換えれば，特別委員会の行為規範は，両者で異なってもよいように思われる。特に，親会社による子会社の非公開化に際しての特別委員会の行為規範の明確化は，今後の検討課題である。

また，デラウェア州の判例法理と異なり，支配株主である親会社に子会社およびその少数派株主に実体法上の義務を課すことなく，子会社の取締役に少数派株主が公正な価格を得ることができるよう行動することを期待できるか議論の余地があるように思われる。親会社は，子会社の支配株主として，後者の取締役を自由に選解任できる。そのため，非公開化を提案する親会社が子会社の取締役に対して有する影響力は，MBOにおいて買収者側と共通の利害関係を有している取締役が持つ影響力よりも強い場合がある。したがって，何らかの法的なサポートが存在しない限り，会社法の社外性および金融商品取引所の独立性を満たす者であっても，取締役として子会社およびその少数派株主のために行動することを期待することはできない点に留意されるべきである。[34] MBOの場合は，買収者側と共通の利害関係を有する取締役を含む対象会社の取締役に公正価値移転義務が課されているので，このような問題はある程度緩和され

---

[34] MBOの中には買収者側と共通の利害関係を有する取締役が，対象会社の発行済株式総数の過半数を超える数の株式を保有しているわけではないが，かなりの数の株式を保有している場合も想定される。このような場合，MBOであっても，買収者側と共通の利害関係を有さない取締役の地位は子会社の取締役の地位に近づくことになる点に留意が必要である。

ているように思われる。

　MBO と親会社による子会社の非公開化とでは，対象会社の株主の権限に大きな差異がある。親会社による子会社の非公開化では，MBO における対象会社の株主と比べて，親会社以外の子会社の株主が非公開化に応じるか否かを決定できる余地が著しく狭い点は留意されるべきである。*2.1* で述べたように，MBO において買収者側と共通の利害関係を有する取締役の保有する対象会社の株式の数が少ない場合，株主は MBO の成立に関する実質的な決定権限を有している。その地位は，相互に特別の資本関係のない会社の間で行われる組織再編の当事者の株主の地位と実質的に等しい。これに対して，親会社から非公開化の提案を受けた少数派株主は，親会社が保有する子会社株式の数次第であるが，非公開化の成立に関する実質的権限を有さない場合もある。この点は，MBO と親会社による子会社の非公開化の最大の違いであるから，本章の最後に，これまでの検討を踏まえた上で，この点に関する解釈論を試みることにする。

5.2　公正な価格と親会社による子会社の非公開化に賛成する少数派株主の数の関係

　買収者は，MBO および親会社による子会社の非公開化を成功させるため，会社法に基づき少数派株主の締出しを行うために必要な議決権数（会社309条2項3号など）を確保しなければならない。二段階買収の場合，買収者は公開買付けによって，支配する議決権数を増やすことができる。公開買付後の買収者の議決権数が総議決権数の 90% 以上になる場合，買収者は対象会社の株主総会を経ずに少数派株主を締め出すことができる（会社179条の3・784条1項）。

　平成24年最決に従えば，対象会社の株主の中で買収者と共通の利害関係を有さない者の多数が締出しに賛成していることは，その条件が公正であることを基礎付ける一要素となるように思われる。実際に，下級審裁判例の中では，MBO や親会社による子会社の非公開化の一環として行われる公開買付けに対して買収者と共通の利害関係を有していない多数の株主の応募があったことを，公開買付価格の公正さを基礎づける理由の1つとして挙げるものがある[35]。一

---

[35]　東京地決平成27・3・4 金判1465号42頁，東京地決平成27・3・25 金判1467号34頁。

般論としては，このような取扱いには合理性がある。その理由は，以下のとおりである（加藤（2009）8頁）。公開買付けの成否は，市場価格と同じく，個々の株主の投資判断の集積と評価できる。株式を保有する株主が当該株式に付ける主観的な価値は，現在の市場価格よりも高いはずである。したがって，株主が公開買付けに応募するのは，買付価格が実現可能性を考慮した主観的価値を上回ると判断したからに他ならない。すなわち，公開買付けに多数の株主が応募したということは，多くの株主にとって，通常の株式の売却と同じく，買付価格が主観的価値を上回っていることを意味する。

しかし，買収者と共通の利害関係を有していない多数の株主が取引に応じたという事実の意味は，それぞれの取引を取り巻く具体的な事情によって異なるように思われる。例えば，二段階買収の仕組みとして公開買付けに応じなかった株主は二段階目で公開買付価格よりも不利な条件で株式を強制的に取得されることが定められていた場合，対象会社の株主は公開買付価格に不満を持っていたとしても，二段階目で被る可能性のある不利益を避けるため公開買付けに応募することを事実上，強制される。この問題は公開買付けの強圧性として広く知られている（加藤（2009）8頁）。公開買付けに強圧性がある場合，多数の株主が公開買付けに応募したことは取引の条件の公正さを基礎付ける事実とはならない。また，対象会社の株主の中には，MBOにおいて買収者側に参加する対象会社の取締役や親会社など買収者側として利害関係を有する者とは別の意味で，対象会社の一般株主と対立する利害関係を有する者が存在する。例えば，親会社や子会社と取引関係にある者は，子会社株主としての利益よりも取引先としての利益を重視する可能性がある。対象会社の株主の中に，株主としての経済的な利益とは別の観点から取引に応じるか否かを判断する者が存在することの問題も広く知られている（弥永（2012）6-7頁）。これらに比べてMOM条項の意義については，未だ不明確な点が多いように思われる。そこで，本章では，この点に焦点を絞って検討を行うことにする。

5.3 MOM条項に関する解釈論上の問題

5.3.1 MOM条項の意義

二段階買収の形式で行われる親会社による子会社の非公開化においてMOM条項が利用される場合，非公開化は子会社の少数派株主の過半数が公開買付け

に応募した場合に限り行われる。したがって，MOM条項は，理論的には，子会社の少数派株主の決定権限を，買収者によって相当数の株式を保有されていない対象会社の株主の権限と同程度にまで引き上げるという意味がある。したがって，十分な情報開示がなされた場合に限るが，MOM条項が付された公開買付けに子会社の少数派株主の過半数が応募したことは，平成24年最決がいう「相互に特別の資本関係がない会社間において，株主の判断の基礎となる情報が適切に開示された上で適法に株主総会で承認され」たことと法的に同等と評価されてもよいように思われる。

　もちろん，公開買付けと株主総会の法形式は異なるから，両者を同等視することに対して慎重な立場もあり得るであろう。しかし，公開買付けにMOM条項が付されると，親会社による子会社の非公開化において部分的にではあるが，独立当事者間の支配権取引の場合に存在した潜在的買収者による規律が生じる可能性がある（Subramanian (2005) at 53-54）。仮に，親会社以外の買収者（以下「対抗買収者」）が子会社の少数派株主に対して親会社が提示するよりも有利な条件を提示し，少数派株主の過半数の支持を得た場合，親会社が非公開化を成功させるためには対抗買収者の提示する条件以上のものを提示しなければならなくなる。したがって，非公開化を円滑に進めたい親会社は，潜在的な対抗買収者が提示できるであろう以上の額を最初から子会社の少数派株主に提示することを検討するようになる。

　このようにMOM条項には，親会社による子会社の非公開化を一定程度の市場規律にさらす効果がある。このような効果は，成立した非公開化の条件が公正であることを基礎付ける一要素として位置づけられる。しかし，MOM条項は少数派株主の過半数に非公開化を拒否する権限を付与するものであるが，この拒否権には弊害がある（Goshen (2003) at 403）。MOM条項の利用が義務づけられる場合，子会社の少数派株主の過半数の承認を得る見込みに自信を持てない親会社は，子会社の企業価値の増加につながる非公開化の提案を行うことを躊躇するかもしれない。非公開化を提案する親会社の保有する子会社株式の数が相当な数に上る場合，MOM条項を利用して非公開化を妨害するために必要な株式数が小さくなる。このような状況では，非公開化を妨害するために必要な数の株式を買い集め，いわば非公開化の成功を人質として身代金を要求するのに等しい行為を行う者が現れるかもしれない。

第5章　MBOと親会社による子会社の非公開化の規制は同一であるべきか？

　本章の結論は，親会社による子会社の非公開化の条件が公正であるための必要条件として，MOM条項を利用した上で子会社の少数派株主の過半数の賛成があったことまでを要求するべきではないということであった。また，裁判所は，公正な価格を算定する際に，MOM条項が利用されていないことのみを理由に非公開化の条件が不公正であると判断するべきでもない。それでは，MOM条項が利用されていない場合，公正な価格を算定する裁判所は，子会社の少数派株主の過半数が非公開化に応じたという事実をどのように評価すべきであろうか。子会社の少数派株主の過半数が非公開化に応じたという事実の意味は，MOM条項の存否によって大きく異なるが，下級審裁判例の中には，この点を十分に意識していないものが見受けられる[36]。以下では親会社が公開買

---

36) 例えば，東京地決平成27・3・4金判1465号42頁は，買収者側と共通の利害関係を有する者を除き対象会社の株主の約3分の2が公開買付けに応募したことを公開買付価格が公正な価格であることを基礎付ける事情の1つとして指摘している。しかし，**5.3.2**で述べるように，公開買付けの前に既に買収者側が対象会社の約70％の議決権を支配していることに十分な配慮がなされていない。東京地決平成27・3・25金判1467号34頁は，公開買付価格が公正な価格であることを基礎付ける事情の1つとして，公開買付けの後に買収者側が支配する対象会社の議決権の数が約77％に至ったことは公開買付けが多数の株主の賛成によって成立したことを示すことを挙げる。しかし，買収者以外の対象会社の株主の中で公開買付けに応募した対象会社の株主の数は約44％にとどまる（抗告審である東京高決平成28・3・28金判1491号32頁でなされた申立人である株主の主張によれば，買収者の連結子会社および事前に買収者と応募合意をしていた株主を除くと，その割合は31％となる）。なお，両決定は，親会社による非公開化の手続が進行中に株式市場全体が上昇したことを理由にして，公開買付価格を上回る価格を公正な価格とした。しかし前掲東京地決平成27・3・4は抗告審では維持されたが許可抗告審である最決平成28・7・1金判1497号8頁によって取り消され，公開買付価格が公正な価格とされた。前掲東京地決平成27・3・25の抗告審である前掲東京高決平成28・3・28は，原決定と変更し，公開買付価格を公正な価格であるとした。

　公開買付けに対して買収者と共通の利害関係を有していない多数の株主の応募があったことを公開買付価格の公正さを基礎づける理由の1つとして挙げることの是非とは別に，このような株主の応募が少数にとどまったことを公開買付価格の公正さとの関係でどのように評価すべきかが問題となる。**5.3.1**で述べた立場に従えば，MOM条項によって対象会社の少数派株主に決定権限を付与することを手続きが公正であるための必要条件としない以上，公開買付けに応募する株主の数が少なかったとしても，そのことのみを以て公開買付価格は公正な価格ではないと評価されるべきではない。公開買付けに応募する株主の数が少ないことは，公開買付価格に不満を持つ株主の数が多いことを示すが，他の理由によって公開買付価格の公正さが十分に基礎付けられる可能性はある。この点に関して，前掲東京高決平成28・3・28は，買収者が公開買付けを公表した日以降に価格決定の申立人自身が市場で大量の株式を取得していたことを指摘した上

付けの前から少数派株主の締出しに必要な議決権を支配していた場合と支配していなかった場合を区別して，MOM 条項の意義を分析する。

5.3.2 親会社が公開買付けの前から少数派株主の締出しに必要な議決権を支配していた場合

親会社が子会社の少数派株主の締出しに必要な株主総会の特別決議を成立させることができるだけの議決権を支配していた場合，子会社の少数派株主が公開買付けに応募するか否かは非公開化の成否に影響を与えない。どのように意思決定しようとも親会社の提示する条件で株式を強制的に取得されてしまうのであれば，子会社の少数派株主にとって，非公開化の条件が公正であるか否かを真剣に検討する意味がなくなってしまう（森田（2011）211 頁）。これに対して，MOM 条項が利用されれば，子会社の少数派株主に非公開の成否が委ねられるので，少数派株主にとって非公開化の条件が公正であるかを検討することの重要性が増すことになる。したがって，MOM 条項が利用されない限り，公開買付けに応募した株主の数は非公開化の条件の公正さを推測させる事実と評価されるべきではないように思われる（森田（2011）211-212 頁）。

もちろん，公開買付けの決済日と締出しの効力発生日は異なるので，公開買付けに応募するか応募しないかによって子会社の少数派株主の利害状況は異なる。しかし，この差異は，むしろ，公開買付けに応募した株主の数を非公開化の条件の公正さを推測させる事実として評価することを妨げる方向に働くように思われる。なぜなら，親会社が提示した非公開化の条件に賛成する株主だけではなく反対する株主も，持ち株を公開買付価格で早期に現金化するために公

　で，公開買付けに応募しなかった株主の数が少ないことは公開買付価格が不当であることを示す根拠とはならないと述べた。前掲東京高決平成 28・3・28 は，裁判所による価格決定前の前払い制度（会社 172 条 5 項など）が導入される前の事案であるため，価格決定の申立人による株式取得行為は公開買付価格に不満があるというよりも利息（会社 172 条 4 項）目当ての行為と評価されたように思われる。

　なお，前掲最決平成 28・7・1 は公開買付価格を公正な価格と判断した際に，公開買付けに応募した株主の数に全く触れていない。このような判旨から，最高裁は公開買付価格がどのような過程を経て決定されたかのみを問題とすべきとの立場をとっていると解釈することも可能である。ただし，当該事案では，買収者が公開買付け前から単独で少数派株主の締め出しに必要な議決権を支配しており，かつ MOM 条項も利用されなかったので，公開買付けに応募した株主の数は多数であることは考慮されるべきではなかったとの評価も成り立ち得るように思われる。

開買付けに応じる誘因が生じるからである。

なお，子会社の発行済株式総数の 90% 以上を保有する親会社は，子会社の株主総会決議を経ずに，親会社以外の株主から強制的に株式を取得することができる（会社 179 条 1 項）。この場合，親会社は特別支配株主として親会社以外の子会社の株主から株式を強制的に取得できるのであるから，公開買付けを行う必要はない。それでもあえて親会社が公開買付けを行った場合の評価であるが，先に述べたのと同様の理由で，MOM 条項が利用されない限り，公開買付けに応募した株主の数は取得の条件の公正さを推測させる事実と評価されるべきではないと思われる。また，このような解釈は，株主総会決議を不要とし対象会社の取締役会の同意を条件として，特別支配株主による株式の強制取得を認める会社法の構造とも整合的であるように思われる（会社 179 条の 3）。

5.3.3 親会社が公開買付けの前は少数派株主の締出しに必要な議決権を支配していなかった場合

この場合，ある程度の子会社の少数派株主が公開買付けに応募するか二段階目の株主総会で賛成の議決権を行使しない限り，親会社は非公開化を行うことはできない。したがって，**5.3.2** の場合と異なり，子会社の少数派株主には非公開化の成否を決定する一定の権限が残されている。したがって，結果として，子会社の少数派株主の多数が非公開化に賛成したことを，その条件の公正さを基礎づける一要素と考えてよいように思われる。しかし，以下の点に留意が必要である。

第 1 に，状況によっては，**5.3.2** の場合と同等の評価がなされるべき場合がある。

例えば，公開買付けの前から親会社が保有する子会社の株式の数が，発行済株式総数の 40% の場合と 60% の場合を同列に扱うことはできないのではなかろうか。60% の場合は，40% の場合と比べて，非公開化が成立するために

---

37) 東京証券取引所が開設する第 1 部および第 2 部市場であっても，「流通株式の数が上場会社の事業年度の末日において上場株券等の数の 5% 未満である場合であって，上場会社が施行規則で定める日までに当取引所の定める公募，売出し又は数量制限付分売予定書を当取引所に提出しないとき」が上場廃止事由とされているので，親会社に 90% の株式を保有されている子会社が理論的には存在する可能性がある（東証上場規程 601 条 2 号 c）。

必要な親会社以外の株主の賛成の数が少なくてよいので，株主の行動は 5.3.2 の場合に近づく可能性がある。この場合，公開買付けに応募した株主の数を非公開化の条件の公正さを推測させる要素として考慮することには慎重な態度が望まれる。

　第 2 に，親会社が一段階目の公開買付けで締出しに必要な議決権数を確保した場合は，二段階目の株主総会に臨む株主を取り巻く状況は 5.3.2 の場合と類似するように思われる。したがって，裁判所は，公開買付けに応募した株主の数と二段階目の株主総会で賛成の議決権を行使した株主の数を単純に合計することにも慎重な態度が望まれる。

参考文献

飯田秀総（2015a）「企業買収における対象会社の取締役の義務――買収対価の適切性について」財務省財務総合政策研究所「ファイナンシャル・レビュー」平成 27 年第 1 号（通巻第 121 号）135-158 頁

飯田秀総（2015b）「株式買取請求・取得価格決定事件における株式市場価格の機能」商事法務 2076 号 38-48 頁

伊藤吉洋（2012a）「手続的側面を重視した少数株主締め出し規制(1)」東北法学 76 巻 2 号 18-90 頁

伊藤吉洋（2012b）「手続的側面を重視した少数株主締め出し規制(2)」東北法学 76 巻 3 号 68-146 頁

伊藤吉洋（2013c）「手続的側面を重視した少数株主締め出し規制(3・完)」東北法学 77 巻 2 号 127-211 頁

加藤貴仁（2009）「レックス・ホールディングス事件最高裁決定の検討（中）――『公正な価格』の算定における裁判所の役割」商事法務 1876 号 4-19 頁

加藤貴仁（2012）「グループ企業の規制方法に関する一考察(3)」法学協会雑誌 129 巻 10 号 2203-2318 頁

神作裕之（2013）「親子会社とグループ経営」江頭憲治郎編『株式会社法大系』（有斐閣）所収

北川徹（2010）「マネジメント・バイアウト（MBO）における経営者・取締役の行為規整（四）」成蹊法学 72 号 153-216 頁

佐川雄規（2013）「MBO 等に関する適時開示内容の見直し等の概要」商事法務 2006 号 76-83 頁

白井正和（2013a）『友好的買収の場面における取締役に対する規律』（商事法務）

白井正和（2013b）「利益相反回避措置としての第三者委員会の有効性の評価基準」

岩原紳作ほか編集代表『会社・金融・法〔下〕』（商事法務）所収

白井正和＝仁科秀隆＝岡俊子（2015）『M&Aにおける第三者委員会の理論と実務』（商事法務）

園田観希央（2011）「支配株主との重要な取引等に係る企業行動規範の実務上の留意点」商事法務1938号34-44頁

田中亘（2013）「CS（顧客満足，あるいは消費者余剰）とmajority of minority rule」金融・商事判例1406号10-13頁

田中亘（2014）「総括に代えて――企業再編に関する若干の法律問題の検討」土岐敦司＝辺見紀男編『企業再編の理論と実務――企業再編のすべて』（商事法務）所収

寺前慎太郎（2012）「上場子会社の完全子会社化の場面における支配株主・少数株主間の利害調整――デラウェア州における判例法理の把握とその分析を中心に」同志社法学64巻4号1295-1408頁

寺前慎太郎（2014）「支配株主による締出しの場面における特別委員会のあり方」同志社法学65巻5号1581-1666頁

藤田友敬（2007）「新会社法における株式買取請求権制度」江頭憲治郎先生還暦記念論文集『企業法の理論〔上巻〕』（商事法務）所収

三笘裕＝殿村桂司＝遠藤努（2013）「ゴーイング・プライベート取引におけるキャッシュ・アウトに関する一試論（下）」金融・商事判例1406号2-9頁

宮島英昭＝新田敬祐＝宍戸善一（2011）「親子上場の経済分析――利益相反問題は本当に深刻なのか」宮島英昭編著『日本の企業統治――その再設計と競争力の回復に向けて』（東洋経済新報社）所収

森田果（2011）「集合的意思決定と法」金融研究30巻4号187-252頁

森・濱田松本法律事務所編（2015）『M&A法大系』（有斐閣）

弥永真生（2012）「企業価値が増加する場合の株式買取価格の決定（下）」商事法務1968号4-12頁

Black, Bernald S. (1989), "Overpayment in Takeovers", *Stanford Law Review*, vol. 41, pp. 597.

Cain, Matthew D. & Davidoff Solomon Steven (2011), Form Over Substance? The Value of Corporate Process and Management Buy-Outs", *Delaware Journal of Corporate Law*, vol. 36, pp. 849.

Gilson, Ronald J. & Gordon Jeffrey N. (2003), "Controlling Controlling Shareholders", *University of Pannsylvania Law Review*, vol. 152, pp. 785.

Goshen, Zohar (2003), "The Efficiency of Controlling Corporate Self-Dealing: Theory Meets Reality", *California Law Review*, vol. 91, pp. 393.

Laster, J. Travis (2013), "Revlon is a Standard of Review: Why It's True and What It Means", *Fordham Journal of Corporate & Financial Law*, vol. 19, pp. 5.

Restrepo, Ferná & Subramanian Guhan (2015), "The Effect of Delaware Doctrine on Freeze-out Structure and Outcomes: Evidence on the Unified Approach", *Harvard Business Law Review*, vol. 5, pp. 205.

Subramanian, Guhan (2005), "Fixing Freezeouts", *Yale Law Journal*, vol. 115, no. 1.

第5章へのコメント

石綿 学＝廣田雅亮

　本章は，一般に利益相反取引と整理される，MBOと親会社による子会社の非公開会社化について，特にその違いに着目して，これに対する規制のあり方の分析，検討を行うものであり，多くの視座を提供し，実務的にも示唆に富むものである。

　本章は，会社法上の組織再編は，原則として，①各当事者の取締役による組織再編契約の締結等と②各当事者の株主総会による当該組織再編契約等の承認という2つの手続を含むところ，MBOにおいては，①の問題の方が重大であるのに対し，親会社による子会社の非公開会社化においては，親会社が子会社の少数派株主の意思を無視して一方的に非公開化を行うことができるため，①だけでなく，②の問題も重大となると指摘する。一方で，MBOについては，支配権取引という要素があり，独立当事者間でも行われる可能性があるのに対し，親会社による子会社の非公開化については，親子会社間の取引の延長線上にあり，規制によって達成すべき状態（ベンチマーク）が不明確であると指摘する。そのため，親会社による子会社の非公開化においては，特別委員会の果たすべき行為規範も明らかではないとする。

　本章は，結論として，MBOと親会社による子会社の非公開化の規制は当然に同一であるべきとまではいえないとする。そして，親会社による子会社の非公開会社化において，特別委員会の承認とMOM条項の下での少数派株主の承認の双方が存在しなければ，成立した非公開化の条件は公正な価格ではないので裁判所による積極的な関与が必要であるとの解釈はいささか硬直的に過ぎるとして，常に，特別委員会およびMOM条項の両方を求めてはいない。

　この点，実務的にも，MBOおよび親会社による子会社の非公開会社化において，各案件の性質・内容，個々の案件毎における利益相反の程度，少数株主の割合や濫用的株主出現の可能性，その他の公正性担保措置，少数株主に与え

られるその他の保護等に照らして，特別委員会やMOM条項が馴染む場合と馴染まない場合ないしはその必要性が高い場合と高くない場合があることから，硬直的な枠組みを強制しないという本章の立場には賛成である。[1]

　もっとも，親会社による子会社の非公開化の場合においてベンチマークが存しないことは事実であるものの，MBOの場合であっても，入札等により複数の買収者の中から実際に相見積もりを出させることまでは通常行われておらず，理論的な世界において公正な価格を算定したうえ買収者との間で交渉が行われている現状に鑑みれば，親会社による子会社の非公開化の場合であっても，それと概ね同様のことを行うことはできないわけではなく，親会社による子会社の非公開化の場合とMBOの場合でそれほど大きな違いを意識する必要はない，という考え方も十分ありうるように思われる。MBOの場合と親会社による子会社の非公開化の場合における，利益相反解消措置や公正性担保措置の違いについて，今後の議論の進展に期待したい。

　なお，本章は，最後に，対象会社の株主の中で買収者と共通の利害関係を有さない者の多数が締出しに賛成していることは，その条件が公正であることを基礎付ける一要素となるとしたうえで，MOM条項には，親会社による子会社の非公開化を一定程度の市場規律にさらす効果があると指摘する。そのうえで，親会社が公開買付けの前から少数派株主の締出しに必要な議決権を支配していた場合と支配していなかった場合に分け，前者の場合には，MOM条項が利用されない限り，応募株主数は非公開化の条件の公正さを推測させる事実として評価されるべきではないものの，後者の場合には，原則として，子会社の少数派株主の多数が非公開化に賛成したことは，その条件の公正さを基礎付ける一要素と考えてよいとする。

　このような分析的な解釈論は，非常に興味深く，また，実務で参考になる一つの基準を提示するものであり，望ましいものである。留意を要するのは，

---

[1] わが国の実務上，MBOではMOM条項が設けられるのに親会社による子会社の非公開化ではMOM条項が用いられないのは，MBOの場合には，MOM条項を設けたとしても，基本的には，買収者が取得する必要のある株式数に大きな差異が生じないことが多いことから，MOM条項を設けることへの抵抗が小さいのに対し，親会社による子会社の非公開化においては，MOM条項を設けた場合，それにより親会社が取得する必要のある株式数が大幅に増加することが多いことから，MOM条項を設けることへの抵抗が強いといえる。

MOM条項を付すことにより，対象会社の株主の中で買収者と共通の利害関係を有さない者の多数が締出しに賛成していることをもって，その条件が公正であることを基礎付ける一要素とすることは正当であるものの，MOM条項を付さないことをもって，一概にその公正性を否定することは，適切ではないということである（MOM条項の問題点については，第4章へのコメントをご参照いただきたい）。

　もっとも，少なくとも現在の裁判所は，いずれにせよ公開買付けに応募した株式数にさほど重要な意義付けを与えていないように思われ，それゆえ，裁判所において，公開買付け前の親会社の議決権割合を踏まえ，MOM条項の有無によって応募株式数の意義付けに違いを設けるという本章の精緻な議論がどの程度受容されるのかは明らかではない。裁判所においては，応募株式数について一定程度考慮要素として列挙する例はあるものの，それ以外の要素も考慮するのが一般であるし，また，その複数の要素のうち何をどの程度考慮しているかは，必ずしも明確にされないからである。

　本章をきっかけとして，裁判所において，応募株数についてより精緻な分析が行われ，実務的なストラクチャリングに対しての予測可能性を高めるような運用がなされることを期待したい。

第6章　実質的特別関係者

田　中　　亘

1　はじめに

　強制公開買付規制は，規制の適用の有無を判断する基準となる買付者の株券等所有割合の算定に当たり，買付者の「特別関係者」（金商27条の2第7項）の株券等所有割合を加算するものとしている（同条8項2号）。本章では，特別関係者とされるための要件（判断基準）について，解釈上の問題点を検討するとともに，望ましい判断基準について，立法論をも視野に入れて検討するものである。ただし，紙幅の関係から，本章では，特別関係者の中でも，金商法27条の2第7項2号に規定されている，いわゆる実質的特別関係者に考察範囲を限定する。

2　総論――規制の沿革についての考察および評価

2.1　条文上の定義

2.1.1　特別関係者

　金融商品取引法の強制公開買付規制（金商27条の2）の適用に当たっては，株券等の買付け等を行う者（以下，「買付者」という）の買付け等の後の株券等所有割合の算定に際し，買付者の特別関係者の株券等所有割合を合算するものとされている（同条8項）。ここで「特別関係者」とは，買付者と株式の所有関係，親族関係その他の政令で定める特別の関係にある者（形式基準による特別関係者。以下，「形式的特別関係者」という。同条7項1号・金商令9条）のほか，金商法27条の2第7項2号に定められた者（実質基準による特別関係者。以下，「実質的特別関係

者」という）を指す。同号は，次のように規定している（わかりやすいように適宜，改行し，丸数字を付した）。

> 「株券等の買付け等を行う者との間で，
> 共同して
> 　①当該株券等を取得し，若しくは
> 　②譲渡し，若しくは
> 　③当該株券等の発行者の株主としての議決権その他の権利を行使する
> こと　又は
> ④当該株券等の買付け等の後に相互に当該株券等を譲渡し，若しくは譲り受けること
> を合意している者。」

2.1.2 参考——共同保有者

なお，株券等の大量保有の状況に関する開示の制度（株券等大量保有報告制度。金商法第2章の3（27条の23以下））においては，保有株券等の数の算定に当たり，「共同保有者」の保有する株券等の数を合算するものとされているが，特別関係者と同様，共同保有者も，形式的共同保有者（金商27条の23第6項）と，実質的共同保有者（同条5項）に分類される。後者は，「株券等の保有者が，当該株券等の発行者が発行する株券等の他の保有者と共同して①当該株券等を取得し，若しくは②譲渡し，又は③当該発行者の株主としての議決権その他の権利を行使することを合意している場合における当該他の保有者をいう」と，実質的特別関係者に類似する（ただし，*2.1.1* の④に当たるものは存在しない）定義がされている。

2.2 米国およびEUの規制との比較

2.2.1 米法における「グループ」概念

特別関係者の制度は，いわゆる3分の1ルールに基づく強制公開買付規制（現行の金商法27条の2第1項2号）を導入するなど公開買付規制を大幅に拡充した，平成2年証券取引法改正で導入されたものである（内藤（1990）6頁）。大量保有報告制度と，それに関する共同保有者の制度についても同じである（岸田（2011）971頁）。同法改正の趣旨については，立案担当者により，「（公開買付規制

は）米国等において株主保護の強化等を目的に幾度もの制度改正を行ってきたことに鑑み，わが国においてもこうした諸外国の制度とのハーモニゼーションを図ることによって，わが国株式市場等の一層の国際化と投資者保護の徹底を行うことが適当と考えられた」（内藤（1990）2頁）と説明されているにとどまり，特にどの国の規制を参照して日本の法制を整備したかについて具体的な説明はされていない。

とはいえ，実質的特別関係者（実質的共同保有者も同じ）の定義については，米国の連邦証券取引所法（以下，「取引所法」という）およびそれに基づく連邦証券取引所規則（以下，「SEC規則」という）にいう「グループ」概念との類似性は明らかであり，米国の規制を参考にして（かなりの部分はそのまま採り入れる形で），これらの定義が設けられたことは，ほぼ確実のように思われる。

すなわち，取引所法14条(d)項(1)号は，ある者（person）が，同法12条により登録されている（継続開示規制の対象となっている）エクイティ証券を公開買付け（tender offer）により取得し，取得後の実質的所有割合が5％を超える場合には，当該公開買付けは，証券取引所委員会（SEC）の定める規則に従って行うべきことを定めているが，当該規制の適用に当たり，同項(2)号が，次のように，「グループ（group）」を「者」と同視する旨の規定を置いている。

　　「2人以上の者が，発行者の証券を取得し，保有し，または処分する目的のため，パートナーシップ，リミテッド・パートナーシップ，シンジケートその他のグループとして行動する場合，本項の適用に当たり，当該シンジケートその他のグループを1人の『者』とみなす。[1]」

また，取引所法13条(d)項(3)号は，大量保有報告制度の適用に当たり，わが国の共同保有者概念に相当する「グループ」の概念を定めるが[2]，同号の「グループ」の定義は，上記の公開買付規制における「グループ」の定義と同一である。その上で，SEC規則13d-5条(b)項(1)号は，大量保有報告制度における「グループ」概念を，次のようにより具体的に定義している。

　　「2人以上の者が，発行者の証券を取得し，保有し，議決権の行使をし，または処分する目的で共同で行動する（act together）ことを合意している場合，

---

1) Securities Exchange Act §14(d)(2), 15 U.S.C. §78n(d)(2). 取引所法およびSEC規則の訳文は，飯田（2014）907-908頁を参考にした。
2) Securities Exchange Act §13(d)(3), 15 U.S.C. §78m(d)(3).

それによって形成されたグループは，取引所法 13 条(d)項及び(g)項の適用にあたり，当該合意の日において，それらの者が実質的に所有している当該発行者のエクイティ証券の全部について，実質的に取得したものとみなす。」[3]

上記規則では，「議決権の行使」という，取引所法 13 条(d)項(3)号に掲げられていない類型が加えられている点が気になるが，これは，取引所法にいう「保有（holding）」の概念には，もともと議決権の行使が含まれると SEC は解釈していたが，誤解を避けるために，1978 年の SEC 規則の改正で「議決権の行使」が含まれることを明らかにしたものであるという（飯田（2014）908 頁）。このことからすると，公開買付規制における「グループ」概念（取引所法 14 条(d)項(2)号）についても，同様に，「議決権の行使」のため共同で行動する場合が含まれると解することになるのであろう。

わが国の実質的共同保有者および実質的特別関係者の定義には，「共同」，「取得」，「譲渡」（「処分」にほぼ相当するであろう[4]），「議決権の行使」そして「合意」といった，SEC 規則 13d-5 条(b)項(1)号における重要概念の多くがそのまま用いられており，平成 2 年証取法改正の立案担当者が，米国法の「グループ」概念に依拠して（ただし，立案担当者が適当と考えるいくつかの類型を追加して），実質的共同保有者・実質的特別関係者の定義規定を立案した可能性は極めて高いと思われる。

もっとも，米国の公開買付規制における「グループ」概念は，あくまで，買付者が自らの選択により公開買付けを行う場合（取引所法 14 条(d)項）にのみ，適用されるルールである。米国には，強制公開買付規制が存在しないため，買付者が少数者との間の相対取引により支配株式を買い付けることは，単独であれ「グループ」でするのであれ，自由に行うことが可能である。米国の「グループ」概念は，公開買付けをしない当事者に公開買付けを義務づける際に適用される基準として作られたものではそもそもないことに，注意すべきである。

---

3) 17 CFR §240. 13d-5(b)(1).
4) 「処分」（dispose）には，譲渡以外の処分（例えば，放棄）も理論上は含まれるが，現実には，譲渡以外の方法での処分を合意することは考えにくいであろう。

2.2.2 英国・EUの共同行為(act in concert)概念

(1) はじめに

他方,日本と同様に強制公開買付規制を有する英国等のEU諸国では,わが国の特別関係者に対応する概念として,「共同行為者」(persons acting in concert)の概念が存在する。ただし,この概念は,支配の取得等の目的による限定が加えられている点で,文言上,わが国の実質的特別関係者概念よりも狭いものになっている。

(2) 英国コードおよびEU買収指令

具体的には,まず英国のTakeover Code(以下,「英国コード」という)は,共同行為者の保有分と併せて対象会社の議決権の30%以上に当たる証券を取得した者に対し,対象会社の全株式を対象とした公開買付けをするように義務づけているが[5],そこでいう「共同行為者」は,次のように定義されている。

> 「共同行為者とは,(公式のものであると非公式のものであるとを問わず)合意または理解(agreement or understanding)に基づき,会社の支配を取得し若しくは強固にし(consolidate),又は会社の買収の成立を妨げるために協力する(co-operate)者たちをいう。」[6]

英国コードの規律を基本的に採り入れる形で成立したEU買収指令においても,共同行為者とは,「対象会社の支配を取得し,または買収の成立を妨げる目的」で,合意に基づき買付者または対象会社と協力する者をいうと定義されている(EU買収指令2条1項(d))[7]。

(3) 独買収法

また,EU買収指令を国内法化したドイツの証券取得および買収法(以下,「独買収法」という)は,「支配の取得」のため「協力する」ということについて,より敷衍した規定を置いている。すなわち,同国法では,支配の取得とは,議決権の30%以上を取得することをいうこと(同法28条2項)と定義した上で,

---

[5] Takeover Code, Rule 9.1 (Panel (2013), F1).
[6] Takeover Code, Definitions, "Acting in concert" (Panel (2013), C1).
[7] Directive 2004/25/EC of the European Parliament and of the Council of 21 April 2004 on Takeover Bids, Art. 2, 1(d).

買付者以外の第三者が保有する議決権についても，買付者が合意その他の方法により，当該第三者と共同で行動している場合には，買付者の保有議決権に合算するものとする。ただしその際，「共同で行動している」といえるためには，「対象会社の事業戦略に対して持続的かつ重要な変更をもたらす目的」をもって共同で行動することを必要とし，一時的な共同では足りないものとしている（同法 30 条 2 項）[8]。

2.3　評価——立法の蹉跌

　以上のように，英国コードや EU 買収指令においては，対象会社の「支配を取得する」（英国コードの場合は，支配を強固にすることも含む）かまたは「買収の成立を妨げる」という目的のために協力することが，共同行為者となるための要件とされている。また，独買収法は，EU 買収指令の「支配の取得目的」を敷衍する形で，「事業戦略に対する持続的かつ重要な変更をもたらす目的」という要件を課している。株券等の取得や譲渡等を共同して行うことを合意してさえいれば，直ちに共同行為者となるわけではないのである。

　強制公開買付規制は，対象会社の支配を取得しうるような株券等の買付けは，公開買付けによらしめることにより，対象会社の株券等保有者に対して平等の売却機会および情報を得る機会を与えようとする趣旨であると解される[9]。この趣旨からすれば，複数の者が株券等の買付け等をする場合であっても，それらの者が，会社の支配を取得するという共通の目的のために協力している場合は，あたかも当該買付け等が 1 人の者によって行われるのと同じように，強制公開買付規制を及ぼすことが適切であろう。支配の取得をもたらすような買付け等について規制の必要性を認めた以上，そうした支配の取得が 1 人の者によって行われようと，複数人の協力によって行われようと，規制の必要性には変わりがないと考えられるためである。英国コードや EU 買収指令における共同保有者の定義は，以上のような趣旨によるものと解され，それは，強制公

---

[8]　Wertpapiererwerbs- und Übernahmegesetz (WpÜG) Art. 30(2). 独買収法上の共同行動の概念については，池田ほか (2010) 158-159 頁〔神作裕之〕，証券法研究会編 (2011) 170 頁注 204 参照。

[9]　強制公開買付規制の趣旨については議論があるが（飯田 (2015) 21-37 頁），ここでは，一般的な見解に従っておく。

開買付規制自体の趣旨から首尾一貫して導けるものであって，合理的なものであると評価できる。

ところが，日本法は，EU 諸国の首尾一貫した「共同保有者」概念でなく，むしろ，強制公開買付規制を有しない米国において，強制公開買付規制の対象の画定とは別の目的で用いられている「グループ」概念に依拠して，実質的特別関係者の定義規定を創設したと見られる。その結果，この定義により特別関係者とされる者の株券等所有割合を買付者の株券等所有割合に加算して一定割合を超えると公開買付けが要求されるのはなぜなのか，すなわち，規制の趣旨そのものが，不明確になっているように思われる。実質的特別関係者概念については，これを文言どおり適用すると過剰な規制になるという問題が以前から指摘されているが (3 で詳述する)，そうした問題は，根本的には，以上に述べたような立法段階の「蹉跌」とでも呼ぶべきものに起因するように思われる。

こうした立法の蹉跌は，根本的には，新たな立法（法改正）によって解決することが望ましいと考える。4 では，そうした立法論を展開する（基本的には，EU 諸国と同様に，支配の取得または買収を妨げることという共通の目的を有することを，実質的特別関係者の要件とすべきである）。ただ，こうした立法論を展開する前に，現行法の解釈により，実質的特別関係者の範囲を妥当に画定し，過剰な規制を回避することがどこまで可能か，またどこからが，解釈論に限界があり立法を必要とするかを検討しておくことは有益であろう。そこで次節（3）では，実質的特別関係者についての現行法の解釈問題を検討することにする。

3 実質的特別関係者についての解釈論

3.1 共同取得の合意

3.1.1 総　　説

実質的特別関係者の第 1 の類型は，株券等の買付者との間で，共同して，当該株券等を取得すること（以下，「共同取得」という）を合意している者である（金商 27 条の 2 第 7 項 2 号）。例えば，【図表 1】で，P と X が，S の有する T 会社株式（株券等所有割合にして 34% 相当）を，それぞれ 25% と 9% 取得することを合意した場合，X は P の（また，P は X の）特別関係者になり，P と X の株券等所有割合が合算される結果，P または X の買付けは，法 27 条の 2 第 1 項 2 号

【図表1】 共同して株券等を取得することを合意している者

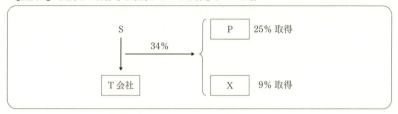

（または4号）により，公開買付けによることを強制される。

3.1.2 共同取得の合意だけで特別関係者とされるのか――または「共同して」取得することの意味

(1) 問題の所在

規定の文言上，PとXが共同取得の合意をしていれば，それだけで当然に，両者は互いの特別関係者となるように読める。しかし，仮にPとXが共同取得の合意をしていても，取得後の行動については何ら合意しておらず，取得後に両者が一体的に行動する見込みがない場合には，PもXもT会社を支配できるわけではないから，その場合にもあえて公開買付けを強制する必要はないのではないか，という問題が提起されている（証券法研究会編（2011）177頁。池田ほか（2010）154頁以下の議論も参照）。

共同取得の合意があればそれだけで特別関係者になるとする現行法の規定は，2以上の者が証券を取得する（acquire）目的で「グループ」として行動すれば，それだけで（会社の支配を取得するなど，他の目的を要求することなく），当該グループを「者」とみなす，米国の取引所法14条(d)項(2)号を採り入れたもののように思われる。しかし，米国には強制公開買付規制が存在しないから，【図表

---

10) PとXの買付けが一体として行われる場合，両者の買付けが金商法27条の2第1項2号に抵触する。PとXの買付けが異時点で行われる場合，後に行われた買付けは同号に抵触し，前に行われた買付けも，それが同項4号のスピード規制の適用期間中に行われた場合，同号の規制に抵触する。

11) 大量保有報告制度との関係で「グループ」概念を定義している取引所法13条(d)項(3)号の解釈（文言は同法14条(d)項(2)号と同一）については，証券の取得目的でグループとして行動していれば十分であり，会社の支配を取得するとか会社経営に影響を与えるといった目的は必要ないとした，連邦高裁レベルの判例がある（Morales v. Quintel Entm't, Inc., 249 F.3d 115, 124 (2d Cir. 2001)）。

1】のように，XおよびPが少数者（S）から相対で株式を買い付けることも禁じられない（XまたはPが単独で支配株式を取得することも禁じられない）。規制の必要がなさそうな場面で公開買付けを強制することになるという，前段落で指摘している問題は，根本的には，基準を作った国（米国）で元来規制を想定していない行為を当該基準によって規制しようとしているという，立法の蹉跌に起因しているように思われる。

(2) 株券等の取得が別々に行われる場合

もっとも，共同取得の合意が問題となる行為の中でも，複数の者が別々に株券等の取得を行う場合，例えば【図表1】でいうと，PとXが，それぞれ別の時点で，別の契約により，T社の株式をそれぞれ25％と9％ずつ買い付ける場合（以下，この場合を「類型(a)」という）には，それらの者が何らかの共通の目的を持ってそれをするのでなければ，そもそも「共同して」株券等を取得するとはいえない，と解することは可能かもしれない。ここで「共通の目的」とは，英国コードやEU買収指令のような明文の規定がない以上，「会社の支配の取得」または「他者による買収を妨げること」に限定する理由はなく，例えば共同で会社の経営に対し何らかの要求をするといったものでも足りると考えられるが，ともかくそうした共通の目的が何もなければ，類型(a)の場合は，PとXがそれぞれ独自に株式を買い付けているだけであり，「共同して」株券等を取得するものとは言い難いように思われる。[12]

類型(a)について，共同取得の合意を認めるために「共通の目的」の存在を要求する上記の私見に対しては，「共通の目的」の立証が難しいのではないかという反論があり得よう。しかし，共通の目的の存在は，株券等の取得後に取得者が現に協力して行動している（例えば，共同でT会社に対して経営上の要求をし

---

12) この点に関し，金商法167条の内部者取引の適用除外となる共同買集め（金商令31条）の解釈についてであるが，東京地判平成19・7・19刑集65巻4号452頁（村上ファンド事件第一審判決）は，「『共同買集め』と認められるためには，少なくとも応援買いと同程度の一体性が認められることが必要である」として，「共同」と認められるために一定の要件を課していることは参考に値しよう（証券法研究会編（2011）178頁）。なお，米国において，別々に株式の買い集めを行っている者たちが，会社を買収するという共同の目的で行われている場合には，取引所法13条(d)項(3)号にいう「グループ」に当たるとした裁判例として，GAF Corp. v. Milstein, 453 F.2d 709 (2nd Cir. 1971) 参照。

ている)という事実から推認することも可能であろう[13]。逆にいえば,取得後にそうした協力行動が一切なければ,別々に行われた買付け等が共同取得の合意によるものであるとして規制当局が介入することは,実際上も考えがたいし,またその場合は,介入の必要性も乏しいように思われる。

(3) 株券等の取得が共同して行われる場合(類型(b))

他方これに対し,複数の者による株券等の取得が,その取得の態様からして当然に,「共同して」行われたと解しうる場合がある(以下,これを「類型(b)」という)。【図表1】の例でいえば,PとXが,1つの売買契約によって,共同の買主として,Sから株式を(Pは25%,Xは9%ずつ)買い付けることを約した,というような場合がこれに当たる[14]。

類型(b)の場合は,あえて共通の目的を問題にせずとも,PとXは株券等を「共同して」取得しているといえそうである。また,1個の売買契約の当事者(共同買主)になっている以上,XとPの間に「合意」も認められよう。この場合に,PとXに何らかの共通の目的があることを,特別関係者となるための追加的な要件として要求することは,英国コードやEU買収指令のような明文の規定がない以上,難しいようにも思われる。

もっとも,類型(b)の場合,株券等を共同で取得する以上,支配を目的としないで取得することは現実には考えにくく,あえて共通の目的を要件とする必要もないのではないかという見解があるかもしれない(池田ほか(2010)160頁〔永井智亮〕参照)。この見解は,【図表1】のように,PとXが共同で3分の1超の株式を取得する場合を考えれば,適切と思われる。問題があるとすれば,

---

[13] 念のためにいうと,類型(a)で共同取得の合意があると認めるためには,共通の目的があること(それが推認されること)だけでは十分でなく,当事者間に共同取得の「合意」(意思の合致)があることが必要である。合意については,**3.1.4**で後述する。

[14] その他に,PとXが,T社株式を取得することを目的として組合を組成し,組合を通じてT社株式を取得する場合も,これに当たる可能性がある。もっとも,特にどの会社の株式と限定することなく,一般的に株券等への投資を目的として組合を組成した場合,それによって直ちに,組合員が共同取得の合意をしたといえるかは疑問である。金融庁は,「特に,組合員が少数である場合などにおいては,いわゆる実質的基準による特別関係者……に該当しないかに留意する必要があります」(三井=土本編(2011)66頁)と述べており,少なくとも,組合員は当然に共同取得の合意をしたと解しているわけではないことが窺える。

共同取得の合意の対象が，PとXの所有株券等の全部でなく，そのうち一部にとどまる場合である。例えば，PとXは，もともと，T社株式を24％と8％ずつ，単独で保有していたところ，Sから2％の株式のみを，1つの売買契約により共同で取得したような場合である。

一般的には，ある者が買付者の特別関係者とされれば，その者の株券等所有割合の全部が，買付者の株券等所有割合に加算されると解されていると思われる（証券法研究会編（2011）196頁注233）。その解釈では，前段落で示した場合も，PとXの共同取得は強制公開買付規制に抵触する。もっとも，私見では，この点は解釈の余地があり，共同取得の合意（後述する，共同譲渡および共同株主権の行使の合意についても同様と解される）の故に実質的特別関係者とされる者の所有株券等については，そのうち当該合意の対象となっているもののみが，買付者の株券等所有割合に加算されるという解釈も可能なように思われる。合意の対象外の株券等については，特別関係者がそれについて買付者と行動をともにするとは限らず，買付者の所有株券等と法的に同一視する根拠を欠くと考えられるためである。[15]

もっとも，上記の私見は，現在のところ一般的に受け入れられた解釈ではない。一般的と思われる解釈に従うなら，共同取得の合意の対象が，XとPの所有株券等のうちごく一部にとどまり，それゆえ，PとXが共同してT社の支配に影響を与えるとは考えがたい場合も，公開買付けが強制されうることになる。この結果が不当であるとすれば，支配の取得といった共通の目的の存在を，実質的特別関係者の要件とすることが考えられる。ただ，それが現行法の解釈として難しいとすれば，**4**で主張するような法改正を検討すべき理由の1つになりうると思われる。

---

15) 解釈論としては，金商法27条の2第8項2号にいう「その者の所有に係る当該株券等」が指す株券等を，規制の趣旨に鑑み合理的に限定解釈する，ということである。一般に，公開買付規制の各規定において，「当該株券等」が何を指すのかは必ずしも自明でなく，規制の趣旨に照らして解する必要があるように思われるため，このような解釈も必ずしも不可能ではないと思われる。もっとも，合意は明示のものも黙示のものもありうるから，明示の合意ではその対象となる株券等が限定されていたとしても，黙示の合意の範囲はそれより広いと認められる場合は，当然ありうると考えられる。

3.1.3 共同して「取得」することの意味

共同取得の合意に関しては，何をすれば共同して株券等を「取得」することになるのか，という論点もある。例えば，Ｐが株式を取得し，Ｘは出資または融資により資金を拠出するだけであるといった場合も含まれるか，という問題が議論されている（証券法研究会編（2011）179頁）。

しかし，資金拠出だけで「共同取得」に該当するとすれば，Ｐに対して株券等の取得資金を出資ないし融資したファンドや金融機関はみな，特別関係者になってしまうおそれがある（証券法研究会編（2011）179頁）。その上でもし，特別関係者の株券等所有割合は，全て買付者の株券等所有割合に加算されるという解釈（*3.1.2*(3)参照）をとるならば，当該ファンド等がたまたま（Ｐとの合意とは無関係に）Ｔ社の株券等を所有している場合，それも当然にＰの株券等所有割合に加算されることになり，過剰な規制であることは明らかである。[16]

金商法27条の2第7項2号は，買付者と共同して株券等を「取得」することを合意している者を特別関係者としているのだから，自ら株券等を「取得」する（当該株券等を自己の所有に帰せしめる）者のみが，この基準による特別関係者になると解することが自然である。[17] もっとも，誰が「取得」するかは実質的に決するべきであり，たとえＰの名義による取得であっても，Ｘが取得を主導し資金の大半を拠出しているような場合は，Ｘが「取得」したと評価すべきであろう（証券法研究会編（2011）179頁）。また，ＸのＰに対する出資が一定以上（議決権比率20％以上）となれば，ＸはＰの形式的特別関係者になり（金商27条の2第7項1号，金商令9条1項2号），その場合は，Ｘの所有株券等は，全てＰの株券等所有割合に加算される。これらの点を留保した上で，自ら株券等を取得せ

---

16) 他方，共同取得の合意の故に特別関係者になる者の所有株券等については，合意の対象となっている株券等のみが，買付者の株券等所有割合に加算されるという解釈（*3.1.2*(3)で提案した解釈）をとるならば，ファンド等が合意と無関係に所有している株券等は加算されないため，過剰な規制を回避できることにはなる。しかし，その場合には，資金を提供しただけのＸの所有株券等のうちＰの株券等所有割合に加算できるものは存在しないから，資金拠出者を特別関係者とすること自体，無意味となる。

17) 金融庁は，共同して議決権を行使することの合意（*3.4*で後述）の解釈に関するものであるが，「通常，いずれかの時点において，買付者と特別関係者となるべき者が同時に議決権……を有することが必要であると考えられる」との見解を公表している（三井＝土本編（2011）72-73頁）。「通常」という留保が付されている点に曖昧さが残るものの，金融庁も，基本的に，ＡとＢが「共同して」ある行為をするといえるためには，ＡもＢも当該行為をする必要があるという立場をとっていると解される。

ず資金を拠出する合意をしたにとどまる者は，共同取得の合意をしたとは認められないと解すべきである。

3.1.4　共同取得を「合意」することの意味

共同取得の合意については，何をすれば「合意」をしたことになるのかという点も問題となる（ここでの「合意」の解釈は，共同取得の合意以外の行為類型（*3.2*～*3.4*）にも妥当すると解される）。

合意の一般原則どおり，書面による合意に限らず口頭の合意も含まれ（三井＝土本編（2011）185頁），また，明示の合意だけでなく黙示の合意もありうると解される（岸田（2011）708頁〔関口智弘〕）。ただ，「合意」という以上は，当事者の意思が合致する必要があり，単に，相手方が自分と同時期に株券等を取得することを互いに認識しているというだけでは，合意があるとはいえないと解される（長島・大野・常松法律事務所編（2013）41頁）。

また，金融庁は，「合意」とは「相互又は一方の行動を約する」性質のものを指し，単なる意見交換とか，相手方に自分の行動の予定を伝え合い，それがたまたま一致したとかいったものでは足りないという解釈を示している[18]。この解釈は，直接には，大量保有報告制度における実質的共同保有者（金商27条の23第5項）の定義のうち，共同して議決権その他の株主権を行使することの「合意」の意義について述べられたものではあるが，その解釈は，公開買付規制における実質的特別関係者の定義を含めた「合意」一般の解釈として，妥当すると考えられる。

このように，「合意」の意義を厳しく解すると，ウルフパック戦術と呼ばれる，複数の投資家が歩調を合わせて対象会社の株式を取得する行動[19]に対して有効な規制を及ぼせないのではないかという批判があるかもしれない。しかし，例えば投資家同士が，意見交換等を通じて，互いに相手方が対象会社の株式を取得する意図があることを認識したというだけで，共同取得の合意を認めるならば，実質的特別関係者の成立範囲は非常に広範となる。日本の強制公開買付規制は，平成18年の法改正により，立会外市場（トストネット市場等）での取引

---

[18]　金融庁（2014）11頁。
[19]　ウルフパックを含む，米国の株主アクティビズムの動向については，Briggs（2007），武井（2008），太田（2008）参照。

第1部 制度編

も規制対象となり（金商27条の2第1項3号），またスピード規制が導入された結果（同項4号・6号），投資家の株券等の取引を阻害する度合いは，既に相当に強いものになっていると見られる。[20] このような法制下で,「合意」の存在ひいては実質的特別関係者の範囲を広範に認めることは，意見交換を含む投資家の協調行動を全般的に萎縮させる結果になりかねない。

米国でも，複数のアクティビスト株主によるウルフパック戦術に対し，それらの株主が「グループ」（取引所法13条(d)項(3)号）に当たるとして，大量保有報告制度の違反を対象会社が申し立てる事例があるが，それに対しては，裁判所は，単に株主が話し合ったり，投資対象の会社について率直な意見を交わしたというだけでは,「グループ」の存在を認めなくなっているといわれる。[21]

日本においても，株主の協調行動を全般的に抑圧する政策をとるというのならともかく，そうした政策をとらないのであれば（4で述べるように，そうした政策をとるべき理由は現状ではないと思われる),「合意」の存在は厳格に考えることが適当であろう。[22]

---

20) 特に，スピード規制との関係で，実質的特別関係者による株券等の取得は買付者自身による株券等の取得とみなされる結果（金商27条の2第1項6号，金商令7条7項2号)，買付者は，自らの関与しない実質的特別関係者の行為について責めを負う構造になっていることに，留意すべきである（証券法研究会編 (2011) 175頁）。

21) この点は，Briggs (2007), p. 691 で，実務的観点から最も重要な法動向であるとして紹介されている。例えば，Hallwood Realty Partners v. Gotham Partners, 286 F.3d 613 (2d Cir. 2002) では,「乗っ取り屋」として有名なある投資家の株式取得と同時期に，他2名の投資家も対象会社の株式の5％以上を取得した事例で，グループの成立を認めなかった。また，meVC Draper Fisher Jurvetson Fund I, Inc. v. Millennium Partners, L. P., 260 F. Supp. 2d 616 (S. D. N. Y. 2003) は，2人の投資家がメールで意見を交換し，かつ，1人の投資家が行った取締役選任提案に，もう1人の投資家が候補者として名を連ねていたという事例においても,「合意」の存在が立証されていないとして，グループの成立を否定した。なお，CSX Corp. v. Children's Investment Fund Management (UK) LLP, 562 F. Supp. 2d 511 (S. D. N. Y. 2008) は，いわゆるトータル・リターン・スワップの買いポジションを取得した投資家が株式を「保有」していると認めるとともに，他の投資家との「グループ」の形成も認めた事例として注目されたが（太田 (2008) 参照)，同判決は，上級審により，投資家同士が種々の「活動（activities)」を協調して行ったというだけでは，当該投資家同士が証券の取得を目的として「グループ」を形成したことの立証として不十分であるとして，破棄差し戻されている（CSX Corp. v. The Children's Inv. Fund Mgmt. (UK) LLP, 654 F.3d 276, 283-85 (2d Cir. 2011))。

22) なお，わが国では，総議決権の5％以上の株券等の買集めを「公開買付けに準ずる行為」とし，それに関する情報を重要事実として内部者取引規制を課す金商法167条1項・金商令31条が，ウルフパック戦術に対して，既にして相当な牽制効果を有してい

3.2 共同譲渡の合意

3.2.1 総　説

　実質的特別関係者の第2の類型は，株券等の買付者との間で，共同して当該株券等を譲渡すること（以下，「共同譲渡」という）を合意している者である（金商27条の2第7項2号）。

　例えば，【図表2】で，SからT会社の株式の34%を買い付けようとしているPが，T会社株式の9%を保有しているXとの間で，共同して，PとXの株式をYに譲渡することを合意している場合，XはPの特別関係者となり，その株券等所有割合は，Pの株券等所有割合に加算される結果，PのSからの買付後のPの株券等所有割合は3分の1超（34%）になるため，金商法27条の2第1項2号により，Pの買付けは公開買付けによらなければならない。

3.2.2 規制の趣旨に対する疑問

(1) 規制の趣旨の理解とそれに対する疑問

　本類型については，実質的共同取得者の他の類型以上に，そもそもなぜこれを規制対象にするのかについて議論のあるところである（池田ほか（2010）168頁,証券法研究会編（2011）180頁以下）。共同譲渡の合意以外にPとX間に何の合意もなければ，PもXもT会社の支配を取得できるわけではなく，それなのになぜPの買付けを規制すべきのか理解しがたいためである。

るように思われる。同規制の存在により，投資家同士が協調行動をとる場合であっても，上記の重要事実を知りうる程度に密接に認識を共有することは，なるべく避けるであろうし，また，仮にそうした重要事実をも共有するほどに緊密な協調行動をとろうとする場合には，内部者取引規制の適用除外となる「共同買集め」（金商令21条）と認定されるべく，むしろ積極的に，共同取得の合意をしたことの証拠を（書面による合意をするなどして）残そうとするのではないか。

なお，金商法167条1項，金商令31条についていえば，それが内部者取引規制の範囲として果たして適当か（過剰に投資家の協調行動を妨げるおそれがないか）という点は，議論の余地があると思われる（同規制の母法と考えられる米国のSEC規制14e-3は，公開買付けに関する情報について内部者取引規制を課しているにすぎないため，ある者が，市場取引のような公開買付けに当たらない行為によって5%以上の株式を買い集めること自体は，同規制の対象外になっていると思われる）。ただ，現行の金商法167条，金商令31条を前提にする限り，ウルフパック戦術に法的に対処するために（対処の必要が仮にあるとして），実質的特別関係者または共同保有者の要件である「合意」の意義を無理に広く解する必要はない，ということはいえると思われる。

【図表2】 共同譲渡の合意

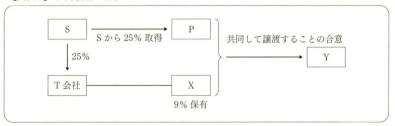

　この点、【図表2】の例では、PとXが実際に共同して34％の株式をYに譲渡する時点で、当該譲渡（Yにとっての買付け）は、強制公開買付規制に服するはずである（金商27条の2第1項2号）。PのSからの買付け等を規制するのは、本来公開買付けが必要となる行為の前段階の行為をいわば先取り的に規制するものと理解しうる（池田ほか（2010）169頁〔岩原紳作、神田秀樹〕）。

　しかし、なぜそうした規制の先取りをする必要があるのかは、必ずしも明らかでない。1つの考えうる説明は、本来規制すべき行為（YのP・Xからの買付け）を規制当局が捕捉できない可能性があるので、その前段階の行為（PのSからの買付け）を捕捉するのだ、というものであろう。しかし、PのSからの買付けの時点で、PとX間に共同譲渡の合意があることを規制当局が捕捉できているのなら、合意の現実化であるYのP・Xからの買付けを捕捉できないということは考えにくい。しかも、本類型は、少なくとも規定の文言上は、共同譲渡の合意が公開買付けを要しない範囲で行われたにすぎない場合（例えば、PとXは、保有株式のうち3分の1を超えない部分についてのみ、共同譲渡の合意をしたにすぎない場合）であっても、XはPの特別関係者とされ、Pの買付けは制限されることになる。この取扱いを、規制の先取りという観点から理解することは困難である。さらに、たとえXとPが、3分の1超の株式について共同譲渡の合意をしているとしても、その譲渡は、法に従い公開買付けへの応募の形で行うことを合意している場合、それ自体は適法である行為の前段階の行為をなぜ規制する必要があるのか、という疑問が生じる。

　本類型の趣旨についてはまた、強制公開買付規制の趣旨を支配権プレミアムの平等分配に求める立場を前提として、【図表2】のような場合は、PのSからの買付けの際にも（その後にYに売ることを予定していることから）、いくらかプレミアムが支払われると考えられるため、当該プレミアムの平等分配のために公

開買付けを強制する，という理解も提案されている（池田ほか（2010）172-173頁〔岩原〕）。

しかし，YがT会社の支配の取得のために，例えば30％のプレミアムを支払う用意がある場合，PがSからの買付けの際にプレミアムの一部（例えば20％）を支払ったとしても，その後のYの買付けが法に従い公開買付けで行われる限り，T会社の一般株主は，依然として30％のプレミアムを平等に受けられるはずである。それに加えて，PがSに支払うプレミアムをも一般株主に平等分配する必要があるとは思えない[23]。また，この理解によっても，共同譲渡の合意が公開買付けを要しない範囲で行われているにすぎない場合にも，PのSからの買付けを規制する理由は説明しがたい。

(2) 私　見

私見では，本類型は，ただ単に，米国の「グループ」概念を，日米の規制の基本構造の差異を十分考慮せずにコピーしたものにすぎず，その趣旨を合理的に説明することは困難であると考える。

すなわち，本類型は，2以上の者が証券を「処分する（dispose）」目的で「グループ」として行動する場合に当該「グループ」を「者」とみなす取引所法13条(d)項(3)号および14条(d)項(2)号，ならびに，証券を処分する目的で共同して行動することを合意する者を「グループ」とするSEC規則13条(b)項(1)号を採り入れたものと考えられる（*2.1.1*）。しかし，（何度もいうように）米国には強制公開買付規制は存在しないため，【図表2】の場合，YがXとPから34％の株式を相対で買い付けることも，別に禁じられない。当然，その前段階の行為としてのPのSからの相対買付けも禁じられない。せいぜい，PとXは，大量保有報告制度との関係で「グループ」とされ，株式保有状況の開示が求められるにすぎない[24]。支配株式を相対で買い付けることが自由であ

---

23) Pの買付けの当時はT会社の株主であったがYによる買付けの時点では株主でなくなった者は，前者の買付けが公開買付けにより行われるのでなければ，プレミアムの分配を受けられないということにはなる。しかし，支配の取得が起きる前にそれを知らずに株式を売った者の利益を，法は一般に保護していないし，保護すべきものとも思われない。

24) 実際に，複数の株主が共同して保有株式（5％以上）を譲渡することを合意したとして，大量保有報告の開示が求められた事例として，Wellman v. Dickinson, 682 F.2d

る米国では，複数の株主が共同して支配株式を（プレミアム付きで）譲渡することを合意する場合もままあると予想される。そうしたグループの存在を開示することは，近い将来，支配株式の譲渡が行われる可能性があることを一般株主に情報開示する点で，それなりに意味のあることなのであろう。これに対し，日本法は，基準を作った米国でそもそも禁止していない行為を，当該基準を用いて禁止しようとしているのである。このような規制を合理的に説明しようとしても，無理が生じるように思われる。

3.2.3 共同取得の譲渡の有無が問題となる事例

以上のように，本類型には，規制の合理性がそもそも見出しがたい。立法論としては，本類型は，廃止すべきであると考える(4)。また，解釈論においても，本類型による規制を極力，避けるように解釈することが妥当である。以下，本類型への該当性が議論されている行為のいくつかについて，検討する。

(1) 不特定の者に対する譲渡の合意

第1に，PとXが特定の者（Y）に譲渡するのでなく，例えば市場でバラバラに売ることを合意した場合も，共同取得の合意があるかが問題とされている（池田ほか（2010）168頁[25]）。そもそも，特定の者への譲渡を合意した場合であっても，Pの買付けを規制する必要があるとは思えないが（Yへの譲渡が強制公開買付規制に抵触する限度で，公開買付けによることを要求すればすむ話である），バラバラの譲渡となれば，これを規制する理由は全く見出せない。この場合には，PとXは「共同して」株式を譲渡する合意をしたのではない（「別々に」ないし「おのおのが単独で」譲渡することを合意したにすぎない）として，実質的特別関係者の該当性を否定すべきであろう。

---

355 (2d Cir. 1982)。

25) 例えば，支配権の取得をめぐって互いに（そして，現経営陣とも）対立していたPとX（および現経営陣）との間で和解が成立し，PもXも，一定期間内に，株券等所有割合を一定比率以下に引き下げるため，市場で株式を売却する旨を合意したような場合が考えられる。

(2) 一部の株券等のみについての合意

　第2に，共同譲渡の合意が，Xの所有株券等のうち一部について行われているにすぎない場合は，合意の対象となる株券等のみが，Pの株券等所有割合に加算されるべきである。このような解釈は，共同で一定の行動（取得，譲渡または株主権の行使）を合意したために実質的特別関係者となる類型一般に妥当すると考えるが（**3.1.2**(3)），もともと規制に合理性のない本類型については，一層強く，そのような解釈が支持されるべきである。

(3) タグアロング・ライト付与の合意

　第3に，いわゆるタグアロング・ライト（tag along right），すなわち，XがT社株式を売却しようとするときに，Pがその保有株式の一定数をXと同一条件で売却できるという権利を有することをX・P間で合意した場合，それによって，XはPの実質的特別関係者になるのか，という問題が議論されている（池田ほか（2010）174頁，証券法研究会編（2011）199頁）。このような合意は，まさに共同譲渡の合意に当てはまるという意見もあるが（池田ほか（2010）174頁〔神田〕），より慎重な検討を要すると考える。

　前述のように，「合意」とは，「相互又は一方の行動を約する」性質のものを指す[26]。それゆえ，共同譲渡の合意とは，XとPが，相互に，共同して株券等の譲渡をすることを「約する」ことを意味すると解される。タグアロング・ライトの合意の下では，Xが実際に株券等を譲渡するかはXの任意であり，また，Xが譲渡を決めたときに，Pがタグアロング・ライトを行使して自己の株券等を譲渡するかどうかも，Pの任意である。すなわち，当該合意だけでは，いまだXもPも，相互に株券等の譲渡を「約した」とはいえないと解される。

　この点に関し，金商法は，強制公開買付規制の対象となる株券等の「買付け等」を「売買その他の有償の譲受け」と定義する（金商27条の2第1項）。ここにいう「譲受け」とは，譲受けの合意を含むと解されるが[27]，売買の一方の予

---

26) 前掲注18）と対応する本文参照。
27) 強制公開買付規制との関係では，株券等について「譲受けの合意」を行えば，合意に基づく株券等の引渡し（所有権の移転）はいまだ行われていなくても，「譲受け」（ひいては「買付け等」）が行われたと解すべきであることは，同規制における株券等の「所有（これに準ずるものとして政令で定める場合を含む）」（金商27条の2第1項1号）とは，「売買その他の契約に基づき株券等の引渡請求権を有する場合」も含むとさ

約とかオプション契約といった，当事者の改めての意思表示（選択）により初めて譲受けの法律関係を生じさせるような合意については，法はこれを当然には「買付け等」に当たるとはみなさず，その内の一定のもの（売主側でなく買主側に選択権があるもの）について，「これ［有償の譲受け］に類するもの」として政令で定めることにより，規制の対象にしているにすぎない（同項，金商令7条1項4号・5号）。このように，金商法は，①譲渡（譲受け）の合意，すなわち，合意それ自体によって譲渡（譲受け）の法律関係を生じさせる合意と，②当事者の一方または双方の改めての意思表示により初めて譲渡（譲受）の法律関係を生じさせるものとする合意を区別していると解される。②の合意は，これをも譲渡（譲受け）の合意と同じに取り扱うという明示的な法令の規定（金商27条の2第1項，金商令7条1項4号・5号のような）がなければ，譲渡（譲受け）の合意に当たるとは解されない。タグアロング・ライトを付与する合意は，②の合意類型に属する。

　本類型による規制の合理性そのものに疑問があることも踏まえ，タグアロング・ライト付与の合意は，共同譲渡の合意には含まれないと解すべきである。[28]

　以上のような解釈は，タグアロング条項以外の，業務提携においてしばしば見られる株式に関する合意（例えば，ドラグアロング条項など）についても，基本的に妥当するものと考える。

3.3　共同して株主権を行使することの合意

3.3.1　総　　説

　実質的特別関係者の第3の類型は，株券等の買付者との間で，共同して，当

　　れていること（金商令7条1項1号）からも明らかである。こうした規定ぶりは，金商法は，強制公開買付規制との関係では，譲受けの合意（すなわち，「売買その他の契約」）が「買付け等」に当たることを前提にした上で，当該合意（契約）の対象となった株券等を含めて買付者の株券等所有割合が3分の1を超えれば，いまだ当該株券等の所有権が実際に買付者に移転していなくても，強制公開買付規制の適用を及ぼす趣旨であると解されるためである。

　[28]　もちろん，形式的には（書面上では）タグアロング・ライト付与の合意をしたにとどまる場合であっても，合意の当時において，Pは特定の者に株券等を譲渡しXはそれに対しタグアロング・ライトを行使することが当事者間で当然の前提とされていたような場合は，当事者間には共同譲渡の黙示の合意があるとして，本類型による規制に該当すると解される場合はあるであろう。

【図表3】 共同して株主権を行使することの合意

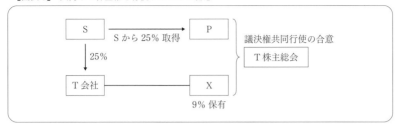

該株券等の発行者の株主としての議決権その他の権利（以下，「株主権」という）を行使することを合意している者である（金商27条の2第7項2号）。例えば，【図表3】で，XがPとの間で，T会社の株主総会で共同して議決権を行使することを合意している場合，XはPの実質的特別関係者となり，Xの株券等所有割合がPのそれに加算される結果，PのSからの25％の株式の買付けは，公開買付けによらなければならない（池田ほか（2010）169頁）

3.3.2 共同して株主権を行使することの合意の意味
(1) 問題の所在

本類型については，「議決権の行使」の目的で共同で行動する者を「グループ」とみなす，SEC規則13d-5条(b)項(1)号を参考にしていると解される（*2.2.1*）。もっとも，強制公開買付規制を持たない米国では，相対でのPのSからの買付けはそもそも禁じられる行為ではない。この点で，日本法は，基準を作った国では規制することを元来想定していない行為をその基準によって規制しているという問題があることは，既に他の類型について述べたとおりである。

その問題に加えて，本類型は，議決権以外の株主権の行使も含めることにより，あえて米国法よりも基準を拡張しているが，そのようにした趣旨も明らかでない。会社の支配と無関係な権利，ことに，株式買取請求権や取得価格決定の申立権のような自益権を共同で行使することを合意しただけで実質的特別関係者になるとすれば，規制として広範に過ぎるとの指摘が既になされているところである（池田ほか（2010）179-180頁〔藤田友敬，岩原〕）。

(2) EU 諸国の規制

ここで，日本と同様に強制公開買付規制を有する EU 諸国の規制動向を見てみよう。注目すべきは，EU 諸国では，支配の取得（または買収を妨げること）を目的として協力する場合に限って共同行為者となるという規制（EU 買収指令 2 条 1 項(d)）の解釈として，たとえ株主が共同して議決権を行使することを合意したとしても，当然には共同行為者とは認めない立場をとっていることである。

すなわち，EU における証券市場の監督機関である欧州証券市場監督局（European Securities and Markets Authority; ESMA）は，2013 年に公表した報告書において，株主が，EU 買収指令の共同行為者とされることなく行える協調行動のリスト（"White List"）を呈示した（ESMA (2013)）。これは，株主による効果的で持続可能なエンゲージメント（engagement）が，よき企業統治の要であるとの認識に立って，株主の協調行動を萎縮させないように，解釈の明確化を図ったものである（ESMA (2013), §1.3）。

それによると，株主らが，以下に挙げる活動に従事（engage）するため協力する場合，それ自体としては（*in and of itself*），当該株主らは，共同で行為したとはみなされない（ESMA (2013), §4.1）。

(a) 会社の取締役会の議題となりうる事項について互いに議論すること。
(b) 会社の政策，慣行または会社が行う可能性のある具体的な行動について，取締役会に提案をすること。
(c) 取締役の選任以外の事項に関して，(i) 議題もしくは (ii) 議案を提案し，または (iii) 臨時株主総会を招集する制定法上の株主権を行使すること。
(d) 取締役の選任以外の株主総会の法定決議事項に関して，特定の株主総会に提案された議案につき同一の態様で議決権を行使することを合意すること。

なお，取締役の選任については，上記報告書は，加盟国ごとに対応が異なっていることを理由に，上記の White List には挙げていない。そこで，この点について各国の規制を見ると，まず，英国コードでは，取締役の選任提案（または提案すると脅すこと）を他の株主と協力して行うことは，それが「取締役会の支配を求める提案（board control-seeking proposal）」であるときは，共同行為者であると推定される。ただし，「取締役会の支配を求める提案」であるかどうかは，提案された取締役候補者と，提案株主またはその支持者（以下，提案株主等

という)との関係が,第一次的に考慮される。もしも候補者と提案株主等の間に一定の関係(報酬をもらうなど)がないか,あっても重要なものでないなら,たとえ全ての取締役を交替させる提案であったとしても,当該提案は,「取締役会の支配を求める提案」とは認められない[29]。

また,ドイツでは,「会社経営に持続的かつ重要な影響を与える目的」で協力しない限り共同行為とはしないという立場(独買収法30条2項)に基づき,たとえ株主が協力して現経営陣を退陣に追い込んだとしても,その後の経営方針について協力することがなければ,いまだ共同行為とはされないようである(池田ほか(2010)176-177頁〔神作〕)[30]。

(3) 評価および日本法の解釈

このように,EU諸国が,共同行為者の成立範囲を限定している理由は,1つには,強制公開買付規制が包括的であり,市場取引や新規発行取得をも対象としていることが挙げられよう。こうしたルールの下で,ひとたび協調行動をとる株主が共同行為者とされれば,それらの株主は,保有議決権の合計が30%を超えるような株式取得を,事実上,行うことができなくなる。これでは,株主の協調行動(協働エンゲージメント)を禁圧するに等しい,という配慮が働いているものと思われる。

この点,日本の強制公開買付規制は,市場取引や新規発行取得を原則として対象としないから,EU諸国とは事情が異なるのではないかとも考えられる。しかし,既述のとおり,日本でも,立会外市場取引を規制対象としたことやスピード規制の導入により,強制公開買付規制が投資家の株式取引を阻害する度合いは大きくなっていると見られる[31]。EU諸国が,協働エンゲージメントの重要性を認めて,強制公開買付規制がそれを阻害しないための努力を重ねている中で,日本だけが,広範な実質的特別関係者の基準(それは,元来,強制公開買付

---

29) Takeover Code, Panel (2013), Notes on Rule 9.1, §2. 英国コードについてより詳しくは,飯田(2014)913-915頁参照。
30) なお,米国においては,株主の協働エンゲージメントについては,主として大量保有報告制度との関係で「グループ」(共同保有者)とならないかが問題になるが,これについて,学説レベルでは,支配権に関係しない決議に関して議決権行使を合意することは「グループ」に当たらないという解釈も提案されている。飯田(2014)911頁参照。
31) 前掲注20)と対応する本文参照。

規制を持たない国で作られた基準に依拠している）を維持することが賢明であるかを考える必要があろう。

　私見では，実質的特別関係者となるための要件については，EU 諸国のように，会社の支配の取得（または他者による買収を妨げること）という目的の存在を要求し，この目的と無関係な株主権の行使は，規制の対象外とすべきであると考える（4）。問題は，それを解釈論として実現することがどこまで可能であるかである。(1)で指摘した，自益権など会社支配と無関係な株主権の共同行使までが本類型に含まれてしまうという問題については，「議決権その他の権利」という条文の文言は，会社支配に影響を与えるという意味で議決権に類する権利（株主提案権など）を意味すると解することにより，会社支配と無関係な株主権を除外するという解釈は可能かもしれない。ただ，これに対し，株主が議決権またはそれに類する権利を共同して行使することを合意している場合には，支配の取得目的といった要件を追加的に課すことによって実質的特別関係者の範囲を限定することは，EU 諸国のような明文の規定がない以上，難しいという意見があり得よう。32) したがって，問題は根本的には，法改正によって解決すべきであると考える（4）。

　現行法の下で，EU 諸国並に実質的特別関係者の範囲を限定することは難しいとしても，「共同して」「(株主の)権利を行使すること」「合意する」という各要件を厳密に要求することにより，株主による協調行動（協働エンゲージメント）が強制公開買付規制に抵触するという懸念を払拭することは，ある程度までは可能と思われる。例えば，(2)で紹介した ESMA (2013) の White List (a)(b) に掲げられているような，株主が会社の政策や具体的行動（株主総会でなく取締役会の決議事項になるもの）について話し合ったり，取締役会に対して共同して提案を行うことは，株主の法令上の権利の共同行使の合意には当たらないから，日本法の下でも，実質的特別関係者とされるおそれなく，行うことができるはずである。33)

---

32) 解釈論としてこれを実現する場合，「共同して」という要件に読み込む他なさそうであるが，支配の取得の目的がないから「共同して」いないと考えるというのは，文言の自然な解釈としては難しそうである。ドイツ法のような，会社経営に持続的かつ重要な影響を与える目的（独取法 30 条 2 項）を要求することにも，同じ問題がある。池田ほか (2010) 175 頁〔松尾直彦〕。

33) 金融庁も，株主としての一般的な行動（投資先企業に経営方針の変更を共同で求め

また，**3.1.4**で述べたように，「合意」とは，相互または一方の行動を「約する」性質のものを指す[34]。そのことからすれば，機関投資家の意見交換を目的とする会合において，複数の投資家が，特定の株主総会の特定の議案に対して賛意を表明したとしても，それによって，当該投資家らが当該議案について共同して議決権を行使する（またはその指図をする）ことを合意したと認められることは，通常，想定しがたいのではなかろうか。というのは，顧客のため最善の議決権行使（またはその指図）をする義務を負う機関投資家としては，たとえある時点で議案に賛成していたとしても，その後，株主総会までの間の調査・検討に基づき，やはり反対すべきであるという結論に至った場合は，当然，反対の議決権行使（またはその指図）をすべきである。そのことからすれば，投資家の他の投資家（相手方）に対する特定議案への賛意の表明は，将来，特定の議決権行使（の指図）をすることを相手方に対して約する趣旨では全くなく，単に，現時点における意見ないし将来の行動の予定を伝えたにすぎないことは，投資家間の当然の了解事項であると考えられるためである。このように考えれば，機関投資家の間の意見交換については，たとえそれが特定の株主総会の特定の議案を話題にしていたとしても，株主権の共同行使の合意をしたとされる可能性は，事実上，排除できるように思われる。

3.4 相互譲渡・譲受けの合意

3.4.1 総　説

実質的特別関係者の第4の（最後の）類型は，株券等の買付者との間で，「当該株券等の買付け等の後に相互に当該株券等を譲渡し，若しくは譲り受けることを合意している者」である（金商27条の2第7項2号）。例えば，【図表4】においてSからT会社の25%の株式の買付けをしようとしているPが，既にT会社株式を9%保有するXとの間で，当該買付けの後に当該25%の株式をXに譲渡する旨を合意している場合，Xは，買付者（P）との間で相互に当該株券等を譲り受けることを合意している者として，Pの特別関係者となり，Xの

るなど）について合意しただけでは，法令上の株主権の共同行使を合意したことにはならないから，株券等の共同保有者に当たらないという解釈を示しており（金融庁（2014）），同じ解釈は，実質的特別関係者にも妥当しよう。

34) 前掲注18)で引用した，金融庁の解釈を参照。

第1部 制度編

【図表4】 相互譲受・譲受けの合意

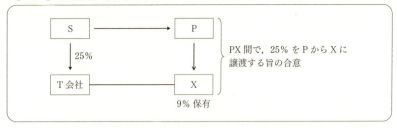

株券等所有割合がPの株券等所有割合に加算される結果，Pの買付けは，金商法27条の2第1項2号により，公開買付けによらなければならない（池田ほか（2010）183頁）[35]。

3.4.2 規制の趣旨に対する疑問

本類型は，米国法には（もちろんEU諸国の規制にも）存在せず，わが国独自の規制類型である。その趣旨は，「応援買い，すなわち，買付者との間であらかじめ合意をなすことによって自ら買付けを行った後に買付者に対し譲渡しようとする者等も，いわば買付者との共同意思の下に買付ける者と実質的に変わるところはない」ので，特別関係者にしたと説明されている（内藤（1990）7頁）。

けれども，【図表4】の場合，XのPからの買付けについて強制公開買付規制を及ぼすことができるため，その前段階でのPの買付けを規制する必要が特に存するわけではない（規制当局はXのPからの買付けは捕捉できないが，PがXと相互譲渡の合意をしつつSから買い付けることは捕捉できるといった想定に現実性がないのは，共同譲渡の合意について *3.2.2*(1)で述べたのと同様である）。一方，本類型を設けたが故に，少なくとも規定の文言上は，譲渡後における譲受人の株券等所有割合が3分の1を超えない範囲で相互譲渡・譲受けの合意をしたにとどまる場合（例えば，【図表4】で，XはT会社株式の1％のみ，Sから譲り受けることを合意した場合）であっても，PのSからの買付けが強制公開買付規制に抵触することになる。つまり，規制本来の趣旨を超えて買付け等を抑制する結果になってしまう（池田ほか（2010）181-184頁）。

この点，「応援買い」を規制するという立法趣旨（前述）を踏まえて，譲渡・

---

35) 逆に，XはPの買付け後に保有株式をPに譲渡することを合意している場合も，XはPの特別関係者になる（池田ほか（2010）185頁）。

譲受けの合意が仮に実現すると,「応援」を受ける者(【図表4】の場合,X)が強制公開買付規制に抵触することになるような場合(株券等所有割合が3分の1を超える場合)に限って,本類型に該当すると解釈することが考えられる(池田ほか(2010) 184頁〔岩原〕参照)。確かにそのような解釈ができれば,過剰な規制を回避できることにはなるが,条文自体にそうした限定は一切なく,解釈論としてそれが可能かどうかは疑問もあり得よう。他方,そのように,Xが現にT会社の支配の取得を目指していて,かつPがそれを「応援」するという相互の合意の下に株式を買い付けている場合には,別に本類型がなかったとしても,PとXは,共同取得を合意していること(*3.1*)を理由に,実質的特別関係者と認めうることが多いと思われる。また,いずれにせよ,XのPからの買付けについて,強制公開買付規制を及ぼすことはもとより可能である。

このように,規制が真に必要とみられる場面は,別に本類型がなくても規制は可能と考えられる一方,本類型が存するために,規制が不要な行為をも規制しかねない弊害が生じうるとなれば,立法論としては,本類型も廃止した方がよいように思われる。本類型は,米国法にもEU諸国にもなく,これらの国で本類型を導入しようという意見も聞かれない以上,本類型を廃止したとしても,特に不都合が生じるとは考えにくい。

3.4.3 本類型についての解釈問題

本類型についての解釈論として,Xが一定の場合にPから株式を買い取ることができる旨の合意(コール・オプション付与の合意)や,逆に,Pが一定の場合にXに対して株式を売却することができる旨の合意(プット・オプション付与の合意)が,相互に株券等の譲渡・譲受けを合意するものとして本類型に該当するかが,問題とされている(証券法研究会編(2011) 196-198頁)。

この点に関する私見は,タグアロング・ライトを付与する合意が共同譲渡の合意に当たるかについて,*3.2.2*(3)で述べたのと同様である。すなわち,これらのオプション付与の合意も,当事者の一方の改めての意思表示によって初めて譲渡・譲受けの法律関係を作り出すものであり,譲渡・譲受けそれ自体を合意することとは区別されるべきである(岸田(2011) 709頁〔関口〕)。本類型による規制自体の合理性に疑問があることも踏まえ,オプション付与の合意自体は,本類型の合意には当たらないと解する。

4 実質的特別関係者の規制の評価と立法論

これまで述べてきたように，日本法の実質的特別関係者の基準は，強制公開買付規制をそもそも持たない米国の「グループ」概念に依拠して定立されたという立法の蹉跌がある（*2*参照）。その結果，強制公開買付規制の適用の有無の判断に際し，同基準によると特別関係者となる者の株券等所有割合をなぜ合算しなければならないのか，すなわち規制の趣旨そのものが，不明確となっているように思われる。

特に，実質的特別関係者とされるための4つの行為類型のうち，共同譲渡の合意および相互譲渡・譲受けの合意については，規制の必要性自体を見出すことが難しい（*3.2*および*3.4*参照）。共同して株主権を行使することの合意については，支配に影響しない株主権の共同行使を合意しただけで，文言上は規制に抵触することになる点で広範すぎる（*3.3*）。また，共同取得の合意についても，特別関係者の所有株券等の全てが（買付者との合意の対象になっているかに関わりなく）買付者の買付等所有割合に合算されるとすれば，事案によっては広範に過ぎる規制となる可能性がある（*3.1*）。

この点，わが国と同様に強制公開買付規制を有するEU諸国では，支配の取得または他者による買収を妨げることという目的のために協力する場合のみ，共同取得者になるものとされている。そして，この規制の下で，とりわけ投資家株主の協調行動（いわゆる協働エンゲージメント）が強制公開買付規制に抵触することなく可能となるよう，共同行為者の概念を限定し明確化する努力が進められている（*3.3.2*(2)参照）。

こうしたEU諸国の規制動向の背景として，協働エンゲージメントが企業統治の有用な手段であり，強制公開買付規制がこれを抑圧してはならないという認識があると思われる。[36] 協働エンゲージメント，あるいは，それを含む株主の積極的行動一般の効用ないし弊害については，今後，一層の検討が必要であろうが，経営陣への規律を高めるなど肯定的な評価も有力である。[37] 少なくと

---

[36] *3.3.2*(2)で引用した，ESMAの報告書（ESMA (2013)）参照。
[37] 飯田（2014）924頁注51に引用の文献参照。米国では，いわゆるアクティビスト・ファンドが，年金基金，投資信託など「主流派」の機関投資家の賛同を得て経営上の要

も，協働エンゲージメントを一般的に萎縮させるような規制を現段階で課す理由はない，ということは，わが国においてもいえるように思われる。[38]

協働エンゲージメントに対する評価をしばらく措くとしても，わが国の実質的特別関係者概念は，例えば，合意の対象となる株券等に係る株券等所有割合が3分の1を超えない範囲で結ばれたタグアロング・ライト付与の合意 (*3.2.3*(3)) やオプション契約 (*3.4.3*) についても，強制公開買付規制に抵触する可能性を生じさせるなど (ただし，各説で論じたように，筆者はその解釈には否定的である)，会社支配に影響を与えないように工夫された株主間の合意をも阻害しかねないという弊害も生じさせていると思われる。

実質的特別関係者の規定を文言どおり適用すると過剰な規制になるという問題のいくつかは，現行法を制限的に解釈することによって回避できるかもしれない。*3* では，そのような制限解釈の可能性もいくつか呈示した (例えば，*3.1.2*(3)，*3.2.3*，*3.3.2*(3)，*3.4.3*参照)。ただ，こうした制限解釈を，規制当局，および (最終的には) 裁判所が受け入れるかは必ずしも明らかでないし，法解釈の不明確性そのものがもたらす萎縮効果も無視できない。

こうした点に鑑みれば，実質的特別関係者の規定については，法改正を行うことが望ましいと考える。法改正に際しては，強制公開買付規制自体を持たない点でわが国とは規制の建て付けがそもそも異なる米国法でなく，わが国と同様に強制公開買付規制を有するEU諸国を指針とするべきである。すなわち，実質的特別関係者と認めるための要件として，会社の支配の取得または他者の買収を妨げる目的で協力することを要求することが適当である。そのような一般的なルールを法律で定めた上で，*3.3.2*(2)で紹介した ESMA (2013) の"White List"のように，実質的特別関係者に当たらない行為類型を，政省令や金融庁による解釈指針等の形で適宜，定めることが，望ましいと思われる。

求を実現する事例が増えている (田中 (2014) 70頁および73頁注16で引用した調査報告を参照)。これは，協働エンゲージメントのアグレッシブな形態と見ることもできようが，こうしたアクティビスト・ファンドの活動が，会社の長期的利益を損なっているという証拠はないようである。Bebchuk, et al. (2015) 参照。

38) 大量保有報告制度の共同保有者概念についてであるが，飯田 (2014) 916-923頁。

5 おわりに

　本章は,実質的特別関係者の概念について解釈論および立法論を展開した。もちろん,特別関係者の規律を全体的に評価するためには,本章で触れなかった形式的特別関係者の基準についても検討する必要がある。また,形式的特別関係者と実質的特別関係者の関係や,形式的または実質的特別関係者とされた場合の効果についての詳細な検討も必要である。本章では,紙幅の関係上,これらの問題については全て割愛した。また,株券等大量保有報告制度との関係での共同保有者（2.1.2）については,特別関係者と要件をどこまでそろえるべきかを含め,検討を全面的に省略した。いずれも,今後の検討課題としたい。

参 考 文 献

飯田秀総（2014）「共同保有者・特別関係者の範囲」飯田秀総ほか編『商事法の新しい礎石・落合誠一先生古稀記念』（有斐閣）所収

飯田秀総（2015）『公開買付規制の基礎理論』（商事法務）

池田唯一ほか（2010）『金融商品取引法セミナー　公開買付け・大量保有報告編』（有斐閣）

太田洋（2008）「ヘッジファンド・アクティビズムの新潮流（下）英米における対応とわが国上場企業法制への示唆」商事法務 1842 号 23-30 頁

岸田雅雄（監修）（2011）『注釈金融商品取引法（第 1 巻）定義・情報開示』（金融財政事情研究会）

金融庁（2014）「日本版スチュワードシップ・コードの策定を踏まえた法的論点に係る考え方の整理」（平成 26 年 2 月 26 日）

証券法研究会編（2011）『金商法体系Ⅰ　公開買付け（1）』（商事法務）

武井一浩（2008）「ヘッジファンド・アクティビズムの新潮流（上）ウルフパック戦術（群狼戦術）と金融商品取引法」商事法務 1840 号 74-81 頁

田中亘（2014）「日本版スチュワードシップ・コードの検討——機関投資家の役割についてのアンビヴァレントな見方」月刊監査役 629 号 66-75 頁

内藤純一（1990）「新しい株式公開買付制度（上）」商事法務 1219 号 2-8 頁

長島・大野・常松法律事務所編（2013）『公開買付けの理論と実務〔第 2 版〕』（商事法務）

三井秀範＝土本一郎編（2011）『詳説公開買付制度・大量保有報告制度 Q&A』（商事法務）

Bebchuk, Lucian A., Brav, Alon, & Jiang, Wei (2015), "The Long-Term Effects of Hedge Fund Activism", *Columbia Law Review* vol. 115, pp. 1085-1156.

Briggs, Thomas W. (2007), "Corporate Governance and the New Hedge Fund Activism: An Empirical Analysis", *Journal of Corporation Law* vol. 32, No. 4, pp. 681-737.

ESMA, [European Securities and Markets Authority] (2013), Public statement - Information on shareholder cooperation and acting in concer tunder the Takeover Bids Directive (ESMA/2013/1642), 12 November 2013, http://www.esma.europa.eu/system/files/2013-1642_esma_public_statement_-_information_on_shareholder_cooperation_and_acting_in_concert_under_the_takeover_bids_directive.pdf

Panel on Takeovers and Mergers [Panel] (2013), The Takeover Code, 20 May 2013, http://www.thetakeoverpanel.org.uk/the-code/download-code

第6章へのコメント

篠原倫太郎＝髙橋　悠

　いわゆる実質的特別関係者に係る法解釈上の論点に関しては，本章において網羅的に検討がなされているとおりだが，実務においては，①実質的特別関係者の要件の実質的な内容およびその解釈のみならず，②実質的特別関係者の要件である「合意」の事実認定が問題となることも多い。とりわけ後者の問題は，本稿において指摘されている「立法の蹉跌」による過剰規制に加えて，更なる委縮効果を生じさせており，これによって公開買付規制が本来対象とすることを想定していないような合理的な取引が阻害されることが懸念される場面が見受けられる。

　そもそも，なぜ実質的特別関係者に係る「合意」の事実認定において，委縮効果が生じるのか。その理由として，どのような場合にかかる「合意」が成立したといえるのかの基準が明確でないという点が挙げられる。かかる「合意」の成立に関しては，本章の3以下において，共同取得，共同譲渡または共同議決権行使の「合意」の意義や，どのような場合にかかる「合意」が認められるかについて，詳細な分析がなされているところである。当事者が予め積極的に何らかの共同の合意を意図して行う場合には，かかる合意の内容や態様に照らして，それが実質的特別関係者としての関係を基礎づけるものか否かを判断することは，合理的であると考えられる。むしろ問題は，当事者がそのような共同の合意を積極的に行うことを意図していないにもかかわらず，当事者間にある一定の関係（身分関係，資本関係，取引関係等を含む）が形成されていることや，当事者間の合意の形成とは必ずしも関連しない場面において当事者がある事実関係を消極的に認識ないし認容していたことをもって，実質的特別関係者としての関係を基礎づける「合意」が存在していたものと規制当局等に認定されるおそれが完全には否定はできない，という場面が実務上はしばしば見られることである。そして，そのような場面において，仮に実質的特別関係者としての

関係が認められると、当事者による株券等の買付け等が公開買付規制に抵触することとなるというときには、かかる「合意」が存在しないものと整理をして取引を実行することは、現実には困難だというところにある。

また、実務上、公開買付規制への抵触のおそれがある場合に買付け等の取引の実行を委縮させる理由として、公開買付規制違反が刑事罰の対象とされているという点が挙げられる。いわゆる通常の契約関係における合意の成否の解釈であれば、あくまで民事上の問題となり、最終的には債務不履行や不法行為に基づく損害賠償責任等の経済的な解決に帰着する。これに対して、刑事責任を問われるということになれば、法令遵守上の重大な責任を惹起することにもなり、通常の経営判断のように、リターンとの見合いでリスクを取ることが許容されるというものではなく、実際には保守的な判断に基づいてかかるリスクを回避せざるを得ないであろう。

加えて、公開買付規制違反については、極めて高額の課徴金が課されるという点も挙げられる。すなわち、公開買付開始公告を行うべきであったにもかかわらず、これを怠って株券等を取得した場合には、その買付金額の総額の25％に相当する額の課徴金が課されることとなる（金商172条の5）。更には、かかる課徴金については、いわゆる起訴便宜主義によって検察官に訴追の裁量が委ねられている刑事罰の場合とは異なり、公開買付開始公告を懈怠した者があるときは、所定の手続に従って課徴金の納付を「命じなければならない」と規定されており、法文上は、個別具体的な案件毎の事情を斟酌した上で、かかる手続または納付命令の全部ないし一部を猶予することが予定されていない。そのため、いかに当事者が合理的な検討を尽くした上で取引を実行したとしても、結果として公開買付けによるべきであったと事後的に判断された場合には、法に定められた上記の課徴金の全額について経済的負担が生じることとなる。通常、公開買付規制に抵触するような数量の株券等の買付け等を行う場合には、その買付金額自体も相当な高額となることが多く、その25％に相当する多額の課徴金について、当事者が経済的な負担を負い、あるいは法令違反を理由とする役員責任の追及を受けるというリスクは、およそ当事者にその負担を求めることは困難である。

以上のとおり、実質的特別関係者としての関係を基礎づける「合意」の事実認定の如何によって、公開買付規制に抵触するリスクが残らざるを得ないとい

う場面においては，かかるリスクが実現する蓋然性が必ずしも高いとはいえないような場合であっても，刑事責任および課徴金というリスクの故に，当事者に顕著な委縮効果が働くこととなる。

　例えば，譲受人が，上場会社の大株主である譲渡人からその保有する株式の一部のみを取得した上で，譲渡人と譲受人の間の合意として，株価下落リスクを回避するために譲受人が譲渡人に対していわゆるプットオプションを持つことや，譲受人が譲渡人に対して当初取得した株式について先買権を付与すること等を合意する場合がある。これらの合意は，その合意内容の如何によっては株券等の相互譲渡・譲受けに該当する可能性もあろう。しかしながら，譲渡人および譲受人との間でどのような合意が成立していたかの事実認定にあたっては，単に契約書において明示的に合意をした規定のみを対象とするのではなく，両当事者間の従前の取引関係，契約関係等までもが勘案され，あるいは取引の実行に至るまでの協議・交渉の内容が斟酌され，実質的特別関係者としての関係の認定に悪影響を及ぼすのではないかという懸念を完全には払拭できないということがある。そのような場合，実務上は，譲渡人が譲受人の実質的特別関係者に該当するとの前提で，公開買付規制への抵触のおそれについて判断せざるを得ないということにもなりかねない。

　また，発行者の株券等の譲受人が役員を務める会社もまた当該発行者の株券等を保有しているような場合において，とりわけ譲受人が当該会社の社長であるときは，譲受人である社長と会社との間に明示的な共同の合意がない場合であっても，例えば，当該会社が保有する発行者の株券等に係る議決権の行使について，当該会社の社長である譲受人が強い影響力を有するとみられることにより，譲受人と当該会社が同一の議決権行使を行う蓋然性が高いと判断される懸念が生じ得る。その結果，共同議決権行使の合意があるものと認定されるリスクが高いとして，当該会社が譲受人の実質的特別関係者に該当するとの前提で，公開買付規制への抵触のおそれについて判断せざるを得ないといったこともあり得よう。このような場合であっても，社長を除いた取締役による取締役会の審議および決議をもって議決権行使方針を決定することにより，社長の影響力を排除する等の対応を取ることにより，共同議決権行使の合意が成立しないよう，実務上の工夫を行う余地も十分にあり得るものと思われる。しかしながら，当該会社が実質的特別関係者に該当しないということについて，事前に

確証を得ることができなければ，株券等の取得の実行の判断を下すのは必ずしも容易ではないであろう。

このように，実質的特別関係者に関しては，①当事者間で行われた行為が実質的特別関係者とされるための要件を充足するか明らかでないこと，あるいは，②規制当局による事実認定の予測可能性が乏しいことから，その結果として，顕著な委縮効果が生じ，社会的に有用な取引の実現までもが妨げられることが懸念される場合がある。

かかる懸念を解消するには，本章において述べられているとおり，そもそもの実質的特別関係者に係る規制の内容が過剰ないしは不明確となっている部分について，法改正を行うことも有効な対応であろう。また，実質的特別関係者に当たらない行為類型を，監督当局が解釈指針の形で定めることも有効であると考えられる。現状，金融庁は，行政対応の透明性・予測可能性の向上を一つの柱とするベター・レギュレーションの実現に向けた具体的な取組みの一つとして，「株券等の公開買付けに関するQ&A」を公表し，公開買付規制に係る法令に関する一般的な解釈を示している。かかる解釈の提示は，当然ながら現行法の枠組みを前提としてのみ運用されるものではあるものの，当事者による予測可能性を高め，委縮効果を緩和する上では，今後もかかる解釈の公表が充実されていくことが望まれる。

また，個別具体的な取引における予測可能性を確保するという上では，金融庁ないし各管轄の財務局に対する事前照会が，実務上重要な機能を果たしている。金融庁や各管轄の財務局は，個別具体的な取引における事実認定や法令の適用の判断権限を有するものではないが，法令の執行および運用についての権限を有する当局が，法令の趣旨や規制目的も踏まえた上で，当事者から提示された事実関係について，あるべき法令の適用の方針についての見解を示すことは，不用意に法令の趣旨を逸脱した取引が実施されてしまうことを未然に防ぐとともに，本来法令が規制することを意図していないような社会的に有用な取引の実現が妨げられることを回避し，法令の正しい執行および運用を実現する上で，極めて重要な役割を担うこととなる。当局によるかかる事前照会における見解の提示にあたっては，公開買付規制の脱法や潜脱を防止するという規制の実現にのみ過度に偏重することなく，現状の実質的特別関係者に係る公開買付規制の有する委縮効果も勘案の上で，社会的に有用な取引の実現にも配慮し

た柔軟な運用がなされていくことが，実務からは強く期待されるところである。

第 2 部
実　証　編

第7章　公開買付けの当事者・価格その他の公開買付けの条件

森　田　　果

　本章は，森・濱田松本法律事務所のご協力によって構築された公開買付けデータベース（以下，「MHMデータベース」と省略する）に基づいた記述統計を示すことによって，わが国の公開買付けの基本的な側面のうちのいくつかについて描き出すことを目的とする。ただ，MHMデータベースに十分な情報が含まれていない場合には，レコフによるデータも補充的に利用している。

　以下では，*1* において公開買付けの当事者のさまざまな側面について観察し，*2* において公開買付けの価格に関する側面に焦点を当てた整理を行い，最後に *3* において価格以外の公開買付けの条件について観察する。

1　公開買付けの当事者

1.1　買付者の属性

　買付者をどのように区分するかにはさまざまなやり方があるが，これまでの研究において最も重視されてきた要素は，買付者が，事業会社のようなstrategic buyerなのか，それとも，投資ファンドのようなfinancial buyerなのか，という点である。なぜなら，いずれであるかによって，公開買付けを行った後に対象会社との関係をどのように構築していくのか，また，公開買付けの価格をどのように設定するのか，などのさまざまな点において違いが出てくることが予想されるからである。

　もっとも，financial buyerであるかどうかをどのように定義するのかについては，必ずしも見解の一致があるわけではない。そこで，【図表1】では，MHMデータベースに基づいて，MBO・事業会社・ファンド・個人が占める

割合についての記述統計を示す。

【図表1】

年	MBO	事業会社	ファンド	個人	合計
2006	3	2	0	0	5
2007	13	78	11	0	102
2008	16	56	6	0	78
2009	15	55	6	3	79
2010	13	45	2	0	60
2011	21	33	1	0	55
2012	9	38	6	1	54
2013	9	40	4	1	54
合計	99	347	36	5	487

買付者の多数派は，事業会社のような strategic buyer であり，ファンドのような financial buyer は少数派である。financial buyer の占める割合について，多少の増減はあるものの，増加・減少などの一貫した経時的な傾向は観察されない。

次に，この点と関連して，買付者が上場しているかどうか（【図表2】）を見てみよう。

【図表2】

年	非上場	上場	合計
2006	5	0	5
2007	49	53	102
2008	38	40	78
2009	43	36	79
2010	31	29	60
2011	36	19	55
2012	30	24	54
2013	29	25	54
合計	261	226	487

基本的に，買付者は，非上場の場合と上場の場合とが半々であり，しかも，両者の比率は年によって変わるわけではなく，両者の比率は，データベースの期間を通じてほぼ一定している。

買付者の属性については，続いて，買付者の業種の分布を見てみたい（【図表3】）。残念ながら，MHMデータベースは業種に関するデータを含んでいないので，この点についてはレコフデータベースによる。

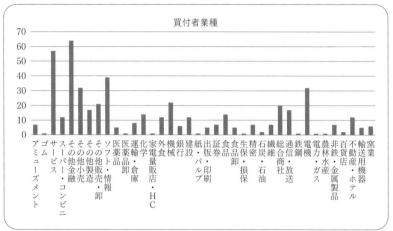

【図表3】

買付者と対象会社の業種は，strategic buyer であれば，同一業種または関連業種であることが多いと予想されるが（シナジー効果などを求めるため），financial buyer であれば，異なる業種である蓋然性が高まると予想される。後述する，対象会社の業種の分布（【図表5】）と比較すると明らかなように，買付者の業種の分布においては，対象会社の業種の分布に比べて，「その他金融」が非常に多くなっている。financial buyer は，この「その他金融」に分類されており，買付者・対象会社の間の差の約50件を，financial buyer が占めているものと推測される（これは，【図表1】の MHM データベースの値とほぼ一致する）。

1.2 対象会社の属性

続いて，対象会社の属性について見てみたい。まず，対象会社がどのような市場に上場しているのかを見てみよう（【図表4】）。

275

第 2 部　実証編

【図表 4】

年	非上場	1 部上場	2 部上場	新興市場	JASDAQ	グリンシート	合計
2006	0	1	1	1	2	0	5
2007	5	37	19	11	30	0	102
2008	6	18	16	10	27	1	78
2009	2	21	14	17	25	0	79
2010	3	18	14	3	21	0	59
2011	0	14	12	8	21	0	55
2012	3	11	10	8	21	1	54
2013	6	14	10	6	18	0	54
合計	25	134	96	64	165	2	486

　ここから明らかなように，対象会社として最も多いのは，JASDAQ に公開している企業である。これは，JASDAQ に公開している企業は，小規模で買付けにかかる資金が少なくても十分であることが多いことや，業績が 1 部 2 部上場企業よりも低く，株価が低迷していることも多いから，非公開化取引などのニーズが強くなりやすいことによるものと推測される。その他，1 部 2 部上場企業が対象会社になるケースも多く観察されるが，そもそもの母数が大きいから，これは自然なことである。市場の分布の経時的な変化については，特に観察されない。

　続いて，対象会社の業種の分布について確認しておこう（【図表 5】）。前述したように，買付者の業種の分布と比較することで，financial buyer の所在を特定できる。

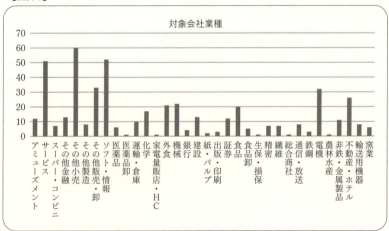

【図表 5】

1.3　当事者間の関係

次に，買付者と対象会社との関係について，概観しておこう。まず最初に，親子会社関係および関連会社関係が両者の間に存在するかを見ておきたい。MHMデータベースに含まれる487件のうち，親子会社関係にあるものは20％，関連会社関係にあるものは13％であり，その経年変化は，【図表6】および【図表7】のようになっている。

【図表6】

年	親子会社関係 なし	あり	合計
2006	5	0	5
2007	84	18	102
2008	66	12	78
2009	59	20	79
2010	40	20	60
2011	46	9	55
2012	44	10	54
2013	42	12	54
合計	386	101	487

【図表7】

年	関連会社関係 なし	あり	合計
2006	5	0	5
2007	86	16	102
2008	64	14	78
2009	70	9	79
2010	56	4	60
2011	52	3	55
2012	47	7	54
2013	44	10	54
合計	424	63	487

また，買付者がMBOを行っている場合についても確認しておきたい。MBOを行っているのは，全体の20％であるが，その経時変化は，【図表8】のようになっている。

【図表8】

年	MBO 非該当	該当	合計
2006	2	3	5
2007	89	13	102
2008	62	16	78
2009	64	15	79
2010	47	13	60
2011	34	21	55
2012	45	9	54
2013	45	9	54
合計	388	99	487

このように，MBO取引の占める割合はほぼ一定しているが，2011年だけ特にMBOが多くなっている。

当事者間の関係について，理論的に重要なのは，toeholdと呼ばれるもので

ある (Betton et al (2008), pp. 332-335)。買付者が公開買付けを行う際に，持ち分割合0%から出発するよりも，事前に市場で対象会社の株式をある程度買い進めておいた上で公開買付けを開始した方が，その目的を達成しやすい。そこで，買付者が事前に対象会社の株式の一定部分を「足がかり（toehold）」として取得しておくことがしばしばなされる。このようなtoeholdが存在する割合（toeholdについてはMHMデータセットではなくレコフデータベースに依拠している）をまとめたのが，【図表9】である。

【図表9】

年	toehold なし	toehold あり	合計
2006	4	1	5
2007	38	30	68
2008	26	26	52
2009	28	20	48
2010	19	17	36
2011	26	13	39
2012	27	13	40
2013	24	8	32
合計	192	128	320

　子会社取引・関連会社取引においては，買付者が事前に対象会社の株式の一定割合を保有していることは当然の前提となっているので，それらのケースを除いたもののみについて，まとめている。toeholdが使われているのは，全体の40%であるが，その割合は次第に減少傾向にあるように見える。toeholdが利用されている場合について，その大きさについて見てみると，全体の平均は22.12%，最小値が0.004%，最大値が91.88%であり，その経年変化は，【図表10】のようになっている。

【図表10】

年	平均	頻度
2006	18.97	1
2007	23.85	30
2008	19.35	26
2009	22.92	20
2010	26.74	17
2011	21.65	13
2012	17.86	13
2013	20.91	8
合計	22.12	128

このように，toeholdの大きさが増加したり減少したりという傾向は，特に見られない。

1.4 公開買付代理人

当事者そのものではないが，公開買付代理人にどの証券会社がなるのかも，公開買付けについては重要な事項である。なぜなら，公開買付けへの応募者が応募の手続をとるためには，公開買付代理人となっている証券会社に口座を開く必要があるからである。このため，より多くの顧客を持っている証券会社を公開買付代理人に就任させる方が，株主が公開買付けに応募するのに必要なコストが低下し，公開買付けが成功する確率（あるいは，より多くの応募を集めることができる確率）を高めるものと推測される。

もっとも，証券会社といっても多数存在するので，一定のカテゴリ分けをすることが必要である。そこで本章では，大手証券会社系列（野村證券，日興系[1]，大和系），銀行子会社系（みずほ，三菱UFJ，SMBCなど），その他中小証券会社の3つのカテゴリに分類してみた。証券会社の利用の経時変化をまとめたのが，【図表11】である。

【図表11】

年	大手	銀行系	その他	合計
2006	4	1	0	5
2007	63	19	20	102
2008	48	16	14	78
2009	51	10	18	79
2010	43	10	7	60
2011	36	15	4	55
2012	27	18	9	54
2013	23	16	15	54
合計	295	105	87	487

このように，大手証券会社系が6割強，銀行系が2割強，残りがその他中小証券会社となっている。割合としては，大手証券会社系が占める割合が次第

---

[1] 旧日興證券系証券会社は，2009年10月から三井住友ファイナンシャルグループの一員となっているが，ここでは一貫して「大手証券会社系」に分類している。本文で後述するように，大手証券会社系列か，それとも，銀行系か，ということによって大差は無く，それよりもむしろ，これら2つの類型とその他の証券会社との間で大きな違いが出てくるからである。

に減少し，その分，銀行系の占める割合が増えている。

では，公開買付代理人にどの証券会社が就任するかによって，公開買付けの成否に違いが出てくるのかを見てみよう。これをクロス集計したのが，【図表12】である。

【図表12】

証券会社	公開買付けの結果		合計
	失敗	成功	
大手	2	293	295
銀行系	1	104	105
その他	5	82	87
合計	8	479	487

そもそも公開買付けが失敗に終わる事例というのは非常に稀ではあるが，その中でも，大手証券会社系と銀行系は1％未満の失敗率なのに対し，その他中小証券会社では6％以上の失敗率となっており，やはり，中小証券会社を公開買付代理人とする場合には，公開買付けが不成立に終わる確率が高まっていることが確認できる（Pearsonχ^2検定によるp値0.004；尤度比χ^2検定によるp値0.018）。ただし，これは，中小証券会社を公開買付代理人に就任させたこと「によって」公開買付けが不成立に終わった，という因果関係を含意するものではないことに注意が必要である。大手証券会社系や銀行子会社系証券会社は，自らのレピュテーションを守るために，不成立に終わる蓋然性の高い公開買付け事案については[2]，そもそも公開買付代理人を引き受けない，という選択的行動をとっている可能性があり，【図表12】に見られるような相関関係は，そのような選択バイアスを反映したものにすぎない可能性もあるからである。

---

2) 大手証券会社や銀行系証券会社は，敵対的TOBについては，公開買付代理人を過去には全く受けていなかった。最近は，このような姿勢が変更されつつあり，敵対的TOBの公開買付代理人を大手証券会社や銀行系証券会社が引き受ける例がわずかながら出現しつつあるが——これには敵対的TOBを実施する主体の分布の変化も影響している——，依然として敵対的TOBの大部分は，中小証券会社が公開買付代理人となっている。そして，敵対的TOBは，ほとんどのケースで失敗する。【図表12】は，そのような背景を反映したものだと言えよう。

2 公開買付けの価格

次に,公開買付価格の決定のされ方について見ていこう。

2.1 対価の決定方法——株価算定機関の利用の有無,価格算定の際に使用した方法(市場株価,DCF,類似企業比準法,その他)

ここでまず見るのは,対価の決定の手続的な側面である。まず,対価の決定に際し,株価算定機関が活用されているかどうかについて見ていこう。買付者側における株価算定機関の利用状況をまとめたのが,【図表13】である。

【図表13】

年	利用なし	利用あり	合計
2006	2	3	5
2007	27	75	102
2008	7	71	78
2009	8	71	79
2010	12	48	60
2011	7	48	55
2012	11	43	54
2013	20	34	54
合計	94	393	487

買付者が株価算定機関を利用するのは,全体の8割強である。経時変化を見ると,MHMデータベースの当初の2年間(2006年・2007年)は,算定機関の利用割合がやや低かったが,その後,増加した(2008年・2009年)後,再び減少傾向にある(2013年は63%)。

これに対し,対象会社側の株価算定機関の利用状況をまとめたのが,【図表14】である。

【図表14】

年	利用なし	利用あり	合計
2006	5	0	5
2007	88	14	102
2008	29	49	78
2009	14	65	79
2010	4	56	60
2011	2	53	55
2012	6	48	54
2013	13	41	54
合計	161	326	487

対象会社は，買付者に比べると，株価算定機関の利用割合が全体で67％と買付者よりも低くなっている。ただしこれは，2006年・2007年の非常に低い利用率が足を引っ張っているためであって，2008年以降に関しては，買付者と大差は無くなってくる。これは，東証のルール変更（平成21年東証上場第17号による有価証券上場現程441条の導入）が原因であると考えられる。

では，株価算定機関が利用されている場合，どのような算定手法が利用されているだろうか。MHMデータベースでは，算定手法を，市場価格基準方式・DCF方式・類似会社比較方式・その他の方式に分類しているので，それぞれの手法の利用頻度を見てみたい。まず，買付者側についてまとめたのが，【図表15】～【図表18】である。

【図表15】

年	市場価格 なし	市場価格 あり	合計
2006	3	2	5
2007	46	56	102
2008	18	60	78
2009	13	66	79
2010	17	43	60
2011	10	45	55
2012	15	39	54
2013	22	32	54
合計	144	343	487

【図表16】

年	DCF なし	DCF あり	合計
2006	2	3	5
2007	35	67	102
2008	20	58	78
2009	16	63	79
2010	17	43	60
2011	11	44	55
2012	15	39	54
2013	23	31	54
合計	139	348	487

【図表17】

年	類似会社 なし	類似会社 あり	合計
2006	3	2	5
2007	53	49	102
2008	40	38	78
2009	41	38	79
2010	30	30	60
2011	23	32	55
2012	31	23	54
2013	26	28	54
合計	247	240	487

【図表18】

年	その他 なし	その他 あり	合計
2006	2	3	5
2007	81	21	102
2008	62	16	78
2009	69	10	79
2010	52	8	60
2011	45	10	55
2012	50	4	54
2013	51	3	54
合計	412	75	487

それぞれの算定手法の利用割合は，市場価格方式が70.4％，DCF方式が71.5％，類似会社方式が49.3％，その他の方式が15.4％となっており（複数の方式が併用されることがあるため，合計は100％を超えうることに注意），市場価格方式とDCF方式が最も多く，大半のケースにおいて利用されており，類似会社方式が約半数，その他の方式が使われるのは，ごくわずかである。この最後の「その他の方式」[3]は，かなりいい加減なものであることが多く，そのせいもあってか，次第にその利用は減少している。それ以外の利用方式については，大きな経年変化は見られない（ただし，2013年はそもそも株価算定機関の利用頻度自体が減っていることもあって，それぞれの手法の利用頻度も減っている）。

他方，対象会社側について，どのような算定手法が利用されているのかを整理したのが，【図表19】～【図表22】である。

---

3) 「その他の方式」として具体的に使われているのは，「類似TOB案件におけるプレミアム分析」「DDM法」「収益還元方式」「類似取引事例比較法」「修正純資産価額法」「類似公開企業乗数比較法（EBITDA乗数）」「修正簿価純資産額法」「時価純資産法」「1株当たり利益希薄化分析」「株価倍率法」「TOB決議取締役会前営業日終値」「市場株価の平均値を参考に決定」「会員権の取引相場」「出来高加重平均株価（VWAP）」「過去29日間単純平均」「市場株価の推移を参考とし，対象者の財務状況，株主価値等の要素を総合的に勘案」「一定期間の市場価格の推移，株式市場における取引状況及び本TOBの対象者の賛同の可否等を総合的に勘案」「市場株価推移にEBITDA，当期純利益，純資産額等の財務データを含む財務状況等を勘案」「東証上場廃止前1か月間の平均・廃止日終値，自己株取得価格等を総合的に勘案」「過去1年及び直近市場価格の推移，類似上場会社の株価指標，予想EBITDA，フリー・キャッシュフロー，買収監査の結果等を総合的に勘案」「市場株価終値平均並びに基準日終値，対象者の普通株式の過去の価格帯別売買状況，過去のマネジメント・バイアウト事例のプレミアムの実例，買収監査（デュー・ディリジェンス）の結果等を総合的に勘案」「買付者及び特別関係者との間で合意した価格と同価格」「対象者との協議・交渉を経て決定」である。

【図表 19】

年	市場価格 なし	市場価格 あり	合計
2006	5	0	5
2007	92	10	102
2008	36	42	78
2009	16	63	79
2010	8	52	60
2011	2	53	55
2012	8	46	54
2013	16	38	54
合計	183	304	487

【図表 20】

年	DCF なし	DCF あり	合計
2006	5	0	5
2007	92	10	102
2008	30	48	78
2009	15	64	79
2010	7	53	60
2011	3	52	55
2012	9	45	54
2013	15	39	54
合計	176	311	487

【図表 21】

年	類似会社 なし	類似会社 あり	合計
2006	5	0	5
2007	97	5	102
2008	56	22	78
2009	40	39	79
2010	30	30	60
2011	24	31	55
2012	33	21	54
2013	31	23	54
合計	316	171	487

【図表 22】

年	その他 なし	その他 あり	合計
2006	5	0	5
2007	93	9	102
2008	64	14	78
2009	70	9	79
2010	55	5	60
2011	54	1	55
2012	49	5	54
2013	50	4	54
合計	440	47	487

　それぞれの算定手法の利用割合は，市場価格方式が 62.4%，DCF 方式が 63.9%，類似会社方式が 35.1%，その他の方式が 9.7% となっており，いずれも買付者のそれより低くなっている。しかしそれは，前述したように，2007 年までは対象会社で株価算定機関を利用することが少なかったためであり，2008 年以降に限ってみれば，両者に大差はない。

　そこで次に，2008 年以降に限って，買付者と対象会社とが同じ算定手法を同時に利用しているかどうかを検証してみたのが，【図表 23】〜【図表 26】である。

【図表23】 市場価格 買付者	対象会社 なし	対象会社 あり	合計
なし	50	45	95
あり	36	249	285
合計	86	294	380

【図表24】 DCF 買付者	対象会社 なし	対象会社 あり	合計
なし	49	53	102
あり	30	248	278
合計	79	301	380

【図表25】 類似会社 買付者	対象会社 なし	対象会社 あり	合計
なし	136	55	191
あり	78	111	189
合計	214	166	380

【図表26】 その他 買付者	対象会社 なし	対象会社 あり	合計
なし	296	33	329
あり	46	5	51
合計	342	38	380

このように，いずれの手法についても，相手方が当該手法を利用している場合の方が，当該手法を利用していない場合に比べて，自らが当該手法を採用する確率が高くなるし，また，その逆も成立する。これは，市場価格方式やDCF方式が多くの事例で採用されていることから（またはその逆）生じている自然な結果だと考えられる。

2.2　価格算定のレンジと公開買付価格との関係

以上に見たように，公開買付けに当たっては，さまざまな算定手法が利用されているが，それらは実際の買付価格の決定において，どれくらい「役に立っている」のだろうか。ここでは，価格算定のレンジと，実際に採用された公開買付価格との関係を見ていきたい。

まず，さまざまな算定手法が利用された場合の，そのレンジの上限・下限・両者の中央値について確認したのが，【図表27】である。ここでは，買付価格を100として標準化された値で算出している。

【図表 27】

	件数	平均値	標準誤差	最小	最大
買付・市場・上限	342	79.53	42.61	23.35	750.72
買付・市場・下限	342	70.24	40.49	21.01	733.70
買付・市場・中央	342	74.88	32.07	22.18	407.73
買付・DCF・上限	346	116.87	27.22	0	408.16
買付・DCF・下限	346	84.69	21.99	0	323.61
買付・DCF・中央	346	100.78	21.17	0	365.88
買付・比較・上限	237	97.29	28.01	10.09	254.49
買付・比較・下限	237	65.41	22.89	0	140.21
買付・比較・中央	237	81.35	20.78	5.05	166.25
買付・ほか・上限	59	98.06	26.82	20.98	188
買付・ほか・下限	59	80.96	25.93	3.19	188
買付・ほか・中央	59	89.51	24.57	19.95	188
対象・市場・上限	292	76.43	21.38	33.59	208.99
対象・市場・下限	292	66.20	17.78	22	197.75
対象・市場・中央	292	71.31	18.86	32.41	203.37
対象・DCF・上限	298	118.11	31.09	42.71	385.34
対象・DCF・下限	298	87.72	19.43	0	189.52
対象・DCF・中央	298	102.91	23.03	32.17	287.43
対象・比較・上限	163	97.63	26.02	29.70	199.55
対象・比較・下限	163	69.38	22.19	0	146.24
対象・比較・中央	163	83.51	22.35	14.85	172.90
対象・ほか・上限	43	99.72	35.12	24.74	213.48
対象・ほか・下限	43	80.13	33.18	12.44	202.81
対象・ほか・中央	43	89.92	32.76	18.59	208.15

 もっとも，興味深いのは，買付者と対象会社との間で，価格算定のレンジにどれくらいの違いがあるか，であろう。そこで，買付者側と対象会社側とで，中央値の差（対象者マイナス買付者）がどれくらいあるかについて計算したのが，**【図表 28】**である。

【図表 28】

	件数	平均値	標準誤差	最小	最大
市場価格	246	−2.19	30.89	−344.91	32.13
DCF	245	.64	27.55	−269.74	184.50
類似会社	109	1.91	20.36	−39.97	64.07
その他	6	2.70	29.10	−43.54	30.06

 このように，個別のケースを見ていけば大きな開きがある場合もあるけれども，全体の平均としては，両者の算定値の間に大差はないことが分かる。
 次に，せっかく価格算定機関に算定を依頼したのに，算定されたレンジを超えた価格が決定されるような場合が，どれくらいあるかを見ていこう。まず，

買付者側については，算定価格のレンジの下限値よりも低い買付価格が決定された場合（下限値が 100 より大きい場合）を，「レンジ外」と定義する。このような場合，買付者が何らかの交渉力を行使したことによって，自らに特に有利な買付価格を決定できたものと位置づけることができる[4]。【図表 29】は，それぞれの算定手法ごとに，レンジ外となっている場合がどれくらいの割合で存在するか，についてまとめたものである。この表で「全て」となっているのは，当該案件において利用されている手法の全てにおいて同時にレンジ外となっている場合を意味している。

【図表 29】

	件数	割合
市場価格	343	.05
DCF	348	.06
類似会社	240	.05
その他	75	.31
全て	393	.05

このように，市場価格方式・DCF 方式・類似会社方式では，レンジ外の買付価格に決定されることはほとんどない（5% 程度）のに対し，その他の方式だけによると，30% 以上の場合においてレンジ外の公開買付価格が決定されていることになる。このことからも，「その他」の算定手法が合理性・相当性の必ずしも十分担保されないものであることが推測できる。

他方，対象会社側についても，算定価格のレンジの下限値よりも低い買付価格が決定された場合（上限値が 100 より大きい場合）を，「レンジ外」と定義する。CCC 事件（大阪地決平成 24・4・13 金判 1391 号 52 頁）がこの場合に当てはまる典型例であるが，このような場合，買付者が何らかの交渉力あるいは利益相反的状況を用いたことによって，買付者が，自らに特に有利な買付価格を実現でき，対象会社の少数派株主が損害を受けた可能性がある場合と位置づけることができる。まず，【図表 30】は，対象会社から見て，買付価格がそれぞれの算定手法におけるレンジ外になった場合をまとめたものである。

---

[4] もっとも，実際には，買付者が対象会社そのものと交渉する場合と，対象会社の大株主と交渉する場合とがあり得る。後者の方が，対象会社側の交渉力は強くなることが予想される。

【図表30】

	件数	割合
市場価格	19	.06
DCF	40	.13
類似会社	13	.08
その他	13	.28
全て	14	.04

　対象会社の算定価格のレンジの下限値よりも低い買付価格が採用されることは，ごく稀である。利用されている全ての算定方法について下限値未満となっているのは，全体の4％程度しかない。算定方式を個別に見ていくと，下限値未満となる割合が高くなるものも見られる（例えば類似会社方式の27.7％）。しかし実際には，1つの算定方法の下限値未満の買付価格であっても，ほかの算定方法の価格レンジの中に入っていれば，買付価格の合理性をそれなりに説明できることから，当該案件で採用されている全ての算定方法で同時に下限値未満となっている場合であることをもって，買付者側が何らかの交渉力を行使できたケースとして判別することが妥当だろう。

　では，このように「レンジ外」となるのは，どのような場合なのだろうか。ここでは，簡単な分析を行ってみたい。まず，買付者が，自らに特に有利な条件を設定できそうな場合としては，買付者と対象会社の間に，構造的な利益相反関係がある場合が考えられる。そこで，MBO取引・子会社取引・関連会社取引のそれぞれについて，（当該案件において利用された算定手法全てについて同時に）レンジ外となるかどうかを整理してみたのが，【図表31】～【図表33】である。

【図表31】

レンジ外	MBO		合計
	非該当	該当	
非該当	294	81	375
該当	12	6	18
合計	306	87	393

（Pearsonχ^2検定によるp値 0.241，尤度比χ^2検定によるp値 0.265）

【図表32】

レンジ外	子会社 非該当	該当	合計
非該当	288	87	375
該当	16	2	18
合計	304	89	393

(Pearsonχ^2検定による p 値 0.231，尤度比χ^2検定による p 値 0.197)

【図表33】

レンジ外	関連会社 非該当	該当	合計
非該当	325	50	375
該当	16	2	18
合計	341	52	393

(Pearsonχ^2検定による p 値 0.786，尤度比χ^2検定による p 値 0.781)

このように見ると，MBO 取引の場合には，MBO 取引でない場合に比べてレンジ外となる可能性が高まるが，子会社取引および関連会社取引については，そのような傾向は確認できないようにも見える。しかし，いずれについても5％レベルで統計的に有意ではないので，カテゴリによってレンジ外となるかどうかが違ってくるとは言えない。

次に，対象会社についても，同様の確認をしてみよう。【図表34】～【図表36】が，両者の関係をまとめたものである。

【図表34】

レンジ外	MBO 非該当	該当	合計
非該当	227	85	312
該当	14	0	14
合計	241	85	326

(Pearsonχ^2検定による p 値 0.023，尤度比χ^2検定による p 値 0.003)

【図表35】

レンジ外	子会社 非該当	該当	合計
非該当	235	77	312
該当	9	5	14
合計	244	82	326

(Pearsonχ^2検定による p 値 0.352，尤度比χ^2検定による p 値 0.370)

【図表36】

レンジ外	関連会社 非該当	該当	合計
非該当	281	31	312
該当	10	4	14
合計	291	35	326

(Pearsonχ^2検定による p 値 0.028，尤度比χ^2検定による p 値 0.058)

興味深いことに，MBO 取引の場合には，当該案件において採用されている全ての算定手法の下限値未満の買付価格が採用された事例はない。これは恐らく，2つの理由によるのではないかと考えられる。第1に，MBO 取引には，

いわゆる「構造的利益相反」があるとされていることから,事後に買付価格について紛争が発生することを回避するために,あらかじめ高めの買付価格が採用されている可能性がある。第 2 に,MBO 取引においては,後述するように,キャッシュ・アウトを実現するためにプレミアムを増やすことが多いため,結果的に算定価格レンジの下限値より高い価格の買付価格が採用されがちである可能性がある。

これに対し,子会社取引および関連会社取引の場合には,そうでない場合に比べて,算定価格レンジの下限値より低い価格の買付価格が採用される蓋然性が高まる(ただし,5% レベルで統計的に有意なのは,関連会社取引の場合のみ)。

2.3 対価の大きさ(プレミアム)

以上では,算定手法と買付価格との関係について見てきたが,株主らの観点から見てより重要なのは,一般的には,いわゆるプレミアムであろう。株式買取請求における買取価格決定事件などにおいても,プレミアムの額が裁判例においてしばしば言及される。そこで,どれくらいのプレミアムが公開買付けにおいて付されているのかを知ることは,重要となる。なお,プレミアムの計算に当たっては,MHM データベースとレコフデータベースとの間で,金額の一致が必ずしも見られないが,両者の間で大差はないので,本章ではレコフデータベースに基づいた計算結果を示していく。

まず,プレミアムの分布についての要約統計量を示したのが,【図表 37】である。

【図表 37】

プレミアム	件数	平均	標準偏差	最小	最大
基準日	465	42.66	51.32	−79.2	455.6
1 か月	462	42.91	45.49	−79.7	374.7
3 か月	462	41.68	42.91	−99.2	340.7
6 か月	462	36.98	40.81	−99.4	308.8

この表では,いわゆる「ディスカウント TOB」が含まれてしまっている。ディスカウント TOB においては,プレミアムの金額は意味をなさないから,プレミアムの計算においてディスカウント TOB を含めることは不適切である。そこで,ディスカウント TOB——ここでは,基準日プレミアムが負であるケース——を除外した上で,以下の計算を行っていく。ディスカウント TOB を

除いた上で，要約統計量を計算し直したのが，【図表38】である。

【図表38】

プレミアム	件数	平均	標準偏差	最小	最大
基準日	416	50.12	48.75	0	455.6
1か月	414	49.86	42.31	−28.6	374.7
3か月	414	48.37	39.22	−69.7	340.7
6か月	414	42.87	37.09	−82.6	308.8

このように，いずれの時点の株価と比較しても，だいたい50％程度のプレミアムが平均して付されていることになる。なお，買付価格が途中で変更された件数は，9件しか存在しない。これは，公開買付けにおいてオークションが成立するような状況が，日本にはほとんど存在していないことを意味している。

続いて，プレミアムの経時変化を整理したのが，【図表39】〜【図表42】である。

【図表39】 基準日プレミアム

年	平均	標準偏差	件数
2006	35.26	34.00	5
2007	28.46	19.53	85
2008	68.31	69.51	66
2009	61.88	50.37	72
2010	48.04	29.55	54
2011	52.52	34.78	46
2012	48.60	34.53	51
2013	48.66	78.42	37
合計	50.12	48.75	416

【図表40】 1か月平均プレミアム

年	平均	標準偏差	件数
2006	37.56	32.68	5
2007	30.10	22.18	85
2008	63.38	59.57	65
2009	59.45	42.28	72
2010	49.45	35.47	53
2011	54.88	35.08	46
2012	51.15	33.21	51
2013	47.03	55.18	37
合計	49.86	42.31	414

【図表41】 3か月平均プレミアム

年	平均	標準偏差	件数
2006	36.48	32.72	5
2007	28.81	23.31	85
2008	53.80	52.82	65
2009	60.78	43.04	72
2010	47.55	35.21	53
2011	54.09	33.39	46
2012	52.31	31.67	51
2013	49.92	41.47	37
合計	48.37	39.22	414

【図表42】 6か月平均プレミアム

年	平均	標準偏差	件数
2006	35.28	31.99	5
2007	25.65	24.77	85
2008	44.77	48.86	65
2009	46.60	39.94	72
2010	41.51	27.16	53
2011	52.68	36.95	46
2012	49.31	32.92	51
2013	53.80	38.99	37
合計	42.87	37.09	414

どの時点を基準としたプレミアムについても，2007年が低く，2008年・2009年が高く，2010年以降はそれよりやや低くなっていることが分かる（ただし6か月平均についてはやや異なるトレンドが見られる）。これは恐らく，2007年はリーマンショックの直前で株価が高騰していたため，相対的にプレミアムが低くなり，逆に，リーマンショックによって市場株価が低迷していた2008年・2009年にプレミアムが高くなったためであると推測される。そうだとすると，いわゆるアベノミクスによって株価が高騰した時期——本書が分析対象としている時期以降——においては，再びプレミアムが減っているものと予想される。

2.4　プレミアムの決定要因

では，プレミアムは，どのような要因によって決定されているのだろうか。ここでは，全部買付けか部分買付けか，スクイーズ・アウトの有無，利益相反取引の有無，に着目して，プレミアムの多寡を見ていきたい。

まず，全部買付けであるか，それとも，部分買付けであるかによって，プレミアムに違いは出てくるだろうか。【図表43】～【図表46】が，要約統計量をまとめた結果である。

【図表43】

部分買付け	基準日プレミアム		
	平均	標準偏差	件数
非該当	54.63	47.35	324
該当	34.24	50.52	92
合計	50.12	48.75	416

（Welchのt検定におけるt値 3.4627）

【図表44】

部分買付け	1か月平均プレミアム		
	平均	標準偏差	件数
非該当	54.77	43.11	322
該当	32.65	34.38	92
合計	49.86	42.31	414

（Welchのt検定におけるt値 5.1270）

【図表45】

部分買付け	3か月平均プレミアム		
	平均	標準偏差	件数
非該当	53.29	40.67	322
該当	31.16	27.61	92
合計	48.37	39.22	414

(Welch の t 検定における t 値 6.0407)

【図表46】

部分買付け	6か月平均プレミアム		
	平均	標準偏差	件数
非該当	47.48	37.59	322
該当	26.77	30.36	92
合計	42.87	37.09	414

(Welch の t 検定における t 値 5.4559)

このように,全部買付けの場合の方が,部分買付けに比べてプレミアムが高くなることが分かる。全部買付けの方が,合意を獲得しなければならない株主の数が増える分だけ,より魅力的な提案をしないと応募が増えないことになるから,プレミアムが高くなるものと考えられる。

次に,スクイーズ・アウトとの関係を見てみよう。要約統計量をまとめたものが,【図表47】～【図表50】である。

【図表47】

	基準日プレミアム		
	平均	標準偏差	件数
キャッシュ・アウト	58.81	50.45	244
ストック・アウト	43.15	30.47	62
非該当	34.77	49.17	110
合計	50.12	48.75	416

(スクイーズ・アウトの有無で平均が違うかについての Welch の t 検定における t 値 3.8520)

【図表48】

	1か月平均プレミアム		
	平均	標準偏差	件数
キャッシュ・アウト	59.12	45.94	242
ストック・アウト	42.74	28.63	62
非該当	33.49	34.17	110
合計	49.86	42.31	414

(スクイーズ・アウトの有無で平均が違うかについてのWelchのt検定におけるt値5.4330)

【図表49】

	3か月平均プレミアム		
	平均	標準偏差	件数
キャッシュ・アウト	57.92	42.39	242
ストック・アウト	42.30	27.87	62
非該当	30.79	29.78	110
合計	48.37	39.22	414

(スクイーズ・アウトの有無で平均が違うかについてのWelchのt検定におけるt値6.5396)

【図表50】

	6か月平均プレミアム		
	平均	標準偏差	件数
キャッシュ・アウト	52.39	38.12	242
ストック・アウト	38.36	25.26	62
非該当	24.47	32.98	110
合計	42.87	37.09	414

(スクイーズ・アウトの有無で平均が違うかについてのWelchのt検定におけるt値6.6455)

　このように，キャッシュ・アウトの場合には，プレミアムが大きく，ストック・アウトはそれに次いでプレミアムが大きい。スクイーズ・アウトが実施されない場合には，それ以外の場合に比べてプレミアムが小さくなる。スクイーズ・アウトが実施される場合には，それなりのプレミアムを支払わないと，事後的に取引の妥当性に疑義が発生しかねないから，より多くのプレミアムが設定されるのであろう。

　次に，利益相反取引との関係について見てみよう。利益相反取引が行われる場合には，そうでない場合に比べて，取引の適法性を担保するために，より多

くのプレミアムが設定されることが考えられるが，そうなっているだろうか。MBO取引の場合，子会社取引の場合，関連会社取引の場合について，見てみよう。要約統計量をまとめたのが，【図表51】～【図表62】である。

【図表51】

MBO取引	基準日プレミアム		
	平均	標準偏差	件数
非該当	46.8	47.07	317
該当	60.74	52.61	99
合計	50.12	48.75	416

(Welchのt検定におけるt値−2.3587)

【図表52】

MBO取引	1か月平均プレミアム		
	平均	標準偏差	件数
非該当	46.89	42.16	315
該当	59.28	41.57	99
合計	49.86	42.31	414

(Welchのt検定におけるt値−2.5767)

【図表53】

MBO取引	3か月平均プレミアム		
	平均	標準偏差	件数
非該当	45.48	39.71	315
該当	57.60	36.33	99
合計	48.37	39.22	414

(Welchのt検定におけるt値−2.8304)

【図表54】

MBO取引	6か月平均プレミアム		
	平均	標準偏差	件数
非該当	40.03	39.07	315
該当	51.94	28.26	99
合計	42.87	37.09	414

(Welchのt検定におけるt値−3.3155)

【図表55】

子会社	基準日プレミアム		
	平均	標準偏差	件数
非該当	51.34	52.58	326
該当	45.71	30.98	90
合計	50.12	48.75	416

(Welchのt検定におけるt値1.2869)

【図表56】

子会社	1か月平均プレミアム		
	平均	標準偏差	件数
非該当	50.87	44.99	325
該当	46.16	30.47	89
合計	49.86	42.31	414

(Welchのt検定におけるt値1.1529)

【図表57】

子会社	3か月平均プレミアム		
	平均	標準偏差	件数
非該当	49.15	41.70	325
該当	45.54	28.44	89
合計	48.37	39.22	414

(Welchのt検定におけるt値0.9508)

【図表58】

子会社	6か月平均プレミアム		
	平均	標準偏差	件数
非該当	43.54	39.39	325
該当	40.45	27.15	89
合計	42.87	37.09	414

(Welchのt検定におけるt値0.8540)

第 2 部　実証編

【図表 59】

関連会社	基準日プレミアム		
	平均	標準偏差	件数
非該当	50.52	46.41	364
該当	47.33	63.20	52
合計	50.12	48.75	416

（Welch の t 検定における t 値 0.3510）

【図表 60】

関連会社	1 か月平均プレミアム		
	平均	標準偏差	件数
非該当	50.52	42.64	362
該当	45.24	39.95	52
合計	49.86	42.31	414

（Welch の t 検定における t 値 0.8832）

【図表 61】

関連会社	3 か月平均プレミアム		
	平均	標準偏差	件数
非該当	49.05	40.52	362
該当	43.69	28.50	52
合計	48.37	39.22	414

（Welch の t 検定における t 値 1.1940）

【図表 62】

関連会社	6 か月平均プレミアム		
	平均	標準偏差	件数
非該当	43.43	37.96	362
該当	38.99	30.41	52
合計	42.87	37.09	414

（Welch の t 検定における t 値 0.9530）

このように見てくると，MBO 取引の場合にはプレミアムが高くなるが，子会社取引・関連会社取引の場合にはプレミアムは高くはならないことが分かる。

もっとも，以上で取り上げてきた分析は，利益相反取引の有無と取引の構造とを別個に分析しているので，どちらの要因の方が，プレミアムにより影響を与えているのかがはっきりしない。そこで，重回帰分析を行ってみたのが，【図表 63】である。

【図表 63】

被説明変数	基準日プレミアム	1 か月平均プレミアム	3 か月平均プレミアム	6 か月平均プレミアム
MBO 取引	1.05	−2.35	−2.41	−2.79
	(7.46)	(6.74)	(6.25)	(5.60)
子会社取引	−9.11*	−9.73*	−9.86**	−9.19**
	(5.28)	(5.24)	(4.87)	(4.48)
関連会社取引	3.98	2.24	2.66	3.91
	(8.53)	(6.08)	(5.13)	(5.38)
キャッシュ・アウト	24.2***	26.9***	28.0***	29.1***
	(6.65)	(5.90)	(5.48)	(5.44)
ストック・アウト	11.8**	13.1***	16.8***	19.6***
	(5.71)	(4.91)	(4.57)	(4.64)
年固定効果	あり	あり	あり	あり
N	416	414	414	414
R^2	0.1195	0.1390	0.1564	0.1595

※括弧内は頑健な標準誤差。*は 10％，**は 5％，***は 1％ レベルで統計的に有意なことを示す。

ここから明らかなように，一見，プレミアムの増加に影響しているように見えたMBO取引は，見かけ上の関係にすぎず，実際にプレミアムの増加に影響しているのは，スクイーズ・アウト（特にキャッシュ・アウト）である。つまり，MBO取引においてプレミアムが大きくなっているのは，MBO取引だから大きくなっているのではなく，MBO取引においては，going privateのためのキャッシュ・アウトが同時に行われることが多く，それによってプレミアムの増加が発生しているのだといえる。キャッシュ・アウトがなされることによって，（そうでない場合に比べて）プレミアムは24から29ポイント増加し，ストック・アウトがなされることによっても，プレミアムは11から19ポイント増加する。これに対し，MBO取引であることによるプレミアムの変化は，5％レベルで統計的に有意ではない。

　プレミアムの決定要因の最後に，先行研究でも取り上げられている（Krishnan and Masulis (2013)），リーガル・アドバイザーについて見てみよう。先行研究によれば，M&Aの得意な法律事務所がリーガル・アドバイザーに就任していると，当該法律事務所の能力の高さ，あるいはセレクション（法律事務所が「勝てそうな案件」だけを選択する）やスクリーニング（強力な依頼者だけが高額なフィーを徴収する法律事務所に依頼できる）によって，プレミアムが増加する（対象会社の場合）あるいは減少する（買付者の場合），というのである。そこで，買付者に，いわゆる五大法律事務所がリーガル・アドバイザーに就任しているかどうかについて，要約統計量を整理したのが，【図表64】〜【図表67】である。

【図表64】
基準日プレミアム

	平均	標準偏差	件数
なし	50.04	38.32	56
あり	51.11	47.03	162
合計	50.84	44.87	218

（Welchのt検定におけるt値－0.1698）

【図表65】
1か月平均プレミアム

	平均	標準偏差	件数
なし	49.26	33.34	56
あり	50.85	43.51	161
合計	50.44	41.06	217

（Welchのt検定におけるt値－0.2825）

【図表66】
3か月平均プレミアム

	平均	標準偏差	件数
なし	45.97	30.61	56
あり	50.55	42.68	161
合計	49.37	39.90	217

(Welchのt検定におけるt値−0.8651)

【図表67】
6か月平均プレミアム

	平均	標準偏差	件数
なし	36.03	36.72	56
あり	45.55	39.30	161
合計	43.09	38.79	217

(Welchのt検定におけるt値−1.6399)

次に,対象会社に五大法律事務所がリーガル・アドバイザーに就任しているかどうかについて,要約統計量を整理したのが,【図表68】〜【図表71】である。

【図表68】
基準日プレミアム

	平均	標準偏差	件数
なし	51.13	42.80	183
あり	53.93	50.75	130
合計	52.29	46.21	313

(Welchのt検定におけるt値−0.5122)

【図表69】
1か月平均プレミアム

	平均	標準偏差	件数
なし	51.78	38.97	182
あり	54.11	46.65	130
合計	52.75	42.28	312

(Welchのt検定におけるt値−0.4645)

【図表70】
3か月平均プレミアム

	平均	標準偏差	件数
なし	51.33	35.18	182
あり	52.82	45.53	130
合計	51.95	39.76	312

(Welchのt検定におけるt値−0.3129)

【図表71】
6か月平均プレミアム

	平均	標準偏差	件数
なし	45.95	33.01	182
あり	48.69	43.04	130
合計	47.09	37.48	312

(Welchのt検定におけるt値−0.6096)

以上のように,米国での先行研究とは異なり,わが国においては,法律事務所の影響力は観察されない。

3　公開買付けのその他の条件

続いて,公開買付けの価格以外の条件について見ていきたい。

3.1 買付期間

まず,公開買付けの日数から見ていこう。全体では,平均40.78日であり,最短で25日・最長で109日となっている。要約統計量の経時変化を示したのが【図表72】になる。[5)]

【図表72】

年	平均	標準偏差	件数
2006	43.8	10.38	5
2007	37.39	14.34	102
2008	39.10	10.77	78
2009	42.97	10.77	79
2010	45.43	11.53	60
2011	42.87	7.85	54
2012	40.81	11.62	53
2013	38.83	10.92	54
合計	40.78	11.78	485

買付期間の長さについては,特段の経時的な変化は見られない。

3.2 上限の設定——全部買付けと部分買付け

続いて,買付けの上限が設定されていない全部買付けと,買付けの上限が設定されている部分買付けとは,どの程度の割合で分布しているだろうか。MHMデータベース全体では,全部買付けが74%,部分買付けが26%を占めているが,その経時的な変化をまとめたのが,【図表73】である。

【図表73】

年	全部買付け	部分買付け	合計
2006	4	1	5
2007	62	40	102
2008	51	27	78
2009	64	15	79
2010	52	8	60
2011	52	3	55
2012	36	18	54
2013	39	15	54
合計	360	127	487

部分買付けは,2007年・2008年に多く,40%程度あったが,その後減少し,

---

5) これは,営業日ベースではなく,カレンダーベースの日数である。

2010 年・2011 年には 10% 程度までになったが，2012 年・2013 年には再び 30% 程度まで増加している。なお，上限の値の分布は，【図表 74】のようになっている。

【図表 74】

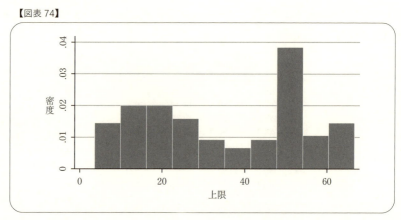

3.3 下限の設定

他方，公開買付けの下限は，どのような場合に設定されているだろうか。MHM データベース全体では，下限が設定されているのは 64% ほどであるが，その経時変化は，【図表 75】のようになっている。

【図表 75】

年	なし	あり	合計
2006	0	5	5
2007	42	60	102
2008	30	48	78
2009	32	47	79
2010	29	31	60
2011	10	45	55
2012	13	41	54
2013	20	34	54
合計	176	311	487

下限の設定については，上限の設定と異なり，特徴的な経時変化は観察されない。なお，下限の値の分布は，【図表 76】のようになっている。

【図表 76】

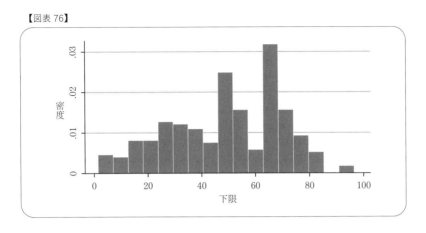

　では，どのような場合に下限が設定されているのだろうか。ここではまず，MBO取引・子会社取引・関連会社取引との関係を検討する。結果をまとめたのが，【図表 77】〜【図表 79】である。

【図表 77】

MBO	下限 なし	下限 あり	合計
非該当	171	217	388
該当	5	94	99
合計	176	311	487

【図表 78】

子会社	下限 なし	下限 あり	合計
非該当	94	292	386
該当	82	19	101
合計	176	311	487

【図表 79】

関連会社	下限 なし	下限 あり	合計
非該当	138	286	424
該当	38	25	63
合計	176	311	487

　このように，子会社取引や関連会社取引においては，そうでない場合に比べて下限の設定が多用されるというわけではないが，MBO取引においては，そうでない場合に比べて下限の設定が多用されている。これは，子会社取引や関連会社取引においては，買付者が対象会社の株式の相当割合を既に保有していることから下限の設定が必要ないのに対し，MBO取引においては，MBOを最終的に実現できる程度の応募がなかった場合に，買い取らなければならない

とすると，不要な株式を買付者が抱え込む結果になってしまいかねないからであろう。

次に，スクイーズ・アウトとの関係について整理したのが，【図表80】である。

【図表80】

スクイーズ・アウト	下限 なし	下限 あり	合計
キャッシュ・アウト	62	187	249
ストック・アウト	42	29	71
なし	70	89	159
合計	174	305	479

このように，キャッシュ・アウトが行われる場合には下限が設定されやすい。特に，LBOの場合には，少数派株主が残るような場合には担保を設定することが困難になるので，下限の設定が必須になることも，影響しているのであろう。

最後に，MOM条件との関係について整理したのが，【図表81】～【図表82】である。

【図表81】

MOM条件	下限 なし	下限 あり	合計
なし	86	28	114
あり	0	85	85
合計	86	113	199

MOM条件は，下限の1バージョンなので，MOM条件が設定されている場合には，必ず同時に下限も設定されている。また，キャッシュ・アウトが行われる場合には，MOM条件も設定されやすい。

【図表82】

スクイーズ・アウト	MOM条件 なし	MOM条件 あり	合計
キャッシュ・アウト	73	82	155
ストック・アウト	32	1	33
なし	9	2	11
合計	114	85	199

3.4 普通株式以外の有価証券（優先株式，新株予約権など）の買付け

その他の細かい条件としては，普通株式以外の有価証券，例えば優先株式や新株予約権についてまで買付けを行うかどうか，という点がある。MHM データベース全体では，普通株式以外についてまで買付対象とするのは，30％弱であるが，その経時変化は，【図表83】のようになる。

【図表83】

年	普通株式以外の買付け なし	普通株式以外の買付け あり	合計
2006	4	1	5
2007	80	22	102
2008	57	21	78
2009	52	27	79
2010	44	16	60
2011	29	26	55
2012	42	12	54
2013	35	19	54
合計	343	144	487

3.5 株券等の取得に関する許可

次に，株券等の取得に関する許可を条件付ける記載があるかどうかについて見てみよう。分布状況をまとめたのが，【図表84】である。

【図表84】

年	なし	日本法	海外規制	合計
2006	4	0	0	4
2007	94	2	6	102
2008	71	3	4	78
2009	69	4	6	79
2010	41	17	2	60
2011	36	19	0	55
2012	27	26	1	54
2013	33	19	2	54
合計	375	90	21	486

ここで言う日本法には，独禁法・外為法・銀行法などがある。2010年頃から，独禁法10条2項に関する記載が増加している。なお，海外規制については，日本法の規制が同時にかかっている場合も含んでいる。

3.6　海外（主に米国）株主に対して応募の勧誘を行わない旨の記載の有無

海外（主に米国）株主に対して応募の勧誘を行わない旨の記載がある場合は，MHMデータベース全体では，78％である。その経時変化をまとめたのが，【図表85】である。

【図表85】

年	海外株主不勧誘の記載 なし	海外株主不勧誘の記載 あり	合計
2006	2	2	4
2007	23	79	102
2008	17	61	78
2009	21	58	79
2010	18	42	60
2011	5	50	55
2012	12	42	54
2013	9	45	54
合計	107	379	486

この点については，特段の経時的な変化は観察されない。

参考文献

Betton, Sandra, B. Espen Eckbo, and Karin S. Thorburn (2008), "Corporate Takeovers", *Handbook of Corporate Finance: Empirical Corporate Finance*, Vol. 2, B. Espen Eckbo ed., Chapter 15, pp. 291–430 (Elsevier/North-Holland).

Krishnan, C. N. V., and Ronald W. Masulis (2013), "Law Firm Expertise and Merger and Acquisition Outcomes", *Journal of Law and Economics*, Vol. 56, No. 1, pp. 189–226.

第 8 章　公開買付けにおける支配プレミアムと株主の応募行動

井上光太郎 = 小澤宏貴

1　はじめに

　株式市場の視点でみると，公開買付けは，買い手が株式市場における均衡価格である株価よりも高い買付価格を提示することで，既存株主から株式を買い集める取引である。買い手は，自らが対象会社の支配株主となることで新たな価値創造が可能になり，その価値創造からの利益を独占的に獲得する。この価値創造があるからこそ，買い手は市場株価より高い価格提示が可能になる。ただし，株式市場は常に効率的とは限らないので，対象会社の株価がファンダメンタルズに比較して割安になっていることも考えられる。このケースでも，買い手は市場株価よりも高い価格提示ができる。このように買い手が提示する買付価格と，事前の市場株価との差は支配プレミアム（Control Premium）と呼ばれる。

　この支配プレミアムは，対象会社の既存株主にとっては，公開買付けがあったことで初めて獲得可能となる利得である。対象会社の既存株主は，買い手により提示された買付価格の一部となる支配プレミアムの大きさを判断基準に，公開買付けに応募するか否かを決定する。すなわち，この支配プレミアムが十分に大きく，既存株主にとって対象会社の株式を保有し続けてもこれ以上の利得の獲得が難しいと判断する場合，その既存株主は公開買付けに応募するだろう。その結果，買い手が決定する買付けの予定株数の下限を超える応募があれば，公開買付けは成立し，既存株主は買付価格での売却が実現する。逆に，株主が支配プレミアムに不満足な場合や現在の買い手よりも高い支配プレミアム

を支払う別の買い手の登場を合理的に期待できる場合は,公開買付けに応募しないだろう。公開買付けの予定株数の下限に達しない場合は公開買付けが不成立となり,公開買付けに応募した株主を含め,対象会社の株主は支配プレミアムを受け取れない。米国の研究(Asquith (1983))によれば,公開買付け発表後は支配プレミアムを反映して株価は上昇するが,公開買付けが失敗に終わると株価は公開買付前の水準まで下落する[1]。このため,公開買付けの対象会社の株主は,公開買付けに応募して支配プレミアムを受け取るか,支配プレミアムを放棄して対象会社の株価が将来さらに値上がりする可能性に期待するかのいずれかの選択を迫られる[2]。

　上記のような公開買付けの取引性格を踏まえると,買い手が設定する支配プレミアムは,既存株主の利益を直接決定する重要な要素であることがわかる。特にスクイーズ・アウトを前提とする取引の成立時には,買付けに応募しなかった株主についても公開買付価格を基準とした価格で株式の強制的買取りが実施されるため,応募しない株主の利得も公開買付価格で実質的に決定される。買い手は対象会社の議決権の3分の2以上を支配すれば,単独でも株主総会における特別決議が可能になるので,種類株式の利用により残存株主の意向にかかわらずスクイーズ・アウトが実施可能になる。こうしたスクイーズ・アウト取引は,対象会社の既存株主が買い手による企業価値の創造にフリーライドを試みて売却に応じないことで,結果的に公開買付けが不成立になることを防止する効果を持つ(Grossman & Hart (1980))。また,公開買付成立後に少数株主が残り,買い手による円滑な買収後経営が阻害されることを防止する意義がある。

　上記のように会社という希少な資源の帰属が公開買付けの成否で決定されることから,公開買付けにおいては,株主が支配プレミアムを基準に自らの判断で株式の売却を判断できるよう,価格メカニズムが十分に機能する状況を担保することが重要である。一般に会社は,より大きな価値を創造できる経営者チ

---

1) 日本においては公開買付けが不成立になったケースがごく少数で,かつ多くの公開買付けで競合的買付け,敵対的買付け等の不成立要因があり,不成立後の株価を一般化して分析できない。本分析期間である2006年12月13日から2013年12月末までの期間の公開買付け全487件中,不成立となった取引はわずか8件(1.6%)であった。
2) 正確には,対象会社の株主は,現時点の支配プレミアムの受け取りの利得と,将来の株価値上がりからの利得の現在価値を比較することになる。

ームに帰属させることが経済的に効率的である。そうした経営者チームは，最も高い価格をその上場企業に対して提示することが可能であることから，支配プレミアムの大きさは買い手による将来の価値創造の大きさを示すシグナルとなり得る。したがって，公開買付けにおける支配プレミアムの水準が低い市場よりは，高い市場の方が買い手間の競争が十分に機能し，結果的に会社という経営資源が最も効率的に活用される可能性が高いとみなせる。一部に，非合理的な買い手や自信過剰な買い手が存在し，価値創造の可能な金額を上回る高い支配プレミアムが支払われる可能性はあるが，そのデメリットが健全な価格メカニズムのもたらすメリットを上回ることはないだろう。[3]

このように支配プレミアムは，株主保護と経営資源の効率的配分という2点から重要であり，これを実証的に分析することは日本の公開買付けの機能，課題を明らかにする上で意義がある。また，支配プレミアムと株主の応募行動の関係も公開買付けのメカニズムを明らかにする上で重要である。そこで本章では，日本の公開買付けにおける支配プレミアムの状況と，株主の応募行動を実証的に分析していく。本章の進め方としては，本書の目的に照らし，特定の理論や仮説に絞って検証するのではなく，公開買付けの制度面に注目し，それに関する変数を広く使用した分析からファクト・ファインディング（事実の発見・確認）を行っていく。

2　サンプル，データと基本統計

本章で分析対象とするサンプルは，本書の他の章と同様に会社法施行後の2006年12月13日から2013年12月末までに発表された日本企業に対する株式公開買付け487件である。データに関しては，公開買付けデータはレコフデータと，森・濱田松本法律事務所が公開買付届出書等の開示資料を取りまとめて作成した公開買付事例分析データの2種類のデータベースを統合したものを使用している。なお，本章で重要な変数となる支配プレミアムについては，レコフデータベース内で計算されている支配プレミアムを使用した。公開買付けの対象会社の財務データ，株主構成，および取締役会のデータに関しては，

---

3) 米国ではいわゆるレブロン義務に見られるように，この原理が重視されている。

日本経済新聞デジタルメディアの提供している NEEDs-Cges データベースから取得した。また，株価データに関しては日本経済新聞社が提供する日経 FinancialQUEST データベースから取得した。いずれも，日本企業の財務に関する標準的で透明性の高いデータベースである。

最初に今回のサンプルの基本統計を示す。ここで問題になるのは，公開買付取引は，その取引性格から大きく2つに分けられることである。通常，公開買付けで株式を買い集めることを目指す買い手は，市場株価より高い買付価格（支配プレミアムは正）を提示する。しかし，特定の大株主からその保有するブロック株式のみを買い取ることを意図している買い手もなかには存在する。そうした買い手は，そのブロック株式の取得が公開買付けの要件に当たるために公開買付けを行うが，実際は一般株主が保有する株式の取得を望まないこともある。こうしたケースでは買い手がブロック株式の売り手と事前に合意し，市場株価未満の買付価格（支配プレミアムは負）を提示することが少なからず存在する。そうした公開買付けは，ディスカウント TOB と呼ばれる。

ディスカウント TOB では，保有ブロック株式を事前に合意した買い手に速やかに売却したい売り手と，対象企業の上場維持を望んだり，一定以上の株式を買い取る資金力のない買い手との間の合意により行われる。今回のサンプルのうち，公開買付発表日の前日の株価を基準に支配プレミアムが計測可能だった 467 件のうち，全体の約1割に当たる 48 件がディスカウント TOB であった。こうしたディスカウント TOB は，日本においては一定の要件を満たすと，買い手は必ず公開買付けを採用しなければならないという強制 TOB 制度の副産物というべきものであり，不特定多数の一般株主から株式を買い集める本来の公開買付けとは性格が異なる。本章では，支配プレミアムと株主の応募行動の関係についてのファクト・ファインディングを目的としているため，ディスカウント TOB を除いた通常の公開買付けに焦点を置く。このため，基本統計では，全サンプルのほか，ディスカウント TOB を除くサブサンプルについて示す。最初に基本統計で示す変数の説明を【図表1】に示す。その上で，それらの変数に関する基本統計を【図表2】に示す。【図表1】に示した変数の中で，「実質応募率」は，本書で買い手と利害関係のない一般株主の応募行動を分析するため，特別に算出した本書独自の変数である。その定義式を Appendix に示す。

【図表1】本章で使用する変数名とその説明

変　数	定　義
プレミアム（1日前）（％）	公表日の前営業日を基準日としたときのプレミアム
プレミアム（1か月前）（％）	公表日から過去1か月間の終値の単純平均を基準にしたときのプレミアム
プレミアム（3か月前）（％）	公表日から過去3か月間の終値の単純平均を基準にしたときのプレミアム
プレミアム（6か月前）（％）	公表日から過去6か月間の終値の単純平均を基準にしたときのプレミアム
実質応募率（％）	利害関係のない株主の応募率：Appendix「実質応募率の定義」参照
TOB開始後の到達率（％）	TOB開始後5日目の株価÷TOB価格×100
MBO	MBOのケースならば1をとるダミー変数
親会社等によるTOB	買い手が対象会社の親会社または対象会社を持分法適用会社にしている場合は1をとるダミー変数
スクイーズ・アウトの意図	スクイーズ・アウトの実施を意図しているならば1をとるダミー変数
スクイーズ・アウトの実施	スクイーズ・アウトを実施していれば1をとるダミー変数
スクイーズ・アウトの同一価格	スクイーズ・アウトがTOB価格と同じであると記載しているならば1をとるダミー変数
1年前高値	アナウンス日前日の株価÷過去52週の株価の高値
ターゲット時価総額（百万円）	ターゲット企業の時価総額
役員持ち株比率（％）	役員の株式保有比率
外国人持ち株比率（％）	外国人株式保有比率（有価証券報告書記載ベース）
機関投資家持ち株比率（％）	外国人株式保有比率（除く外国法人判明分）＋信託勘定株式保有比率＋生保特別勘定株式保有比率
社外取締役比率（％）	社外取締役人数÷取締役会人数×100
PBR	直近実績決算期末の株式時価総額÷自己資本
ROA（％）	経常利益÷総資産（前期）×100；連結優先
特別委員会	特別委員会を設置していれば1をとるダミー変数
MOM	マジョリティ・オブ・マイノリティ条項が設定されていれば1をとるダミー変数
ディスカウントTOB	プレミアム（1日前）が0未満ならば1をとるダミー変数

株主比率に関する情報は日経NEEDs-Cgesデータベースを使用。

最初に，発表日前日の市場株価で計測した支配プレミアムを示す。プレミアム（1日前）を比較すると，全取引（Panel A）では中央値で35.2％に対して，ディスカウントTOBを除く（Panel B）と38.9％となる。また，公開買付けに対する株主の実質応募率は，全サンプルの平均約73.5％に対し，ディスカウントTOBを除くと約76％に上昇する。表には示していないが，ディスカウントTOBサンプルでは，実質応募率は平均46％と低い。しかし，事前に合意したと推測される特定の大株主の保有株式のみを対象にするため，プレミアムが付いていなくとも公開買付けは成立している。

第 2 部　実証編

【図表 2】基本統計
Panel A　全公開買付取引

変数	平均値	標準偏差	中央値	最大値	最小値	観測値
プレミアム（1 日前）（％）	42.59	50.99	35.20	455.60	−79.20	467
プレミアム（1 か月前）（％）	42.92	45.39	36.75	374.70	−79.70	464
プレミアム（3 か月前）（％）	41.68	42.86	38.16	340.70	−99.20	463
プレミアム（6 か月前）（％）	36.99	40.77	35.50	308.80	−99.40	463
実質応募率（％）	73.49	24.98	83.23	100.00	0.51	453
TOB 開始後の到達率（％）	100.48	17.39	99.41	303.00	62.16	453
スクイーズ・アウトの意図（％）	60.99					487
MBO（％）	20.33					487
親会社等による TOB（％）	33.68					487
役員持ち株比率（％）	8.28	13.40	0.94	69.41	0.00	433
外国人持ち株比率（％）	10.03	16.55	2.54	84.97	0.00	437
機関投資家持ち株比率（％）	11.02	14.51	4.70	85.49	0.00	432
社外取締役比率（％）	19.66	21.17	16.67	85.71	0.00	439
特別委員会（％）	16.43					487
MOM（％）	17.45					487
1 年前高値	0.70	0.21	0.73	1.00	0.11	454
PBR	1.54	2.40	0.90	35.52	0.11	428
ROA（％）	4.59	11.20	3.80	126.57	−45.81	437
ターゲット時価総額（百万円）	35,131	113,880	5,269	1,136,349	138	456

ダミー変数については平均値のみを表示。

Panel B　本章の分析対象とするディスカウント TOB を除くサンプル

変数	平均値	標準偏差	中央値	最大値	最小値	観測値
プレミアム（1 日前）（％）	49.85	48.42	38.90	455.60	0.00	419
プレミアム（1 か月前）（％）	49.83	42.21	39.60	374.70	−28.60	416
プレミアム（3 か月前）（％）	48.37	39.17	40.80	340.70	−69.70	415
プレミアム（6 か月前）（％）	42.88	37.04	38.30	308.80	−82.60	415
実質応募率（％）	76.06	23.62	86.02	100.00	1.71	414
TOB 開始後の到達率（％）	97.62	8.05	99.36	176.92	62.16	406
スクイーズ・アウトの意図（％）	66.06					439
MBO（％）	22.55					439
親会社等による TOB（％）	33.71					439
役員持ち株比率（％）	8.58	13.42	1.15	69.41	0.00	388
外国人持ち株比率（％）	10.43	16.98	3.10	84.97	0.00	391
機関投資家持ち株比率（％）	11.52	14.82	5.40	85.49	0.00	387
社外取締役比率（％）	19.04	20.82	14.29	85.71	0.00	393
特別委員会（％）	18.22					439
MOM（％）	19.36					439
1 年前高値	0.70	0.22	0.73	1.00	0.11	407
PBR	1.35	1.54	0.87	14.27	0.11	384
ROA（％）	4.61	11.14	4.09	126.57	−45.81	391
ターゲット時価総額（百万円）	34,081	111,899	5,207	1,136,349	138	409

ダミー変数については平均値のみを表示。

なお，ディスカウントTOBが，対象会社の正しい株価認識を反映したものなら，その買付価格は真の株主価値のシグナルになるので，発表後の株価はその価格まで下落すべきだろう。しかし，ディスカウントTOBにおけるTOB開始5日後の株価を調べると，買付発表前後で大きく変動している証拠はない。このようにディスカウントTOBは，一般株主の応募を促すものでなく，また適正な株価水準に基づく買付価格の提示であるという証拠もない。これを踏まえ，支配プレミアムと株主の応募行動を分析する本章で分析対象とするサンプルからは除外し，以降ではディスカウントTOBを除いたサブサンプルを対象に分析を行う。

　ディスカウントTOBを除くサブサンプルの基本統計を示す【図表2】PanelBで，プレミアムの平均値および中央値をみると，発表前3か月間の平均株価で計測した「プレミアム（3か月前）」から，発表日前日の株価で計測した「プレミアム（1日前）」まで，ほとんど数値の変動はない。これは，平均してみると，TOB発表前の3か月間に対象会社の株価が大きくは変動していないことを示す。公開買付時の対象会社株主への説明資料では，支配プレミアムは株価の過去3か月平均に対する比率で記載されることが多いが，平均すれば前日株価に対する比率と大きく変わらない。そこで本章では発表日前日の市場株価に基づく支配プレミアム（「プレミアム（1日前）」）を指標として分析を進めることとする。これは，過去の全ての情報を反映した直近の株価が効率的株価であるという効率的市場仮説とも整合性がある。

　「プレミアム（1日前）」は，最小0％（発表前日の市場株価と同価格）から最大約455％（発表前日の市場株価の4.5倍）と非常に大きなバラつきを持っている。また，「実質応募率」も1.7％から100％と幅広いレンジを持つ。次に公開買付開始5日後までに買付価格の何％にまで市場価格は上昇しているかを示す「TOB開始後の到達率」は，平均97.6％，中央値で99.4％とほぼ買付価格と同価格にまで株価が上昇していることを示す。証券取引所の値幅制限があるため，支配プレミアムが大きい場合は株価が買付価格付近まで上昇するのに3取引日ほどかかることがあるが，5取引日にはほぼ株価が支配プレミアム水準まで裁定されていることがわかる。公開買付けにおいては，個人株主は公開買付けへの応募手続の煩わしさから株式市場で売却する傾向を持ち，これを裁定取引業者（リスク・アービトラージャー）が市場で買付価格未満の株価で買い集めた上で

公開買付けに応募し，値ざやを抜くことが知られている。ここでの結果は，こうした裁定取引業者の働きが概ね機能していることを示す一方で，これだけ市場株価が平均して買付価格に近接している事実は裁定取引業者が日本の公開買付けでは不成立リスクが非常に低いと判断していることを示す[4]。

ところで，公開買付けに対して，株主が買付価格を低すぎると考えるケース，または買付けをきっかけに新たな情報を市場が認知して価格発見するケースでは，買付価格の改定を期待して市場株価が買付価格を上回って推移することが予測できる。そうしたケースはあるのだろうか？　そこでディスカウントTOBを除くサンプルで，買付開始後5日目の市場株価を基準に，市場株価が買付価格を超過しているケース（「TOB開始後の到達率」が100%を超えるケース）を探した。その結果，市場株価が買付価格を超過していたケースはわずか15件であった。しかも，そのいずれのケースにおいても，買い手による買付価格の引上げは行われず，12件において公開買付けは成立し，不成立は3件のみで，うち2件は同じ対象会社に対する競合的買付けであった。市場株価が買付価格を上回っても，ほとんどのケースで買付価格の引上げなく公開買付けが成立していることは，公開買付けにおける株主の交渉力は強いとはいえないことを示唆する。これは，日本では複数の買い手候補による競合的な買付けの事例がほとんどないことの影響も受けているだろう[5]。

次に取引の性格に関してみていく。サンプルの3分の2の取引において，公開買付届出書等において，公開買付けが成立した場合には，買い手はスクイーズ・アウト取引を実施し，残存する少数株主の株式を強制的に買い取る意図が表明されている（「スクイーズ・アウトの意図」）。また，MBO（マネジメント・バイアウト）が全体の23%，親会社または持分法適用会社による公開買付けは34%であり，全体の57%の買い手が事前に対象会社に対して大きな影響力を持っていることを示す。つまり，日本では過半数の公開買付けが，アームスレングスの取引とはいえない。この状況に対応して，全体の18%の取引で，対象会

---

[4] この他，井上（2009）では，買付株数の上限の設定された部分買付けでは比例配分が行われるため，公開買付最終日に大きな株価下落のあることを示しており，裁定取引は部分買付けでは機能が限定されることも予測できる。

[5] 本章と別に筆者が2010年から2014年までの日，米，英，独の4か国の公開買付けを検証したところ，米国では8%，英国では17%，ドイツでも2.5%の競合的買付けが観測できたが日本では0%であった。

社が公開買付けに対する方針を検討する特別委員会が設置され，また全体の19％で公開買付けの成立の要件としてマジョリティ・オブ・マイノリティ条項（「MOM：Majority of Minority」）を提示している。ただし，これらの比率は，MBOや親会社等による買付けの比率の57％と比較すると低い。

また，注目すべきは公開買付前の市場株価の動向で，買付発表前1年間の高値（「1年前高値」）と買付発表日前日の株価を比較すると，後者は前者の約7割の水準となっている。これは，公開買付けの対象会社の株価が，過去1年間の株価水準の中では平均して高値から約3割下落した水準で買付けがかけられていることを示す。これは，買い手が買付けの対象会社の株価が下落したタイミングをとらえて買付けを行っている可能性を示唆する[6]。米国の公開買付けに関する実証研究である，Baker, Pan & Wurgler（2012）は，プロスペクト理論を応用して，過去の株価の高値がターゲット企業の株主の参照点（投資家の心情的な投資分岐点）になっているのではないかと考え，過去52週の株価の高値と支配プレミアム，取引の成立・不成立等の関係について分析している[7]。ここでプロスペクト理論とはノーベル経済学賞を受賞したDaniel KahnemanとAmos Tverskyによって発表された，不確実性下（リスクを伴う）における意思決定のモデルである。プロスペクト理論の特徴としては3つあり，1つ目の特徴は意思決定主体が利得と損失を判断する基準として参照点が存在する。つまり，ある富の大きさが，意思決定主体が参照点とする基準を上回っていれば利得を認識することになり，一方で参照点とする基準を下回っていれば損失を認識することになる。2つ目の特徴は参照点を基準として利得を認識しているときはリスク回避的になり，一方で損失を認識しているときはリスク愛好的になる。3つ目の特徴は参照点を基準にした損失の方が，利得よりもより強く認識するということである。

分析の結果，過去52週の株価の高値がアナウンス日の30日前の株価に比べて大きいほど有意にプレミアムに正の影響を及ぼしていた。また入札価格が過去52週の株価の高値を上回っていると取引の成功率が4.4％上昇するという結果を示していた。以上の結果から，対象企業の過去の株価の高値は対象企

---

6) ファイナンスではこれをマーケットタイミング仮説といい，新株発行やM&Aで広く観察できる現象とされている。

7) プロスペクト理論および参照点についてはKahneman & Tversky（1979）を参照。

第 2 部　実証編

【図表3】変数間の相関係数

	プレミアム (1日前)	プレミアム (3か月前)	実質応募率	TOB開始後 の到達率	スクイーズ・ アウトの意図	MBO	親会社等による TOB
プレミアム (1日前)	1.00						
プレミアム (3か月前)	0.80 (0.00)***	1.00					
実質応募率	0.25 (0.00)***	0.34 (0.00)***	1.00				
TOB開始後の到達	−0.18 (0.00)***	−0.16 (0.00)***	0.17 (0.00)***	1.00			
スクイーズ・アウトの意図	0.19 (0.00)***	0.28 (0.00)***	0.70 (0.00)***	0.22 (0.00)***	1.00		
MBO	0.13 (0.01)***	0.13 (0.01)***	0.33 (0.00)***	0.08 (0.09)*	0.36 (0.00)***	1.00	
親会社等による TOB	−0.05 (0.28)	−0.06 (0.18)	−0.10 (0.04)**	−0.07 (0.14)	0.04 (0.37)	−0.38 (0.00)***	1.00
役員持ち株比率	0.11 (0.03)**	0.11 (0.03)**	0.02 (0.68)	−0.04 (0.43)	0.00 (0.92)	0.24 (0.00)***	−0.31 (0.00)***
外国人持ち株比率	−0.06 (0.26)	−0.05 (0.34)	0.06 (0.28)	−0.01 (0.86)	0.00 (0.95)	−0.10 (0.04)**	0.02 (0.63)
機関投資家持ち株比率	−0.09 (0.08)*	−0.07 (0.15)	0.05 (0.31)	−0.03 (0.51)	−0.04 (0.46)	−0.05 (0.32)	−0.05 (0.32)
社外取締役比率	−0.07 (0.20)	−0.07 (0.16)	−0.05 (0.35)	−0.06 (0.24)	−0.08 (0.10)*	−0.24 (0.00)***	0.13 (0.01)***
特別委員会	0.02 (0.74)	0.06 (0.21)	0.22 (0.00)***	0.07 (0.13)	0.33 (0.00)***	0.56 (0.00)***	−0.06 (0.19)
MOM	0.10 (0.04)**	0.10 (0.05)**	0.28 (0.00)***	0.09 (0.08)*	0.33 (0.00)***	0.77 (0.00)***	−0.23 (0.00)***
1年前高値	−0.27 (0.00)***	−0.07 (0.18)	0.13 (0.01)***	0.13 (0.01)***	0.11 (0.02)**	0.07 (0.16)	0.05 (0.32)
PBR	−0.19 (0.00)***	−0.25 (0.00)***	−0.16 (0.00)***	−0.01 (0.06)*	−0.18 (0.00)***	−0.14 (0.00)***	−0.00 (0.96)
ROA	0.02 (0.64)	0.04 (0.45)	0.08 (0.12)	−0.11 (0.03)**	0.01 (0.89)	0.06 (0.23)	−0.01 (0.92)
ターゲット時価総額 (log)	−0.27 (0.00)***	−0.22 (0.00)***	−0.02 (0.62)	−0.03 (0.60)	−0.08 (0.11)	−0.14 (0.00)***	0.22 (0.00)***

*, **, *** はそれぞれ統計上 10%, 5%, 1% 水準で有意を示す。括弧内は相関係数の p 値である。サンプル

業株主にとっての参照点となっており，支配プレミアムや取引の成功率を説明する重要な要因であると示唆している。

日本に関しても，筆者たちが別の論文（小澤＝池田＝井上（2015））で米国と同様の関係が存在することを示している[8]。本章は，プロスペクト理論という行動経済学的な視点には焦点を当てていないが，支配プレミアムや実質応募率の要因に関する回帰分析を行う際には過去1年間の高値（「1年前高値」）をコントロールした分析も行うこととする。

今回のサンプルの対象企業の規模を株式時価総額でみると，平均は340億

---

[8] 小澤＝池田＝井上（2015）は，過去1年間の高値が公開買付価格の設定に影響を及ぼすだけでなく，実際に株主の実質応募率に影響することを示している。

	役員持ち株比率	外国人持ち株比率	機関投資家持ち株比率	社外取締役比率	特別委員会	MOM	1年前高値	PBR	ROA	ターゲット時価総額(log)
	1.00									
	−0.17	1.00								
	(0.00)***									
	−0.16	0.74	1.00							
	(0.00)***	(0.00)***								
	−0.23	0.36	0.32	1.00						
	(0.00)***	(0.00)***	(0.00)***							
	0.07	−0.02	−0.00	−0.06	1.00					
	(0.16)	(0.76)	(0.93)	(0.20)						
	0.14	−0.04	−0.04	−0.16	0.61	1.00				
	(0.00)***	(0.47)	(0.39)	(0.00)***	(0.00)***					
	−0.09	0.03	0.07	−0.05	0.14	0.17	1.00			
	(0.07)*	(0.58)	(0.16)	(0.32)	(0.00)***	(0.00)***				
	0.02	−0.01	0.04	0.11	−0.10	−0.13	−0.21	1.00		
	(0.74)	(0.82)	(0.40)	(0.03)**	(0.04)**	(0.01)***	(0.00)***			
	0.09	0.03	0.10	0.04	0.02	0.09	0.06	0.20	1.00	
	(0.06)*	(0.58)	(0.05)**	(0.42)	(0.66)	(0.08)*	(0.24)	(0.00)***		
	−0.29	0.48	0.59	0.22	−0.05	−0.09	0.31	0.19	0.22	1.00
	(0.00)***	(0.00)***	(0.00)***	(0.00)***	(0.31)	(0.07)*	(0.00)***	(0.00)***	(0.00)***	

はディスカウント TOB を除く公開買付け。

円だが，中央値は 52 億円でかなり小規模な企業が多いことがわかる。これは，対象会社の多くが MBO の対象，または親会社等を持つ会社であることと整合的である。一方で最大は時価総額 1.1 兆円の企業に対する買付け（日興コーディアルグループに対するシティグループの公開買付け）となっており，大規模な公開買付けも行われている。また，PBR（時価・純資産倍率）は中央値で 1 を下回っており，大半の対象企業は株価が低水準の企業であることを示す。

3 支配プレミアムと応募比率に影響を持つ要因
――相関係数からの分析

本章で主たる分析対象とする支配プレミアムの大きさと，株主の応募比率に

それぞれ影響を持つ要因としてはどのようなものがあるか。また，そうした諸要因の間の相関関係はどうなっているか。この疑問に答えるため，最初に基本統計で示した変数間の相関関係を確認する。基本統計で示した各変数間の相関係数を【図表3】に示している。

　注目すべきは，左端の「プレミアム（1日前）」の列と，左から3列目の「実質応募率」の列である。「プレミアム（1日前）」と「実質応募率」の間には正の有意な相関があるが，相関係数は25％で非常に高い水準とはいえない。支配プレミアムは，株主の応募意思決定に一定の影響を与えるが，それ以外の要因も強く働いているといえる。

　「TOB開始後の到達率」は，「プレミアム（1日前）」と負，「実質応募率」と正の相関を持つ。支配プレミアムが大きいほど，株価は買付価格に完全には到達しないことを示す。

　実質応募率が非常に高い相関（相関係数70％）を示すのは，買い手による買付開始時点でのスクイーズ・アウトの意図の表示である。『スクイーズ・アウトの意図』の表明は「プレミアム（1日前）」とも正の相関を持つが，相関係数をみると「実質応募率」に対する影響の方が強い。つまり，買い手がスクイーズ・アウトを示唆することで，対象会社の株主は上場廃止を覚悟し，公開買付けに応募する傾向を強めるという解釈と整合する。これは，スクイーズ・アウトは本質的に強圧性（保有株式の売却を促す圧力）を持っていると解釈できる。その他にも，相関係数ではMBOや役員持ち株比率の高い公開買付けでは，支配プレミアム，実質応募率とも高まる傾向が示されている。MBOでは非公開化が前提になっていることを踏まえると，MBOではスクイーズ・アウトの意図表明を伴うことの影響を受けているだろう。

　支配プレミアムに相対的に強い影響を及ぼしているとみられるものが，公開買付前の1年間の高値である。『1年前高値』（アナウンス日前日の株価÷過去52週の株価の高値）と「プレミアム（1日前）」の間には有意な負の相関がみられる。つまり，事前期間の株価の高値が，公開買付直前の株価より高いほど，支配プレミアムは高くなる。これは，プロスペクト理論の説明で紹介したとおり，株主の参照点が過去の高値の影響を受けることを考慮し，買い手が進んで高い参照点を意識した買付価格を設定していることを示唆する。

　対象会社において公開買付けに対する対応を経営陣から独立した立場で検討

する特別委員会の設置，経営陣から独立した立場で判断すると期待されている社外取締役の取締役会における比率は，支配プレミアムとの間には有意な相関は見られない。特別委員会は，MBO では過半数（58.6％）で設置されているが，親会社等による公開買付けでは設置は少ない（21.8％）。ただし，MBO と親会社等による公開買付けではマジョリティ・マイノリティ条項が入る傾向があり，買い手においても買い手と一般株主の間の潜在的な利益相反問題を認識した行動をとっているようである。

また，支配プレミアムに強い影響を持つ変数としては，対象会社の PBR（時価・純資産倍率）がある。「PBR」は「プレミアム（1日前）」と負の相関を持つ。これは，米国の実証研究でも確認されている結果であるが，株価水準の低い企業は買収後の経営改善による価値創造が容易だという見方と，株価がファンダメンタル・バリューに比較して割安で支配プレミアムを支払う余地があるという2つの解釈が可能である[9]。両要因が混在しているのが実態であろう。

相関関係のみを見ても，企業規模，事前の株価の高値，対象企業の株価水準など支配プレミアムに影響を与える複数の要因をコントロールした上での関係までは明らかにできない。したがって，この点については，後ほど本章 **6** の回帰分析において，さらに明らかにしていく。

4 支配プレミアムの実態

本節では，支配プレミアムの実態を詳細に見ていく。最初に，分析期間中の年毎の支配プレミアムの推移を【図表4】に示した。Panel A は，公開買付発表前日の株価（「1日前」），発表前1か月，3か月，6か月間の日次株価（終値）の平均（それぞれ「1か月」，「3か月」，「6か月」）を年毎に示している。Panel B はその推移をグラフにしたものである。

支配プレミアムは，基準となる株価算出期間を3か月以内に置くと，いずれも平均49％程度となっている。また，年毎の推移を見ると，2008年から2009年にかけて平均60％を超える水準と相対的に高くなっている。2008年

---

9) 株価水準の低い企業は経営に非効率な部分があり，経営改善効果が出しやすいという解釈は Lang, Stulz & Walkling（1989），株価が割安との解釈は Shleifer & Vishny（2003）を参照。

第2部　実証編

【図表4】支配プレミアムの推移
Panel A　支配プレミアムの各年平均値の推移

（単位：%）

	1日前	1か月前	3か月前	6か月前
2006	35.26	37.56	36.48	35.28
2007	28.97	30.09	28.60	25.57
2008	68.26	63.55	54.47	45.17
2009	61.60	58.99	60.27	46.41
2010	46.52	49.89	48.05	41.82
2011	54.17	56.22	55.65	54.26
2012	45.80	48.77	49.91	46.61
2013	48.66	47.03	49.92	53.80
平均	49.85	49.83	48.37	42.88

サンプルはディスカウントTOBを除き，各期間の株価平均が取れたサンプル。1日前は公開買付前日株価を基準にした支配プレミアム，1か月，3か月，6か月はそれぞれ公開買付発表前1か月，3か月，6か月間の日次株価の平均値を基準にした支配プレミアムを示す。

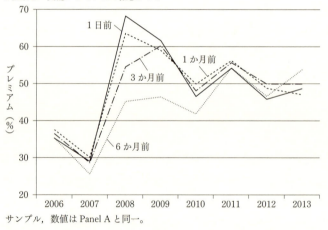

Panel B　支配プレミアムの推移グラフ

サンプル，数値はPanel Aと同一。

から2009年に高い水準となっている理由は，米国のサブプライムローン問題，2008年のリーマンショックにより日本の株価が急落した影響が考えられる。この時期の株価がファンダメンタルズに対し割安だった，または，株主の参照点の影響と考えられる。これらの直接の影響は2008年，2009年に限定され一時的だったように見えるが，2010年以降は平均50％で安定して推移しており，これは2006年，2007年の水準よりも高い。2000年から2007年をサンプルと

【図表5】買い手の性格ごとの支配プレミアム

(単位：％)

	MBO	親会社等に よるTOB	その他	合計
平均値	60.74	46.31	46.62	49.85
中央値	47.50	36.60	35.10	38.90
観測値	99	142	178	419

サンプルはディスカウントTOBを除く。支配プレミアムは，公開買付発表日前日の株価を基準に算出した支配プレミアムを使用している。

した井上（2009）では，ディスカウントTOBを除く公開買付けの支配プレミアムの平均値は約25％と報告しており，これに対しても2008年以降の支配プレミアムは高くなっている。こうした背景には，会社法改正，公開買付後のスクイーズ・アウト条件に対する反対株主の主張を認めたレックス・ホールディングス事件の東京高裁の決定（東京高決平成20・9・12金判1301号28頁）など複数の要因が考えられる。[10]

次に公開買付けを買い手の性格に基づき，MBO，親会社等によるTOB，その他の3グループに分けて支配プレミアムの平均値を【図表5】に示した。その他のサブサンプルは，買い手と対象会社がアームスレングスの関係にあるサンプルという位置づけである。

【図表5】によれば，支配プレミアムはMBOで最も大きく，親会社等によるTOBとその他はほぼ同じ水準である。MBOは買い手と対象会社株主の間の利益相反が最も大きい取引とみなせるが，一方，買い手が対象会社のブロック株式を事前に保有している親会社等によるTOBでは大きな支配プレミアムを支払う傾向は確認できなかった。対象会社に対して強い影響力を持つ買い手が，その影響力を行使して低い支配プレミアムで買付けを行っているということはいえないようである。

5 支配プレミアムの国際比較

公開買付けにおける支配プレミアムの水準は様々な要因により決まってくる

---

[10] 井上＝中山＝増井（2010）は，レックス・ホールディングス事件の東京高裁の決定以降，MBOにおいて支配プレミアムが20％未満のMBOは行われなくなったことを指摘している。

【図表6】日米英における支配プレミアムの比較

(単位：%)

	全取引			支配権獲得 TOB			その他		
	日本	US	UK	日本	US	UK	日本	US	UK
観測値	291	413	182	202	365	165	89	48	17
プレミアム（1日前）	47.77	62.71	39.43	52.78	64.25	40.44	36.39	50.98	29.60
プレミアム（1か月前）	50.38	67.67	50.96	54.34	69.75	53.75	41.40	51.90	23.91

サンプルは2009年1月から2015年2月の期間の公開買付け（ディスカウントTOBを除く）であり，Standard & Poor's社の提供するCapital IQから取得。「支配権獲得TOB」はCapital IQにおいて支配権獲得取引に分類された取引のサブサンプルであり，このほとんどは全株式を買付対象とした公開買付けとみなせる。これに含まれない公開買付けは「その他」のサブサンプルに含めている。

が，大量の取引サンプルの平均値は，その国における法制度，買収対象会社の交渉力，M&A市場（会社支配権市場）の競争水準などに影響を受けると推定できる。それでは，ここまでみてきた日本の公開買付けにおける支配プレミアムの水準は，他国市場における支配プレミアムの水準と比較して異なるのだろうか？　この疑問に答えるため，株式市場が高度に発達し，また公開買付けが活発に行われている日米英3か国における公開買付けの支配プレミアムを比較する。ここでは，3か国比較のため，同一のデータソースと定義を用いることとし，データベースはStandard & Poor's社の提供するCapital IQを使用した。その結果は【図表6】に示している。

【図表6】は，サンプルを全取引，対象会社の支配権を獲得したと分類された取引のサブサンプル，そこに含まれない取引のサブサンプル（その他）の3グループの支配プレミアムの平均値を示している。プレミアムは公開買付発表前日の株価と，発表前1か月間の株価平均値を基準にしたものの2通りで示している。なお，日本の公開買付けのサンプルの期間は本章の他の分析と異なるものの，支配プレミアム（1日前）の平均値は約48%で，【図表2】のPanel Bに示した支配プレミアム（1日前）とほとんど変わらない。

まず，公開買付けにおける支配権獲得取引の割合が日本の69%に対し，米国では88%，英国では91%であり，日本が英米を下回る。これは，英国では議決権の30%以上の株式を買い集める公開買付けでは全株式に対し買付けを行うことが義務化されているためと考えられる。米国では，英国と異なりそうした全部買付義務はないが，買収後に少数株主を残すと買収後経営における少数株主保護に伴うコストが大きいため（Subramanian (2007)），スクイーズ・アウ

トを目指して全株式に対する買付けが基本となるためと考えられる。

次に、公開買付発表前日の株価で計測した支配プレミアム（プレミアム（1日前））の平均値は、全取引では日本は47.8%、米国では62.7%、英国では39.4%であり、大きさは米国、日本、英国の順である。一方、公開買付発表前1か月間の平均株価で計測した支配プレミアム（プレミアム（1か月前））をみると、日本はプレミアム（1日前）より3%弱大きいだけだが、米国では約5%、英国では約11%も大きい。これは、米国と英国では、公開買付発表前の1か月間に、対象会社の株価が大きく値上がりしていることを示す。英米市場ではインサイダー取引に対する監視の目が十分に厳しいことを考慮すると、これはインサイダー取引が行われた証拠ではなく、事前に買収の観測情報が市場に流れたためと解釈すべきだろう。英米市場では、M&A市場における潜在的な買い手間の競争が激しく、買い手が情報を完全にコントロールすることは困難という事情があろう。また、英国では公開買付規則（Takeover Code）の開示に関する規則（Takeover Code, Rule 2, "Secrecy before announcements; The timing and contents of announcements"）において、ターゲット企業の取締役会が買い手から正式な買収意思の表示を受けた段階で情報開示を義務付けられている。【図表6】は、当初発表時を起算日として株価変動を分析しているが、こうした規制に基づく開示の影響も一部含まれている可能性がある。

英米では事前期間の株価上昇も支配プレミアムを形成すると考えると、3か国の支配プレミアムの比較は、プレミアム（1か月前）で行うべきだろう。プレミアム（1か月前）の平均は、日本は50%、米国は68%、英国は51%であり、米国が最も大きく、日本と英国はほぼ同水準となっている。また、支配権獲得TOBに関しても、支配プレミアムの平均は、日本は54%、米国は70%、英国は54%であり、結果は大きくは変わらない。これは、英米市場に比べるとM&Aの後進国といわれてきた日本においても、支配プレミアムについては英米なみの水準になってきたことを意味する。[11]

---

11) 井上＝加藤（2006）の5章では、2001年以前の公開買付けの対象会社の発表日前後3日間の株価のリターンは約8%であることを報告しており、ここから推定すると2001年以前の公開買付けの支配プレミアムは2006年以降に比較して非常に小さかったと推定できる。これは、当時の日本のM&A市場では買い手間競争がほとんどなかったためであろう。

第 2 部　実証編

　日米英 3 か国の公開買付けにおける支配プレミアムの比較からいえることは，日本の公開買付けの対象会社の株主が，英米市場における対象会社の株主に比較して，少なくとも支配権獲得 TOB では著しく不利な扱いを受けているとはいえないことである。一方で買い手間競争は日本では相対的に不活発なため，買い手による取引プロセスのコントロールが容易であること，これと少なからず関連しているのだろうが日本では部分買付けの比率が高いことが特徴として挙げられる。[12]

6　支配プレミアムの分析

　本節では，日本の公開買付けにおける支配プレミアムの決定要因を詳細に分析していく。最初に，【図表 3】の相関係数表でも示したが，スクイーズ・アウトの意図表示の有無は支配プレミアムに大きな影響を及ぼしているようだ。スクイーズ・アウトの制度的あり方はこれまでの公開買付制度の検討における重要な論点でもあり，本章の分析の主眼の 1 つである。そこで，スクイーズ・アウトの有無，またはその条件と支配プレミアムの関係を分析していく。【図表 7】にスクイーズ・アウトと支配プレミアムの関係を示した。

　【図表 7】では，買い手による公開買付届出書等におけるスクイーズ・アウトの意図表示の有無，実際にスクイーズ・アウト取引を実施したか否か，スクイーズ・アウトの価格は公開買付価格と同一であることの記載が公開買付届出書等にあったか否か，実施した場合にその対価は現金だったか，買い手の株式だったかに分けて支配プレミアムの平均値と中央値を示し，その差の統計的検証を行っている。

　最初に公開買付け開始時点におけるスクイーズ・アウトの意図表示の有無については，スクイーズ・アウトの意図表示のあった取引において，平均値では約 20％，中央値でも約 15％ も支配プレミアムは大きく，その差は統計上 1％ 水準で有意となっている。明らかにスクイーズ・アウト取引の方が対象会社の株主利益は大きい。なお，事前にスクイーズ・アウトの意図表示をしない取引で，実際には事後的にスクイーズ・アウトが実施されるケースも 16 件あった。

---

[12]　公開買付けの株主の経済性に関する詳細な比較分析を行ったものに井上＝池田 (2016) がある。

【図表7】支配プレミアム

(単位：％)

		観測値	平均値	平均の差	中央値	中央値の差
スクイーズ・アウト	意図表示あり	287	56.00	19.52	44.10	15.20
	意図表示なし	132	36.48	(3.96)***	28.90	(5.76)***
スクイーズ・アウト	実施	303	55.54	20.56	44.10	17.95
	実施せず	116	34.98	(3.94)***	26.15	(6.18)***
スクイーズ・アウトの価格	同一記載あり	160	60.94	11.43	46.90	5.10
	同一記載なし	143	49.51	(2.14)**	41.80	(1.49)
スクイーズ・アウトの対価	金銭	242	58.54	14.88	45.60	8.20
	買い手株式	61	43.66	(2.93)***	37.40	(2.29)**

サンプルはディスカウントTOBを除くサブサンプル。ただし，スクイーズ・アウト価格と公開買付価格の同一記載の有無とスクイーズ・アウトの対価に関する分析サンプルはスクイーズ・アウトを実施したサブサンプル。平均の差はウェルチのt検定，中央値の差はウィルコクソンの順位和検定。***，**，*はそれぞれ1％，5％，10％水準で有意であることを示す。

実際にスクイーズ・アウトが実施されたケースと，その他に分けても，支配プレミアムの結果はほとんど変わらない。

次に，スクイーズ・アウト実施取引において，スクイーズ・アウトの際の価格条件が公開買付価格と同一価格であるとの記載が公開買付届出書等にあったか否かに関しては，同一記載ありの取引で支配プレミアムは平均値で11％，中央値で5％大きいが，統計上は平均値に関する差は有意で，中央値に関する差は有意ではない。平均値の差の検証結果を重視すれば，スクイーズ・アウト価格の同一条件の開示のあった取引で，支配プレミアムは大きく，しかも対象会社の株主はスクイーズ・アウトにおいて不利な価格条件が設定されるとの不安にも直面しなかったことになる。これは，対象会社の株主が強圧性を感じることなく，より大きな利益を獲得していることを意味する。もし，スクイーズ・アウト価格が買付価格と同一である記載をせず，強圧性を行使しながら支配プレミアムを低く抑えているとすれば問題であるが，データからは実際に強圧性を株主が感じたかどうかまでは判断できない。この点については，本章7の実質応募率に関する回帰分析で検証する。

また，スクイーズ・アウトの対価が，現金のケースの方が，買い手の株式のケースに比較して支配プレミアムは平均値でも中央値でも統計上有意に高い。ここで買い手の株式がスクイーズ・アウトの対価になるケースとは，買い手のほとんどが国内の上場企業のケースと考えられる。したがって，支配プレミア

ムの差が，対価が現金か，株式かの違いに起因するか，買い手の属性に起因するかはここでは判断はできない。

【図表7】の結果をまとめると，対象会社の株主にとっては，少なくとも公開買付時にはスクイーズ・アウト取引の方が利益は最大化されている。しかも，対価は現金の方が支配プレミアムは大きくなり，有利である。この事実を，買い手との交渉に当たる対象会社の経営陣は認識する必要がある。一方，スクイーズ・アウト取引がない，またはその対価が買い手株式のケースは，対象会社の株主は買収後のシナジー効果からの配当を受け取る権利を残すことが可能になる。したがって，公開買付けの対象会社の経営陣が自社の株主利益の最大化を図るならば，スクイーズ・アウトを行わないケース，またはスクイーズ・アウト取引で買い手の株式を対価とするケースでは，支配プレミアムで平均15％相当のシナジー効果を実現し，株主に還元できるという目処を，本来は確認しておく必要がある。これは，なかなか高いハードルである。

次に，支配プレミアムの決定要因に関して，スクイーズ・アウト以外の要因も含めた回帰分析を行う。被説明変数は公開買付発表前日の株価に基づく支配プレミアムとし，説明変数は，スクイーズ・アウトに関連する変数のほか，ターゲット企業のガバナンスに関する変数として株主構成ならびに取締役会における社外取締役の比率，公開買付けに関する株主保護の施策として特別委員会の設置有無，株式市場に関する要因として公開買付前1年間の対象会社株式の高値から直前株価の乖離，その他にターゲット企業のPBRと企業規模，ならびにコントロール変数として年ダミーを採用した。ただし，公開買付前1年間の対象会社株式の高値から直前株価の乖離については株式市場の要因であり，これを含めるケース（【図表8】モデル1）と含めないケース（【図表8】モデル2）の2通りの回帰分析を行っている。なお，説明変数については，それぞれ単回帰等も実施し，説明変数間の相関が重回帰分析の結果に重要な影響を及ぼしていないことを確認している。また，取引性格に関してMBO，親会社等によるTOB，公開買付届出書におけるスクイーズ・アウト価格が公開買付価格と同一価格との記載の有無とマジョリティ・オブ・マイノリティ条項の有無を説明変数に加えている。これらは，その変数の性格からスクイーズ・アウト取引との交差変数となっており，それぞれ「スクイーズ・アウトの意図」の効果

【図表8】支配プレミアムの決定要因の回帰分析

被説明変数 プレミアム（1日前）	モデル1 係数	（t値）	モデル2 係数	（t値）
定数項	87.94	(5.39)***	70.88	(4.58)***
スクイーズ・アウトの意図	19.40	(2.25)**	16.98	(2.00)**
スクイーズ・アウトの意図×MBO	−7.91	(−0.72)	−4.90	(−0.45)
親会社等によるTOB	−3.10	(−0.58)	−1.26	(−0.24)
スクイーズ・アウトの意図×親会社等によるTOB	−4.95	(−0.55)	−6.23	(−0.69)
スクイーズ・アウトの意図×同一価格記載	10.49	(1.78)*	14.35	(2.37)**
スクイーズ・アウトの意図×MOM	15.52	(1.59)	11.67	(1.19)
役員持ち株比率	0.05	(0.24)	0.06	(0.30)
外国人持ち株比率	0.05	(0.35)	0.10	(0.76)
機関投資家持ち株比率	0.12	(0.64)	0.17	(0.88)
社外取締役比率	0.12	(0.64)	−0.00	(−0.02)
特別委員会	−8.76	(−1.11)	−8.64	(−1.03)
1年前高値	−54.42	(−4.07)***		
ターゲット企業PBR	−4.19	(−3.72)***	−2.54	(−2.03)**
ターゲット時価総額	−8.48	(−2.28)**	−15.61	(−4.22)***
Yearダミー	Yes		Yes	
サンプルサイズ	370		376	
R2乗値	0.296		0.254	

サンプルはディスカウントTOBを除く公開買付け。***，**，*はそれぞれ統計上1％，5％，10％水準で有意であることを示す。

との差が回帰係数に示される[13]。

　最初に公開買付発表前1年間の高値と買付前日の株価の乖離の効果（「1年前高値」）は有意な負である。これは，直前1年間の高値からの株価の下落率が大きい対象会社ほど高い支配プレミアムが支払われていることを示す。筆者たちは，別の論文で行った分析の結果から，これは買い手や対象企業の経営陣が，対象会社株主の参照点の影響を意識した価格付けが行われたためと解釈している[14]。すなわち，投資家は過去1年内の高値を下回る買付価格では損失を認識して株式を売却せず，上回ると利得を認識して保有株式を売却する可能性が高まるため，買い手が支配プレミアムを決定する時，過去1年内の株価の高値を意識しているというものだ。この説明については313頁のプロスペクト理

---

13) 正確には，親会社によるTOBに該当する148件の内，スクイーズ・アウトの意図があるケースは102件である。そのため，親会社等によるTOB変数とスクイーズ・アウト取引との交差変数の両変数を分析に加えることで，スクイーズ・アウトの意図がある場合とない場合の影響をそれぞれ検証している。

14) 小澤＝池田＝井上（2015）。

論の説明も参照してほしい。ただし,【図表8】のモデル1と2の結果を比較すると,1年前高値の影響は,以下に記載する他の変数に関する結果には影響を与えるものではなかった。

　スクイーズ・アウトの意図表示を示すダミー変数は,統計上有意な正の効果を示している。つまり,【図表7】で解説した結果は,他の変数を追加しても変わらない頑健なものである。スクイーズ・アウトとの交差変数に関しては,MBOか,親会社等によるTOBかのダミー変数は,いずれも負の効果を持ったが,統計上は有意ではなかった。MBOや,親会社等による公開買付けは,経営陣や親会社の影響力の下で,支配プレミアムが低く抑えられていることを懸念したが,その傾向はあるものの,それを裏付ける統計的に有意な結果は確認できなかった。一方,公開買付届出書等で買付けとスクイーズ・アウト取引の価格が同一である記載のあった取引では,同一記載のなかったスクイーズ・アウト取引よりプレミアムは有意に高かった。これも【図表7】の結果と同じである。また,「スクイーズ・アウトの意図」と「マジョリティ・オブ・マイノリティ条項」の交差変数は符号は正で,統計上10%水準で有意ではないが,t値は1.59と高めである。少数株主保護策であるマジョリティ・オブ・マイノリティ条項を付けた公開買付けは,その他のスクイーズ・アウトの意図を表示している公開買付けに比較して支配プレミアムは高めに設定される傾向を持つことから,株主利益の保護につながっていることが示唆される。

　次に対象会社の株主構成は,いずれも統計上有意な効果は持たなかった。また,対象会社における社外取締役比率も有意な効果は持たなかった。外国人持ち株比率や機関投資家持ち株比率が高い対象会社や社外取締役比率の高い対象会社は,株主利益の最大化の視点で交渉を行い,支配プレミアムの最大化を図ると予測したが,その有意な効果は確認できなかった。また,公開買付けを検討するための特別委員会の設置も,統計上有意ではないが係数の符号は負であり,特別委員会が支配プレミアムを高める効果は確認できなかった。

　最後に対象会社のPBRと企業規模はいずれも負で統計上も有意な効果を持つことが確認できた。割安で小規模な対象会社に対しては,買い手は相対的に買収コストを負担に感じずに大きな支配プレミアムを支払う傾向を持つ。

【図表9】実質応募率

(単位:%)

		観測値	平均値	平均の差	中央値	中央値の差
スクイーズ・アウト	意図表示あり	277	87.65	35.03	91.73	38.98
	意図表示なし	137	52.62	(16.31)***	52.75	(13.23)***
スクイーズ・アウト	実施	293	86.40	35.40	91.20	40.28
	実施せず	121	51.00	(15.25)***	50.92	(12.52)***
スクイーズ・アウトの価格	同一記載あり	156	87.12	1.54	91.73	1.14
	同一記載なし	137	85.58	(0.95)	90.59	(0.23)
スクイーズ・アウトの対価	金銭	232	88.86	11.81	92.50	10.95
	買い手株式	61	77.05	(4.79)***	81.55	(5.32)***

サンプルはディスカウントTOBを除く公開買付け。平均の差はウェルチのt検定,中央値の差はウィルコクソンの順位和検定。スクイーズ・アウト価格の公開買付価格との同一記載の有無と,スクイーズ・アウトの対価に関する分析はスクイーズ・アウトを実施したサブサンプルで実施。***, **, *はそれぞれ統計上1%,5%,10%水準で有意であることを示す。

7 実質応募率の実態

ここまでは支配プレミアムを分析してきたが,支配プレミアムの目的は対象会社の株主に保有株式の売却を促すインセンティブ付けである。では,支配プレミアムと株主の実質応募率の関係はどうなっているのだろうか。最初に,実質応募率の実態をみていく。【図表9】には,実質応募率とスクイーズ・アウトの関係を示している。

【図表9】の分析は,支配プレミアムに関する【図表7】と同じ設定で行っている。実質応募率の分析結果は,支配プレミアムの結果と類似した結果となっている。すなわち,公開買付届出書等でスクイーズ・アウトの意図を表示した取引は,意図表示の無かった取引に比較して実質応募率は統計上有意に高くなっている。スクイーズ・アウトの意思表示のあった公開買付けの実質応募率の中央値は約92%であり,これは意図表示のなかった公開買付けにおける実質応募率の約53%よりも39%も高い。この結果は,実際にスクイーズ・アウトを実施したかどうかに関してもほとんど変わらない。スクイーズ・アウトの意図表示そのものが対象会社の株主を売りに誘導しているのか(強圧性),または相対的に大きな支配プレミアムが株主を売りに誘導している(買付価格に満足しての自主的売却)かは判別できない。

【図表10】 支配プレミアムと実質応募率
Panel A　スクイーズ・アウトの意図表示のあったケース

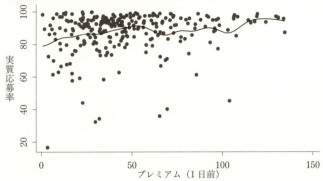

サンプルはディスカウントTOBを除き，また買い手によるスクイーズ・アウトの意図の記載が公開買付届出書にあるケース。X軸はプレミアム（1日前），Y軸は実質応募率。表中の実線はGaussian-Kernel回帰分析の結果を示す。

Panel B　スクイーズ・アウトの意図表示のなかったケース

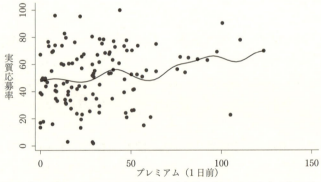

サンプルはディスカウントTOBを除き，また買い手によるスクイーズ・アウトの意図の記載が公開買付届出書にないケース。X軸はプレミアム（1日前），Y軸は実質応募率。表中の実線はGaussian-Kernel回帰分析の結果を示す。

　スクイーズ・アウト価格が公開買付価格と同一であることの記載のある公開買付けでは実質応募率はわずかに高くなるが，統計上有意な差ではない。一方，スクイーズ・アウトの対価が現金の場合は，対価が買い手の株式のケースと比較して実質応募率が有意に高くなる。これは，このケースにおいては買収に伴う価値創造にターゲット企業の株主がフリーライドする機会がないためと解釈できる。

【図表 11】実質応募率の決定要因の回帰分析

被説明変数 実質応募率	モデル 1 係数	(t 値)	モデル 2 係数	(t 値)
定数項	46.75	(6.10)***	49.36	(6.81)***
プレミアム（1 日前）	0.06	(3.12)***	0.05	(2.91)***
スクイーズ・アウトの意図	34.17	(9.93)***	34.38	(10.24)***
スクイーズ・アウトの意図×MBO	6.29	(2.49)**	6.05	(2.45)**
親会社等による TOB	−5.54	(−1.40)	−6.25	(−1.58)
スクイーズ・アウトの意図×親会社等による TOB	3.68	(0.85)	4.12	(0.95)
スクイーズ・アウトの意図×同一価格記載	−0.24	(−0.14)	−0.80	(−0.49)
スクイーズ・アウトの意図×MOM	−2.25	(−1.27)	−2.00	(−1.16)
役員持ち株比率	−0.02	(−0.24)	−0.02	(−0.20)
外国人持ち株比率	0.04	(0.82)	0.03	(0.53)
機関投資家持ち株比率	0.05	(0.67)	0.04	(0.52)
社外取締役比率	0.01	(0.15)	0.00	(0.02)
特別委員会	−4.11	(−1.88)*	−4.36	(−2.00)**
1 年前高値	8.04	(1.42)		
ターゲット企業 PBR	0.06	(0.11)	−0.24	(−0.45)
ターゲット時価総額	0.50	(0.28)	1.69	(0.98)
Year ダミー	Yes		Yes	
サンプルサイズ	351		356	
R^2 乗値	0.601		0.597	

サンプルはディスカウント TOB を除く公開買付け。***，**，* はそれぞれ統計上 1%，5%，10% 水準で有意であることを示す。

【図表 10】には，上記のスクイーズ・アウトの意図表示のあるケースとないケースにサンプルを分割の上，支配プレミアムと実質応募率の関係を散布図で示している。

【図表 10】の Panel A は，スクイーズ・アウトの意図表示のあったケースの支配プレミアムと実質応募率の関係を示している。視覚的にいえば，実質応募率は，支配プレミアムの大きさに関係なく，概ね 80% 以上のレンジに張り付いている。グラフ中に実線で Gaussian-Kernel 回帰分析の結果を示しているが，右上がりの回帰線ながら極めて緩やかな傾きである。これは，スクイーズ・アウトの意図表示が，支配プレミアムにかかわらず対象会社の株主を保有株式の売却へと強く誘導していることを示唆する。Panel B は，スクイーズ・アウトの意図表示のなかったケースの結果を示しているが，支配プレミアムと実質応募率の間には本来期待される正の相関が見られる。ただし，実質応募率はスクイーズ・アウト取引に比較してバラつきが大きい。Gaussian-Kernel 回帰分析の結果は，プレミアム 25% 前後から上の領域で右上がりとなっている。

これら2つのグラフは、スクイーズ・アウト取引以外では支配プレミアムおよびその他の条件を見ながら株主が応募の意思決定を行っているが、買い手によるスクイーズ・アウトの意図表示が行われると株主は一気に買付けへの応募に傾く傾向を示している。

次に実質応募率の決定要因を、回帰分析で検証する。ここで使用する回帰モデルは、被説明変数が実質応募率になるが、説明変数は基本的に【図表8】の支配プレミアムの要因分析で使用した説明変数と同じである。ただし、今回の分析では、支配プレミアムそのものを説明変数に追加し、支配プレミアムと実質応募率の関係を検証する[15]。

分析結果は【図表11】に示している。分析結果をみると、支配プレミアムは実質応募率に対し、有意な正の効果を持つ。すなわち、スクイーズ・アウトの意図表示の有無など、実質応募率に強い影響を持つ他の要因をコントロールしても、支配プレミアムは実質応募率を上昇させる要因であることを示している。一方、スクイーズ・アウトの意図表示は、非常に強い正の効果を持つ。スクイーズ・アウトの意図表示があるだけで、実質応募率は34%程度上昇している。これは、【図表10】の散布図で確認した傾向を裏付ける。スクイーズ・アウトの意図表示そのものが、株主を一気に買付けへの応募へと駆り立てている。

スクイーズ・アウトの意図表示とMBOの交差変数は正で有意であり、スクイーズ・アウトの中でもMBOは実質応募率が高いという結果が出ている。これは、経営陣自身が非公開化を目指しているのだから、MBOの成立可能性が極めて高く、株主として残り、投資継続することの経済メリットはないと株主が判断していると解釈できる。

スクイーズ・アウトの意図表示と、その他の変数の交差変数は有意とならなかった。また、株主構成も応募比率に有意な影響は及ぼしていない。ただし、外国人投資家や国内機関投資家の保有比率の符号は正を示しており、機関投資家は公開買付けに対しては自動的に保有株式を処分するという現状を示してい

---

15) 【図表7】で支配プレミアムの要因となっている変数がいくつか確認されているが、本章は支配プレミアムと実質応募率の関係のファクト・ファインディングを目的にしているため、支配プレミアムに関する内生性は考慮していない。

るとみることができる。[16]

　その他の変数では，対象会社による特別委員会の設置が有意な負の効果を持つ。特別委員会は，MBO の 59%，親会社等による買付けの 22% においてのみ設置されていることから，対象会社経営陣と一般株主の間の潜在的な利益相反への懸念への対応が目的になっているとみられる。特別委員会の設置される買付けで実質応募率が低くなることは，これらの取引では特に利益相反の可能性が高く，株主が不満を持って応募を行っていない可能性が考えられる。

　上記で述べた変数の他には，実質応募率に対して有意な効果を持つ変数は確認できなかった。以上の回帰分析の結果をまとめると，支配プレミアムと株主の公開買付けに対する応募比率の間には確かに正の関係はあるが，それは価格メカニズムの機能の側面から期待するほど明確なものではない。

8 公開買付けは経済的付加価値を生んでいるのか？

　ここまでは，支配プレミアムと，対象会社の株主の応募行動に焦点を当てて分析を行ってきた。支配プレミアムと，そこへの対象会社株価の到達度をみると，対象会社株主は明らかに公開買付けから利益を得ている。それでは公開買付けの買い手はどうなのだろうか？　合理的な買い手を想定すれば，買い手は正の正味現在価値（Net Present Value）の期待できる公開買付けしか実施しないので，対象会社の株主が利益を得ていれば，公開買付けは全体として経済的付加価値を生んでいるはずである。

　しかし，実際には買い手が常に合理的とは限らない。買い手会社の経営陣が，その株主利益を犠牲に私的利益を追求して買収を試みるような，エージェンシー問題の発生しているケースもあるかも知れない。または，買い手経営陣は，完全に株主利益の立場で行動していると考えていても，自らの能力に自信過剰になり，過大な支配プレミアムを支払っている可能性もあるだろう。

　買い手の利得を分析する 1 つの方法は，公開買付けに伴う買い手の株主価値の変動を分析することだ。効率的な株式市場は新たな情報を速やかに評価し，

---

16) 信託銀行の年金運用企画担当者への筆者のヒアリングによると，敵対的買収でない限り，公開買付後の上場廃止が見込まれるため，公開買付けに対しては自動的に応募する，または公開買付中に市場で売却する対応を取っている。

【図表12】買い手企業の公開買付発表日前後3日間のCAR

(単位：%)

		観測値	平均値		中央値	
全取引		186	1.80	(2.56)**	0.80	(3.14)***
スクイーズ・アウト	意図表示あり	107	1.70	(3.59)***	1.41	(3.42)***
	意図表示なし	79	1.87	(1.24)	−0.30	(0.68)

サンプルはディスカウントTOBを除く取引のうち，買い手が東京証券取引所の上場企業のケース。CARの期間はアナウンス日を挟んで1日前から1日後。平均はt検定，中央値はウィルコクソンの符号付き順位和検定。***，**，*はそれぞれ統計上1％，5％，10％水準で有意であることを示す。

それを株価に反映するという効率的市場仮説に基づき，公開買付発表日前後の買い手の株価効果を検証する手段はイベント・スタディと呼ばれる。そこで，公開買付発表日前後3日間の買い手の株価のイベント・スタディを実施する。

イベント・スタディには市場株価が計測できることが必要になるため，その対象サンプルは買い手が上場企業の場合のみである。そこで，買い手が上場企業の場合について，発表日前後の株価のイベント・スタディを行った。なお，株価については，分析期間中の市場インデックスの動きとマーケット・モデルで調整した異常超過収益率（Abnormal Returns）を算出し，分析期間中の異常超過収益率を合算した累積超過収益率（以下，これをCARと呼ぶ。Cumulative Abnormal Returns）で検証している。結果は，【図表12】のとおりである。

【図表12】をみると，発表日前後の買い手企業のCARは全体として統計上有意な正である。また，支配プレミアムが相対的に高くなるスクイーズ・アウトの意図表示のあった取引でも結果は変わらない。一方で，スクイーズ・アウトの意図表示をしなかった取引では，逆に有意なCARは観測されない。この結果は，買い手にとって，公開買付けによる対象会社の買収は，正味現在価値（NPV）がほぼブレークイーブンの投資といえる。対象会社の株主は平均40％から50％に上る支配プレミアムを得ているとすれば，日本の公開買付けは全体として株主価値を創造していると評価することができる。また，スクイーズ・アウト取引の方が，支配プレミアムが大きいにもかかわらず，買い手の株主価値増大の効果が明確であることは，スクイーズ・アウト取引の方が買収後のシナジー効果の創出が見込めるとも解釈できる。

9　分析結果のまとめ

　本章では，日本の公開買付けの支配プレミアムの決定要因と，株主の応募行動の関係に関するファクト・ファインディングを目的とする分析を行ってきた。発見事項としては，日本の公開買付けにおける支配プレミアムは，公開買付け先進国ともいえる米国や英国と並ぶ水準になってきている。特に，リーマンショックの影響が沈静化した 2010 年以降の水準は，リーマンショック以前の時期と比較しても支配プレミアムは大きくなっている。一方で，会社支配権市場における競争が不活発なためか，英米市場と異なり，買収情報はコントロールされており，公開買付開始前の株価の上昇は観測されない。

　支配プレミアムは，スクイーズ・アウトを伴う買付け，特にスクイーズ・アウト取引の対価が現金の取引で相対的に高い傾向を持つ。また，そうした取引条件や取引性格の要因と別に，買付け前の期間の市場株価の高値が支配プレミアムの決定に強い影響を持つ。これは，一般株主が損益を判断する参照点（プロスペクト理論における，投資家の心情的な損益分岐点）が支配プレミアムの決定に影響を及ぼしていることを示唆する。

　支配プレミアムは，公開買付けに対する株主の応募率に正の影響を持つが，その影響は予測されるほど明確な影響ではない。むしろ，買い手がスクイーズ・アウトの意図表示を行うことが，株主を一気に応募に駆り立てている。スクイーズ・アウトの意図表示は，ほぼ株主の応募行動を決定しているといってもよい状況であることが示された。

　買い手，対象会社の株主をトータルでみて，公開買付けは新たな市場価値を創出している。その意味で，公開買付けの取引コストを下げ，利用を促進することは経済の効率化に資する。一方で，公開買付けに期待される価格メカニズムは十分に機能しているといえるかは，スクイーズ・アウトの意図表示の強い効果をみると，疑問が残る。この疑問に関する，個人的な制度的対策案を *10* で述べたい。

10 現状の課題に対する筆者の考える制度的手当ての方向性

　公開買付開始に当たり,スクイーズ・アウトの意図表示が行われると,株主が一気に買付けへの応募に動くという発見事項は,公開買付制度において,スクイーズ・アウトの取扱いこそが最重要事項であることを示す。実際,支配プレミアムの大きさより,スクイーズ・アウトの意図表示が重要とすれば,会社支配権をめぐる価格メカニズムの機能は限定されていることを示す。より具体的に言えば,公開買付けとスクイーズ・アウトの組合せが買い手と対象会社経営陣の間の合意で採用されるため,株主の意見が介在する余地は小さく,公開買付けにおいても株主がその評価を買付価格に基づいて下す能力が限定されていることを示唆する。合併や株式交換など他のM&A手段では株主総会の特別決議が必要であり,そこで株主の意見を反映させる機会があるが,公開買付けでは株主が自主的な判断を行う機会がほとんどないというのが現実的状況である。本章の分析結果は,買い手が公開買付開始に当たり,スクイーズ・アウトの意図表示をすれば,買付価格に大きな影響を受けずに会社支配権の獲得が容易に実現していることを示唆する。

　このような状況を改善し,株主がスクイーズ・アウトの有無でなく,支配プレミアム等の取引条件を基準に自主的な判断を下す機会を担保し,会社支配権市場で価格メカニズムが働く状況を作り上げるための1つの方策は,英国ですでに導入されている公開買付期間の延長義務である。

　公開買付期間の延長義務とは,スクイーズ・アウトを伴う公開買付けにおいては,公開買付成立後に買付期間を一定期間延長する義務を買い手に課すものだ。この期間中に,買い手はターゲット企業の残存株主から公開買付価格と同価格で売却希望の提出された株式を買い付ける義務を負う。ターゲット企業の株主の視点で見ると,買付価格に満足しない場合,公開買付けに応募(テンダー)しなくとも,買付成立時には買付価格で売却する権利を持つ。このような買付期間延長義務の設定は,強圧性に対する有力な抑制手段である。また,井上(2009)は公開買付期間終了時に対象会社の株価下落の存在を確認し,井上=池田(2016)はこの現象が日本で顕著な現象であることを示している。こうした対象会社の株価下落は強圧性を形成するが,これも英国の事例に基づけば

買付期間の延長義務化で解決できそうである（井上＝池田，2016）。さらに，買付期間の延長義務化は，流動性の喪失や株主所有構造の変化への予測に伴う国内機関投資家による自動的な応募にも歯止めをかけ，価格メカニズムがより働きやすくなるだろう。この結果としてターゲット企業の株主の保護は強化されるとともに，ターゲット企業の経営支配権の帰属もこれまで以上に価格メカニズムの中で決定されるようになり，効率性は促進されることが期待できる。

Appendix　実質応募率の定義

$$\text{実質応募率} = \frac{\text{利害関係のない株主の応募株券等に係る議決権の数}}{\text{利害関係のない株主の所有株券等に係る議決権の数}}$$

$$= \frac{\text{応募株券等に係る議決権の数}(^{*}1) - \text{特別関係者の応募株券等に係る議決権の数}(^{*}2)}{\text{「対象者の総株主等の議決権の数（個）}(g)\text{」} - (\text{「届出書提出時の公開買付者の所有株券等に係る議決権の数（個）}(d)\text{」} - \text{「}d\text{のうち潜在株券等に係る議決権の数（個）}(e)\text{」}) - (\text{「届出書提出時の特別関係者の所有株券等に係る議決権の数（個）}(g)\text{」} - \text{「}g\text{のうち潜在株券等に係る議決権の数（個）}(h)\text{」})}$$

ただし，算式中の（*1）と（*2）は下記のとおりである。
（*1）応募株券等に係る議決権の数
＝「公開買付終了時の株式に換算した応募数（株券）（株）」÷単元株式数（端数切捨て）
（*2）特別関係者の応募株券等に係る議決権の数
＝｛（「届出書提出時の特別関係者の所有株券等に係る議決権の数（個）（g）」－「gのうち潜在株券等に係る議決権の数（個）（h）」）－（「報告書提出日現在における特別関係者の所有株券等に係る議決権の数（個）（d）」－「dのうち潜在株券等に係る議決権の数（個）（e）」）｝÷按分比率（端数切捨て）

$$\text{按分比率} = \frac{\text{「公開買付終了時の株式に換算した買付数（株券）」} + \text{「公開買付終了時の株式に換算した買付数（新株予約権証券）」} + \text{「公開買付終了時の株式に換算した買付数（新株予約権付社債券）」}}{\text{「公開買付終了時の株式に換算した応募数（株券）」} + \text{「公開買付終了時の株式に換算した応募数（新株予約権証券）」} + \text{「公開買付終了時の株式に換算した応募数（新株予約権付社債券）」}}$$

参考文献

井上光太郎＝池田直史（2016）「株式非公開化取引における株主保護制度の効果に関

する国際比較研究」JSDA キャピタルマーケットフォーラム：ディスカッションペーパー

井上光太郎＝加藤英明（2006）『M&Aと株価』（東洋経済新報社）

井上光太郎（2009）「TOB（公開買付け）と少数株主保護」商事法務 1874 号 34-44 頁

井上光太郎＝中山龍太郎＝増井陽子（2010）「レックス・ホールディングス事件は何をもたらしたか——実証分析からの示唆」商事法務 1918 号 4-17 頁

小澤宏貴＝池田直史＝井上光太郎（2015）「個人投資家の参照点と株式公開買付け価格」経営財務研究 35 巻 1＝2 号 105-131 頁

Asquith, P. (1983), "Merger bids, uncertainty, and stockholder returns," *Journal of Financial Economics*, vol. 11(1), pp. 51-83.

Baker, M., X. Pan & J. Wurgler (2012), "The effect of reference point prices on mergers and acquisitions," *Journal of Financial Economics,* vol. 106(1), pp. 49-71.

Grossman, S. J. & O. D. Hart (1980), "Takeover bids, the free-rider problem, and the theory of the corporation," *Bell Journal of Economics,* vol. 11(1), pp. 42-64.

Kahneman, D. & A. Tversky (1979), "Prospect Theory: An analysis of decision under risk," *Econometrica,* vol. 47(2), pp. 263-292.

Lang, L. H. P., R. M. Stulz & R. A. Walking (1989), "Managerial performance, Tobin's Q and the gains from successful tender offers," *Journal of Financial Economics,* vol. 24(1), pp. 137-154.

Shleifer, A. & R. W. Vishny (2003), "Stock market driven acquisitions," *Journal of Financial Economics,* vol. 70(3), pp. 295-311.

Subramanian, G. (2007), "Post-Siliconix freeze-outs: Theory and Evidence", Journal of Legal Studies vol. 36 (1), pp. 1-26.

第9章　公開買付けに付随する取引
——公開買付けに付随する第三者割当て

松　中　　　学

1　全　体　像

1.1　調査手法と分析対象

　本章では，公開買付けに付随する取引として，公開買付前後または公開買付期間中に行われる第三者割当てについてのデータを紹介し，どのような傾向・特徴があるのかを読みとる[1]。分析の対象とする公開買付けの範囲は，本編の他の章と同じ 2006 年 12 月 13 日から 2013 年末までの間に行われたものである。

　本章のデータのうち，公開買付け自体については，森・濱田松本法律事務所の協力で構築されたデータベースを用い，一部をレコフのデータベースにより補っている。他方，本章で扱う公開買付けに付随する第三者割当てのデータは，次の方法で収集した。まず，公開買付届出書などの公開買付け関連の開示書類の中で「第三者割当て」の記述があるものを予備的に調査した。続いて，対象期間における全ての公開買付けについて，公開買付期間開始 1 年前から公開買付期間終了後 1 年間（以下，「調査期間」という）に株式または新株予約権の第三者割当てを行っているかどうかを調査した[2]。これは，公開買付け関連のもの以外も含めた開示書類による[3]（以下，「公開買付け関連の開示書類」という場合は公

---

1) 本書に先立ってこうした取引の調査を行ったものとして，長島・大野・常松法律事務所編（2013）350-353 頁。
2) ただし，公開買付けに続いて 1 年以内に締出しなどにより上場廃止となった会社については，公開買付終了後の調査期間が 1 年未満となったものや，調査対象の開示書類が限定されたものもある。
3) 公開買付届出書などの公開買付け関連の開示書類に加えて，適時開示および有価証券

【図表1】実行と中止

なし	423
実行	57
中止その他	7

【図表2】割当先と買付者の異同

無関係	8
同一	43
実質的に同じ・密接な関係	6

開買付けに当たって金商法により提出が必要な書類をいい、単に「開示書類」という場合はそれ以外のものも含む調査対象の開示書類をいう)。第三者割当てを行っていれば、開示書類からその詳細を調査した[4]。

1.2 分析対象の絞り込み

1.1 で述べた方法で第三者割当てのデータを収集したところ、【図表1】(実行+中止その他) のとおり 64 件となった。公開買付前後 1 年間の第三者割当て全てを分析対象とすると問題があるため、次の手順で分析対象を 32 件に絞り込んだ。各表の網掛け部分は、それ以降の絞り込みの対象となるものである (例えば、(2)では(1)で絞り込んだ 57 件をさらに 49 件に絞り込んでいる)。

(1) 全体のうち実行の有無・中止

調査期間の開示書類において、第三者割当てを行う旨を公表した事例は 64 件であった。そのうち、7 件は実際に第三者割当てを行わなかったため、分析対象から外した。

届出書 (参照または組込みの対象となっている開示書類を含む) を調査した。なお、公開買付け関連の開示書類については、買付者・対象者の両方が提出したものを調査し、他の開示書類については対象者のものを中心に調べ、必要に応じて買付者・割当先のものも調査した。

4) 調査項目の詳細、議決権数の算出方法などは *3* に掲げた。

【図表3】公開買付前後3か月以内かどうか

3か月以内	38
それ以外	11

【図表4】株式・新株予約権の別

株式のみ	31
株式＋新株予約権	1
新株予約権のみ	6

(2) 割当者と買付者の異同（実行したものに限定）

(1)で絞り込んだ57件のうち、第三者割当ての割当先と買付者が同一かどうかによって分類したのが【図表2】である。調査期間内に実行された第三者割当てであっても、買付者と無関係の者に割り当てている場合、公開買付けと一体のあるいは付随する取引とはいえない。そのため、買付者と無関係の者に割り当てた8件を分析対象から外した。

(3) 公開買付前後3か月以内かどうか（割当先≒買付者に限定）

次に、(2)で絞り込んだ49件のうち、公開買付期間前3か月以内または公開買付期間後3か月以内に第三者割当てを行った38件に絞り込んだ。これは、買付者またはそれと実質的に同一の者に割り当てる場合でも、公開買付期間から離れた時期に行われる第三者割当ては、公開買付けと関係性が薄いためである。

(4) 株式・新株予約権の別（割当先≒買付者＆公開買付前後3か月以内のみ）

さらに、公開買付期間前後3か月以内に買付者または密接な関係のある者に第三者割当てを行った38件の中から、新株予約権のみを発行した6件を除外した【図表4】。これは、発行数や議決権数への影響の点で株式の発行と同列に比較できないためである。株式・新株予約権の両方を発行した1件については、*1.3*以降では株式のデータのみ扱っている。なお、新株予約権のみ発行した6件については、*2*で必要に応じて言及する（要約統計には含んでいない）。参考までに公開買付期間前後3か月に限らず、調査期間全体における第三者

第2部　実証編

【図表5】株式・新株予約権の別（調査期間全体）

株式のみ	39
株式＋新株予約権	3
新株予約権のみ	7

【図表6】分析対象と対象外

発行なし	423
発行中止等	7
発行あり・対象	32
発行あり・対象外	25
合計	487

【図表7】公開買付けの前中後

	株式のみ	両方	新株予約権のみ	合計
TOB前	3	1	0	4
TOB中	10	0	1	11
TOB後	18	0	5	23
合計	31	1	6	38

割当てについて，株式・新株予約権の発行の別を示したのが【図表5】である。

(5) 分析対象

以上のように絞り込んだ結果，【図表6】（「発行あり・対象」）の32件を分析対象とする。なお，株式・新株予約権のそれぞれについて，公開買付期間前・中・後のどの段階で第三者割当てが行われたのかを示したのが【図表7】である（左2列が分析対象の取引）。[5]

1.3　要約統計

本節では，分析対象の取引が公開買付全体の中でどのような特徴を持っているのかをみる。それぞれの表で，上欄は件数，下欄はそれぞれの分類に占める割合（％）を示している。また，網掛けは分析の対象，下線部分は公開買付全

---

5) 第三者割当ての払込期日または払込期間の末日が公開買付期間前，公開買付期間中，公開買付期間後かによって判断している。

【図表8】年別の件数

	2006	2007	2008	2009	2010	2011	2012	2013	合計
発行なし	3	86	65	72	51	49	50	47	423
	0.71	20.33	15.37	17.02	12.06	11.58	11.82	11.11	100
発行・対象	1	8	7	4	4	3	3	2	32
	3.12	25.00	21.88	12.50	12.50	9.38	9.38	6.25	100
発行中止	1	2	1	1	1	1	0	0	7
	14.29	28.57	14.29	14.29	14.29	14.29	0	0	100
発行・対象外	0	6	5	2	4	1	2	5	25
	0	24	20	8	16	4	8	20	100
合計	5	102	78	79	60	53	55	54	487
	1.03	20.99	16.05	16.26	12.35	10.91	11.32	11.11	100

【図表9】上場先

	非上場	1部上場	2部上場	新興市場	JASDAQ	グリーンシート	合計
発行なし	23	111	86	54	148	1	423
	5.44	26.24	20.33	12.77	34.99	0.24	100
発行・対象	1	13	3	6	9	0	32
	3.12	40.62	9.38	18.75	28.12	0	100
発行中止	0	5	0	1	1	0	7
	0	71.43	0	14.29	14.29	0	100
発行・対象外	1	5	7	4	7	1	25
	4	20	28	16	28	4	100
合計	25	134	96	65	165	2	487
	5.14	27.57	19.75	13.17	33.95	0.41	100

体の中で，分析対象の取引に特徴的な点である。

(1) 行われた年（公開買付開始年）

【図表8】は，各取引類型が行われた年の分布である。年は公開買付期間の初日によって判断している。分析対象は2007年および2008年に多いが，他と比べて特に両年に集中しているわけではない。

(2) 上場先の市場

【図表9】は，それぞれの取引ごとに対象者の上場先の分布を示したものである。分析対象の取引では，1部上場の対象者がやや多く，2部上場の対象者は少ない。

【図表10】買付者の子会社・持分法適用会社かどうか

	子会社かどうか			持分法適用会社かどうか		
	No	Yes	合計	No	Yes	合計
発行なし	329 77.78	94 22.22	423 100	369 87.23	54 12.77	423 100
発行・対象	<u>31</u> <u>96.88</u>	<u>1</u> <u>3.12</u>	32 100	27 84.38	5 15.62	32 100
発行中止	7 100	0 0	7 100	6 85.71	1 14.29	7 100
発行・対象外	19 76	6 24	25 100	22 88	3 12	25 100
合計	386 79.26	101 20.74	487 100	424 87.06	63 12.94	487 100

【図表11】締出しとその予定の有無

	記載なし+ 実行なし	予定記載+そ のとおり実行	予定記載+ 実行せず	予定記載+ TOB不成立	記載なし +実行	その他	合計
発行なし	114 27.34	279 66.91	2 0.48	3 0.72	13 3.12	6 1.44	417 100
発行・対象	<u>22</u> <u>70.97</u>	<u>6</u> <u>19.35</u>	0 0	0 0	3 9.68	0 0	31 100
発行中止	3 42.86	4 57.14	0 0	0 0	0 0	0 0	7 100
発行・対象外	12 48	8 32	0 0	0 0	4 16	1 4	25 100
合計	151 31.46	297 61.88	2 0.42	3 0.62	20 4.17	7 1.46	480 100

※「その他」には欠損値を含めていない。

(3) 対象者が買付者の子会社・持分法適用会社かどうか

【図表10】は，対象者が買付者の子会社・持分法適用会社であるものと，そうでないものを示している。分析対象の取引では，子会社ではないものが圧倒的に多いのが特徴的である。

(4) 締出し

【図表11】は，締出しの予定・実行の有無を示したものである。分析対象とした第三者割当てを伴う取引では，締出しが予定されず，かつ実際に行われていないものが約70％を占めており，第三者割当てを伴わない取引と大きく異

第 9 章　公開買付けに付随する取引

【図表 12】M（E）BO

	No	Yes	合計
発行なし	330 78.01	93 21.99	423 100
発行・対象	32 100	0 0	32 100
発行中止	4 57.14	3 42.86	7 100
発行・対象外	22 88	3 12	25 100
合計	388 79.67	99 20.33	487 100

【図表 13】ディスカウント買付け

	No	Yes	その他	合計
発行なし	369 87.23	21 4.96	33 7.80	423 100
発行・対象	23 71.88	4 12.50	5 15.62	32 100
発行中止	5 71.43	0 0	2 28.57	7 100
発行・対象外	11 44	10 40	4 16	25 100
合計	408 83.78	35 7.19	44 9.03	487 100

なる。

　これは，公開買付けと第三者割当てを組み合わせた取引の多くは，支配株主の交代・出現に伴い，支配株主となる買付者による資金の拠出（多くの例では対象者の立て直し）のために行われる[6]ことと整合的である。また，調査期間内に第三者割当てを行っているものの，分析対象としなかったもの（*1.2*で絞り込む際に取り除いたもの）では締出しを予定せず，かつ実際に行っていないものの割合は 48％ にとどまり，分析対象とは異なる性格の取引が多いことがうかがわれる。

(5)　M（E）BO かどうか

【図表 12】は，MBO または MEBO かどうかを示したものである。取引全体では M（E）BO が 2 割程度あるものの，第三者割当てを伴う分析対象の取引には，MBO または MEBO であるものは 1 件もない。第三者割当てを行っているが分析対象ではない取引では 3 件 M（E）BO が存在するのは，(4)でみた締出しと同様の傾向である。

(6)　ディスカウント買付け

【図表 13】は，いわゆるディスカウント買付けの件数・割合を示したものである。件数自体はさほど多くないが，分析対象のうち 12.5％ がディスカウン

---

6)　*2.1* 参照。

第2部　実証編

【図表14】対象者の意見

	応募推奨	中立	不応募推奨 or 推奨しない	記載なし	合計
発行なし	235 55.56	78 18.44	1 0.24	109 25.77	423 100
発行・対象	<u>7</u> <u>21.88</u>	<u>10</u> <u>31.25</u>	0 0	<u>15</u> <u>46.88</u>	32 100
発行中止	3 42.86	0 0	0 0	4 57.14	7 100
発行・対象外	7 28	8 32	0 0	10 40	25 100
合計	252 51.75	96 19.71	1 0.21	138 28.34	487 100

【図表15】応募合意・不応募合意

	応募合意 なし	応募合意 あり	Total	不応募合意 なし	不応募合意 あり	合計
発行なし	159 37.86	261 62.14	420 100	355 84.76	64 15.24	419 100
発行・対象	10 31.25	22 68.75	32 100	30 93.75	2 6.25	32 100
発行中止	3 42.86	4 57.14	7 100	6 85.71	1 14.29	7 100
発行・対象外	9 36	16 64	25 100	21 84	4 16	25 100
合計	181 37.4	303 62.6	484 100	412 85.3	71 14.7	483 100

ト買付けであり，第三者割当てを伴わないものと比較して高い割合となっている。なお，第三者割当てを行っているが分析対象外としたものは，40％とさらにディスカウント買付けを多く含んでいる。

(7) 対象者の意見

【図表14】は，対象者の公開買付けに対する意見の分布を示したものである。第三者割当てを伴わない取引と比べて，応募推奨が少なく，中立・記載なしが多い。

第9章 公開買付けに付随する取引

【図表16】公開買付けの下限・上限

	下限の有無				上限の有無		
	なし	あり	その他	合計	なし	あり	合計
発行なし	151	271	1	423	332	91	423
	35.70	64.07	0.24	100	78.49	21.51	100
発行・対象	12	20	0	32	<u>11</u>	<u>21</u>	32
	37.50	62.50	0	100	<u>34.38</u>	<u>65.62</u>	100
発行中止	1	6	0	7	4	3	7
	14.29	85.71	0	100	57.14	42.86	100
発行・対象外	11	14	0	25	13	12	25
	44	56	0	100	52	48	100
合計	175	311	1	487	360	127	487
	35.93	63.86	0.21	100	73.92	26.08	100

【図表17】その他の集計値

	日数	プレミアム 1d（％）	プレミアム 1m（％）	プレミアム 3m（％）	プレミアム 6m（％）
発行なし	28.54	46.87	47.00	45.75	41.37
	30	38	39	40.8	38.55
	7.41	52.45	45.70	42.48	40.36
発行・対象	27.09	<u>18.87</u>	<u>18.73</u>	<u>16.62</u>	<u>8.52</u>
	25	<u>13.9</u>	<u>21</u>	<u>25.8</u>	<u>7.1</u>
	7.15	28.17	28.43	30.74	29.32
発行中止	28.86	31.76	37.99	42.73	25.14
	30	11.4	17.2	26.6	22.2
	3.93	46.62	56.35	61.71	30.68
発行・対象外	25.84	5.996	7.30	5.91	4.02
	21	8.8	6.05	1.75	−2.2
	8.65	30.86	30.80	30.28	33.96
合計	28.31	42.66	42.91	41.68	36.98
	30	34.8	36.55	38.15	35.3
	7.44	51.32	45.49	42.91	40.81

※上欄は平均，中欄は中央値，下欄は標準偏差

(8) 応募合意と不応募合意

【図表15】は，応募合意および不応募合意の有無について示したものである。分析対象の取引では不応募合意があるものが2件と僅かである点以外，他の取引形態と特に違いはない。

第2部　実証編

【図表18】第三者割当ての規模，議決権への影響

	発行数／発行済株式総数	買付者議決権（割当前）	買付者議決権（割当後）	買付者議決権増加	買付者議決権（TOB＋第三者割当て）
平均	0.3455	0.2808	0.4619	0.1649	0.5824
中央値	0.2000	0.2523	0.5047	0.1080	0.5198
標準偏差	0.4030	0.2557	0.2177	0.1555	0.1830

(9)　公開買付けの下限・上限の有無

【図表16】は，公開買付けの下限・上限の有無を示したものである。分析対象の取引は，第三者割当てを伴わないものと比べて下限を付している取引の割合は変わらないが，上限を付しているものの割合が顕著に高い。これは，上場を維持したまま，支配株主が出現・交代するという分析対象の取引の多くの特徴を反映したものといえる。

(10)　その他の集計値

【図表17】は，その他の集計データである。公開買付期間の長さについては顕著な違いはない。プレミアムは全般的に第三者割当てを伴わない取引より低く，比較対象の株価の時期が遠ざかるにつれて差は大きくなる傾向にある。ただし，分析対象の取引も第三者割当てを伴わない取引もともに標準偏差が大きく，特に公開買付けに近接した時期の株価との比較では両者の分布は重なる部分も多い。

1.4　分析対象の第三者割当ての概要

次に，分析対象の第三者割当ておよび取引全体の前後の変化についてのデータをみる。

(1)　第三者割当ての規模，買付者（割当先）の議決権の変化

【図表18】は，左から分析対象の第三者割当てにより発行された株式数が（発行前の）発行済株式総数に占める割合，第三者割当前と後に買付者が有する対象者の議決権の割合（分母はそれぞれ第三者割当前と後の対象者の総議決権数），第三者割当てによって増加した議決権の割合，公開買付けと第三者割当ての両方が行われた後に買付者が有する対象者の議決権の割合である。最初のものは，第三者割当ての規模を表すもの，残りのものは議決権への影響をみるものであ

第9章　公開買付けに付随する取引

【図表19】発行価格と公開買付価格の関係

価格比率 発行／TOB	件数	件数 (累積)	TOB 前中後	TOB との期間差（日）	発行割合	議決権割合増加	取引後議決権割合
0.6731	1		期間前	17	0.7181	0.3762	0.4840
0.68	1		期間前	51	0.3800	0.3227	0.4345
0.681	1	3	期間後	26	1	0.0397	0.9777
0.7	1		期間中	0	0.2521	0.2014	0.6016
0.75	1		期間後	16	0.7251	0.2631	0.6413
0.7761	1		期間中	0	0.2228	0.1221	0.6742
0.7850	1	7	期間中	0	0.3009	0.2313	0.7898
0.8573	1		期間中	0	1.6583	0.6088	0.7868
0.8730	1		期間中	0	0.7336	0.2682	0.8911
0.8814	1	10	期間前	74	0.1466	0.1304	0.5776
0.9375	1		期間中	0	0.1511	0.0469	0.5098
0.9637	1	12	期間後	4	0.25	0.1129	0.5510
1	17	29	期間前 1 期間中 3 期間後 13	12.94 (平均)	0.2277 (平均)	0.1262 (平均)	0.5403 (平均)
1.2105	1		期間後	21	0.0284	0.0139	0.5108
1.3207	1		期間中	0	0.5109	0.3383	0.5031
1.8834	1	32	期間後	8	0.1057	0.0551	0.5179

る。

　発行数／発行済株式総数をみると，公開買付けに付随して行われる第三者割当ての規模は発行済株式総数の約 20% を中央値として，発行済株式総数の 100% を超える割合まで広く分布していることが分かる。また，取引全体の後に買付者が保有する対象者の議決権割合の中央値 50% を僅かに超えたところである。標準偏差も加味すると，取引の大半では，3 分の 1 から 3 分の 2 程度の議決権の確保を目指していることが分かる。

(2)　発行価格と公開買付価格の関係

【図表19】は，第三者割当ての「発行価格/公開買付価格」の比率が低い順に各取引のデータを並べたものである。左から，「発行価格/公開買付価格」の割合，取引数（価格の比率が 1 のもののみ複数となるようにしている），公開買付期間前・中・後の別，公開買付期間と何日離れているか，発行割合（「発行数/第三者割当前の発行済株式総数」），第三者割当てによる買付者の議決権割合の増加，および公開買付けと第三者割当てが行われた後に買付者が有する対象者の議決権割合である。

第2部　実証編

　これは，主として公開買付けに付随して行われる第三者割当ての発行価格がどのようなものかをみるためのものである。公開買付価格＞発行価格となっているものが12件，公開買付価格＝発行価格のものが17件（自己株式の公開買付けへの応募も含む），公開買付価格＜発行価格となっているものが3件である。また，公開買付価格の方が高いものについて，「発行価格/公開買付価格」の割合をみると，0.6以上0.7未満が3件（公開買付期間前2件，期間後1件），0.7以上0.8未満が4件（公開買付期間中3件，期間後1件），0.8以上0.9未満が3件（公開買付期間前1件，期間中2件），0.9以上1未満が3件（公開買付期間中1件，期間後2件）であった。

　以上から，分析対象の60％以上は公開買付価格と同じかそれ以上で第三者割当てを行っている一方，40％近くの取引では公開買付価格より低い発行価格による第三者割当てを行っていることが分かる。そして，後者の12件のうち7件が公開買付価格の80％未満の価格で発行している。また，公開買付価格と比べて低い価格による第三者割当ては，必ずしも公開買付けのかなり前に（すなわち，公開買付価格が決まる前に）行われるわけではない。公開買付前後3か月以内に第三者割当てが行われていないとして*1.2*(3)で除外した取引の中には，第三者割当てについて有利発行として株主総会決議を経たものもあったが，分析対象の取引の中にはそのような例は見当たらなかった。[7]

2　取引内容の精査

　以下では，分析対象の取引について，まず，*2.1*で第三者割当てと公開買付けが行われた後に買付者が有する議決権割合という観点から，取引の目的・実態を分析する。次に，*2.2*では，これと異なる観点から取引の目的を分析する。

2.1　第三者割当てと公開買付後の議決権割合からみた取引の目的・実態

2.1.1　第三者割当てと公開買付後の議決権割合に基づく分類

　第三者割当てと公開買付後の議決権割合によって分析対象の取引を分類した概要は，次のとおりである。(1)対象者の議決権の100％を確保しようとする

---

[7]　有利発行規制との関係でこうした発行価格に問題があるといえるかどうかは，第1部第3章で検討している。

ものが5件，(2) 50％を超えて確保しようとするものが20件，(3) 50％以下のものが5件であった。残り2件は，(1)(2)のいずれに分類すべきか微妙なものが1件[8]，投資法人のため除外したものが1件である。

(1) 100％取得（5件）
 (a) 90％以上（2件）
取引全体の後に買付者が対象者の議決権を90％以上保有することになったのは2件のみである。いずれも完全子会社化のための取引である。

 (b) 90％以下ではあるが100％取得目的といえるもの（3件）
取引全体の後に買付者が対象者の議決権の90％を確保してはいないものの，3分の2以上を取得し，その後，完全子会社化（2件）または対象者を消滅会社とする吸収合併（1件）を行っているものが3件あった。うち1件では，公開買付けの約6か月後に買付者が対象者を完全子会社化している。

(2) 第三者割当てと公開買付後の議決権割合が50％超（20件）
 (a) 支配株主の交代と評価できるもの（7件）
取引全体の後に買付者が対象者の議決権を50％超取得した取引のうち，取引前後で支配株主が交代したと評価できるものが7件あった。ここに含まれているのは，取引前に約3分の1（最低28％）の議決権を保有していた支配株主が存在したが，公開買付けに応じるなどしてその議決権割合が大きく減少し，他方で買付者が50％超の議決権を有する支配株主となった取引である。

 (b) 支配株主が新たに登場したと評価できるもの（13件）
取引前には支配株主が存在しなかったところ，取引後に買付者が支配株主となったといえるものが13件ある。

---

8) 明確に100％取得とは判断できないが，単に50％超の議決権を取得した取引ともやや異なるものが1件ある。これは，公開買付けと自己株式の応募により買付者が83.81％の議決権を確保した後（当初は上場廃止を企図していないと開示していた），有価証券報告書の虚偽記載により上場廃止となったものである。上場廃止後に締出しなどが行われたかどうかは不明である。

ここに含まれている取引は，次の3つの類型に分けられる。まず，(ア) 取引前には大株主（10%超の議決権を有する株主）が存在しなかったところ，第三者割当てと公開買付けにより買付者が50%超の議決権を保有することになった2件である。次に，(イ) 取引前に10%から20%の議決権を有する大株主がいたところ，第三者割当てと公開買付けにより買付者が50%超の議決権を取得した8件である。このうち5件では取引前の大株主は公開買付けに応じるなどして，取引後に議決権割合が大幅に下がっているが，依然として大株主であり続けた取引もある。最後に，(ウ) 取引前から買付者自身が3分の1から50%未満の議決権を保有していたところ，第三者割当てと公開買付けにより50%超を保有することになった3件である。

(3) 公開買付けと第三者割当後の議決権割合が50%以下のもの（5件）
　(a) 大株主の交代と評価できるもの（2件）
　公開買付けと第三者割当ての後の買付者の議決権が50%以下のもののうち，取引前から存在した大株主に買付者が取って代わったと評価できるものは2件あった。いずれも取引前の大株主は公開買付けに応募し，買付者は取引後に40%程度の議決権を有することとなった。

　(b) 大株主が新たに登場したと評価できるもの（3件）
　公開買付けと第三者割当ての後に買付者が50%以下の議決権を取得した取引のうち，3件は大株主が新たに登場したと評価できるものであった。取引前には10%超の株主がいなかったケース（1件）に加え，一定の規模の議決権を有する株主が取引前に存在し（個人2人で26.7%を保有），取引後も僅かに議決権割合が低下したのみというケース（1件）もあった。また，(2)(b)と同様に，買付者が取引前から筆頭株主（15%）であったところ，公開買付けと第三者割当てによって3分の1の議決権を取得した取引（1件）もあった。

2.1.2 第三者割当てと公開買付後の議決権割合による分類からみた取引の目的・実態
　公開買付けと第三者割当てを組み合わせた取引の目的・実態について，以上のデータから分かる点をまとめる。

(1) 100％取得について

公開買付けと第三者割当後の議決権割合が90％以上となる取引はそもそも僅かである。そして，第三者割当てによって90％を超えたといえるものはない。さらに，50％超の議決権を取得する場合と異なり，公開買付けの応募数を勘案した上で，一定の議決権割合の確保のために割当数を調整しているわけではなく，いわゆるトップ・アップ・オプションを用いて90％を獲得したケースもない[9]。このことは，新株予約権のみを発行した場合をみても同様である。

(2) 主な利用目的

公開買付けのみを行う場合には100％取得が主な目的の1つといえたのに対して，公開買付けと第三者割当てを組み合わせる取引では，過半数付近の議決権を有する支配株主の登場・交代に際して公開買付けとともに第三者割当てを行う（*2.1.1*(2)）のが主な利用目的の1つといえる[10]。このことは，取引後の買付者の議決権比率は50％付近のものが4割程度であること，公開買付けの買付数に上限が付されているものが65.6％（21件）[11]，応募推奨は21.9％（7件）のみで中立が31.3％（10件）（記載なしが46.9％（15件））[12]であり，上限が付された公開買付けのうち推奨は1件のみであるという集計データにも反映されている。また，ディスカウント買付けが12.5％（4件）と第三者割当てを伴わない公開買付けよりも若干高い割合で含まれている点[13]およびプレミアムがやや低いこと[14]を併せると，強制公開買付規制の遵守のために公開買付けを行っている例も一定数含まれていると考えられる。

もう1つの主な利用形態は，これに近いが，過半数の議決権は取得せず，3分の1程度の議決権を有するブロックホルダーが新たに登場する場面で同様

---

9) トップ・アップ・オプションについては，第1部第3章 *5* 参照。
10) 新株予約権または新株予約権付社債のみの発行のうち，3件は新株予約権の割当てにより過半数を確保したものであった。ただし，いずれも実際の買付数はゼロで，「仕方なく」公開買付けを行った事例といえる。
11) *1.3*【図表16】。
12) *1.3*【図表14】。
13) *1.3*【図表13】。
14) *1.3*【図表17】。

に第三者割当てを行うものであった（**2.1.1**(3)）。

(3) 第三者割当ての目的

上記(2)の2つの主な利用形態のいずれについても，第三者割当ての目的には資金調達以外のものが混在していることが多い。当然のことながら，資金調達はほぼ全ての取引において言及されている。それに加えて，開示書類に資本業務提携という目的を明示するもの（救済のための「提携」も含む）が13件（これに加えて既存の提携の強化に言及するものが1件）ある一方，提携の記述はなく資金調達（どちらかというと救済）を主目的とすると思われるものが混在している。客観的な基準に基づく判断ではないが，開示書類の記述からは，100％取得に該当しないもののうち，13件では対象者が苦境に陥っており，救済の色合いが強いことが読みとれる。

なお，メインストリームではないが，取引全体で一定の議決権割合・議決権数を確保することを企図し，そのために第三者割当てにおける割当数を調整する旨を明示するものもある。すなわち，公開買付届出書・意見表明報告書において，公開買付けと第三者割当てによって買付者が最終的に獲得を目指す議決権割合または持株比率を示した上で，それに向けて発行数を調整することを明示したものが6件あった。[15]

2.2 異なる軸の分類

最後に，**2.1**と異なる観点から公開買付けに付随する第三者割当ての利用形態について検討する。

(1) 自己株式の公開買付けへの応募（7件）

第1部第3章でみたとおり，一般的には対象者が保有する自己株式を公開買付けに応募することは可能だと解されている。[16] この場合，公開買付けとの関係では応募株券等として扱われ，会社法上は自己株式の処分を行うことにな

---

15) このように，一定の議決権割合・議決権数を買付者（割当先）に確保させることを目的として第三者割当てを行うことが不公正発行との関係で問題とならないかについては，第1部第3章**3.2**で検討した。
16) 第1部第3章**2.2**。

る。

　自己株式を応募したケースは7件あった。このうち1件では自己株式の応募によって増加した買付者の議決権割合が34.13％と大きいものであったが，残りの6件では1.90％〜8.3％とさほど大きな議決権割合の増加をもたらしているわけではない規模にとどまる。すなわち，多くの場合は，公開買付けに大きな影響を与えるためのものとは考えにくい。

(2) 第三者割当ての規模

　公開買付けに付随して行われる第三者割当ての規模という観点からみると，第三者割当ての発行数が対象者の発行前の発行済株式総数に占める割合が50％を超えるものが7件あった。これらは，いずれも前述の対象者の救済色が強いものであった。そのため，公開買付けで議決権を確保できないから第三者割当てによって確保することが目的というより，対象者の救済に必要な資金を投じるために多数の株式を発行している（あるいは，そのような状況に陥ったために対象者が交渉力を失って，多数の株式を発行せざるを得ない）ものと考えられる。

3　調査した事項および算出方法

1. 第三者割当ての実施の有無
2. 払込期日または払込期間の末日が公開買付期間前・中・後のいずれか
3. 払込期日または払込期間の末日が公開買付期間の前・後3か月以上以内かどうか
4. 株式・新株予約権の別：株式のみ，株式＋新株予約権・新株予約権付社債，新株予約権・新株予約権付社債のみ
5. 公開買付関連の開示書類で第三者割当てに言及しているか
6. 開示書類記載の発行目的
7. 対象者（発行者）が苦境に陥っているかどうか（開示書類全体から判断）
8. 第三者割当ての取締役会決議日
9. 払込期日または払込期間の末日（変更がある場合には変更後のもの）
10. 払込金額
11. 第三者割当ての対価の種類：現金，現物，混在

12. 発行数
13. 公開買付けの結果に基づく発行数の調整の有無
    ※公開買付期間前または公開買付期間中に第三者割当ての取締役会決議を行った場合のみ
14. 割当先の名称
15. 割当先と買付者の同一性・密接関連性
16. 買付者への割当数
17. 第三者割当前の対象者の発行済株式総数
18. 第三者割当後の対象者の発行済株式総数
19. 発行数／第三者割当前の対象者の発行済株式総数
20. 第三者割当前に買付者が保有していた対象者の議決権数
21. 第三者割当前の対象者の総議決権数
22. 第三者割当前に買付者が保有していた対象者の議決権割合
23. 第三者割当後に買付者が保有する対象者の議決権数
24. 第三者割当後の対象者の総議決権数
25. 第三者割当後に買付者が保有する対象者の議決権割合
26. 新株発行による議決権割合の増加
27. 取引後(第三者割当て＋公開買付後または公開買付け＋第三者割当後)に買付者が保有する対象者の議決権数
    ・公開買付期間前・中に第三者割当て：第三者割当て＋公開買付後のもの
    ・公開買付期間後に第三者割当て：第三者割当後のものと同じ
      ※自己株式の応募については，払込期日が公開買付けの決済日なので公開買付後と扱っている。また，第三者割当前に買付者が保有していた対象者の議決権数（上記21）＝自己株式の応募を除いた公開買付後の議決権数，第三者割当後に買付者が保有する対象者の議決権数（上記24）＝自己株式の応募を含む公開買付後の議決権数とし，議決権割合（上記22・26）についてもこれらを分子として計算している。このような扱いをしているのは，自己株式を応募したことの影響の大きさを知るためである（**2.2**(1)参照）。
28. 取引後の対象者の総議決権数

29. 取引後に買付者が保有する対象者の議決権割合
30. 取引後，調査期間内にさらに第三者割当てや組織再編などを行っているかどうか
31. その他取引経過

    ※以上のうち，対象者の総議決権数については，次のとおり算出した。まず，取引後の総議決権数（上記29）は，公開買付報告書をベースとして算出した。ここでは，潜在株式，単元未満株式も原則として算入している。また，自己株式は公開買付けに応募する場合のみ算入した。取引前の総議決権数（上記22〔第三者割当前〕・24〔第三者割当後〕）は，上記の取引後のものと比較可能なものとするため，同一の基準で有価証券届出書またはそこで参照・組込みの対象となっている有価証券報告書・(四)半期報告書に記載されたデータにより算出した。そのため，適時開示などの数値とは微妙に異なる。

参 考 文 献

長島・大野・常松法律事務所編（2013）『公開買付けの理論と実務〔第2版〕』（商事法務）

第10章　利益相反取引における
　　　　利益相反回避措置の現状

　　　　　　　　　　　　　　　　　　　　　白 井 正 和

1　はじめに

　MBO[1]の一環として行われる公開買付けや親会社により子会社に対して行われる公開買付けの場面で，対象会社の株主と取締役との間に構造的な利益相反関係が存在することについては，近年ではわが国においても広く認識が共有されている。まず，MBOの場面では，本来は企業価値の向上を通じて株主の利益を代表すべき対象会社の取締役が，自ら同社の株式を同社の株主から取得することになるため，株式の売り手と買い手という関係に立つ株主と取締役との間には構造的な利益相反関係が生じている。また，親子会社間の公開買付けの場面では，親会社と子会社少数株主との間には子会社少数株主が保有する子会社株式の買い手と売り手という関係が生じるとともに，対象会社すなわち子会社における取締役の人事権等は従来から親会社が握っていることからすれば，MBOの場面と同様に，子会社少数株主と取締役（および親会社）との間には構造的な利益相反関係が認められる。そして，取締役は対象会社に関する比較的

　＊　本章の執筆に当たっては，公益財団法人石井記念証券研究振興財団から研究助成を受けた。同財団にはこの場を借りて厚く御礼申し上げる。
　1)　MBOとは，一般に，現在の経営者が資金を出資し，事業の継続を前提として対象会社の株式を購入することをいう（経済産業省（2007）4-5頁）。一概に株式の購入といっても多様な方法が存在するが，以下では，第一段階目として，公開買付けにより株式を購入するとともに，第二段階目として，公開買付けに応じない株主を組織再編等を通じて対象会社から締め出すことによって株式を取得する取引を，典型的なMBOとして議論の対象とする。

正確かつ豊富な情報を有していることを踏まえれば，これらの場面では，対象会社の株主と取締役との間には，問題となっている公開買付けに関する情報の非対称性が存在すると考えられるため，対象会社の株主に対して，当該公開買付けに応募するか否かの判断の機会が与えられていることのみをもって，構造的な利益相反関係に起因して同社の株主の利益が害される危険を十分に払拭することはできない。

こうした問題意識を受けて，近年ではわが国でも，MBO による公開買付けや親子会社間の公開買付けの場面では，公開買付価格の形成過程が公正であると評価できるかどうかを重視する見解が多数を占めつつあり[2]，中でも，同過程の公正さを評価するに当たっては，同過程で採用された利益相反を回避または軽減するための措置（以下「利益相反回避措置」という）に着目する見解が有力に主張されている（伊藤ほか（2015）410-411 頁〔田中亘〕等）。また，これらの場面における利益相反回避措置の有効性を評価する際の考慮要素についても，近年では徐々に議論が深められつつある（白井（2013），寺前（2014）等）。もっとも，これまでの議論の多くは，理論的な観点から分析を試みるものや諸外国（主として米国）における制度紹介に基づくものが多く，わが国における利益相反回避措置の現状を詳細かつ網羅的に分析するものは少ないといわざるをえない[3]。そのため，わが国で採用されている利益相反回避措置が具体的にどのような特徴を持ち，どのような点で特に改善が必要であるといえるかなどについての分析・検討は，今日においても未だ十分ではないと考えられる。

こうした中，本章では，MBO による公開買付けおよび親子会社間の公開買

---

[2] 具体的には，株式買取請求権の行使（株式取得価格の決定の申立てを含む）に当たり，裁判所は，公開買付価格の形成過程における公正さを審査した上で，公正と評価される場合には当該買付価格を尊重するとともに，不公正と評価される場合に限って独自に公正な価格を算定すべきとする見解が学説上は多数を占める（加藤（2009）5 頁，宍戸（2012）94 頁等）。

[3] わが国で採用されている利益相反回避措置の現状を網羅的に分析した数少ない先行研究の 1 つとして，石綿ほか（2013）7-13 頁がある。石綿論文は，MBO の場面における特別委員会に焦点を当てて，わが国における同委員会の利用状況を詳細に示すものである。本章でこれから紹介する内容は，分析の対象となる取引について，MBO による公開買付けのみならず親子会社間の公開買付けをも含めた上で，分析する項目として，特別委員会の設置以外の利益相反回避措置（MOM 条項の採用やフェアネス・オピニオンの取得など）の利用状況についても対象とするなど，石綿論文で示された内容を基礎としつつ，分析の対象を拡充するものである。

付けの場面を対象に，公開買付届出書などの公開買付けに関する開示書類の記載を手がかりとして，わが国において，これらの場面で導入されている利益相反回避措置の現状を明らかにすることを目的とする。本章で紹介する内容は，近年の（正確には 2006 年 12 月 13 日から 2013 年 12 月末日までの間に）わが国で採用された利益相反回避措置の特徴を示すとともに，利益相反回避措置に関する今後の議論において焦点とすべき内容を明確にする点で，主として理論的な観点に基づく（すなわち「あるべき論」を論じていた）これまでの議論を補い，より一層の発展を可能にするものといえるだろう。なお，本章では，わが国で採用されている利益相反回避措置の現状とその特徴を明らかにすることに焦点を絞る観点から，利益相反回避措置の採用が買収プレミアムに与える影響の分析については本書第 8 章に委ねることとし，本章では検討の対象にしていない。

2 本章の分析の対象とその前提

本章では，森・濱田松本法律事務所の協力によって構築された公開買付けデータベースに基づく記述統計を示すことにより，わが国で採用されている利益相反回避措置の現状とその特徴を明らかにすることを目的とする。具体的には，2006 年 12 月 13 日から 2013 年 12 月末日までの間にわが国で開始された公開買付けのうち，公開買付者から提出された公開買付届出書（訂正届出書がある場合は訂正届出書を含む，以下本章において同じ）において，MBO（MEBO を含む，以下本章において同じ）による公開買付けまたは親子会社間の公開買付けである旨の明確な記載があるものを分析の対象とする。その結果，本章における分析の対象となる取引は，MBO による公開買付け 99 件および親子会社間の公開買付け 101 件の合計 200 件の公開買付けとなる。

以上のように本章が分析の対象とする取引を整理するに当たっては，わが国で実施された公開買付けに関する大量のデータを画一的に処理する観点から，あくまで公開買付届出書の記載内容に機械的に従っており，例えば個々の公開買付けにおける実質的な利益相反性の有無やその大きさを具体的に判断することはしていない。そのため，公開買付届出書において，MBO による公開買付けであるとも親子会社間の公開買付けであるとも明確には記載されていないが，対象会社の株主と取締役との間に実質的な利益相反関係が認められるような公

開買付けが存在する可能性はもちろんあるものの，このような公開買付けは本章の分析の対象となる取引に含まれていないことは，あらかじめお断りしておきたい。

3 特別委員会に関する利用の現状

以下では，2 で紹介した MBO による公開買付け 99 件および親子会社間の公開買付け 101 件の合計 200 件の公開買付けを対象として，利益相反回避措置のうち，対象会社に設置される特別委員会（独立委員会または第三者委員会と呼ばれることもあるが，本章では特別委員会の名称で統一する）に関する利用の現状について分析する。なお，以下で紹介する特別委員会に関する利用の現状についての分析の基礎となるデータは，いずれも提出された公開買付届出書に記載されている内容に基づくものである。個々の公開買付けについて，例えば公開買付届出書の記載内容を越えて具体的に調査等をしているわけではないので，その点はご留意願いたい。

3.1 特別委員会の設置状況

特別委員会の設置状況に関しては，対象とする 200 件の構造的な利益相反関係が認められる公開買付け（すなわち公開買付届出書において MBO による公開買付けまたは親子会社間の公開買付けである旨の記載があるもの）のうち 80 件，割合にし

---

4) 例えば，2013 年 2 月 12 日～同年 3 月 26 日を公開買付期間として実施されたエース交易株式会社を対象とする公開買付けでは，公開買付届出書において，「本取引は，いわゆる典型的なマネジメント・バイアウト（典型的には，従前から買収対象会社の経営陣であった者が，新たに買収資金の全部又は一部を出資して，買収対象会社の事業の継続を前提として買収対象会社の株式を購入する取引）（以下「MBO」といいます。）の事例には必ずしも該当しないと考えられるものの，MBO において問題となる構造的利益相反の状況が存在するものと考えられる」との記述がある。悩ましいところではあるが，あくまで公開買付届出書の記載内容に機械的に従えば，MBO である旨の明確な記載があるとまではいえないため，以下の本章における分析に当たっては，エース交易株式会社に対する公開買付けは対象となる取引には含めないこととした（そのため，エース交易株式会社に対する公開買付けでは，特別委員会の設置などの様々な利益相反回避措置が採用されてはいるものの，当該公開買付けで採用された利益相反回避措置は以下の分析には含まれていない）。

5) なお，公開買付届出書において特別委員会が設置された旨の記載がある 80 件の公開買付けのうち，2012 年 5 月 28 日～同年 7 月 6 日を公開買付期間として実施された日本

【図表1】特別委員会の設置状況とその推移

	MBOによる公開買付け 設置件数/全件数（割合）	親子会社間の公開買付け 設置件数/全件数（割合）	合計 設置件数/全件数（割合）
2006.12〜2007	2/16（13％）	0/18（0％）	2/34（6％）
2008	3/16（19％）	1/12（8％）	4/28（14％）
2009	5/15（33％）	5/20（25％）	10/35（29％）
2010	11/13（85％）	5/20（25％）	16/33（44％）
2011	19/21（90％）	4/9（44％）	23/30（77％）
2012	9/9（100％）	5/10（50％）	14/19（74％）
2013	9/9（100％）	2/12（17％）	11/21（52％）
合計	58/99（59％）	22/101（22％）	80/200（40％）

て4割の取引で，対象会社に特別委員会を設置している旨の記載が存在した（【図表1】参照）。対象会社に利益相反回避措置として特別委員会を設置しているのであれば，公開買付者は，通常は公開買付届出書においてその旨の記載をすることが想定されることからすれば，対象とする200件の構造的な利益相反関係が認められる公開買付けのうち，4割の取引で特別委員会が設置されているという公開買付届出書の記載内容に基づく以上の結果は，概ね現状を正確に示しているものと思われる。

　もう少し詳細にみていけば，特別委員会の設置状況については，MBOによる公開買付けかそれとも親子会社間の公開買付けかによって大きな違いがあることが分かる。MBOによる公開買付けでは，99件中58件で対象会社に特別委員会が設置されている（特別委員会が設置されている取引の割合は59％）。これに対して，親子会社間の公開買付けでは，101件中22件でしか対象会社に特別委員会は設置されていない（特別委員会が設置されている取引の割合は22％）。また，2006年12月以降2013年までのどの年を観察しても，MBOによる公開買付けで対象会社に特別委員会が設置される割合は，親子会社間の公開買付けで対象会社に特別委員会が設置される割合を上回っている。

　ベリサイン株式会社を対象とする公開買付けについては，対象会社に新旧2つの特別委員会が設置されていたが（旧特別委員会による検討がいったんは終了した後，同委員会に新たに社外取締役が加わって新特別委員会が設置された事例），実質的には新特別委員会が旧特別委員会の検討を引き継いでいたことがうかがえるため，以下の分析に当たっては新旧の特別委員会を一体のものとして扱うこととした（検討期間等は合算し，判断内容については新特別委員会の判断を対象とすることとした）。

その上で，年ごとの特別委員会の設置状況[6]についてみれば，MBOによる公開買付けでは，最近になるにつれて特別委員会が設置される取引の割合は大幅に増加しており，特に2010年以降に開始された公開買付けでは，その大部分（52件中48件）で対象会社に特別委員会が設置されていることが分かる。こうした点を踏まえれば，今日では，MBOによる公開買付けの場面で対象会社に特別委員会が設置されることは通常であるといっても過言ではない。なお，2010年以降に開始されたMBOによる公開買付けの場面で特別委員会の設置件数が大幅に増加していることの背景として，その前年に当たる2009年頃のMBOに関する株式取得価格の決定をめぐる裁判例[7]において，対象会社に特別委員会が設置されたことを高く評価する判断が示されたことなどを挙げることができるだろう。

次に，親子会社間の公開買付けの場面における年ごとの特別委員会の設置状況については，特別委員会が設置される割合はMBOによる公開買付けの場合と比べて低いものの，それでも2012年までに関していえば，年を経るに従って特別委員会が設置される取引の割合は徐々に増加する傾向にあることがうかがえる。もっとも，2013年には，特別委員会が設置される取引の割合は大幅に減少しており（2012年の50%から2013年には17%にまで減少），その原因は明らかではないものの[8]，こうした年ごとの特別委員会の設置状況の変化に関するある種の不安定さは，親子会社間の公開買付けの場面では特別委員会の設置が

---

[6] 本章では，ある公開買付けがいつ実施されたものと扱うかを判断する基準として，公開買付期間の初日がどの年に当たるかに基づくことにした。例えば，公開買付期間が2008年11月30日〜2009年1月15日の公開買付けについては，公開買付期間の初日を基準に2008年の取引としている。あくまで決めの問題ではあるが，公開買付けが実施される前の段階において，公開買付価格の決定等に関する公正性を確保する観点から利益相反回避措置の導入の是非が判断されることが通常であることを踏まえれば，ある公開買付けがいつ実施されたものと扱うかを判断するに当たり，公開買付期間の初日を基準とすることが実態により合致するように思われるからである。

[7] 代表的な裁判例として，サイバード事件の東京地裁決定（東京地決平成21年9月18日金判1329号45頁）がある。サイバード事件の東京地裁決定が特別委員会の設置に関する実務に影響を与えた可能性については，吉村（2012）61頁を参照。

[8] あくまで推測にすぎないが，1つの可能性を述べるとすれば，親子会社間の公開買付けが実施される前の段階では対象会社に特別委員会が設置されていなかったとしても，親会社による子会社少数株主の締出しをめぐる手続は公正であると判断した三洋電機事件の大阪地裁決定（大阪地決平成24・4・27判時2172号122頁）が，特別委員会の設置をめぐる以後の実務に影響を与えた可能性はないとはいえない。

実務において必ずしも定着していないことの表れといえるかもしれない。

　以上みてきたように，特別委員会の設置状況については，MBO による公開買付けと親子会社間の公開買付けとで大きな違いを観察することができる。構造的な利益相反関係が認められる取引であるという点では共通するにもかかわらず，MBO による公開買付けの場面とは異なり，親子会社間の公開買付けの場面では，特別委員会の設置は今日の実務においても十分に根づいていないように思われる。そのような違いが生じていることの原因の 1 つとして，わが国では，利益相反回避措置としての特別委員会の設置に関する議論が主として MBO の場面を念頭に置きつつ展開されてきたことが挙げられるだろう。[9]

3.2 特別委員会の委員の構成

　次に，公開買付届出書において対象会社に特別委員会が設置された旨の記載がある 80 件の公開買付けのうち，特別委員会の概要（委員の数や構成など）について記載のない 1 件を除く 79 件を対象に，特別委員会の委員の数および構成について調査した。まず，特別委員会の委員の数については，79 件の公開買付けで設置された特別委員会の委員の数は合計で 245 人であり，1 件当たりの委員の数は平均で 3.1 人であった。

　特別委員会の委員の構成については，同じく 79 件の公開買付けで設置された特別委員会のうち，社外取締役が委員として入るものは 14 件（社外取締役が委員として入る取引の割合は全体の 18％），監査役が委員として入るものは 2 件（3％），社外監査役が委員として入るものは 54 件（68％），社外の有識者（補欠監査役を含む）が委員として入るものは 68 件（86％）であった（【図表 2】参照）。また，社

---

[9] 例えば，意思決定過程における恣意性を排除するための実務上の対応の例として特別委員会の設置などを挙げる MBO 指針（経済産業省（2007））では，親子会社間の組織再編等もその議論の対象に含めうる旨の記述はあるものの，同指針が主に念頭に置いて議論を展開しているのはその名が表すように MBO の場面である。また，近年では，株式買取請求権の行使（株式取得価格の決定の申立てを含む）に関してなされた裁判所の判断の中で，対象会社における特別委員会の設置状況について言及されるものが増えつつあるが，それらの裁判例の多くは MBO に関する事案として扱われている（東京地決平成 21・9・18 金判 1329 号 45 頁，東京高決平成 22・10・27 資料版商事 322 号 174 頁，東京地決平成 25・3・14 金判 1429 号 48 頁，東京地決平成 25・9・17 金判 1427 号 54 頁，東京高決平成 25・10・8 金判 1429 号 56 頁，東京地決平成 25・11・6 金判 1431 号 52 頁等）。

【図表2】特別委員会の委員の構成

	社外取締役	監査役	社外監査役	社外の有識者[10]
件数/全件数（割合）	14/79（18％）	2/79（3％）	54/79（68％）	68/79（86％）

【図表3】特別委員会への社外の有識者の参加状況とその推移

	有識者が入る特別委員会の件数 件数/全件数（割合）	委員の総数に占める有識者の数 有識者の数/全委員の数（割合）
2006.12～2007	2/2（100％）	2/7（29％）
2008	2/3[11]（67％）	5/9（56％）
2009	7/10（70％）	17/35（49％）
2010	12/16（75％）	25/48（52％）
2011	20/23（87％）	44/68（65％）
2012	14/14（100％）	25/45（56％）
2013	11/11（100％）	19/33（58％）
合計	68/79（86％）	137/245（56％）

外の有識者の内訳として，弁護士が委員として入るものは59件（75％）であり，公認会計士または税理士が委員として入るものは47件（59％）であった。

その上で，特別委員会の委員の構成のうち社外の有識者についてもう少し詳細に調べると，全体的な傾向としては，年を経るにつれて社外の有識者を特別委員会の委員として活用する動きが強まりつつあることが分かる（【図表3】参照）。設置された特別委員会のうち1人以上の社外の有識者が委員として入るものの割合は，緩やかにではあるが年々高まっており，特に2012年以降に開始された公開買付けに関して設置された特別委員会についていえば，その全てで少なくとも1人以上の社外の有識者が特別委員会の委員に就任している。また，特別委員会の委員の総数に占める有識者委員の数に関しても，2010年以前に開始された公開買付けで設置された特別委員会については99人中49人

---

10) 特別委員会の委員に役員以外の者が就任する場合を広く社外の有識者（または有識者）による委員就任と呼ぶこととする。なお，補欠監査役が委員に就任する場合も社外の有識者による委員就任として扱う。

11) なお，2008年に公開買付けが開始されたもののうち，特別委員会が設置されたものは全部で4件あるが，そのうちの1件では公開買付届出書に特別委員会の委員の概要（委員の数や構成など）について記載がなかったため，委員の概要について記載がないこの1件を除く3件を分析の対象とした。

が社外の有識者であった（委員全体の数に占める割合は49%）のに対し，2011年以降に開始された公開買付けで設置された特別委員会については146人中88人が社外の有識者である（委員全体の数に占める割合は60%）など，若干ながらその割合を高めている。こうした傾向は，独立取締役が特別委員会の委員に就任することが多い米国の企業買収の場面ではあまり観察されないものであり，わが国で設置される特別委員会の特徴の1つといえるだろう。

　そして，このような社外の有識者を特別委員会の委員として活用する近年のわが国の実務における傾向は，主として次の2つの事情を背景とするものではないかと推察される。第1に，役員ではない社外の有識者が委員として参加する特別委員会であっても，裁判所における同委員会の有効性の判断に基本的には影響が生じないという認識が広まりつつあることが挙げられる。過去の公表裁判例をみる限り，特別委員会の委員が役員ではなく社外の有識者であったことが訴訟において大きな争点となった事例は特には見当たらず，（学説上は異論の余地はあるだろうが）裁判所は，少なくともこれまでのところは，特別委員会の委員全員が会社法上の義務と責任を負う役員であることが望ましいという認識ではないようである。第2に，MBOによる公開買付けまたは親子会社間の公開買付けにおいて，対象会社に特別委員会が設置される事例が増加する傾向にある（【図表1】参照）中で，近年では，対象会社に社外役員が3名程度いないなど，役員だけで特別委員会を組織することが難しい会社であっても，（特にMBOの場面では）特別委員会の設置が強く要請されるようになっていることが背後にある事情として考えられる。

3.3　特別委員会の答申内容

　特別委員会の答申の内容については，対象とする80件の公開買付けにおいて設置された特別委員会の全てで，公開買付けの実施に賛同する旨の答申がなされたことが確認された。このことは，本章では，公開買付届出書の記載に基づいてデータを取得している（すなわち，公開買付者から公開買付届出書が提出された案件のみを分析の対象としている）ことにかんがみれば，特に不自然な結果ではないといえるだろう。わが国では，特別委員会は設置されたものの同委員会が公開買付けの実施に賛同する旨の答申すらしない場合に，それにもかかわらず公開買付けが強行されることはないという実務の一般的な感覚と合致する結果だ

第 2 部　実証編

【図表 4】 交渉権限の付与状況の推移と付与事例の内訳

	交渉権限が付与された特別委員会 件数/全件数（割合）	交渉権限付与事例の内訳
2006.12〜2007	1/2（50%）	MBO1 件
2008	0/4（0%）	―
2009	0/10（0%）	―
2010	1/16（6%）	MBO1 件
2011	6/23（26%）	MBO6 件
2012	3/14（21%）	MBO1 件，親子会社 2 件
2013	2/11（18%）	MBO2 件
合計	13/80（16%）	MBO11 件，親子会社 2 件

からである。

　次に，株主に対する公開買付けへの応募推奨に関する答申については，対象とする 80 件の公開買付けにおいて設置された特別委員会のうち，77 件で株式について公開買付けへの応募を推奨する旨の答申がなされたことが確認された（なお，株式について応募を推奨する 77 件の特別委員会の答申のうち，新株予約権については 15 件で中立の意見が表明されている）。これに対して，特別委員会の答申として，株式について応募推奨ではなく中立の意見を表明するものは 3 件ある（2009 年に 1 件〔親子会社間の公開買付け〕，2011 年に 2 件〔MBO による公開買付けと親子会社間の公開買付けが 1 件ずつ〕）。

3.4　特別委員会の交渉権限

3.4.1　交渉権限の付与状況

　公開買付届出書において対象会社に特別委員会が設置された旨の記載がある 80 件の公開買付けのうち，特別委員会に買収者との交渉権限まで付与された旨の記載があるものは 13 件あり，その内訳は，MBO による公開買付けが 11 件，親子会社間の公開買付けが 2 件である（【図表 4】参照）。公開買付届出書において特別委員会に対する交渉権限の付与に関して言及のない事例[12]では，特

---

12)　特別委員会の設置について記載がある 80 件のうち，特別委員会に交渉権限が付与された旨の記載がある 13 件を除く 67 件をみると，そのうち 1 件で，公開買付届出書において特別委員会に交渉権限が与えられていない旨の記載があるが，残りの 66 件では特別委員会に対する交渉権限の付与について特に言及されていなかった。

別委員会に交渉権限は与えられていないと考えることが自然であるため，そのように考えれば，特別委員会に交渉権限が付与された事例は特別委員会が設置された事例全体の 16% にすぎないということになる。なお，MBO による公開買付けで設置された特別委員会に関していえば，設置された特別委員会に交渉権限が付与される割合は 19%（58 件中 11 件で付与）であり，親子会社間の公開買付けに関していえば，その割合は 9%（22 件中 2 件で付与）である。

　設置された特別委員会に交渉権限が付与される事例は，わが国では 2010 年以前にはほとんど観察されなかったものの，2011 年を境に，特別委員会が設置される事例の 2 割強で観察されるようになっている（2011 年以降に公開買付けが開始された事例に限ってみれば，48 件中 11 件，割合にして 23% の事例で特別委員会に交渉権限が付与されている）。その原因は必ずしも明らかではないものの，MBO の場面において特別委員会が有効に機能したかどうかをめぐり従来よりも厳しい評価が示された裁判例の存在や，特別委員会に交渉権限が付与されることが一般的であるとされている米国の実務がわが国でも広く紹介され始めたことなどが影響した可能性はあるだろう。

　なお，特別委員会に交渉権限が付与された 13 件についてみれば，対象会社は東京証券取引所の市場第 1 部上場企業が 3 件，市場第 2 部上場企業が 5 件，新興市場（マザーズ等）上場企業が 1 件，JASDAQ 上場企業が 4 件と，対象会社についての株式が上場されていた市場は様々であり，あくまで上場されていた市場という観点に基づく推測にすぎないが，例えば対象会社の資産価値が大きい（すなわち取引規模が大きい）場合に交渉権限が付与されるといった傾向が特に観察されるわけではなさそうである。

---

13) 特別委員会への交渉権限の付与は，一般には，（同委員会に交渉権限を付与しない事例と比べて）利益相反回避措置をより充実させた対応であると考えられるため，公開買付届出書を提出する公開買付者（買収者）としては，対象会社の取締役会が同委員会に交渉権限まで付与したのであれば，その旨を自ら進んで公開買付届出書に記載し，公表すると考えることがおそらくは自然であろう。
14) 代表的なものとして，サイバード事件の東京高裁決定（東京高決平成 22・10・27 資料版商事 322 号 174 頁）がある。
15) 特別委員会の設置と同委員会への交渉権限の付与に関する米国の実務を紹介した代表的な文献として，水野＝西本（2010）148-150 頁がある。

3.4.2 交渉権限の付与と特別委員会の答申内容・検討期間

次に，公開買付届出書において設置された特別委員会に交渉権限が付与された旨の記載がある事例を対象に，特別委員会が示した答申の内容と同委員会の検討期間について調査した。結論を先に述べるとすれば，答申の内容についても検討期間についても，交渉権限が付与された事例（13件）とそうでない特別委員会の設置事例（67件）との間に何か際立った違いが観察できるわけではない。答申の内容については，交渉権限が付与された13件のうち，12件で公開買付けに賛同かつ株式について応募推奨の答申がなされた（残りの1件では，公開買付けには賛同するが，株式について応募推奨ではなく中立の意見が表明された）。また，検討期間についても，特別委員会に交渉権限が付与された13件のうち，検討期間が明らかではない2件を除く11件の平均検討期間は43日間であり，次の 3.5 で詳しく述べるように，特別委員会が設置された全ての事例（80件のうち公開買付届出書に検討期間の記載がない14件を除く66件）の平均検討期間は45.5日間であるため，大きな違いは存在しない。

このことは，逆にいえば，とりわけ特別委員会の検討期間に関して，特別委員会に交渉権限を付与すれば取引が遅延し，かえって対象会社の株主の利益にならないのではないかといった懸念は必ずしも現実のものではないことを示している（少なくとも今回の調査からはそのような懸念が現実化していることは確認できなかった）。今回確認することができた範囲では，特別委員会に交渉権限が付与された事例の方が，そうでない特別委員会の設置事例よりも，平均検討期間が大幅に長くなるといった事実関係は観察できない（むしろ平均検討期間は交渉権限が付与された事例の方が短い）からである。ただし，あくまで以上の調査は，公開買付者によって公開買付届出書が提出された事例，すなわち公開買付けの実施までたどり着くことができた事例に限ってのものであり，特別委員会に交渉権限を付与することで取引が頓挫した事例（がもしあれば，それ）を含めて平均検討期間を算出しているわけではない点には，留意が必要かもしれない。

3.4.3 交渉権限の付与と他の利益相反回避措置の採用状況

最後に，公開買付届出書において，設置された特別委員会に交渉権限が付与された旨の記載がある事例を対象に，それ以外の代表的な利益相反回避措置が併せて採用されているかどうかについて確認した（【図表5】参照）。特別委員会

【図表5】交渉権限付与事例に占める他の利益相反回避措置の採用状況

	財務アドバイザーの選任権限の付与 選任権限付与件数/交渉権限付与件数(割合)	MOM条項の採用 採用件数/交渉権限付与件数(割合)
MBO	0/11（0％）	10/11（91％）
親子会社	1/2（50％）	0/2（0％）
合計	1/13（8％）	10/13（77％）

に交渉権限が付与された事例では，（そうでないMBOによる公開買付けや親子会社間の公開買付けの事例と比べて）公開買付けを実施するに当たり利益相反回避措置の導入に特に配慮されているものと推認することができそうであるから，そのような事例を対象に，特別委員会に対する交渉権限の付与以外の利益相反回避措置の採用状況を確認することには，一定の意義が認められるかもしれないと考えたからである。

まず，特別委員会に財務アドバイザーの選任権限が与えられるかどうかについては，公開買付届出書の記載をみる限り，特別委員会に交渉権限が付与された旨の記載がある事例であっても，同委員会に財務アドバイザーの選任権限まで与えられた旨の記載がある事例は13件のうち1件しか存在しない（なお，特別委員会が設置された事例全体に占める財務アドバイザーの選任権限の付与事例については，後ほど3.6で紹介するが，80件中3件とやはり非常に少ない）。このことからは，特別委員会に交渉権限が付与された事例，換言すれば利益相反回避措置の導入に特に配慮されていると推認することができそうな事例であっても，わが国では，財務アドバイザーは，対象会社の取締役会などの買収者側からの影響が及ぶ可能性のある主体が選任することが一般であり，特別委員会に財務アドバイザーの選任権限を付与することにはとりわけ消極的であることが分かる。もっとも，少なくとも現状においては，財務アドバイザーには企業価値の算定等に関して広範な裁量が認められうる[16]ことにかんがみれば，財務アドバイザーに対する買収者側からの（潜在的なものも含めた）影響をどのように排除していくべきかに

16）この点に関して，わが国の裁判例の特徴として，財務アドバイザーから株式価値算定書を得ているかといった外形的な事実の認定はなされるものの，財務アドバイザーが作成した株式価値算定書がどのような過程を経て作成されたのかといった実質面については，あまり立ち入った審査は行われていないことが指摘されている（田中（2014）229頁）。

ついては，わが国において今後取り組まなければならない重要課題の1つであると思われる。

次に，実施される公開買付けにマジョリティ・オブ・マイノリティ条項（以下「MOM条項」という）[17]が採用されるかどうかについては，公開買付届出書において特別委員会に交渉権限が付与された旨の記載がある事例（13件）のうち，MOM条項が採用された旨の記載がある事例は10件であり，比較的多いといえる（割合にして77%）。ただし，その内訳をみれば，MBOによる公開買付けについては，特別委員会に交渉権限が付与された11件のうち10件（91%）でMOM条項が採用されていたが[18]，その一方で，親子会社間の公開買付けについては，特別委員会に交渉権限が付与された2件のいずれにおいてもMOM条項は採用されていなかった点には，注意を払う必要があるだろう（なお，詳しくは後ほど **4.1** で紹介するが，MBOによる公開買付けに際してMOM条項が採用される割合は99件中75件（76%）であるものの，親子会社間の公開買付けに際してMOM条項が採用される割合は101件中10件（10%）にすぎない）。すなわち，以上の調査結果からは，わが国では，特別委員会に交渉権限が付与された事例，換言すれば利益相反回避措置の導入に特に配慮されていると推認することができそうな事例については，MBOによる公開買付けを実施するに当たってMOM条項も同時に採用することが一般的である（9割以上の取引でMOM条項も同時に採用されている）が，そのような事例であっても，親子会社間の公開買付けの場面ではMOM条項はこれまでのところほとんど採用されていないことが分かる。

---

17) MOM条項の採用とは，公開買付けの実施に際して，非利害関係株主が保有する株式の過半数に相当する株数を買付予定数の下限とする旨の条件を付すことをいう。MOM条項が採用される場合には，非利害関係株主が保有する株式の過半数に相当する株数の応募がなければ公開買付けは成立しないことになる。そのため，MOM条項を採用することで，とりわけ親子会社間の公開買付けの場面において，（株主に対する情報開示が十分であることや実施される公開買付けに強圧性がないことなどのいくつかの重要な前提条件が満たされているのであれば）その実施の是非に関する子会社少数株主の判断を尊重することが可能になる。

18) さらにいえば，MBOによる公開買付けのうち，特別委員会に交渉権限は付与されたもののMOM条項は採用されなかった1件の事例は，2007年に公開買付けが開始された事例であり，2008年以降に公開買付けが開始された事例については，特別委員会に交渉権限が付与されたものの全てでMOM条項も同時に採用されていた。

【図表6】特別委員会の会合の回数

会合の回数	1～3回	4～6回	7～9回	10回以上	記載なし
件数	4件	38件	10件	4件	24件

【図表7】特別委員会の検討期間

検討期間	1～15日	16～30日	31～60日	61～90日	91日以上	記載なし
件数	4件	24件	27件	4件	7件	14件

【図表8】会合の回数および検討期間の推移

	会合の平均回数（件数）	平均検討期間（件数）
2006.12～2007	記載なし	13日（1件）
2008	記載なし	19日（1件）
2009	3回（1件）	45.7日（6件）
2010	5.64回（11件）	72.2日（14件）
2011	5.65回（20件）	36.1日（20件）
2012	7.62回[19]（13件）	35.3日（13件）
2013	6.18回（11件）	46.1日（11件）
合計	6.16回（56件）	45.5日（66件）

3.5 特別委員会の会合の回数と検討期間

3.5.1 活動状況の分析

　特別委員会の活動の実態を知る手がかりの1つとして，特別委員会の会合の回数や検討期間に着目することが考えられる。公開買付届出書において特別委員会の会合の回数または検討期間について記載があるものを整理すれば，【図表6】～【図表8】のようになる。

　まず，特別委員会の会合の回数については，公開買付届出書に会合の回数の記載がある事例（56件）の大多数は4回～9回に集中しており（56件中48件，割合にして86％），中でも5回または6回に集中する傾向がある（56件中31件[20]，割合にして55％）。会合の平均回数は6.16回である。また，最近になるにつれて

---

[19]　なお，2012年には会合回数が20回という事例が1件，22回という事例が1件あり，それらを除いた残りの11件で計算すれば5.18回が平均となる。

[20]　会合の回数が5回のものは20件，6回のものは11件あり，合計で31件である。

【図表9】会合の回数および検討期間に関する開示状況とその推移

	会合の回数の開示事例 開示事例/特別委員会設置事例(割合)	検討期間の開示事例 開示事例/特別委員会設置事例(割合)
2006.12～2007	0/2 (0%)	1/2 (50%)
2008	0/4 (0%)	1/4 (25%)
2009	1/10 (10%)	6/10 (60%)
2010	11/16 (69%)	14/16 (88%)
2011	20/23 (87%)	20/23 (87%)
2012	13/14 (93%)	13/14 (93%)
2013	11/11 (100%)	11/11 (100%)
合計	56/80 (70%)	66/80 (83%)

　会合の回数は若干ではあるが増加する傾向がみられ，2012年以降に開始された公開買付け（24件）に限ってみれば，会合の平均回数は6.96回となる。

　次に，特別委員会の検討期間については，公開買付届出書に検討期間の記載がある事例（66件）の多くは16日～60日に集中しており（66件中51件，割合にして77%），中でも20日～60日の間の期間をとるものが多い（66件中50件，割合にして76%）。平均検討期間は45.5日である。年ごとの検討期間の推移については，2008年以前に開始された公開買付けでは検討期間が特に短いといった傾向が観察できるものの，2009年以降に開始された公開買付けについてみれば，年ごとの検討期間の変化の傾向は特にみられない。公開買付けが開始された時期よりも，案件の規模や新規性，複雑性などの要素の方が特別委員会の検討期間に強い影響を与えているのではないかと推察される。

3.5.2　開示に関する状況の変化

　特別委員会の会合の回数または検討期間に関する公開買付届出書における開示の状況についてみれば，最近になるにつれて開示される事例が確実に増加する傾向にあることが観察できる（【図表9】参照）。2011年以降に開始された公開買付けに限ってみれば，大多数の事例で会合の回数および検討期間が開示されるようになっている（会合の回数については48件中44件〔92%〕で開示されており，検討期間についても48件中44件〔92%〕で開示されている）。かつては，どちらかといえば，特別委員会の会合の回数の方が同委員会の検討期間よりも開示されにくい傾向があったが，現在では，どちらも公開買付届出書において開示されるこ

とが一般的である。

3.6 特別委員会による財務アドバイザーの選任権限

　公開買付届出書において，特別委員会に財務アドバイザーの選任権限が与えられ，同委員会がその権限を実際に行使して財務アドバイザーを自ら選任した旨の記載を確認することができた事例は，特別委員会が設置された80件のうちわずか3件にすぎない（MBOによる公開買付けが2件〔2010年に1件と2013年に1件〕，親子会社間の公開買付けが1件〔2012年〕）。このように，特別委員会に財務アドバイザーの選任権限が付与され，それが行使されたことを確認することができた事例は非常に少ないため，これらの事例を対象に何らかの定量的な分析ができるわけではないが，以上の調査結果をみる限り（また，公開買付届出書において特別委員会への財務アドバイザーの選任権限の付与に関して言及のない事例では，特別委員会に財務アドバイザーの選任権限は与えられていないと考えることが自然であることも踏まえれば），今日であっても，わが国では，特別委員会に財務アドバイザーの選任権限が付与され，それが行使される事例は稀であるといえるだろう。

　近年の米国[21]では，特別委員会が有効に機能するためには，問題となっている利害関係から明確に独立した（特に財務の）アドバイザーの活動が重要であるという認識が広まり，また，利害関係からの影響を十分に遮断するためには，特別委員会が独自にアドバイザーを選任することが望ましいと考えられている[22]。ところが，わが国ではこれまでのところ，財務アドバイザーに対する買収者側からの影響を十分に遮断するという観点に基づく措置の必要性については，実務において必ずしも明確には認識されていないように思われる。

　そのような認識の相違が生じている背景としては，わが国の裁判例において，ごく少数の例外[23]を除けば，特別委員会の有効性を判断するに当たり，同委員

---

[21] 近年の米国における議論については，白井＝仁科＝岡（2015）105頁〔白井正和〕を参照。

[22] 逆にいえば，MBOの場面や親子会社間の企業買収の場面では，対象会社（の取締役会）が選任し，雇用した財務アドバイザーからの情報提供には，潜在的な利益相反の問題が懸念されると考えられている。

[23] 利益相反回避措置の有効性を判断するに当たり，対象会社の取締役会によって財務および法務のアドバイザーが選任されていた点を問題視した数少ない裁判例として，サイバード事件の東京高裁決定（東京高決平成22・10・27資料版商事322号174頁）がある。

会による財務アドバイザーの選任権限の有無が重視されてこなかったことが考えられる[24]。また，特別委員会が組成される前の段階で，対象会社の取締役会がすでに財務アドバイザーを選任してしまっている場合には，重ねて特別委員会に独自の財務アドバイザーを選任させることには，買収者側にとって費用の面で負担が大きいという認識があるのかもしれない（この点については，本書第4章 4.3 も参照）。もっとも，特別委員会による判断または交渉の基礎となる情報への信頼を確保する必要性は，日米で大きな違いがあるとは思われないことからすれば，今後はわが国の実務においても，財務アドバイザーに対する買収者側からの影響を十分に排除するための方策の採用を積極的に促していくことが望まれる。

4 特別委員会の設置以外の利益相反回避措置の現状

次に，MBO による公開買付け 99 件および親子会社間の公開買付け 101 件の合計 200 件の公開買付けを対象として，MOM 条項の採用などの特別委員会の設置以外の利益相反回避措置に関する利用の現状について分析する。なお，以下で紹介する利益相反回避措置に関する利用の現状についての分析の基礎となるデータは，いずれも公開買付届出書に記載されている内容に基づくものである（公開買付届出書の記載内容を越えて個別具体的に調査等をしているわけではない）点は，3 で紹介した特別委員会に関する利用の現状についての分析の場合と同様である。

4.1 MOM 条項の採用

最初に，公開買付届出書の記載を手がかりに，わが国における MOM 条項

---

24) これに対して，米国デラウェア州の衡平法裁判所の判決の中には，（アドバイザーの選任権限が特別委員会に形式的に与えられているというだけでは十分ではなく）支配株主が推薦したアドバイザーを，特別委員会が自ら面接することなく選任したという事実をもって，特別委員会の独立性が欠如していることの有力な証拠であるとするものがある。Kahn v. Dairy Mart Convenience Stores, Inc., Civ. A. No. 12489, 1996 WL 159628, at *8 n. 6 (Del. Ch. Mar. 29, 1996). *See also* Kahn v. Tremont Corp., Civ. A. No. 12339, 1996 WL 145452, at *8 (Del. Ch. Mar. 21, 1996). 財務アドバイザーの選任権限が特別委員会に形式的に与えられているかどうかすら基本的には問われないわが国の裁判例の傾向とは，少なからぬ違いを観察することができる。

【図表10】MOM条項の採用状況とその推移

	MBOによる公開買付け MOM条項採用件数/全件数(割合)	親子会社間の公開買付け MOM条項採用件数/全件数(割合)
2006.12～2007	6/16（38%）	1/18（6%）
2008	9/16（56%）	1/12（8%）
2009	9/15（60%）	1/20（5%）
2010	12/13（92%）	1/20（5%）
2011	21/21（100%）	2/9（22%）
2012	9/9（100%）	3/10（30%）
2013	9/9（100%）	1/12（8%）
合計	75/99（76%）	10/101（10%）

の採用に関する状況をみていくこととする（【図表10】参照）。MBOによる公開買付けまたは親子会社間の公開買付け（合計で200件）のうち，MOM条項が採用された事例は85件あり，割合にして43%を占める。その内訳としては，MBOによる公開買付けでMOM条項が付与された事例は99件中75件（76%）であるが，その一方で，親子会社間の公開買付けでMOM条項が付与された事例は101件中10件（10%）にすぎない。なお，MOM条項が採用されている事例（85件）のうち，対象会社に特別委員会が設置されているものは56件あり，割合にして66%を占める。

MBOによる公開買付けの場面におけるMOM条項の採用状況についてみれば，最近になるにつれてMOM条項が採用される事例が大幅に増加していることが分かる。特に2010年以降に開始されたMBOによる公開買付けでは，その大部分（52件中51件）でMOM条項が採用されている。これに対して，親子会社間の公開買付けの場面におけるMOM条項の採用状況は，近年でも依然として低いままである（2010年以降に開始された親子会社間の公開買付けに限ってみても，51件中7件，割合にして14%でしかMOM条項は採用されていない）。

全体として，わが国でも，MBOによる公開買付けの場面ではMOM条項が採用されることが多く（76%），特に近年ではMOM条項の採用が一般化しつつあるといえる。こうした傾向の背景としては，公開買付けを実施する前の段階における買収者側の対象会社株式に関する保有割合が（親子会社間の公開買付けの場面と比べて）低いMBOの場面では，いずれにせよ非利害関係株主の多数の賛同を得なければMBOを完遂することができない場合が多いため，MOM条

項を採用することで買収者が負担する追加的なコストは相対的に低いと考えられること[25]や，MBO の場面では，買収者は LBO ファイナンスを行う金融機関から多額の買収資金を調達することが通常であると考えられるが，融資に際して金融機関から MOM 条項の採用を促される場合があることなどが挙げられるだろう。

これに対して，わが国では，親子会社間の公開買付けの場面で MOM 条項が採用されることは稀であり（10%），当該場面で対象会社に特別委員会が設置される割合（22%，【図表 1】参照）と比べても，MOM 条項が採用される割合はさらに低い。こうした傾向の背景としては，親会社による子会社少数株主の締出しは，会社法上はすでに親会社が保有している子会社株式の議決権とあわせて 3 分の 2 以上の議決権を確保すれば原則として可能であるため，MOM 条項の採用に伴う効果（特に公正な価格の算定に際しての公開買付価格の形成過程における公正さに関する裁判所の判断に与える効果）が必ずしも明確とはいえない現在の状況の下では，公開買付者（親会社）にとって，公開買付けが成立しにくくなる[26]というデメリットを甘受してまで，親子会社間の公開買付けの場面で MOM 条項を採用する十分なインセンティブがないことなどが考えられる。

4.2 フェアネス・オピニオンの取得

次に，わが国におけるフェアネス・オピニオン[27]の取得に関する状況について確認する（【図表 11】参照）。MBO による公開買付けまたは親子会社間の公開

---

[25] そのため，MBO による公開買付けの場面では，MOM 条項の採用に伴う効果（特に公正な価格の算定に際しての公開買付価格の形成過程における公正さに関する裁判所の判断に与える効果）が必ずしも明確とはいえない現在の状況の下であっても，公開買付者に MOM 条項を採用する十分なインセンティブがある場合は少なくないだろう。

[26] 特に，親子会社間の公開買付けの場面であっても，豊富な資金力を有する一部の投資家が対象会社（子会社）の株式を買い集めるといった事態が生じれば，MOM 条項が採用されていることにより応募株式数が買付予定数の下限を満たさず，公開買付けが成立しなくなることは可能性としてないとはいえない。

[27] フェアネス・オピニオンとは，外部の第三者算定機関が，組織再編や公開買付けの当事会社に対して，買収条件等について財務的見地から公正であることの意見を表明するものをいう（内田＝竹田（2010）14 頁）。なお，日本の実務においてより一般的に用いられている株式価値算定書とは，外部の第三者算定機関が評価対象会社の企業価値を算定した書面をいい，同機関からフェアネス・オピニオンを取得する場合には，株式価値算定書はフェアネス・オピニオンにおける意見表明に当たっての基礎資料としての性質を持つ（永江（2012）33 頁を参照）。

第 10 章 利益相反取引における利益相反回避措置の現状

【図表 11】フェアネス・オピニオンの取得に関する状況

	フェアネス・オピニオンの取得 取得件数/全事例（割合）	特別委員会の設置事例に占める取得割合 取得件数/特別委員会設置事例（割合）
MBO	5/99（5%）	4/58（7%）
親子会社	6/101（6%）	2/22（9%）
合計	11/200（6%）	6/80（8%）

買付け（合計で 200 件）のうち，公開買付届出書において対象会社がフェアネス・オピニオンを取得した旨の記載がある事例は 11 件しかなく，その割合は 6% にすぎない。内訳は，MBO による公開買付けでフェアネス・オピニオンが取得された事例が 99 件中 5 件（取得された年は 2009 年に 1 件，2010 年に 4 件）で割合にして 5%，親子会社間の公開買付けでフェアネス・オピニオンが取得された事例が 101 件中 6 件（取得された年は 2010 年に 3 件，2011 年に 1 件，2012 年に 2 件）で割合にして 6% である。

その上で，対象会社に特別委員会が設置された事例（すなわち利益相反回避措置の導入に一定の配慮が示されたと考えられる事例）を対象に，フェアネス・オピニオンの取得状況を調査したところ，特別委員会が設置された事例のうちフェアネス・オピニオンが取得された事例は 80 件中 6 件（8%）であった。内訳は，MBO による公開買付けで特別委員会が設置された事例のうちフェアネス・オピニオンが取得された事例が 58 件中 4 件（7%），親子会社間の公開買付けで特別委員会が設置された事例のうちフェアネス・オピニオンが取得された事例が 22 件中 2 件（9%）であった。

以上みてきたように，わが国の MBO による公開買付けまたは親子会社間の公開買付けの場面では，今日に至るまで，フェアネス・オピニオンの取得は実務において定着しているとはいい難い。その背景として，フェアネス・オピニオンの取得は費用の面で当事会社に少なからぬ負担を生じさせるにもかかわらず，買収を実現するに当たり，その負担に見合ったメリットを十分に得ることができないと実務において認識されている可能性があるように思われる。わが国の裁判所は，これまでのところ，公正な価格の算定に際しての公開買付価格の形成過程における公正さを判断するに当たり，第三者算定機関から提出された書面がフェアネス・オピニオンかそれとも株式価値算定書かで特に扱いを変えてはいないように見受けられ，また，東京証券取引所が要求する支配株主と

第 2 部　実証編

【図表 12】支配株主との重要な取引等の場面での意見の取得状況とその推移

	親子会社間の公開買付け 意見取得件数/全件数（割合）	【参考】MBO における公開買付け 意見取得件数/全件数
2006.12〜2007	0/18（0%）	0/16
2008	0/12（0%）	0/16
2009	0/20（0%）	0/15
2010	10/20（50%）	0/13
2011	9/9（100%）	5/21
2012	10/10（100%）	1/9
2013	11/12（92%）	2/9
合計	40/101（40%）	8/99

【図表 13】意見の取得先

社外取締役 件数/全件数（割合）	（社外）監査役 件数/全件数（割合）	特別委員会 件数/全件数（割合）	証券会社等 件数/全件数（割合）	弁護士事務所 件数/全件数（割合）
4/48（8%）	18/48（38%）	20/48（42%）	3/48（6%）	3/48（6%）

の重要な取引等の場面での利害関係を有しない者からの意見の取得（東京証券取引所有価証券上場規程 441 条の 2）は，フェアネス・オピニオンの取得に限られない（そして次の **4.3** でみるように，実務上はフェアネス・オピニオン以外の意見が取得されることが通常である）からである。

4.3　支配株主との重要な取引等の場面での意見の取得

　最後に，支配株主との重要な取引等の場面において，当該支配株主との間に利害関係を有しない者からの意見（具体的には，当該取引等が少数株主にとって不利益なものではないことに関する意見）の取得の状況について調査した（【図表 12】参照）。親子会社間の公開買付け（101 件）のうち，公開買付届出書において，当該親会社との間に利害関係を有しない者からの意見を取得した旨の記載がある事例は 40 件あり，全体の 40% を占める。意見を取得する割合は 2010 年中頃から顕著に増加する傾向にあり，2011 年以降に開始された親子会社間の公開買付けでは，ほぼ全ての事例（31 件中 30 件）で意見が取得されている。そのような傾向が生じている原因としては，2010 年 6 月 30 日に施行された東京証券取引所の有価証券上場規程の改正を指摘することができるだろう（東京証券取引所有

価証券上場規程 441 条の 2 の新設[28])。なお，MBO による公開買付けの場面においても，利害関係を有しない者からの意見を取得した事例が 8 件あることが確認できたが，このことは，本章の調査は公開買付届出書の記載内容に基づいており，公開買付届出書に MBO による公開買付けであると記載されている事例の中には，公開買付者が支配株主でもあるものが含まれている可能性があることを考慮すれば，特に不自然な結果ではないだろう。

意見の取得先については，今回の調査で利害関係を有しない者からの意見の取得が確認できた 48 件（公開買付届出書に MBO による公開買付けと記載されているものも含む）のうち，社外取締役からの意見の取得が 4 件（意見の取得事例全体に占める割合は 8%），監査役または社外監査役からの意見の取得が 18 件[29]（38%），設置された特別委員会からの意見の取得が 20 件（42%），証券会社またはコンサルティング会社からの意見の取得が 3 件（6%），弁護士事務所からの意見の取得が 3 件（6%）であった。以上の調査結果から，わが国では，問題となっている公開買付けが少数株主にとって不利益なものでないことに関する意見について，社外監査役または設置された特別委員会から取得する事例が多く，証券会社などの外部の第三者算定機関から当該意見（フェアネス・オピニオンなど）を取得する事例は稀であることが分かる。

5 本章の分析のまとめ

本章では，公開買付届出書の記載を手がかりに，2006 年 12 月 13 日から 2013 年 12 月末日までの間に開始された MBO による公開買付け 99 件および親子会社間の公開買付け 101 件の合計 200 件の公開買付けを対象として，当該公開買付けで採用された旨の記載がある利益相反回避措置の内容をデータ化することで，わが国の利益相反回避措置の現状とその特徴を明らかにした。

本章の調査において明らかになった内容は多岐にわたるが，その中でも，わ

---

28) 東京証券取引所有価証券上場規程 441 条の 2 の新設により，支配株主を有する上場会社は，支配株主と重要な取引等を行う場合は，当該支配株主との間に利害関係を有しない者による，当該取引等が少数株主にとって不利益なものでないことに関する意見を取得しなければならない。

29) なお，18 件のうち監査役から意見を取得したものは 1 件にすぎず，残りの 17 件では社外監査役から意見が取得されている。

が国の利益相反回避措置に関する今後の議論において焦点とすべき点を明確にするという観点から，特に注目に値すると思われる内容としては，次の4つの点を挙げることができるだろう。第1に，特別委員会の設置状況に関して，MBOによる公開買付けの場面では特別委員会はそれなりに設置されていることが確認できたものの（99件中58件，59％），親子会社間の公開買付けの場面では特別委員会が設置される事例は少数にすぎない（101件中22件，22％）。第2に，設置された特別委員会に交渉権限が付与される事例は少なく（80件中13件，16％），特別委員会に財務アドバイザーの選任権限が付与される事例はさらに少ない（80件中3件，4％）。第3に，わが国では特別委員会の委員として社外の有識者を活用する傾向がみられる（特別委員会に1人以上の社外の有識者が入る事例は79件中68件〔86％〕あり，特別委員会の委員の総数に占める有識者委員の数は245人中137人〔56％〕である）。第4に，MOM条項の採用に関して，MBOによる公開買付けの場面では採用が進んでいるものの（99件中75件，76％），親子会社間の公開買付けの場面ではほとんど採用されていない（101件中10件，10％）。

　本章の分析が，わが国で採用されている利益相反回避措置の現状とその特徴に関する認識の共有を可能にするという点で，利益相反回避措置に関する今後の議論の一助となれば幸いである。

参　考　文　献

石綿学＝篠原倫太郎＝石川大輝＝髙橋悠（2013）「MBOにおける特別委員会の検証と設計（上）」金融・商事判例1424号2-16頁

伊藤靖史＝大杉謙一＝田中亘＝松井秀征（2015）『会社法〔第3版〕』（有斐閣）

内田光俊＝竹田絵美（2010）「フェアネス・オピニオンをめぐる諸問題」商事法務1901号14-23頁

加藤貴仁（2009）「レックス・ホールディングス事件最高裁決定の検討（中）」商事法務1876号4-19頁

経済産業省（2007）「企業価値の向上及び公正な手続確保のための経営者による企業買収（MBO）に関する指針」（2007年9月4日公表）

宍戸善一（2012）「判批」ジュリスト1437号92-96頁

白井正和（2013）「利益相反回避措置としての第三者委員会の有効性の評価基準」岩原紳作＝山下友信＝神田秀樹編集代表『会社・金融・法（下巻）』（商事法務）所収

白井正和＝仁科秀隆＝岡俊子（2015）『M&Aにおける第三者委員会の理論と実務』（商事法務）

田中亘（2014）「総括に代えて――企業再編に関する若干の法律問題の検討」土岐敦司＝辺見紀男編『企業再編の理論と実務』（商事法務）所収

寺前慎太郎（2014）「支配株主による締出しの場面における特別委員会のあり方」同志社法学 65 巻 5 号 1581-1666 頁

永江亘（2012）「我が国におけるフェアネス・オピニオンの位置付けと法的問題点（一）」金沢法学 55 巻 1 号 31-61 頁

水野信次＝西本強（2010）『ゴーイング・プライベート（非公開化）のすべて』（商事法務）

吉村一男（2012）「MBO・完全子会社化取引における買収対象会社取締役の義務と第三者委員会設置の意義」経理情報 1302 号 58-63 頁

第11章　株価と売買高から見た情報開示, 応募手続と支配権市場

胥　　鵬

1　はじめに

　本章の目的は，投資家への情報開示，支配権の公正な競争と企業の事業再編行為等の円滑性を保証しようとする公開買付制度の趣旨に照らして，公開買付公表後の株価と売買高を検証することである。まず，公開買付けが市場外の取引であるため，公開買付投資家への情報開示が市場内の制限値幅の基準値に反映されておらず，初日ストップ高が公開買付けの半分弱を占める。ストップ高にもかかわらず，4分の1弱の事例において，売買高が増加する。しかも，ストップ高の翌日の平均日時収益率は 10.74% にも達する。発表日および翌日のストップ高事例を除いてみると，公表日の終値で購入すれば CAR［+1, +5］は 8.51% となる。いずれにせよ，公開買付けの情報開示が直ちに株価に反映されるとは言い難い。その上，応募手続も極めて煩雑である。投資家への情報開示を強化するために，公開買付制度，証券取引所制度と振替保管制度の調和を図るべきである。

　公開買付公表を受けて買付者と対象者の株価がいずれも上昇するが，米国と比べて，同一買付者による買付価格の引上げ，競合買付けや敵対的買収はほとんど見られない。これは必ずしも公開買付けの制度的な理由によるものではない。持合いや安定株主の存在が経営陣を外圧から守る以上，対抗買付けや敵対的買付けの可能性は低い。今後，コーポレート・ガバナンス・コードの導入を機に，株式持合の解消が進み，企業の事業再編行為等の円滑性が一層促進されることを期待する。

本章の構成は以下のとおりである。**2**ではデータと計測方法について説明し，**3**では株価，売買高，ストップ高，企業買収の効率性応募手続とについて説明し，**4**では敵対的買収や対抗買付けの欠如について米国の経験を概観し，株式持合や経営者インセンティブと公開買付けのあり方との関連について分析する。**5**では結論を述べる。

2 データと計測方法

データは森・濱田松本法律事務所のご協力によって構築された公開買付けデータベース（以下，「MHMデータベース」と省略する）である。ただ，MHMデータベースに十分な情報が含まれていない場合には，レコフによるデータも補充的に利用している。修正・解消・不成立の案件や直前株価に対するプレミアムがマイナスの案件は除外されている。日時収益率データは，NPM社のポートフォリオマスターである。

超過収益率 ARt は，実際の収益率からマーケット・モデルによって予測される収益率を引いたものとして推定される。

$$ARt = Rt - \hat{\alpha} - \hat{\beta} Rmt$$

Rt は t の日時収益率，$\hat{\alpha}$ はマーケット・モデルの切片，$\hat{\beta}$ は傾き（ベータ）である。マーケット・モデルの推定期間は，-280日から-31日の間の250日である。

公開買付けについて，公表日前後の買付企業と対象企業の超過収益率を計算する。情報のリークを含めて，公表日前々日から公表日翌々日の間の超過収益率の合計（累積超過収益率）を計算する。下記の手法で買付企業と対象企業に対する加重平均累積超過収益率 *CARC* を計測する。

$$CARC = \{WT/(WT+WA)\} CART + \{WA/(WT+WA)\} CARA$$

ここで，*WT* は対象企業の時価総額から公開買付企業の持分を引いた額であり，*WA* 対象企業の時価総額である。公開買付企業と対象企業の時価総額の変化は下記のように計算できる。

売買高は売買株式数・発行済株式数比率であり，平均売買高計測期間は

[−280, −31]，超過売買高は期間 [−30, +30] の日時売買高から期間 [−280, −31] の平均売買高を引いた値である。

3 株価と売買高

【図表1】からわかるように，公開発表を受けて株価が急騰することが見て取れる。公表後2，3日経っても，超過収益率は相変わらず有意に正であり，これは鞘取りの可能性を示唆する。Ascioglu et al. (2002) は合併・公開買付公表後の売買高と収益率が異常に高いと示した。同様に，【図表2】から公開買付発表後に売買高が急増することが見て取れる。面白いことに，MBOの場合には超過売買が30日間も続き，累積超過売買高は18％に達する。つまり，少なくとも18％以上の株式が売買されている。後述するように，これは応募手続の煩雑さに起因すると考えられる。その結果，応募するよりも市場で売却することを選択する個人投資家が多いと思われる。【図表3】の直前（直近）株価に対するプレミアムが示すように，【図表3】の制限値幅によってストップ高になる事例を考慮しつつ，超過収益率，売買高と鞘取りの可能性について分析しなければならない。

3.1 値幅制限，ストップ高と売買高

極端な需給の偏向や過当投機などによる異常な株価の暴騰・暴落を防ぐために，株価が1日に変動できる上下の幅が制限されている。その値幅制限の上限まで株価が上昇することをストップ高，下限まで下落することをストップ安という。かつてジャスダック証券取引所が行っていたマーケットメイク銘柄では，値幅制限が存在しなかった。これはマーケットメイカーが適切な気配値を提示するシステムであったためであり，値幅制限に代わり，30％以上の株価変動があった場合に15分間の取引停止となるサーキットブレイクという制度が設けられていた。[1] ジャスダック証券取引所は平成20年3月21日にマーケ

---

[1] これは相場の沈静化を促すための手段であったが，実際にはサーキットブレイク解除後も相場が沈静化しないケースも多く，通常の値幅制限のある銘柄とは比較にならないほどの暴騰・暴落を引き起こす銘柄が続出し，サーキットブレイク制度はこのような出来高の多くない新興銘柄に対しては満足に機能したとはいえない結果に終わったといわ

第 2 部　実証編

【図表 1】異常収益率

日付	ALL	MBO	100% 子会社化	買収・資本参加等	資本参加等	上場企業の資本参加等	買収	上場企業による買収
−1	1.10***	1.38***	0.6536**	1.14***	1.02***	0.66**	1.26***	0.84**
0	13.63***	12.96***	13.482***	13.41***	11.67***	11.58***	15.18***	15.00***
1	12.89***	15.68***	13.527***	11.17***	8.87***	9.25***	13.52***	13.95***
2	6.19***	10.15***	5.2393***	4.78***	1.97***	2.06***	7.65***	7.57***
3	3.24***	4.53***	1.6532***	3.26***	1.09***	1.05***	5.48***	5.20***
4	1.11***	2.61***	1.2101***	0.42**	0.04	0.32	0.80***	1.83***
5	0.69***	1.10***	0.6709**	0.56***	−0.15	−0.15	1.29***	1.18***
6	0.27**	0.56**	0.5271*	0.07	0.20	−0.05	−0.06	−0.01
7	0.04	0.13	0.0528	−0.05	−0.62**	−0.70**	0.54**	0.01
8	−0.04	0.14	0.1526	−0.20	−0.41	−0.59*	0.01	−0.02
9	0.19	0.11	0.1365	0.26	0.37	0.42	0.13	0.08
10	−0.01	−0.06	−0.055	0.05	0.44*	0.51*	−0.34	0.04
11	0.22*	0.33	0.1856	0.20	0.31	0.21	0.08	0.10
12	0.15	−0.09	0.2108	0.26	0.11	0.16	0.41*	−0.11
13	−0.18	0.01	−0.11	−0.27	−0.08	−0.13	−0.47*	−0.11
14	0.06	0.17	0.1641	0.02	0.08	0.00	−0.04	−0.06
15	0.17	0.01	0.1433	0.27	0.49*	0.74**	0.04	0.04
16	0.11	−0.09	0.0824	0.21	0.38	0.05	0.05	−0.07
17	−0.22*	0.00	−0.052	−0.39**	−0.40	−0.55*	−0.38	−0.57*
18	−0.39***	0.15	−0.385	−0.68***	−0.87***	−1.30***	−0.49*	−0.24
19	−0.03	−0.03	−0.096	0.00	0.31	0.38	−0.31	−0.31
20	0.16	0.19	−0.11	0.25	0.02	−0.17	0.49	0.07
21	0.09	0.05	0.1792	0.06	0.12	−0.27	−0.01	−0.24
22	−0.10	0.06	0.2675	−0.31*	−0.92***	−1.34***	0.32	−0.18
23	−0.25**	−0.11	−0.319	−0.29*	−0.26	−0.82***	−0.32	0.06
24	−0.23*	−0.12	−0.083	−0.35*	−0.47*	−0.73**	−0.23	−0.32
25	0.08	0.11	−0.171	0.17	−0.12	0.25	0.46*	−0.01
26	−0.13	0.26	−0.118	−0.30*	−0.30	−0.19	−0.30	0.11
27	−0.13	−0.63	−0.389	0.19	0.08	0.43	0.30	−0.44
28	−0.16	−0.31	−0.016	−0.10	0.35	0.28	−0.55**	−0.47
29	−0.46***	−0.34	−0.28	−0.58***	−1.04***	−0.90***	−0.12	−0.43
30	−0.16	0.04	−0.125	−0.31*	−0.57**	−0.22	−0.04	0.04

*, **, ***はそれぞれ 10%, 5%, 1% レベルで有意。

第11章　株価と売買高から見た情報開示，応募手続と支配権市場

【図表2】売買高

日付	ALL	MBO	100%子会社化	買収・資本参加等	資本参加等	上場企業の資本参加等	買収	上場企業による買収
−1	0.060%	0.129%***	0.18%***	−0.021%	−0.086%	−0.030%	0.045%	0.028%
0	0.742%***	0.681%***	0.50%***	0.873%***	0.794%***	0.758%***	0.952%***	0.872%***
1	1.753%***	1.656%***	1.79%***	1.783%***	1.210%***	1.317%***	2.367%***	2.479%***
2	1.794%***	2.094%***	1.83%***	1.637%***	1.182%***	1.195%***	2.102%***	1.932%***
3	1.684%***	2.201%***	1.50%***	1.519%***	0.687%***	0.773%***	2.366%***	2.199%***
4	1.280%***	1.728%***	1.03%***	1.173%***	0.556%**	0.684%***	1.803%***	1.728%***
5	0.879%***	1.507%***	0.76%***	0.633%***	0.151%	0.241%	1.123%***	1.089%***
6	0.777%***	1.082%***	0.98%***	0.551%***	0.111%	0.225%	1.001%***	1.162%***
7	0.566%***	0.925%***	0.56%***	0.398%***	−0.046%	0.017%	0.850%***	0.723%***
8	0.440%***	0.704%***	0.55%***	0.269%**	−0.075%	0.021%	0.620%***	0.711%***
9	0.348%***	0.557%***	0.50%***	0.188%*	−0.104%	−0.043%	0.485%***	0.438%***
10	0.273%***	0.499%***	0.33%***	0.141%	−0.097%	−0.015%	0.382%***	0.395%***
11	0.279%***	0.583%***	0.25%***	0.148%	−0.043%	0.058%	0.344%***	0.383%***
12	0.231%***	0.474%***	0.26%***	0.103%	−0.103%	−0.012%	0.313%***	0.293%**
13	0.166%**	0.379%***	0.19%***	0.057%	−0.131%	−0.064%	0.248%**	0.250%**
14	0.169%**	0.272%***	0.28%***	0.075%	−0.107%	−0.008%	0.260%***	0.313%***
15	0.162%**	0.305%***	0.18%***	0.088%	−0.085%	0.031%	0.264%***	0.319%**
16	0.154%**	0.345%***	0.12%**	0.078%	−0.021%	0.038%	0.178%**	0.273%**
17	0.117%*	0.306%***	0.08%	0.042%	−0.146%	−0.032%	0.233%**	0.324%**
18	0.053%	0.199%***	0.05%	−0.013%	−0.190%	−0.080%	0.166%*	0.238%*
19	0.027%	0.211%***	0.09%*	−0.087%	−0.266%	−0.204%	0.095%	0.068%
20	0.019%	0.202%***	0.05%	−0.080%	−0.202%	−0.146%	0.044%	0.094%
21	0.030%	0.248%***	0.01%	−0.066%	−0.108%	0.019%	−0.022%	0.007%
22	0.035%	0.258%***	0.04%	−0.071%	−0.192%	−0.144%	0.052%	0.033%
23	−0.020%	0.177%***	0.06%	−0.145%	−0.244%	−0.228%	−0.043%	−0.015%
24	0.009%	0.293%***	0.03%	−0.135%	−0.220%	−0.197%	−0.047%	0.017%
25	0.031%	0.268%***	0.02%	−0.076%	−0.225%	−0.196%	0.076%	0.134%
26	−0.003%	0.210%***	0.11%**	−0.153%	−0.274%	−0.208%	−0.030%	−0.016%
27	−0.076%	0.120%***	−0.03%	−0.189%*	−0.289%	−0.232%	−0.087%	−0.042%
28	−0.066%	0.076%***	−0.05%	−0.139%	−0.151%	−0.066%	−0.126%	−0.116%
29	−0.092%	0.083%***	−0.08%	−0.180%*	−0.197%	−0.128%	−0.162%*	−0.148%
30	−0.137%	0.035%*	−0.10%*	−0.232%*	−0.289%	−0.211%	−0.173%*	−0.165%

*，**，***はそれぞれ10%，5%，1%レベルで有意。

【図表3】値幅制限

基準値段		値幅制限	
		2010年1月以前	現行
100円未満		30円	30円
100円以上	200円未満	50円	50円
200円以上	500円未満	80円	80円
500円以上	700円未満	100円	100円
700円以上	1,000円未満	100円	150円
1,000円以上	1,500円未満	200円	300円
1,500円以上	2,000円未満	300円	400円
2,000円以上	3,000円未満	400円	500円
3,000円以上	5,000円未満	500円	700円
5,000円以上	7,000円未満	1,000円	1,000円
7,000円以上	10,000円未満	1,000円	1,500円
10,000円以上	15,000円未満	2,000円	3,000円
15,000円以上	20,000円未満	2,000円	4,000円
20,000円以上	30,000円未満	3,000円	5,000円
30,000円以上	50,000円未満	4,000円	7,000円
50,000円以上	70,000円未満	5,000円	10,000円
70,000円以上	100,000円未満	10,000円	15,000円
100,000円以上	150,000円未満	20,000円	30,000円
150,000円以上	200,000円未満	30,000円	40,000円
200,000円以上	300,000円未満	40,000円	50,000円
300,000円以上	500,000円未満	50,000円	70,000円
500,000円以上	700,000円未満	100,000円	100,000円
700,000円以上	1,000,000円未満	100,000円	150,000円
1,000,000円以上	1,500,000円未満	200,000円	300,000円
1,500,000円以上	2,000,000円未満	300,000円	400,000円
2,000,000円以上	3,000,000円未満	400,000円	500,000円
3,000,000円以上	5,000,000円未満	500,000円	700,000円
5,000,000円以上	7,000,000円未満	1,000,000円	1,000,000円
7,000,000円以上	10,000,000円未満	1,000,000円	1,500,000円
10,000,000円以上	15,000,000円未満	2,000,000円	3,000,000円
15,000,000円以上	20,000,000円未満	3,000,000円	4,000,000円
20,000,000円以上	30,000,000円未満	4,000,000円	5,000,000円
30,000,000円以上	50,000,000円未満	5,000,000円	7,000,000円
50,000,000円以上		10,000,000円	10,000,000円

(出典：日本取引所グループ東京証券取引所・内国株の売買制度・制限値幅（http://www.jpx.co.jp/equities/trading/domestic /06.html））.

ットメイク制度を廃止し，平成20年4月1日よりリクイディティ・プロバイダー制度を導入した際に，サーキットブレイクが値幅制限に変更された。

　証券取引所では，1日の売買における値動きの幅を前日の終値または最終気配値段などの基準値段に応じて一定に制限している。ただし，制限値幅が拡大される特例措置が設けられている。例えば，東京証券取引所は「3営業日連続で(1)ストップ高（安）となり，かつ，ストップ配分も行われず売買高が0株」，「(2)売買高が0株のまま午後立会終了を迎え，午後立会終了時に限りストップ高（安）で売買が成立し，かつ，ストップ高（安）に買（売）呼値の残数ありのいずれかに該当した場合，その翌営業日から制限値幅を拡大することとしております。このような措置を取る場合は，随時マーケットニュースでお知らせします」[2]としている。

　【図表3】の制限値幅からわかるように，【図表4】に示した公表直前終値に対するプレミアムが制限値幅を超えるケースは多くみられる。ストップ高を確認するために，株価が公表直前終値に制限値幅を加えた値に等しいかどうかで確認した。【図表4】に示したように，公表直後のストック高株価が確認されたサンプル数は188例，公開買付全体の半分弱であり，平均日時収益率は21.82％，発表日平均異常売買高からわかるように，投資家が普段より売買を控えているとはいえない。ただし，公表日から連続2日ストップ高の91例において，初日も2日目も平均超過売買高がマイナスであり，初日と2日目の平均日時収益はそれぞれ20.16％，18.60％である。

　公開買付けの条件変更は原則として自由である（金商27条の6第2項）が，買付け等の価格引下げ，買付予定の株券等の数の減少，買付け等の期間の短縮，その他政令（金商令13条2項）で定める買付条件等の変更はできないとしている（金商27条の6第1項）。したがって，公開買付価格に鞘寄せすることは投資家に被害を与え，流通市場の取引に大きな影響を与えることが考えられない。確かに，ただ乗り[3]（free rider）によって，株価が公開買付価格を超えて急騰することは考えられる。しかし，これは公開買付価格を基準とする制限値幅を決めるべ

　　れていた。
　2)　日本取引所グループ東京証券取引所・内国株の売買制度・制限値幅（http://www.jpx.co.jp/equities/trading/domestic /06.html）。
　3)　Gorssman and Hart (1980)．

【図表4】ストップ高，株価と売買高

発表日ストップ高

	平均	標準偏差	対象会社数
直前株価に対するプレミアム	60.81968	47.51964	188
発表日異常収益率	21.82433	8.992704	188
発表日異常売買高	0.0016569	0.0203756	188
発表翌日異常収益率	13.38178	8.72748	188
発表3日目異常収益率	5.900958	8.931972	188
発表4日目異常収益率	4.195894	9.880497	188
発表5日目異常収益率	0.836475	4.178318	188
発表6日目異常収益率	0.422678	3.544565	188

発表日ストップ高かつ売買高増

	平均	標準偏差	対象会社数
直前株価に対するプレミアム	50.16389	33.6704	72
発表日異常収益率	24.28243	9.628744	72
発表日異常売買高	0.0092958	0.0295736	72
発表翌日異常収益率	10.74648	8.887513	72
発表3日目異常収益率	3.620852	7.383077	72
発表4日目異常収益率	2.545405	8.462049	72
発表5日目異常収益率	0.5974232	2.709466	72
発表6日目異常収益率	0.2485294	1.381393	72

発表日から連続2日ストップ高

	平均	標準偏差	対象会社数
直前株価に対するプレミアム	81.96154	47.71218	91
発表日異常収益率	20.16277	8.68894	91
発表日異常売買高	−0.0018125	0.0093953	91
発表翌日異常売買高	0.0000102	0.0096845	91
発表日と翌日累積異常売買高	−0.0018022	0.0163382	91
発表翌日異常収益率	18.60216	6.890063	91
発表3日目異常収益率	11.94387	8.721032	91
発表4日目異常収益率	8.474253	12.4404	91
発表5日目異常収益率	1.290067	5.278056	91
発表6日目異常収益率	0.3533595	3.01995	91

きである。公開買付けによる競売は支配権の公正な競争[4]を促すための支配権市場（control market）のルールである。したがって，できるだけ高い支配株式取得のプレミアムが株主に平等に分配されるために，公開買付制度は投資家への情報開示を保証しようとするものである。また，金融商品取引所に上場されている株券等の場合に，公開買付者は，当該公開買付届出書を提出した後，直ちに当該公開買付届出書の写しを当該金融商品取引所等に送付しなければならない（金商27条の3第4項）。ただし，公開買付けの電子開示は，金融商品取引所等に対する書類の写しの提出等に代わるとされる（金商27条の30の6）。いずれにせよ，これは，開示された情報が直ちに株価に反映されるための措置ともいえよう。

注文を受付処理する時間が0.5ミリ秒未満になる高速取引の時代に，公開買付発表日ストップ高や連続2日ストップ高ということは，市場外取引の公開買付けの情報開示が直ちに市場価格に反映されることが大幅に遅れることである。投資家に広く知らせる意味から，公開買付制限値幅公開買付価格に鞘寄せする，あるいは公開買付価格等の条件に応じて制限値幅を拡大する臨時措置を取ることと同時にマーケットニュースで知らせる等，公開買付価格情報を素早く株価に反映させるように制限値幅の基準値を公開買付価格に寄せる運用は考えられる。**3.2**で取り上げるが，株価が素早く公開買付価格に寄せられれば，公開買付けに気づいていない既存株主が支配権プレミアムを割安で手放してしまうことも避けられる。

3.2 公開買付けと鞘取り

値幅制限によって株価上昇率が公開買付けの前日（直近）株価に対するプレミアム率より低い場合には，公開買付けの情報が周知されていれば，公開買付価格に鞘寄せするまで合理的な投資家は売り注文を出さないため，ストップ高の株価で取引が成立しないまま終了することになる。少なくとも，出来高が通常と比べて極端に低いはずである。にもかかわらず，188例の4割弱の72例

---

[4] 例えば，平成18年証取法改正で他の者が公開買付けによる買付けなどを行っている場合において，3分の1を超えて所有している者が公開買付期間内に5%（金商令7条5項・6項）を取得しようとするときは，公開買付けによらなければならない（金商27条の2第1項・2項）。

第2部　実証編

【図表5】発表日から連続2日通常取引——株価と売買高
発表日から連続2日通常取引

	平均	標準偏差	対象会社数
直前株価に対するプレミアム	25.88095	26.47843	126
発表日異常収益率	8.767034	12.62499	126
発表日異常売買高	0.0212274	0.0314304	126
発表翌日異常売買高	0.0196823	0.0267784	126
発表翌日異常収益率	5.93269	11.55188	126
発表3日目異常収益率	0.669582	4.463294	126
発表4日目異常収益率	0.8020732	3.835275	126
発表5日目異常収益率	0.4841092	5.632422	126
発表6日目異常収益率	0.6257679	5.040463	126

発表日から連続2日通常取引かつ直前株価に対するプレミアム＞発表日収益率

	平均	標準偏差	対象会社数
直前株価に対するプレミアム	27.0955	27.51651	111
直前株価に対するプレミアム—発表日収益率	19.19642	26.10632	111
発表日異常収益率	7.364667	11.51982	111
発表日異常売買高	0.0204075	0.0314696	111
発表翌日異常売買高	0.0206902	0.0281204	111
発表翌日異常収益率	6.834775	11.98963	111
発表3日目異常収益率	0.8287457	4.694678	111
発表4日目異常収益率	0.9369307	4.05742	111
発表5日目異常収益率	0.836097	5.033009	111
発表6日目異常収益率	0.2636398	2.565206	111

において，投資家が普段より活発に売買しており，ストップ高の翌日の平均異常収益率と翌々日の平均異常収益率はそれぞれ10.74％，3.62％にも達する。公開買付公表前の平均売買高を目安に，ストップ高の株価で取引が成立しないはずなのに，取引が公開買付公表日前の平均水準以上に行われる，すなわち，支配権取得プレミアムより安い価格で株式を売却してしまう投資家もいることは見て取れる。連続2日ストップ高にもかかわらず，91事例のうちの34の事例において，連続2日も通常より多くの売買が行われたことがわかるため，3日目と4日目の累積異常収益率は13％を超える。

　公開買付けの情報が周知されていれば，公開買付価格に鞘寄せするまで合理的な投資家は売り注文を出さないため，ストップ高の株価で取引が成立しない

まま終了することになる。少なくとも，株価が公開買付価格に鞘寄せするまでに，出来高が通常と比べて極端に低いはずである。売買高を分析するには，ストップ高の要素が考慮されるべきである。初日も2日目もストップ高にならなかった126の事例の売買高が【図表5】に示してある。初日と2日目の超過売買高は発行済株式数の2.12％，1.97％である。

　公表日ストップ高または公表日翌日ストップ高となった事例を除いた公開買付けに限定しても，【図表5】からわかるように公表日終値で購入すればCAR［＋1，＋5］は8.51％となる。いくら公開買付けに応募するにはコストがかかるといえども，8％を超える鞘取り機会（arbitrage opportunity）は効率市場仮説と相容れないものである。鞘取り機会の理由は2つ考えられる。1つは，公開買付公表日の収益率が直前株価に対するプレミアム（前日（直近）株価に対する公開買付プレミアム率，公開買付価格／前日（直近）株価終値－1）を下回ることである。もう1つは，公開買付価格に鞘寄せしてさらに上昇することである。前者は，公開買付けの情報を知らずに，公開買付価格より低い価格で株式を売却してしまう事例である。公開買付公表日ストップ高および公開買付公表日翌日ストップ高を除いて，公開買付公表日株価上昇率と直前株価に対するプレミアム率との差が正となる公開買付111事例に限定してみると，CAR［＋1，＋5］は変わらず9.70％となる。

　公開買付けの情報が周知されていれば，上述したように公開買付公表日の翌日の終値で購入しても超過収益が得られることは考えにくい。以下，公開買付公表後の超過収益率に関連して，公開買付けの情報開示のあり方を検討する。第2章で論じられるように，公開買付者は，当該公開買付けについて，その目的，買付け等の価格，買付予定の株券等の数，買付け等の期間その他の内閣府令で定める事項を公告しなければならない（金商27条の3第1項，以下，「公開買付開始公告」という）。具体的に，内閣府令で定めるところにより，公開買付開始公告は，開示用電子情報処理組織を使用する方法により不特定多数の者が公告すべき内容である情報の提供を受けることができる状態に置く措置をとる方法（以下，「電子公告」という）または産業および経済に関する事項を全般的に報道する日刊新聞紙を含む時事に関する事項を掲載する日刊新聞紙に掲載する方法（以下，「新聞公告」という）が定められ，電子公告による公告をする者は，内閣府令で定めるところにより，当該公告をした後遅滞なく，当該公告をした旨

を，時事に関する事項を掲載する日刊新聞紙に掲載しなければならない（他社株府令9条1項・2項・3項）。

「不特定且つ多数の者に対し均一の条件で，あらたに発行される有価証券の取得の申込を勧誘する」募集・売出しに対応することから，「不特定且つ多数の者に対し均一の条件で，既に発行された有価証券の売付の申込をし，又はその買付の申込を勧誘する」公開買付けは，投資家保護のための特別開示が必要になるとされる。[5] 他方，公開買付けは企業のM&A（買収・合併）として多く利用されてきている。以下は合併手続の情報開示と比較する。吸収合併の場合において，各当事会社は，各当事会社の株主（新株予約権者）に対し，株式（新株予約権）買取請求の通知・公告をしなければならない（会社785条3項4項・787条3項4項・797条3項4項・806条3項4項・808条3項4項）。これに加えて，簡易合併・略式合併を除いて，吸収合併等をするために株主総会の決議を要する場合に，合併承認決議を承認する総会の招集の通知を発しなければならない（会社783条1項・795条1項・804条1項）。さらに，債権者の手続も必要である（会社789条2項・799条2項・810条2項）。

平成14年開示用電子情報処理組織による手続の特例等に関する内閣府令が施行されて以来，「電子公告」は一般的になってきている。新聞に加えて，インターネットなどによる「電子公告」は投資家に周知させる有効性は飛躍的に増加してきているといえよう。公開買付けの情報開示に関しては，さらに改善の余地がないかを検討したい。例えば，上述した電子公告による公告をする者は，当該公告をした後遅滞なく，当該公告をした旨を，時事に関する事項を掲載する日刊新聞紙に掲載しなければならない規定における「日刊新聞紙」に加えて，インターネット広告による公開買付開始公告の旨の伝達は考えられないか。近年，活字離れ現象で[6]新聞発行部数も1世帯当たりの購読部数も漸減している。とすると，インターネットより新聞を主な情報源とする高齢者にも，インターネットを主な情報源とする者にも，公開買付けの情報がより広く伝達されるべきである。

さらに，「TOBとは何か？ 私の株はどうなるの？」といった個人投資家の

---

5) 近藤＝吉原＝黒沼（2015）。
6) 日本新聞協会・調査データ（http://www.pressnet.or.jp/data/circulation/circulation01.php）。

リテラシーが考慮されるべきである。とりわけ，公開買付けの条件をわかりやすく伝えるべきである。もちろん，個人投資家は本来株式投資信託で資産を運用すべきだという点から，公開買付けを理解しないことや安い値段で支配権プレミアムを手放してしまうことは自己責任だと片付けることはできるかもしれない。しかし，MBO企業は機関投資家の投資対象となっていない銘柄が多いため，簡単に投資家の自己責任だと片付けることに留意すべきである。

3.3 応募手続

第2章で既に指摘されているように，米国法を参考に日本の公開買付規制が導入・改正されてきたにもかかわらず，株主に対してわかりやすい方法で情報の伝達をするという方針を採用する現在の米国制度と比べて，日本の情報開示は公開買付けや買付価格の算定を正当化しようと躍起になっている。公開買付けへの応募方法のあり方も，株主に対して現在の取引口座から振替代理人の公開買付口座への振替えという応募方法が現在の米国法では広く採用されており，応募取引のみを行うために公開代理人において新たな口座を開設することを応募株主に強いるという日本のあり方とは異なる。比較法の検討と異なって，応募方法の国際比較は必ずしも十分に検討されていないため，以下は，公開買付けへの応募の手続に関して日米比較を試みる。

3.3.1 日本の応募手続および情報開示

保有株式の公開買付けに応募するには，「公開買付代理人（または公開買付復代理人）の証券会社（以下，代理人証券会社）」へ証券総合口座を開設した上で，「現在証券総合口座がある証券会社（以下，現行証券会社）」から代理人証券会社へ，当該株式の移管手続を行う。代理人証券会社への当該株式の移管手続は，現行証券会社へ「口座振替依頼書」を請求し，当該書類に必要事項を記入・捺印の上返送すればよい。当該株式が移管され，公開買付代理人もしくは公開買付復代理人側で残高が確認されると，公開買付けへの応募が可能となる[7]。公開買付代理人である金融商品取引業者に新規に口座を開設する場合，印鑑のほか，本人確認書類が必要になる。また，既に口座を有している場合であっても，本

---
7) 株式の振替手続には，「口座振替依頼書」が返送されてからかなり日数を要するとされる。

人確認書類が必要な場合がある。

　公開買付代理人のウェブサイトを追っていくと，公開買付けの応募自体には，手数料はかからないと見られる[8]。同じ野村證券→口座開設→公開買付け（TOB）ウェブサイトでは，応募の手数料については株券等を記録している金融商品取引業者から公開買付代理人に口座振替する際に，手数料がかかるケースがあるとされるが，他社が公開買付代理人となる公開買付け等への応募のために他社へ預け替えをする場合の手数料は不要だというSMBC日興証券のウェブサイトも見られる[9]。証券会社間での株式移管は，一般口座間（一般預り区分としての移管），または，特定口座間（特定預り区分としての移管）のみ，手続可能となる。みずほ証券のように，TOBへの応募に関する取引のみを行うTOB専用口座を開設するケースも見られる[10]。株券の電子化に伴い証券保管振替機構に預託されなかった特別口座で保有される株式については，応募に当たっては特別口座の株式を公開買付代理人にある取引口座に振り替える必要がある[11]。

　最も面白いことは，NISA口座で保有している株式を公開買付け（TOB）に応募する手続である。カブドットコム証券では[12]，公開買付代理人取扱いの公開買付けについては，NISA口座のまま応募することが可能であり，譲渡益は非課税となる。他社取扱いの公開買付けの応募の場合は特定口座もしくは一般口座へ振替手続が必要であり，NISA口座から特定・一般口座への振替日をもって非課税措置は終了となる。NISA口座から特定口座へ振り替えた場合，振替日の終値をもとに計算された取得価額が引き継がれ課税計算される。NISAから一般口座へ振り替える場合，手続は電話にて済ませることができるが，特定口座へ振り替える場合は，書面での手続が必要となる。前掲野村證券の公開

---

8) 野村證券のTOB関連ウェブサイトを参照（https://www.nomura.co.jp/retail/stock/tob/）。

9) SMBC日興証券の場合には，一般口座の他社への振替が無料であるが，特別口座の他社への振替が銘柄毎一律1000円となっている。詳細については，SMBC日興証券の「お預け替え」を参照（http://www.smbcnikko.co.jp/service/payment/transfer/index.html）。

10) http://www.mizuho-sc.com/product/stock/tob/pdf/about_tob.pdf

11) みずほ証券「公開買付応募手続き手順B，C」ウェブサイトを参照（http://www.mizuho-sc.com/product/stock/tob/flow.html）。

12) カブドットコム証券「Q & A よくあるお問い合わせ」を参照（http://kabucom.custhelp.com/app/answers/list/c/39,96/）。

買付けウェブサイトでは単位未満株も公開買付けの対象となっており，応募方法は単元株の場合と同様であるとされるが，株式ミニ投資で保有する株式は応募できないとする金融商品取引業者も見られる。[13]

　公開買付届出書に公開買付代理人の住所，ウェブサイト，応募手続および本人確認の旨が開示されているが，本人確認書類等の詳細については，公開買付代理人に確認することになる。また，公開買付者は，応募株主等による契約の解除があった場合においても，損害賠償または違約金の支払を応募株主等に請求することはないこと，および契約の解除の応募株券等の返還に要する費用も公開買付者の負担とする旨が公開買付けの開始に関する知らせと公開買付届出書で開示される。そこでは，どのような口座を開設すべきか，口座開設費用，口座管理費用や振替費用に関する開示には一切触れていない。公開買付代理人以外の証券会社に開設された NISA 口座で保有している株式を応募すると，非課税扱いを受けられなくなることも理解しがたい。

3.3.2　米国の公開買付けの応募手続と情報開示

　既に第2章で説明されたように，SEC への届出とは別に，主に公開買付け関連情報の添付書類（exhibits）をまとめた数ページの Schedule TO の提出も規定されている。日本の公開買付届出書に相当するものは，添付書類 Exhibit (a)(1)(A) の OFFER TO PURCHASE FOR CASH になる。

　Exhibit (a)(1)(A) では，応募および応募契約の解除の締切期日時刻，公開買付けの概要と情報代理人（Information Agent）とディーラー・マネジャー（Dealer Manager）の情報開示に続いて，重要情報として，応募方法が開示される。日本との比較で重要なのは振替保管の株式の応募手続なので，振替保管の株式の応募についてみると，振替代理人（the Depository of the Offer）の振替口座への株式振替を記載した Agent's Message（Book-Entry Confirmation of a Book-Entry Transfer）または送付状（the Letter of Transmittal，振替の場合にのみファックスでの送付は可能）

13）　SMBC 日興証券の「よくあるご質問」の公開買付けを参照（http://faq.smbcnikko.co.jp/smbnikko/web/faq/result.asp?Option=0&NodeID=315&DispNodeID=0&CID=0&Text=&Field=&KW=&KWAnd=1&Attrs=&Rows=&Page=0&Bind=&SearchID=&Sort=&NB=1)。

および関連書類を振替代理人に送付する。[14] 米国振替保管機関 DTC (the Depository Trust Corporation) の Automated Tender Offer Program (ATOP) は，現金および株式対価の公開買付けの応募および応募の契約の解除（撤廃）手続のペーパーレスのために開発されたシステムであり，1990年代に既に広く利用されていた。[15]

株券で応募する場合は，株券，送付状 (the Letter of Transmittal) および関連書類を振替代理人に書留で郵送する。本人名義であれば，株券も振替も応募手続は無料である。本人名義ではなく，ブローカー，ディーラー，商業銀行，信託銀行とノミニーの名義で保有している株式の場合，ブローカー，ディーラー，商業銀行，信託銀行とノミニーを通して応募することになるが，手数料がかかるケースがある。売却代金の源泉徴収 (Backup Withholding) の免除のために，応募株主は taxpayer identification number（納税者番号），源泉徴収対象外の証明とその他の源泉徴収の処理方法のいずれかを振替代理人に伝えなければならない。日本と同様，公開買付けに係る契約の解除に伴う費用は公開買付者の負担とする。こういった応募に関する情報は，Exhibit (a)(1)(A) の 2. Acceptance for Payment and Payment for Shares, 3. Procedures for Accepting the Offer and Tendering Shares, 4. Withdrawal Rights と 5. Certain United States Federal Income Tax Consequences の部分で開示される。

既述のように，日本と異なって，本人名義も金融機関名義も，株券も振替保管も，公開買付けへの公募に当たって，株主が振替代理人において口座を持っていない場合に新たに TOB 専用口座も一般取引口座も開設する必要はないのである。この点については，公開買付けへの応募に当たって，既に取引口座を開設しているにもかかわらず，応募のみを行うためにさらに応募株主に公開買付代理において口座を開設することを強いることが改められるべきである。また，ペーパーレス振替保管を前提にすれば，米国も応募株主と振替代理人との書類のやり取りの代わりに，応募株主が通常の株式取引と同じようにネットや

---

14) ブリヂストンのペップ・ボーイズ社に対する買収の際の OFFER TO PURCHASE FOR CASH を参照（http://www.sec.gov/Archives/edgar/data/1656711/000104746915008657/0001047469-15-008657-index.htm）。

15) The Depository Trust Corporation ANNUAL REPORT 1990 を参照（http://3197d6d14b5f19f2f440-5e13d29c4c016cf96cbbfd197c579b45.r81.cf1.rackcdn.com/collection/papers/1990/1990_0101_DTCAR.pdf）。

電話経由で既存証券会社を通じて応募と応募契約の解除をすることができるように改めるべきである。既に取引口座を持っている以上，投資家の情報を既存証券会社から振替代理人に伝えることができるはずである。

3.3.3　ペーパーレス応募手続へ向けて

　米国のように，全ての金融商品取引業者にある口座から振替代理人の公開買付口座へ振り替えることで，公開買付けへの応募および応募契約の解除を受け付けることは，日本でも可能である。現に，合併の場合には，日本の株式等振替制度の導入によって，吸収合併の対価として消滅上場会社の株主に割り当てられる存続上場会社の振替株式について，証券会社は証券保管振替機構からの合併情報の通知に基づき，効力発生日に全ての加入者の口座について消滅会社株式の数に割当比率を乗じた数の存続会社株式の記録と，消滅会社株式の抹消を行う[16]。また，各当事会社の株主総会の通知（必要な場合）については，振替機関が株主確定日における振替口座簿の記録事項を発行会社に通知する（社債株式振替151条）。もちろん，証券会社から振替機関への報告や振替機関から発行会社への通知は，原則として全て「電磁的」に処理される。

　公開買付けが迅速に行われるように，公開買付けへの応募手続の簡素化が重要だと思われる。振替制度を活用して，米国も日本も，応募，応募の撤回なども「電磁的」に簡単に対応できるはずである。公開買付代理人の役割の1つは，応募株式数を常時確認することである。応募株主は現行の取引口座から公開買付代理人が証券保管振替機構において開設した公開買付専用口座へ株式を振り替えた上で本人確認書類等を公開買付代理人に送付すれば十分である。また，一般口座，特定口座とNISA口座の情報はもちろん，マイナンバーも公開買付代理人に提供することができる。つまり，公開買付代理人以外の証券会社に開設されたNISA口座で保有している株式を応募する場合には非課税扱いが受けられなくなることも避けられる。

　公開買付けは「市場外」取引に該当し，とりわけ，MBOや100％子会社化などのバイアウトで金融商品取引所の上場企業数が減少し，ひいては手数料収

---

16)　株式分割や株式併合が行われるときも，同様に加入者の口座において自動処理される。

入減につながる。[17]「市場外」取引を理由に，金融証券取引所や証券会社は公開買付けの応募手続の簡素化に消極的だということは理解できる。しかしながら，上場時に株式を高値で株主に買ってもらって，株が半値ぐらいに落ちてバイアウトするような企業を上場させたのは，金融証券取引所である。上場から「株が半値ぐらいに」落ちた会社は，株式発行による資金調達の必要性と可能性が乏しく，すなわち，上場を維持するメリットは薄いといえよう。他方，上場維持のためのコストは，日本版SOX法対応等もあって，増加してきている。いたずらに上場を維持しても，投資家にも会社にもメリットはあまりなく，長期的には取引所にもメリットはない。重要なのは，将来株価が半値に落ちるような株を上場時に高値で購入しないように，投資家のリテラシーを鍛えたり上場規則を見直したりすることである。

　もちろん，公開買付後に再上場，その後に再度公開買付けで再々上場の事例は現れないとは限らない。同様に，再上場後1，2年以内に意図的に業績を悪化させ，再度公開買付けを行い，3～5年後に再々上場する，すなわち，公開買付けが悪用されることが懸念される。公開買付けの悪用を防ぐためには，公開買付けの制度改善だけではなく新規上場IPOの制度改善も必要である。

3.4　公開買付者株価，対象者株価と加重平均超過収益率

　米国の1980年代のM&Aが価値を創造するかどうかについて，Jensen and Ruback (1983) は，買収企業 (bidder) と対象企業 (target) への時価総額加重平均超過収益率が有意に正だと報告した。以降，Jarrell, Brickley, and Netter (1988)，Eckbo (2009)，Andrade, Mitchell, and Stafford (2001)，Martynova and Renneboog (2007)，Betton, Eckbo, and Thorburn (2008) も，同じ結果を確認してきている。上述した企業買収の際に対象企業の株価が大幅に上昇することに対して，買収者の超過収益率が低くしかもマイナスだということがよく知られている。これについて，Roll (1986) は買収者の自信過剰あるいはうぬぼれ仮

---

[17]　東京証券取引所の斉藤惇社長（当時）は2011年2月22日の定例記者会見で，「上場時に株式を高値で株主に買ってもらって，増資もし，リスクマネーを取り，株が半値ぐらいに落ち，株主がうるさくて事業ができないので上場廃止するというのは，心情的には，非常に不快だ。投資家を愚弄していると思う」との見解を示した（日本経済新聞電子版2011年2月22日）。

【図表6】買付会社と対象会社の株価

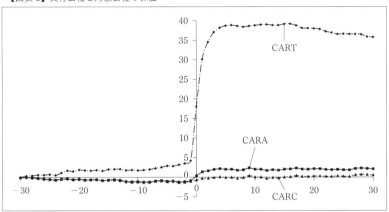

説を唱えた。未だに，買収発表を受けて買収者の株価が下落する現象は謎となっている。

公開買付者が上場企業に限定して，公開買付者と対象者の超過収益率および−31日の時価増額で加重平均した超過収益率を計算した。【図表1】からわかるように，公開買付者の株価が公開買付公表の30日前から少し下がって，やがて上昇に転じる。【図表6】に示したように，公開買付者の公表前々日から公表翌々日までの5日間の累積超過収益率CARA [−2, +2] は1.30%，1%レベルで有意である。加重平均累積超過収益率CARC [−2, +2] は3.20%，1%レベルで有意である。これに対して，対象者の超過収益率CART [−2, +2] は33.92%，1%レベルで有意である。加重平均超過収益率が対象者の超過収益率と比べてはるかに小さいことから，公開買付者の時価総額が対象者の時価総額をはるかに上回ることが見て取れる。公開買付者と対象者の時価総額の増加はそれぞれ77.17億円，48.84億円である。平均合計時価総額増加は126億円である。米国では，CARA [−2, +2]，CARC [−2, +2]，CART [−2, +2] はそれぞれ−1.34%，1.59%，23.27%[18]である。時価総額増加はそれぞれ

---

18) 留意してほしいのは，米国における買収対象者への超過収益率と比較する際に，イニシャル・オーファーに続いて対抗オーファー（contests）が行われる点である。つまり，成立した買収発表以前に買収プレミアムが既に提示されており，米国の買収が成立した案件の発表時前後のCART [−2, +2] は直前に提示された買収プレミアムの上乗

−215.87百万ドル，−26.69百万ドル，190.71百万ドルとなっている。

米国の結果と比べて，公開買付者の株価が下がらない点は面白い。その理由として，次のことが挙げられる。まず，日本では現金による公開買付けがほとんどだということに対して，米国では株式交換も多くみられる。Betton, Eckbo, and Thorburn（2008）によると，買収者の規模が大きい場合に，全部株式交換と全部現金の公開買付者の超過収益率がそれぞれ−2.21％，−0.03％である。小規模の買収者の場合に，現金による買収の超過収益率は3％，5％レベルで有意である。株式効果による買収になると，株価が過大評価される買収者は現金買収よりも株式交換を選ぶという仮説は，Myers and Majluf（1984）の"pecking order"に由来する。[19]理由は様々であるが，対抗公開買付けがほとんど行われない点も考えられる。4では，対抗公開買付け，すなわち，公開買付けのオークション（auction）という側面を取り上げたい。

4 対抗公開買付け，経営支配権市場と企業統治

日本と異なって，米国の買収・公開買付けは交渉とオークション（auction）の色彩が強い。米国の対象会社の株価の累積超過収益率CART $[-2, +2]$ は25％，−30％である。しかし，交渉と対抗オーファーを考慮に入れると，長期にわたる超過収益率よりもプレミアムを計算すべきである。ここで初回の買収公表日前の42日間の平均株価がプレミアムの基準価格として用いられる。すると，初回に提示されるイニシャル・プレミアムは45％，最終回に提示されるファイナル・プレミアムは46％になる。合併と公開買付けのイニシャル（ファイナル）・プレミアムはそれぞれ47％（50％），44％（45％）である。単一買収価格提示の場合のプレミアムは45％である。複数価格提示の場合には，イニシャル・プレミアムは41％，ファイナル・プレミアムは53％にも達する。特筆すべきことは，敵対的買収のイニシャル（ファイナル）・プレミアムは49％（61％），友好買収のイニシャル（ファイナル）・プレミアムは44％（45％）を上回る。

経済産業省『企業価値報告書——公正な企業社会のルール形成に向けた提

せ分である。

[19] 情報の非対称性以外に，税制も重要である。現金か株式かの選択に関して，数多くの実証分析が行われている。詳しいことについては，Eckbo（2009）を参照されたい。

案』（平成 17 年 5 月 27 日）で取り上げられた事例によると，オラクルがピープルソフトに対する TOB で，ピープルソフトは，オラクルの初回の買収提案を拒否した。初回に提示された買収価格は直前の市場価格とほぼ同じだった。オラクルはピープルソフトの導入していたライツプランの発動を警戒し，数度にわたり買収価格の引上げを行うが，ピープルソフト側の同意は得られず，TOB が長期化した。最終的にピープルソフト取締役会は社長を解任し，買収価格条件交渉に移行した。2014 年 12 月 13 日に，オラクルが株式公開買付価格を 1 株 24 ドルから 26.5 ドルに引き上げたことを受けて，ピープルソフトが買収に合意した。買収交渉の期間に約 1 年半を要したため，買付価格は当初の価格 16 ドルより 60％ 高い。しかし，最終回の買収超過収益率 CART $[-2, +2]$ は 10％ にすぎないが，当初の 16 ドルで計算すると，プレミアムは 60％ に達する。

　Betton, Eckbo, & Thorburn（2009）では，買収価格の訂正が詳細に分析されている。同じ買収者が 2 回目に提示する価格は 1 回目よりも 8％ 高く，初回提示価格に対する 2 回目の提示価格のプレミアムは 1 回目のプレミアムの 24.4％ に相当する。同じ買収者が最終回に提示する価格は 1 回目よりも 13.21％ 高く，初回提示価格に対する 2 回目の提示価格のプレミアムは 1 回目のプレミアムの 35.93％ に相当する。競合する買付けの場合に，2 回目の提示価格は 1 回目よりも 13.90％ 高く，初回提示価格に対する 2 回目の提示価格のプレミアムは 1 回目のプレミアムを 45.20％ 上回る。最終回の提示価格は 1 回目よりも 17.86％ 高く，初回提示価格に対する 2 回目の提示価格のプレミアムは 1 回目のプレミアムの 59.70％ に相当する。1973〜2002 年の 30 年間の 10,806 件のうちの 862 件は買収価格が訂正された案件で，511 件は敵対的買収である。

　米国の 1980 年代の公開買付けは敵対的買収と特徴づけられ，主要上場会社の半数以上が公開買付けを経験していた。とりわけ，対象会社の資産を担保にジャンクボンドで資金を調達する leveraged buyout（LBO）という手法が考案され，業績改善や株主価値の向上に貢献した。例えば，Jensen（1986）は，オイルショックの石油価格急騰がもたらしたキャッシュ・フローを石油価格の下落後も株主に還元せずに，油田開発・精製設備投資や多角化経営に投下し続けた米国の石油会社を例に，フリー・キャッシュ・フロー仮説こそ 1980 年代の敵対的買収を説明することができる最も有力なものだと力説した。米国の第二次

バイアウトブームは，1980年代のバイアウトと比べて以下の特徴が見られる。Guo, Hotchkiss & Song (2011) によると，プライシングはコンサバティブとなり，バイアウト後の負債比率は1980年代ほど高くない。ポスト・バイアウトの経営業績は同業他社の業績をやや上回る程度にすぎない。

単純比較は難しいが，米国の対抗買収と比べて，「MHMデータベース」における日本での対抗公開買付けはわずか2件しかない。条件修正の件数は計9件である。日本の株価が長年低迷していたことから，スティール・パートナーズのようなアクティビスト投資家が日本に進出して，米国の1980年代の敵対的買収を仕掛けていたが，買収防衛策の発動に終わってしまった（胥=田中 (2009)）。ちなみに，ブルドックソースの買収防衛は短期的にも長期的にも企業価値の向上につながらなかった（胥 (2015)）。対抗公開買付けもソトーをめぐるホワイト・ナイトのNIFバイアウトマネジメントとスティール・パートナーズの事例程度である（胥 (2011)）。

なぜ，日本では敵対的買収と対抗公開買付けが少ないのか。Grossman and Hart (1980) によると，一株一票と多数決は，企業価値を高めるために設計された買収ルールであり，株式を売買すると同時に議決権を売買する経営支配権市場メカニズムである。株主の権利は受益権 (cash flow rights) と経営参加権 (control rights) に分類される。一株一票は，全ての株主の受益権と経営参加権の比率が実質的に均等でなければならない。一株一票を歪める慣行として，ピラミッド型所有構造および株式持合が挙げられる。持合株式の議決権を実質的に行使するのは，持合株主の上場会社の経営陣である。経営陣が会社の株式をわずかしか所有しないことから，持合株式の実質的な受益権と経営参加権の比率は0である。つまり，持合いとは，持合企業同士の経営陣が何も投資せずに持合いによってサポートされる経営者の経営支配権の維持という"株主の共同の利益"を共有するのである。

1990年代後半に上場企業の株式所有構造が大きく変容し，金融機関との株式持合が一部解消されるようになった結果，一部の日本企業が物言う株主や敵対的買収の圧力に晒されることになった。それと同時に，華やかに注目されていた事前警告型買収防衛策の裏に，一部の企業では静かな株式持合という"究極の防衛策"が復活した。これは，公開買付け，とりわけ，敵対的公開買付けや対抗公開買付けが広がることを妨げている背景である。持合比率に回帰した

結果，2010年3月期から金融庁は株式持合状況を開示するよう義務づけるようになった。

　持合いや安定株主の存在が経営陣を外圧から守る以上，敵対的買収が急増して対抗公開買付けに展開する可能性は低い。他方，外国人機関投資家持株比率が過半数を占める，すなわち，持合比率が非常に低い企業は，規模が大きく業績が比較的に優れるため，敵対的買収のターゲットとなるものが少ない。かつての日本の公開買付制度は，諸外国の制度に比べて，公開買付けを行う者，とりわけ，外国の企業に不利で，対象会社には有利だという指摘があった。平成2年の証券取引法の改正においては，大量保有開示ルールの導入と同時に，公開買付制度が見直された。さらに，平成18年改正による金融商品取引法は，支配権の公正な競争を図る観点から，制度改善が図られたといわれている。確かに，公開買付けが着実に利用されるようになってきている。上述したように，証券市場における価格機能の十分な発揮や企業の事業再編行為等の円滑性の確保が公開買付けの制度改革だけでは達成されない。公開買付けが利用されてこなかった理由について，「一般的に，敵対的な公開買付けはなかなか行い難いこと，友好的なものであっても，敢えて市場外において不特定多数を相手とする公開買付けによる必要はなく，市場での取引又は相対取引で十分であったこと等によるものであり，必ずしも制度的な理由によるものではないと考えられる」と20数年前に論じられていたことは，今も変わっていないといえよう。[20]

　結局，日本の公開買付けの多くは，100％子会社化，MBOと関連会社などのインサイダーによるものである（胥（2011））。安定株主や持合中心の所有構造，上場子会社の所有構造およびオーナー経営の所有構造の共通点は，内部者支配である。外部者による経営権奪取の可能性が皆無に近いため，日本の公開買付けはオークションにはならない。潜在的に複数のファンドや企業が公開買付けで対抗する可能性こそ，最も重要な利益相反回避措置である。潜在的な対抗公開買付けを計算に入れて，インサイダーは買付価格を提示しなければならない。また，既述のように，対抗公開買付者が現れた場合に，公開買付価格を引き上げなければならない。買収防衛策と異なって，インサイダーは高い買付価格で防衛しなければならないのである。もちろん，独立社外取締役も潜在的

---

[20] 近藤＝吉原＝黒沼（2015）（注72），証券取引審議会不公正取引特別部会平成元年5月31日「株式等の大量の保有状況に関する情報の開示制度の在り方について」。

な対抗公開買付けを視野に公開買付者と交渉することになる。

　第2章，第4章，第5章と第10章で論じられているように，利益相反回避措置として，公開買付価格の公正性を裏づけるように公開買付届出書などの公開買付けに関する開示規制や特別委員会の設置などの措置が講じられている。対象会社の事業計画における収益や投資計画，一般に公開された情報等の諸要素等を前提に株式価値を算出するDCF法も同業他社の株価や収益性等を示す財務指標との比較で対象会社の株式価値を算定する類似会社比較法も，公開買付公表以前の所有構造の下での公開情報と公表直前の対象会社の株価に基づくものである。このような株式価値算定は，金融機関によって大きく異ならないと思われる。

　重要なことは，株式価値算定は，公開買付けによる企業価値の向上，すなわち，支配権プレミアムの分配に立ち入らない点である。つまり現状の株主構成のままで事業を継続した場合の企業価値を反映した公表直前の対象会社の株価を上回る限り，公開買付価格は全部公正であるとされる。むしろ，買収資金を調達する目的で公開買付者が金融機関等の投資家に提示した株式価値算定は，支配権が公開買付者へ移転することを前提とするため，過小評価の可能性が小さくより信頼できる。が，交渉や対抗公開買付け，すなわち，オークションは，現行の買付者への支配権移転による価値向上を含めて，第5章で論じられている株主にとっての最善の価格（"the best price"）を発見する市場メカニズムである。このメカニズムは，株式価値算定に関する情報開示と関係ないのである。

　その上，買付価格を引き上げるように公開買付者と交渉するインセンティブは，独立性が乏しい対象会社の取締役会や権限・責任が曖昧な特別委員会にあるかどうかもいささか疑問である。とりわけ，仮に第三者が親会社やMBOの公表後に公開買付けの意向を表明した場合に，日本では，対象会社の取締役会が公開買付価格に基づいて第三者の提案が優れていると意見表明することは考えられるだろうか。最近，ブリヂストンは2015年10月，米タイヤ販売大手ペップ・ボーイズと1株15ドルでの買収契約を結び，11月に公開買付けを始めたが，12月になってアイカーン氏も買収の意向を表明し，ブリヂストンの提示価格を上回る価格を示した。一連の引き上げ合戦を経て，直近ではブリヂストンの1株17ドルに対して，アイカーン氏が買収価格を1株18.5ドルに引き上げた。対象会社のペップ・ボーイズは12月28日にアイカーン氏の提案が

優れていると表明し，ブリヂストンに対案の提示を求めていた。それを受けて，ブリヂストンは，公開買付価格を上げないと発表し，買収を断念した。

　ブリヂストンとアイカーン氏の公開買付価格引上げ合戦からわかるように，公開買付けによる経営支配権の取引がオークションである。オークションによって，企業価値の向上が最大限に達成される。既述のように，日本の公開買付けは，近年大きな発展を遂げたものの，オークションには程遠いものである。これは，必ずしも制度的な理由によるものではなく，日本企業の企業統治のあり方によるものである。とりわけ，株式持合いとオークションで身売りする企業文化の欠如が挙げられる。

　2015年6月1日から適用されたコーポレートガバナンス・コードでは，株式持合の開示と説明が求められる。これを受けて，2014年度は多くの企業で政策保有銘柄数は減らされた。また，保有の意義を認められる場合を除き保有しない基本方針を打ち出したメガバンクもある。説明義務を果たすために，どこまで詳細にすればいいかは判断が難しいが，コンプライ・オア・エクスプレイン（C or E）というコードの基本方針から，説明の仕方については各社の裁量が大きいと思われる。エクスプレインが株主総会において行われる点から，株式持合を持合株主に説明することは堂々巡りにほかならない。したがって，C or Eだけでは，持合いが早期に大きく変わる展開は見通しにくい状況である。

　幸いなことに，物言うアクティビスト投資家が保有株式を売却して株主に還元すべきだと圧力をかけることが見受けられる。物言う株主が矢面に立ってNOを突きつける際に，機関投資家が共鳴して協調することも重要である。とりわけ，海外機関投資家持株比率の高い企業において，株主の声に経営者はきちんと向き合わざるを得なくなる。長年にわたる低ROEを高めない限り，どんなに説明を繕っても海外機関投資家が納得しないことから，海外機関投資家率の高い主要企業を中心に，株主協調行動によって持合いが徐々に解消されていく可能性は考えられる。これは，張り巡らされた持合いの網に穴を開けることになる。2000年以降，銀行が保有できる株式時価総額を自己資本の範囲内に制限する株式保有制限法によって，銀行の持株比率が大幅に低下した。最近，金融庁は景気悪化や相場下落に備えて，3メガバンクに対し政策目的で保有している持合株の圧縮を求める等と，2015事業年度の金融行政方針を発表した。銀行資本規制によって，事業会社と銀行との持合いが大きく低下するとも考え

られる。

　企業価値向上と株主還元を要求する物言う株主にとって錦の御旗となるコードの導入を機に株式持合が徐々に解消されれば，諸外国並みにアクティビストが活躍できるようになる。ひいては，対抗公開買付けや敵対的買収も可能になるため，オークションによる経営支配権市場がより機能するようになる。さらに，株式所有構造の変化から，影響を受け経営者の業績連動型報酬の比重が高まれば，企業再生の選択肢の1つとして，オークションで会社の早期身売りが日本で定着することが期待される。

5　結　び

　本章は，公開買付発表後の対象会社の株価と売買高から，日本の経営支配権市場との関連で，金商法等の公開買付けに対する情報開示規制等の制度的な理由以外の要素を取り上げて分析を試みた。公開買付制度の目的は，投資家への情報開示を保証することである。情報開示を直ちに株価に反映させるには，証券取引所の制限値幅の基準値を公開買付価格に鞘寄せするように調和を図るべきである。個人投資家に対しては，公開買付けの情報開示がわかりやすく行われるように改善する必要がある。応募手続については，公開買付代理人の証券会社に新たに取引口座を開設する慣行を改め，既存の証券会社から応募できるように手続の簡素化が図られるべきである。

　上場会社による公開買付けの場合，米国と異なって，公開買付会社の株価が有意に上昇する。一連の金商法の改正にもかかわらず敵対的公開買付けや対抗公開買付けがなかなか行い難いことは20年以上経っても変わっていない現状から，情報開示強化などの公開買付けの制度改革よりも，持合解消によってオークションで会社を身売りする企業文化の定着などの企業統治改革が重要である。もちろん，第6章で論じられているように，強制公開買付規制制度そのものも敵対的公開買付けや対抗公開買付けの妨げにならないように注意深く設計されなければならない。

　本章の内容は多岐にわたるが，強制公開買付規制制度に関する分析内容を補完する制度外の要因を取り上げる点で，今後の議論の一助となれば幸いである。

謝辞

本稿の作成に当たり，森・濱田松本法律事務所から公開買付けデータベースのご提供に深く感謝申し上げる。また，田中亘教授をはじめ，森・濱田松本法律事務所の諸先生方，研究会メンバーの皆様から貴重なコメントをいただいた。本研究はJSPS科研費26285021, 16H03659および法政大学の助成を受けたもの成果であり，記して感謝する。

参 考 文 献

近藤光男＝吉原和志＝黒沼悦郎（2015）『金融商品取引法入門〔第4版〕』（商事法務）
胥鵬（2015）「ブルドックは企業価値の番犬か」田中亘＝中林真幸編『企業統治の法と経済――比較制度分析の視点で見るガバナンス』（有斐閣）所収
胥鵬（2011）「日本における経営権市場の形成――バイアウトを中心として」宮島英昭編著『日本の企業統治』（東洋経済新報社）所収
胥鵬＝田中亘（2009）「買収防衛策イン・ザ・シャドー・オブ株式持合い――事例研究」商事法務1885号4-18頁
Andrade, G., Mitchell, M. & Stafford, E. (2001), "New evidence and perspectives on mergers", *Journal of Economic Perspectives*, vol. 15, pp. 103-120.
Ascioglu, N. A., T. McInish & R. Wood (2002), "Merger Announcements and Trading", *Journal of Financial Research*, Vol. 25, pp. 263-78.
Betton, S., Eckbo, B. E. & Thorburn, K. S. (2008), "Corporate takeovers", In: Eckbo, B. E. Ed.), *Handbook of Corporate Finance: Empirical Corporate Finance*, vol. 2, pp. 291-430. chap. 15, (Elsevier/North-Holland, Handbooks in Finance Series).
Betton, S., Eckbo, B. E. & Thorburn, K. S. (2009), "Merger negotiations and the toehold puzzle", *Journal of Financial Economics*, vol. 91, pp. 158-178.
Eckbo, B. Espen (2009), "Bidding strategies and takeover premiums": A review, *Journal of Corporate Finance*, vol. 15, pp. 149-178.
Grossman, S. J. & Hart, O. D. (1980), "Takeover bids, the free-rider problem, and the theory of the corporation", *Bell Journal of Economics*, vol. 11, pp. 42-64.
Guo, S., Hotchkiss, E. S., & Song, W. (2011), "Do buyouts (still) create value?" *The Journal of Finance* vol. 66 No. 2, pp. 479-517.
Jarrell, G. A., Brickley, J. A. & Netter, J. M. (1988), "The market for corporate control: the empirical evidence since 1980", *Journal of Economic Perspectives*, vol. 2, pp. 49-68.
Jensen, M. C. (1986), "Agency costs of free cash flow, corporate finance, and takeovers", *American Economic Review*, vol. 76, pp. 323-329.

Jensen, M. C. & Ruback, R. S. (1983), "The market for corporate control", *Journal of Financial Economics*, vol. 11, pp. 5-50.

Martynova, M. & Renneboog, L. (2007), "Sources of transaction financing in corporate takeovers", *Working paper. Tilburg University*.

Myers, S. C. & Majluf, N. S. (1984), "Corporate financing and investment decisions when firms have information that investors do not have", *Journal of Financial Economics*, vol. 13, pp. 187-221.

Roll, R. (1986), "The hubris hypothesis of corporate takeovers", *Journal of Business*, vol. 59, pp. 437-467.

第2部実証編へのコメント

久保田修平＝松下 憲＝根橋弘之

　第2部実証編においては，公開買付価格その他の条件，公開買付けに付随する第三者割当て，利益相反取引，応募割合や公開買付け後の株価動向等の幅広い観点から日本の公開買付けについて実証分析がなされており，各論文とも，実務家としても大変興味深い内容となっている。そのうち，第9章の第三者割当増資と第10章の利益相反取引については，第1部制度編の内容と重なるところもあることから，第2部のコメントとしては，第7章，第8章および第11章を対象としている。

1 第7章に対するコメント

　第7章は，わが国で実施される公開買付けの価格その他の条件や公開買付けの周辺事実について，記述統計により，その状況を明らかにするものであり，日ごろ公開買付けに関与する実務家にとって興味深い内容になっている。第7章により明らかにされた事実の中に，公開買付価格に付されたプレミアムは，公開買付け後にスクイーズ・アウトを実施しない場合よりもスクイーズ・アウトを実施する場合の方が多く設定されているところ，スクイーズ・アウトの方法として，ストック・アウトが実施された場合は，キャッシュ・アウトが実施された場合よりも少なく設定されているというものがある。このように，どちらもスクイーズ・アウトという同じ目的を有している取引であるにもかかわらず，キャッシュ・アウトよりストック・アウトの方がプレミアムが少なく設定される背景について，少し考えてみたい。

　ストック・アウトとは，買収会社が，株式対価の株式交換または吸収合併を実施し，買収会社の株式を交付することにより，対象会社から少数株主をスクイーズ・アウトする取引である。したがって，ストック・アウトが実施された

事例のほとんどにおいて，買収会社は上場会社となっている。ストック・アウトを実施する場合，二段階買収における公開買付けの強圧性を排除するため，公開買付届出書において，公開買付け後に実施する株式交換または吸収合併に係る交換比率または合併比率は，対象会社株式の評価を公開買付価格と同一の価格とする旨が記載されることが多い。

実務上，株式対価の組織再編においては，買収の対象となる会社の株主に対して交付する対価の算定に際して，シナジーを加算する必要がないため，ストック・アウトを行う前に行われる公開買付けにおいても，対象会社の市場株価に対してプレミアムを付加する必要がない，またはプレミアムは少なくてよいと主張されることがある。かかる主張には，会社法の施行により組織再編の対価が柔軟化される際の議論が影響しているものと思われる。すなわち，株式対価の組織再編について株式交換を例に見ると，株式交換の当事者双方の企業価値を算定し，その比率に応じて交換比率を定めれば，株式交換完全子会社の株主も株式交換後は株式交換完全親会社の株主として，シナジーを当該交換比率に応じて享受することができるため，企業価値が適正に評価されてさえすれば，交換比率の決定に際してシナジーを考慮する必要がないとされる。他方，現金対価の組織再編を行う場合，株式交換完全子会社の株主は株式交換完全親会社の株主として残ることができないため，当事者の企業価値だけではなく，株式交換により生じるシナジーも算定した上，それを対価の額に適正に反映しなければ，株式交換完全子会社の株主の利益が害されることになるというものである（藤田友敬「企業再編対価の柔軟化・子会社の定義」ジュリ1267号106頁（2004），田中亘「組織再編と対価柔軟化」法学教室304号78頁（2006））。

しかしながら，仮に株式対価の組織再編における対価を定めるにあたりシナジーを考慮する必要がないとしても，公開買付けに応じて株式を売却する株主には，買収会社の株式が交付されるわけではない。また，買収会社が上場会社である場合，上場株式は，流動性の影響はあるものの（反対に，同一の価額に相当する金銭と上場株式では，流動性の影響がない分，金銭の方が価値があると考えることもできる），金銭と実質的に同様であると考えることができるので，キャッシュ・アウトの場合と区別して考える必要性は低いものと思われる。したがって，かかる議論は，上場株式を対価として行うストック・アウトにおいて，キャッシュ・アウトよりも公開買付価格に付されるプレミアムが低くてよい理由として

は，説得力に乏しいように思われる。

　実務上も株式対価の組織再編を利用した企業買収が行われる場合，対象会社の株主に対して対象会社の企業価値の金銭的評価にプレミアムを加算した金額を基に算出される数の買収会社の株式が交付されることも多い。このようにストック・アウトにおいて，プレミアムが低くてよいということは，M&A 実務においても共通の認識とは言えないものと思われる。

　ここで，ストック・アウトが実施された事例を分析すると，その約半数が買収会社が対象会社の親会社である事例となっている。第 7 章によれば，MBO 取引またはキャッシュ・アウトにおいては，その他の取引と比較してプレミアムが高くなっているのに対し，子会社取引・関連会社取引の場合にはプレミアムが高くはならない。これらによれば，ストック・アウトのプレミアムが低いのは，子会社取引・関連会社取引のプレミアムが低いことに原因があるのではないかと考えることもできる。そして，第 5 章においても指摘されているとおり，親会社による上場子会社の完全子会社化取引においては，買収会社が既に対象会社の支配権を保有しており，当該取引により支配権の移転は生じないため，上場子会社の株主はコントロール・プレミアムを享受すべき立場にないとの見解もあり（経済産業省「企業価値の向上及び公正な手続確保のための経営者による企業買収（MBO）に関する指針」21 頁），その分プレミアムが低く設定されている可能性がある。また，第 10 章のとおり，わが国においては，親会社による上場子会社の完全子会社化取引は，構造的な利益相反が存するにもかかわらず，MBO 取引と比較して，公正性を担保するための措置が厳格には講じられていないものが多い。かかる状況において，親会社である買収会社がその地位を利用して，プレミアムを低く抑えているということであれば，問題があると思われる。

2　第 8 章に対するコメント

　第 8 章は，公開買付けにおける対象者の株主の応募行動に影響を与える要因について，相関係数による分析や回帰分析を用いた検証を行っている。その結果，支配プレミアムの多寡よりも，公開買付届出書等において，スクイーズ・アウトの意図表示（公開買付けが成立した場合にはスクイーズ・アウトを実施すると

いう買付者の意図の表明）がなされているか否かが対象者の株主の応募行動に非常に強い影響を及ぼしていることを明らかにした上で，スクイーズ・アウトは本質的に強圧性（保有株式の売却を促す圧力）を有しているとの結論を導き出している。さらに，上記分析を踏まえ，公開買付けへの応募という側面においては価格メカニズムが十分に機能していないのではないかとの疑問を呈している。

　対象者株主の応募行動に強い影響を与えているのは，支配プレミアムよりもスクイーズ・アウトの意図表示であるという指摘は，実務的にも非常に興味深いものである。第8章でも指摘されているとおり，機関投資家において，スクイーズ・アウトの意図表示が行われた場合には機械的に応募または市場売却を選択している場合があることからも，スクイーズ・アウトの意図表示が対象者株主の応募行動に一定の影響を与えていると考えられる。

　その一方，実務上，スクイーズ・アウトが予定されている公開買付けにおいては，公開買付代理人がより安定的なスクイーズ・アウトを実施するためまたは買付予定数の下限を上回るようにより多くの対象会社株主から応募を得ることを目指して，対象者の株主に対して積極的な周知・勧誘が行われることが多い。他方，公開買付代理人が対象者の上場維持を意図してスクイーズ・アウトが予定されていない公開買付けの場合には，応募が多数となり上場廃止という結果を招くことのないよう（また，スクイーズ・アウトを予定していない場合で，かつ，大株主からの応募により買付予定数の下限を満たすまたはほぼ満たす場合にはより多数の株主からの応募がなされる必要がないため），公開買付代理人としてはスクイーズ・アウト案件ほど積極的な周知・勧誘は行わないという実務が存在する。このように，スクイーズ・アウト案件においては，買付者によるスクイーズ・アウトの意図表示のみならず，公開買付代理人からの積極的な勧誘・説得の結果として，公開買付けへの応募または市場での売却を決定した株主が一定数存在することが考えられる（市場売却の場合，いわゆる裁定取引業者（アービトラージャー）が当該株式を買い集めた上で公開買付けに応募することとなるため，応募率は上昇すると考えられる）。

　スクイーズ・アウトそのものの強圧性の有無を検討するに際しては，統計的分析に加えて，上記のような統計に基づく分析が困難な実務上の運用が存在し，これが対象者株主の応募行動に影響を与えている可能性があるという点についても考慮する必要があろう。

　また，第8章は，上記の価格メカニズムの機能不全に対する一つの回答の

方向性として，公開買付期間の延長義務の導入を提案している。この点，いずれにせよスクイーズ・アウトによって保有株式を取得されてしまうのであれば，スクイーズ・アウトを待つことなく，より早期に現金化した方が望ましいと考え，買付価格に満足しているか否かにかかわらず市場で売却する株主にとっては，公開買付け成立後の買付期間の延長により，公開買付けの成立が決定した後，延長期間中に支配プレミアム等の取引条件を基準として応募の是非を判断することができるようになる。その意味で，上記のような株主に関しては，スクイーズ・アウトの持つ強圧性を軽減し，価格メカニズムが作用する状況の実現に資するものとして傾聴に値するものと考えられる。

もっとも，第2章でも指摘されているとおり，公開買付期間の延長義務を採用した場合，対象者株主としては当初の買付期間に応募するインセンティブを失い，その結果として，強圧性の軽減にとどまらず，公開買付けの成立が阻害されるという弊害も考えられる。また，公開買付けに応募するための口座開設等の手続を考えると，延長期間についてはある程度の期間が必要であり，第2章でも10営業日が目安とされている。その結果，公開買付期間が長期化することで買収会社における事務的，手続的コストが増加し，第8章や第2章にも記載のとおり，公開買付けという買収手段の利用が阻害されてしまう可能性も考えられよう。

公開買付期間の延長義務の採否については，上記のように延長義務が対象者株主や買収会社に与える影響も踏まえ，強圧性の軽減効果と公開買付けの阻害効果がどの程度認められるのか等を複合的に考慮の上，今後，慎重に検討を要するものと考える。

3 第11章に対するコメント

第11章は，わが国で実施される公開買付け公表後の対象会社の株価およびその売買高，公開買付けの応募手続の日米の違い，公開買付者の株価等について，記述統計を用いてその状況を明らかにするものである。

第11章に明らかにされた事実の中で，公開買付けに携わる実務家として大変興味深いものとして，公開買付け公表後，公開買付価格の公開買付け公表直前の市場株価終値に対するプレミアムが，取引所の制限値幅を超えるにもかか

わらず、公表直後の対象会社の株式の売買高が通常の取引高よりも増加するというものがある。具体的には、公開買付け公表直後にストップ高となった188件のうちの4割弱の72件において、また2営業日連続ストップ高となった91件のうちの4割弱の34件において、ストップ高にもかかわらず普段より活発に株式の売買がなされているとのことである。公開買付けの情報が公表され、かかる公開買付価格が公表前の市場株価に比べて取引所の制限値幅を超えるプレミアムが付されている場合には、合理的な投資家であれば、市場価格が公開買付価格に近接するまでの間、売却をしない（したがって、ストップ高の株価のまま取引が行われない）ことが想定されるにもかかわらず、実際にはそうなっていない。この理由として、第11章においては、①日本において公開買付けの情報の周知が不十分であること、さらに、②日本においては公開買付けの応募手続きが煩雑であることが挙げられている。

　また、上記①の解決方法として、第11章では、取引所において、公開買付けが公表された場合には、公開買付価格情報を素早く株価に反映させるように制限値幅の基準値を公開買付価格に寄せる運用を提言している。制限値幅は、適正な株価形成と不測の損害からの投資家保護を目的として、株価の異常な暴落・暴騰を防ぐために設けられている。第11章においても触れられているとおり、制限値幅は一定の場合には拡大される措置が設けられており、また、経営破たんや重大な不祥事等により整理銘柄に指定された銘柄は、取引所が指名した場合には指定してから最初の約定の決定日までは下限値幅のみ撤廃され、新規上場銘柄については、上場初日は公募価格を基準価格として、その4倍を上限、基準価格の25％を下限価格として通常の制限値幅よりも柔軟な制限が設けられている（東京証券取引所・呼値の制限値幅に関する規則2条2項2号・3項）。第11章による周知方法として提言されたインターネット広告は、現状でも、EDINETや取引所のホームページにより公開買付開始公告や公開買付けに係るプレスリリースが開示されている実態を鑑みると、どこまで効果があるかは明確ではないものの、公開買付価格までの制限値幅の幅を拡大することは、投資家への周知方法および市場への公開買付価格の早期反映という観点からすると、今後検討するに値する有意義な示唆である。

　第11章が指摘する上記②の理由は、公開買付けに応募するためには公開買付代理人またはその復代理人の証券会社に口座を開設する等の一定の時間や手

続が必要となることから，実務上も共感できるものである。なお，公開買付期間中の市場取引が通常時よりも活発となる理由の1つとしては，上記の応募手続の煩雑性に加えて，100％子会社化（MBOを含む）を目的とする公開買付けの場合には，公開買付け公表後，市場株価は公開買付価格に近接した価格で推移することから，短期間でほぼ公開買付け価格と同額で現金化することができる市場売却の方が，（公開買付期間にもよるが）公開買付開始から決済まで1〜2か月間要する公開買付けへの応募に比べて，投資家に好まれるということも考えられる（現に，第11章【図表2】においても，100％子会社化，MBOの事例においては，より長期間にわたり売買高の超過売買が継続している）。

判 例 索 引

最高裁判所

最決平成 12・3・10 民集 54 巻 3 号 1073 頁 ……………………………………………………… 111
最決平成 21・5・29 金判 1326 号 35 頁 …………………………………………………………… 212
最判平成 22・7・15 判時 2091 号 90 頁 …………………………………………………………… 212
最決平成 24・2・29 民集 66 巻 3 号 1784 頁 ……………………… 179, 196, 200, 213, 217, 219, 220, 222
最決平成 28・7・1 金判 1497 号 8 頁 ……………………………………………………… 198, 223, 224

高等裁判所

東京高判昭和 48・7・27 判時 715 号 100 頁 ……………………………………………………… 132
東京高決平成 20・9・12 金判 1301 号 28 頁 ………………………………………………… 110, 319
大阪高決平成 21・9・1 判タ 1316 号 219 頁 ……………………………………………………… 179
東京高決平成 22・10・27 資料版商事 322 号 174 頁 ……………………… 179, 180, 363, 367, 373
東京高決平成 23・3・1 民集 66 巻 3 号 1943 頁 ………………………………………………… 179
東京高判平成 23・12・21 金法 1946 号 129 頁 …………………………………………………… 93
東京高判平成 25・4・17 判時 2190 号 96 頁 ………………………………………………… 107, 215
東京高決平成 25・10・8 金判 1429 号 56 頁 ……………………………………………… 179, 213, 363
東京高決平成 28・3・28 金判 1491 号 32 頁 …………………………………………………… 223, 224

地方裁判所

東京地決平成 16・6・1 判時 1873 号 159 頁 ……………………………………………………… 153
東京地判平成 19・7・19 刑集 65 巻 4 号 452 頁 ………………………………………………… 241
東京地決平成 21・9・18 金判 1329 号 45 頁 ……………………………………………… 179, 180, 362, 363
東京地判平成 22・3・31 民集 66 巻 3 号 1921 頁 ………………………………………………… 179
大阪地決平成 24・4・13 金判 1391 号 52 頁 ……………………………………………………… 287
大阪地決平成 24・4・27 判時 2172 号 122 頁 …………………………………………………… 362
神戸地決平成 24・5・8 金判 1395 号 40 頁 ……………………………………………………… 110
東京地決平成 25・3・14 金判 1429 号 48 頁 ………………………………………………… 179, 363
東京地決平成 25・9・17 金判 1427 号 54 頁 ………………………………………………… 179, 363
東京地決平成 25・11・6 金判 1431 号 52 頁 ………………………………………………… 180, 363
東京地決平成 27・3・4 金判 1465 号 42 頁 ……………………………………………… 213, 220, 223
東京地決平成 27・3・25 金判 1467 号 34 頁 …………………………………………… 213, 220, 223

事項索引

A-Z

act in concert　→共同行為者
ADR ································· 74
appropriate offer ······················ 28
Best-Price Rule ················ 23, 24, 25
Bright-Line Test ······················ 24
CAR ································ 332
Code ································ 26
comparable offer ······················ 28
Control Premium ···················· 305
DCF 法 ·························· 76, 81
DCF 方式 ···························· 282
EBO ································ 343
EDINET ······························ 64
equitable price ······················· 29
ESMA ······························ 254
EU 企業買収指令 ················ 26, 29
EU 買収指令 ························ 237
financial buyer ······················ 273
Integral-Part Test ····················· 24
LBO ファイナンス ·················· 376
Lynch 判決 ·························· 207
MAC 条項 ············ 92, 96, 100, 101
MBO ·· 76, 109, 161, 169, 194, 312, 313, 317, 319,
　　324, 330, 343, 405
MBO 指針 ······················ 199, 363
MEBO ······························ 343
MFW 判決 ·························· 207
MHM データベース ················ 2, 9
Minimum Price Requirement ······ 26, 27, 28
MOM 条件 ·························· 302
MOM 条項 ···· 164, 189, 190, 191, 195, 221, 313,
　　324, 326, 370
　　──の機能 ················ 171, 184
　　──の採用状況 ················ 375
　　──の訴訟上の効果 ············ 183
Panel ································ 26
PBR ······················ 315, 317, 326
Revlon 義務 ······················ 8, 203
Schedule TO ·························· 69
Securities Exchange Act of 1934 ·········· 23
see through value ····················· 28
strategic buyer ······················ 273
Takeover Panel ······················· 26

TOB 開始後の到達率 ············ 311, 316
toehold ····························· 277
Weinberger 判決 ···················· 207
White List（EU 買収指令）·········· 254
Williams Act ························· 23

ア　行

相対取引 ····························· 68
預け替え ···························· 396
アベノミクス ························ 292
移管手続 ···························· 395
意見表明報告書 ················ 79, 107
萎縮効果 ····························· 75
異常超過収益率 ···················· 332
1 年前高値 ··········· 314, 316, 324, 325
イベント・スタディ ················ 332
インセンティブ・プラン ············· 48
ウィリアムズ法 ················ 57, 74
ウェブサイト告知 ···················· 70
売　出 ······························· 65
ウルフパック戦術 ············ 245, 246
英国 Takeover Code ············ 237, 321
エージェンシー関係 ················ 168
エージェンシー・コスト ············ 169
エージェンシー問題 ················ 168
エスクロー条項 ······················ 50
応援買い ···························· 258
欧州証券市場監督局 ················ 254
応募株式数の下限の条件 ············· 94
応募株主 ···························· 397
応募期間 ····························· 57
応募契約 ···················· 50, 93, 97
応募合意 ···························· 345
応募推奨 ······················ 79, 366
オークション ························ 291
オプション付与の合意 ·············· 259
親会社 ·············· 312, 313, 317, 319, 324
　　──による子会社の非公開化 ······· 194
　　──の信認義務 ·················· 206
親子会社 ···························· 277
　　──間の企業買収 ·········· 170, 184

カ　行

会社法 ······························· 68
　　──206 条の 2 ·················· 137

事項索引

解除権 ················ 95
買付価格 ················ 95
買付期間 ············ 85, 90
買付期間延長制度 ········ 86
買付け等 ················ 251
買付けの上限 ············ 299
価格メカニズム ········ 306, 307, 331, 333, 334
過去1年間の高値 ········ 314
過去52週の株価の高値 ···· 313
加重平均累積超過収益率 ··· 401
過小規制 ················ 96
過剰規制 ················ 95
課徴金 ············ 21, 266
株価算定機関 ············ 281
株価操作等の予防 ········ 94
株券等大量保有報告制度 ··· 234
株式買取請求権 ·········· 178
株式価値算定 ············ 406
株式価値算定機関 ········ 82
株式価値算定書 ········ 76, 79, 105, 376
株式交換 ················ 96
株式取得 ················ 166
株式譲渡契約 ········ 68, 92, 97
株式等売渡請求 ·········· 111
株式等売渡請求制度 ······ 166
株式の売買の自由 ········ 92
株式持合 ·········· 383, 404, 407
株主の交渉力 ············ 312
間接開示 ················ 67
完全な公正の基準 ········ 175
関東財務局 ·············· 75
関連会社 ················ 277
企業価値の毀損 ·········· 179
企業価値の増加 ·········· 179
企業買収 ················ 96
　　――に関する規範の形成 ···· 180
義務的公開買付け ···· 26, 29, 56, 100
義務的公開買付制度 ······ 72
キャッシュ・アウト ···· 1, 76, 294
強圧性 ··· 57, 85, 138, 157, 221, 316, 323, 334, 414
競合的買付け ············ 312
強制公開買付規制 ······ 23, 25, 233
強制的公開買付制度 ······ 58, 68
協働エンゲージメント ···· 256, 260
共同買集め ·············· 247
共同行為者（EU） ········ 237
共同行為者（英国） ······ 237
共同して株主権を行使することの合意 ···· 252
共同取得の合意 ·········· 239

共同譲渡の合意 ·········· 247
共同保有者 ·············· 234
虚偽記載 ················ 21
均　一 ·················· 55
　　――の条件 ············ 55
均一性ルール ············ 19
銀　行 ·················· 96
グループ（米国法） ······ 234, 246
形式基準による特別関係者　→形式的特別関係者
形式的共同保有者 ········ 234
形式的特別関係者 ········ 233
刑事罰 ·················· 21
ゴーイング・プライベート ···· 78
行為規制 ················ 63
公開買付け ·········· 1, 383, 384
　　――の下限 ············ 300
　　――の強圧性　→強圧性
　　――の撤回 ············ 91
　　――のプレミアム ······ 11
　　――への応募推奨　→応募推奨
公開買付応募契約　→応募契約
公開買付開始公告 ········ 63, 66
公開買付価格 ·········· 20, 347
公開買付期間の延長義務 ··· 334, 415
公開買付説明書 ·········· 63, 67
公開買付代理人 ······ 60, 279, 395
公開買付届出書 ······ 63, 66, 359, 391
公　告 ·················· 68
公正価値移転義務 ········ 215
公正な価格 ·············· 110
　　――の算定 ············ 178
構造的な利益相反関係 ···· 169, 357
効率的市場仮説 ·········· 311, 332
合理的な信念 ············ 98
子会社 ·················· 342
固定報酬 ················ 84
コーポレートガバナンス・コード ···· 407
コミットメント・レター ···· 98, 102
コントロール・プレミアム ··· 199, 203, 205, 413

サ　行

最高価格規制 ············ 23
最短期間 ················ 90
最長期間 ················ 90
裁定取引業者 ············ 311
サイバード事件高裁決定 ··· 180, 367, 373
サイバード事件地裁決定 ··· 180, 362
財務アドバイザー

421

――の裁量	176, 369	周辺領域	33
――の重複雇用	177	主要目的ルール	136
――の選任権限	175, 369, 373	証拠開示制度	182
――の利益相反	176	常任代理人	75
債務不履行	95	情報の非対称性	358
差止命令	65	昭和46年証取法改正	55, 64, 102
サタデー・ナイト・スペシャル	57	新株予約権	339
鞘取り	385, 393	スクイーズ・アウト	1, 110, 111, 293, 306, 312, 316, 322, 324, 326, 330, 333
鞘寄せ	391		
参照点	313, 325, 333	ストック・アウト	1, 294, 411, 412
算定手法	282	ストップ高	389, 391, 392, 393
3分の1ルール	58, 68, 72, 88, 97	スピード規制	246
三洋電機事件	362	制限値幅	389, 391
事業計画	77, 80	成功報酬	82, 83, 84
事業譲渡	166	潜在的利益相反	82
資金調達	95	前提条件	92, 97, 100
自己株式	352	全部買付け	86, 299
――の応募	115	全部買付義務	27, 62, 320
自社株公開買付け	38, 40	全部勧誘義務	23, 25, 42, 44, 61
市場外	399, 400	相互譲渡・譲受けの合意	258
市場価格	95	相場操縦	96, 98, 101
市場価格基準方式	282	相場操縦規制	94
市場の価格形成	95	組織再編	166
自信過剰	307, 331	組織再編計画	166
事前届出	65	組織再編契約	166
実質応募率	308, 316, 327, 335	損害賠償責任	21
実質基準による特別関係者 →実質的特別関係者		タ　行	
実質的共同保有者	234	ターミナル・バリュー	81
実質的均一性	42	対抗公開買付け	404, 405, 408
実質的特別関係者	233, 265	対抗買収	404
実質的な均一性	61	第三者算定機関	376, 379
シティコード	70	第三者割当て	346, 348
シナジー効果	324, 332	第三者割当増資	166
シナジー適正分配価格	179	退　出	61, 72
支配株式	68	退出権	62
支配株主	68, 349	対象会社	
――の異動	167	――の株価	306, 311
支配株主との重要な取引等	378	――の判断権限の分配	166
――における意見の取得先	379	代理人証券会社	395
――における意見の取得状況	378	タグアロング・ライト	251
支配権プレミアムの平等分配	248	他社株公開買付け	38, 40
支配プレミアム	305, 306, 307, 311, 316, 317, 319, 322, 333	立会外市場	245
		単数説	43
締出し	1	チェンジ・オブ・コントロール条項	93
社外取締役	324, 326	超過収益	393
社外の有識者	163, 182, 364	超過収益率	401
十分な交渉権限	175	調査対象事件	10
周辺の合意	46, 47	直接開示	67

事項索引

直接規制領域	33
通知	68
ディスカウント TOB	11, 290, 308, 344
ディスカウント公開買付け →ディスカウントTOB	
訂正届出所	21
適時開示	64, 79
敵対的買収	109, 404, 405, 408
テクモ事件	179
撤回	91, 95
撤回事由	91, 96, 101
デューディリジェンス	167
デラウェア州の判例法理	174, 177
電子公告	394
電子メール	71
ドイツ買収法 →独買収法	
投資家の協調行動	246
東証	79
独買収法	237, 255
特別委員会	312, 317, 324, 326, 331, 406
——の委員の構成	363
——の会合の回数	371
——の活動の水準	174
——の機能	170
——の検討期間	368, 372
——の交渉権限	173, 366
——の情報源	176
——の設置状況	162, 360
——の設置状況の推移	362
——の答申内容	365, 368
特別関係者	233
特別支配株主	112
トータル・リターン・スワップ	246
トップ・アップ・オプション	139
ドラグアロング条項	252
取締役	
——の義務	181
——の損害賠償責任	181
取引量	74
取引を拒絶する権限	175

ナ 行

内部者取引規制	246
二段階公開買付け	34, 35
二段階買収	195, 220, 221
任意的公開買付け	27
値幅制限	311, 385, 416
ノミニー	74

ハ 行

売却圧力	138
買収資金の調達	92
買収プレミアム	57
発行価格	347
発行可能株式総数	167
発行市場	67
100% 子会社化	405
平等取扱い	56
表明保証	92
フィナンシャル・アドバイザー	83
風説の流布	102
フェアネス・オピニオン	78, 82, 376
——の費用対効果	377
不応募合意	345
複数説	42
不公正発行	136, 148
不成立リスク	312
部分買付け	299, 87
フリー・キャッシュ・フロー	77, 81
フリーライド	77, 306, 328
フリーライド問題	154
プレミアム	290
プロスペクト理論	313, 314, 316, 325
分散所有	68
文書提出命令	110
米国法の適用範囲	74
米国預託証券	74
平成18年改正証券取引法	1
平成2年証取法改正	55, 66, 102
別途買付け	57, 59, 60
別途買付禁止規制	36, 37
別途買付け	36
報酬の合意	48
募集	65
補償条項	50

マ 行

マジョリティ・オブ・マイノリティ条項
→MOM条項

持分法適用会社	342
物言う株主	407, 408

ヤ 行

有価証券届出書	67
融資義務	100
融資証明	100
有利発行	117, 153

ラ　行

ライツ・オファリング ……………………… 75
利益相反 …………………………………… 76
利益相反回避措置 ……………………… 161, 358
　——の特徴 ……………………………… 162
　——の必要性 …………………………… 169
利益相反取引 ……………………… 229, 294
利益相反のある公開買付け ………………… 6
利害関係参加人 …………………………… 112
リーガル・アドバイザー ………………… 297
リスク分担 ………………………………… 96
リーマンショック ……………………… 292
類似会社比較法 …………………………… 81
類似会社比較方式 ……………………… 282
累積超過収益率 ……………………… 332, 401
レコフ M&A データベース …………… 10
レックス・ホールディングス事件 ……… 319
レブロン義務　→Revlon 義務

ワ　行

割引率 ………………………………… 77, 81

日本の公開買付け──制度と実証

2016 年 10 月 15 日　初版第 1 刷発行

編　者	田　中　亘
	森・濱田松本法律事務所
発行者	江　草　貞　治
発行所	株式会社　有　斐　閣

郵便番号101-0051
東京都千代田区神田神保町 2-17
電話(03) 3264-1314〔編集〕
　　(03) 3265-6811〔営業〕
http://www.yuhikaku.co.jp/

印刷・大日本法令印刷株式会社／製本・大口製本印刷株式会社
© 2016, Wataru Tanaka, Mori Hamada & Matsumoto.
Printed in Japan
落丁・乱丁本はお取替えいたします。
★定価はカバーに表示してあります。

ISBN 978-4-641-13758-5

|JCOPY| 本書の無断複写(コピー)は、著作権法上での例外を除き、禁じられています。複写される場合は、そのつど事前に、(社)出版者著作権管理機構(電話03-3513-6969、FAX03-3513-6979、e-mail:info@jcopy.or.jp)の許諾を得てください。

本書のコピー, スキャン, デジタル化等の無断複製は著作権法上での例外を除き禁じられています。本書を代行業者等の第三者に依頼してスキャンやデジタル化することは, たとえ個人や家庭内での利用でも著作権法違反です。